How People Learn
認知心理学の さらなる挑戦

米国学術研究推進会議　編著
ジョン・ブランスフォード
アン・ブラウン
ロドニー・クッキング

森　敏昭・秋田喜代美　監訳
21世紀の認知心理学を創る会　訳

授業を変える

北大路書房

Expanded Edition

How People Learn
Brain, Mind, Experience, and School

Committee on Developments in the Science of Learning

John D. Bransford, Ann L. Brown, and Rodney R. Cocking, *editors*

with additional material from the

Committee on Learning Research and Educational Practice

M. Suzanne Donovan, John D. Bransford, and James W. Pellegrino, *editors*

Commission on Behavioral and Social Sciences and Education

National Research Council

This is a translation of HOW PEOPLE LEARN: Brain, Mind, Experience and School 2000, Expanded Edition by Committee on Developments in the Science of Learning with additional material from the Committee on Learning Research and Educational Practice; National Research Council

Copyright © 2000 by the National Research Council

First published in English by the National Academy Press. All rights reserved

Kitaohji Shobo edition published under agreement with The National Academy Press c/o Chandler Crawford Agency Inc through The English Agency (Japan) Ltd.

まえがき

　本書は米国学術研究推進会議（National Research Council）を構成する2つの委員会の協働作業の成果である。1999年4月に出版された本書の初版『人はいかに学ぶか（*How People Learn*）』は，学習科学研究開発委員会（Commitee on Developments in the Science of Learning）の2年間にわたる研究成果をまとめたものであった。その初版の出版が契機となって，学習研究・教育実践委員会（Commitee on Learning Research and Education）が組織され，学習科学の研究成果を教育実践につなげるための取り組みが，さらに一歩前進した。そして，その成果は早くも1999年6月に『人はいかに学ぶか：学術研究と教育実践の架け橋（*How People Learn: Bridging Research and Practice*）』として結実した。本書は，この第2版の内容を基礎にして，それをさらに拡張した増補版である。

　ところで，本書の編集作業の途上で，私たちはたいせつな同志を失った。カルフォルニア大学バークレー校のアン・ブラウン教授が亡くなられた。本書の編者の1人であり，また学習科学研究開発委員会の共同委員長でもあったアン・ブラウン教授は，学習科学の研究成果を教室での教育実践に役立てることの重要性を最も雄弁に説いた人であった。また，彼女は科学研究に基づく教育の改革に鋭い洞察力をもって取り組み，そのための献身的な努力をいとわなかった。ここに両委員会を代表して，アン・ブラウン教授のご逝去に対し，心から哀悼の意を表わすしだいである。

学習科学研究開発委員会ならびに学習研究・教育実践委員会共同委員長
ジョン・D・ブランスフォード

目　次

まえがき

第1部　導　入 ……………………………………………………………… 1
第1章　学習科学：思弁から科学へ …………………………………… 3
　3つの焦点：人間，学校教育，学習可能性　5
　学習科学の発展　6

第2部　学習者と学習 ……………………………………………… 27
第2章　熟　達：熟達者と初心者の違いは何か ………………… 29
　情報の有意味なパターン　30
　知識の体制化　34
　文脈および知識へのアクセス　40
　スムーズな検索　42
　熟達者と学習指導　43
　適応的熟達者　43
　結　論　47
第3章　転　移：学んだことを活用するために ……………………… 51
　転移に影響を及ぼす先行学習の要因　53
　転移に影響を及ぼすその他の要因　61
　先行経験からの転移による学習　67
　学校での学習の日常生活への転移　72
　まとめと結論　75
第4章　認知発達：子どもはいかに学ぶのか ……………………… 79
　乳児の有能さ　79
　特権的領域における乳児の能力　84
　学習方略とメタ認知　94
　子どもの知能観と学習観：学習と理解への動機づけ　100
　子どもの学習をいかに導くか　101
　結　論　111
第5章　神経科学：学習を支える脳のメカニズム …………………… 113
　学習の神経科学的な基礎　114

脳の発達を促す経験と環境　118
脳を発達させるための教育の役割　120
記憶と脳の過程　123
結　論　126

第3部　教師と授業……………………………………………129
第6章　学習環境：学びの環境をデザインする………………131
教育目標の変化　132
学習者中心の環境　135
知識中心の環境　137
評価中心の環境　141
共同体中心の環境　147
テレビ　152
連携の重要性　154
結　論　155

第7章　教授法：歴史，数学，理科をいかに教えるか………159
歴　史　161
数　学　169
理　科　178
結　論　194

第8章　教師の学習：教師の成長を支援する…………………197
現職教師の学習機会　198
学習機会の質　199
アクションリサーチ　207
教員養成の教育　208
結　論　212

第9章　情報教育：学習を支える情報テクノロジー…………215
新しいカリキュラム　216
足場作りと学習支援ツール　223
省察と自己修正のためのフィードバックの提供　227
学校と地域社会の連携　236
教師の学習　237
結　論　241

第4部　結　び……………………………………………………243

第10章　結　論：学習科学の現状………………………………245
　学習者と学習　245
　教師と授業　251
　学習環境　254

第11章　今後の課題：学習科学のさらなる挑戦………………259
　包括的な研究課題　261
　教　材　264
　教員養成・教職研修　272
　教育政策　277
　社会とメディア　281
　本書を超えて　282
　研究成果の伝達　287
　結　論　288

文　献　291
委員名簿　319
謝　辞　321
索　引　325
監訳者あとがき　329

【編集部注記】
ここ数年において，「被験者」（subject）という呼称は，実験を行なう者と実験をされる者とが対等でない等の誤解を招くことから，「実験参加者」（participant）へと変更する流れになってきているが，執筆当時の表記のままとしている。文中に出現する「被験者」は「実験参加者」と読み替えていただきたい。

第1部

導　入

第1章

学習科学
―― 思弁から科学へ

　物事の本質は何か，宇宙の根源は何か，人間の心とは何か。人類はこれらの問題について何世紀にもわたって考え続けてきた。それにもかかわらず人類は，長いあいだ，心を理解することも，心の営みである思考や学習のしくみを解明することもできなかった。それは，人類が「心」を研究するための科学的な方法をもたなかったからに他ならない。しかし人類は，ようやくそれを手に入れた。かくして今日では，心と脳，思考や学習の神経プロセス，認知発達などに関する科学的研究の成果が世界中にあふれている。

　とくにこの30，40年のあいだに，「学習」に関する科学的研究（学習科学）が急速に進歩し，「教育」に対しても重要な示唆を与えることができるようになった。本書でこれから述べるように，学習科学は，カリキュラム，教授法，教育評価などに関して，現在の学校で実践されているものとは異なる画期的なアプローチを提案している。また，研究者と教師の協同研究もなされはじめ，今はまだそれほど明瞭ではないが，基礎研究の知見を教育実践に役立てる道筋も見えはじめた。30年前までは，教師は基礎研究の知見にほとんど注意をはらわなかったし，研究者も教育実践とは無縁の基礎研究に没頭していた。しかし今日では，教育現場で教師とともに多くの時間を過ごす研究者が現われ，教育実践の現場で，基礎研究によって構築された理論の検証と修正を行っている。

　また，学習科学は学際的であり，認知心理学，発達心理学，神経科学，社会心理学，文化人類学，教育工学などの立場から，次のような多様な研究課題への取り組みがなされている。

(1) 認知心理学では，算数（数学）・理科・国語・社会・歴史などの教科学習に関わる認知過程や知識獲得のメカニズムの解明がなされている。
(2) 発達心理学では，乳幼児も，生物学の基本原理，物理事象の因果性，数・物語・他者の意図などについて，彼らなりにかなり理解していることが明らかにされている。このことは，これまで無能な存在と考えられていた乳幼児が，実はき

わめて有能な存在であることを示すものである。
(3) 学習と転移に関する研究では，ある文脈で学習したことを別の新しい文脈で応用できるようにするための条件や原理が明らかにされている。
(4) 社会心理学，認知心理学，文化人類学では，あらゆる学習は特定の社会・文化的な規範や期待の下で生じることが明らかにされている。また，そうした社会・文化的な環境が学習や転移に多大な影響を及ぼすことも明らかにされている。
(5) 神経科学の領域では，学習の神経科学メカニズムが解明されはじめている。すなわち，学習に伴って，脳の神経細胞の構造も変化することが明らかにされている。
(6) 認知心理学や発達心理学の研究者と教師との協同研究によって，新しい学習環境のデザインと評価に関する新たな知見が得られはじめている。また，こうした協同研究を通して，研究者は専門的知識を共有することのできる優れた教師の「実践知」から学びはじめている。
(7) 新しい情報テクノロジーの出現によって，数年前には想像することさえできなかった画期的な学習支援ツールが開発され，急速に普及しはじめている。

以上のような学習科学の目覚ましい発展は，すべて基礎研究と教育実践が連携することによってもたらされたものである。このことは，基礎研究への投資は，教育実践への応用によって報いられることを意味している。したがって，「人はいかに学ぶのか」の解明をめざす学習科学の発展は，わが国の教育目標が大きく変化しつつある今日，非常に意義深いものがある。

20世紀初頭の教育目標は，もっぱらリテラシー技能，すなわち「読み・書き・計算力」の育成であった。その当時の学校教育では，批判的に考えながら読めるようになることや，説得力のある自己表現ができるようになること，高度な理科や数学の問題解決ができるようになることは，それほど重視されていなかった。しかし，20世紀の終わりには，こうした「高度なリテラシー」が，複雑きわまりない現代社会を生き抜くための必須の能力となった。つまり，技術革新，国際化，情報化の波が加速している現代社会においては，単なる「読み・書き・計算力」以上の能力が求められているのである。

とくに最近は，情報や知識の量が人類史上例を見ないほどの急激な速度で増加してきている。ノーベル賞受賞者のハーバート・サイモン（Herbert Simon）がいみじくも語ったように，「知っていること」の意味が，「情報を覚えて暗唱できること」から「情報を発見し利用できること」へと変わろうとしているのである（Simon, 1996）。このため，人類がこれまでに蓄積してきた知識のすべてを生徒に教えることは，もはや教育目標としては成り立たなくなった。したがって，21世紀の教育目標は，歴史・

科学・技術・社会現象・数学・芸術についての創造的思考に必要な知識を生徒たちが獲得することであり，そのために必要となる認知技能や学習方略の習得を支援することである。つまり，単に知識を教えることではなく，考え方の枠組みをみずから創り出すことができ，有意義な問題を自分で見つけ出すことができ，様々な教科の内容を深く理解することを通して生涯にわたって学び続けることのできる自立した学習者の育成が，これからの教育目標とされるべきなのである。

3つの焦点：人間，学校教育，学習可能性

　認知，学習，発達，文化，脳に関する科学的文献は膨大である。そこで，本書の編集の初期段階において，次の3点に焦点を絞ることを決定した。したがって本書では，これら3つの焦点に関わる文献を精選して取り上げ，その内容を検討・考察することにする。

(1) 動物の学習に関する研究も時には重要な示唆を含んでいるが，本書では，神経科学の最新の知見も含めて，「人間の学習」に焦点をあてる。
(2) 保育園・幼稚園から高校・大学にいたるまでの「学校教育」の問題に焦点を絞り，学習科学の知見が豊かな学習環境のデザインにどのような示唆を与えているのかを検討する。
(3) 上記の第2点とも関連するが，すべての人々がもっている潜在的な「学習可能性」をいかに引き出し育むか，という問題に示唆を与えている研究に焦点をあてる。

　「学習を促進するにはどうすればよいのか」「効果的に学習できる人とはどのような人なのか」を改めて問い直すことは，人間の生活の質（QOL）にも関係する重要な問題である。教育学者たちは，しばしば，従来の学校教育は才能を発達させるのではなく，才能を選別するはたらきをしているのではないかとの懸念を表明してきた（例えば，Bloom, 1964を参照）。しかし，本書で提案する有効な教育実践について新たな考え方がその当時になされていたならば，学校の勉強でつまずいてしまった多くの人々は，おそらくもっとうまく学習できたであろう。また，従来の学校教育で優等生であった人々も，さらに学業成績を向上させていたに違いない。
　要するに学習科学が示唆しているのは，数学，理科，歴史，国語のような伝統的教科の学習においても，もっと効果的なカリキュラムや教授法があり，そうした新しいアプローチを採用すれば，大多数の人が教科内容をより深く理解できるようになるということである。本書では，そうした新しいカリキュラムや教授法の開発に関連する学習科学の知見を取り上げて検討する。そして，この新しいアプローチによって，大

多数の生徒たちが数学，理科，歴史，国語などの伝統的教科の内容をより深く理解できるようになることを願っている。

学習科学の発展

　ここで，人間の心を科学的に研究する新しい試みが開始された19世紀後半にまでさかのぼってみることにしよう。それまでの長い期間，人間の心の問題は哲学や神学の領域に属していた。そのような中で，ウィルヘルム・ヴント（Wilhelm Wundt）はライプツィッヒ大学に世界で最初に心理学の実験室を設置し，人間の心の科学的な研究を始めた。すなわち彼は，同僚とともに，被験者に自分の心の中を内省させる「内観法」とよばれる方法を用いて，人間の心（意識）の分析を試みたのである。

　20世紀に入ると，行動主義とよばれる心理学の新しい学派が出現した。行動主義者たちは，内観法によって分析される意識は主観的であるとして排し，客観的に観察可能な行動や行動を統制する刺激条件を研究の対象にするべきだと主張した。こうした行動主義の主張は，1913年に発表されたジョン・B・ワトソン（John B. Watson）の論文に端的に示されている。

> 　行動主義以外の心理学のすべての学派は，「意識」が心理学の研究対象であると主張している。これに対し行動主義では，心理学の研究対象は人間の「行動」であり，「意識」は定義可能な概念でもなければ使用可能な概念でもないと考える。なぜなら，意識は，その昔の「魂」を表わす別の単語にすぎないからである。このように，意識を研究対象にする古い心理学は，ある種の宗教がかった思想に支配されているのである（p.1）。

　また，行動主義者たちは経験論哲学の伝統をふまえて，学習とは刺激と反応の連合の形成であると定義し，さらに学習の動機づけは，主に空腹のような誘因や報酬や罰などの外的な力によって生じると仮定した（例えば，Thorndike, 1913；Skinner, 1950）。

　例えば，古典的な行動主義者エドワード・L・ソーンダイク（Edward L. Thorndaike, 1913）の研究では，空腹なネコが「問題箱」の中に入れられた。この問題箱の扉には紐が取り付けられており，その紐を引けば扉が開く仕掛けになっている。この箱の中に閉じ込められたネコは，箱の外に出ようともがき，箱じゅうをひっかき回る。もちろん，すぐには問題を解決できないが，そのうち偶然に紐を引き，箱から出ること（問題解決）に成功する。しかし，もう一度ネコを問題箱に入れると，ネコはすぐに紐を引いて箱から出ることができない。ネコがこの問題を解決するためには，何度も試行錯誤をくり返す必要があるのである（BOX 1.1参照）。このような観察に基づいて，ソーンダイクは，報酬（餌）が刺激と反応の連合を強めると考えた。つま

BOX 1.1　ネコの問題解決

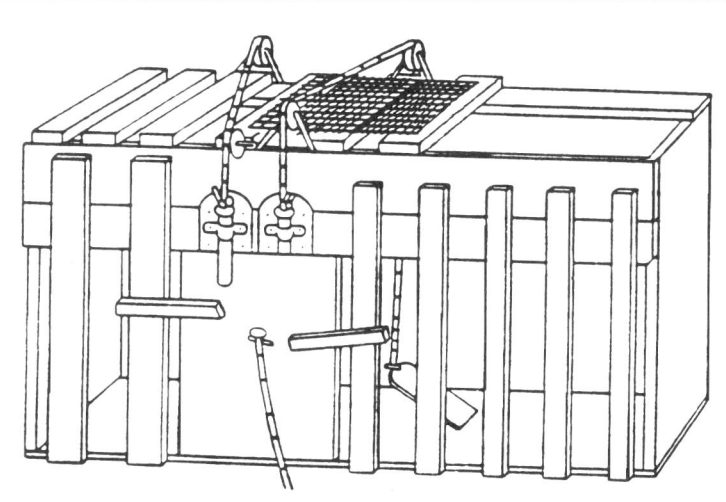

　問題箱に入れられネコは，明らかに不快感を覚え，脱出への衝動にかられているようすである。そして，しきりに体をすきまに押し込んだり，ワイヤーを噛んだり，手の届くものは何でもひっかいたりする。問題箱の外にある餌にはとくに注意をはらっているようすは見られないので，これらの行動は単に拘束から逃れたいという本能的な衝動に基づくものと考えられる。このようにして箱中をひっかきまわしているうちに，ネコは偶然に紐を引き脱出に成功するが，もう1度ネコを問題箱に入れると，ネコはすぐには紐を引いて箱から出ることができない。しかし，このような試行を何度もくり返すうちに，ネコはしだいに無益な行動を示さなくなり，箱に入れられるとすぐに紐を引いて脱出できるようになる。どうやら成功（箱からの脱出）につながる行動だけが刻み込まれるようである（出典：Thorndike, 1913：13）。

り，行動主義の心理学では，洞察のような客観的に観察できない概念を用いなくても，問題箱から脱出するという複雑な問題解決のしくみを説明できると考えたのである。
　こうした初期の行動主義の限界は，観察可能な刺激と反応の連合だけに焦点をあてたために，教育にとって最も重要な，理解，推論，思考などの認知過程の研究をすることができなかったことである。しかし，行動主義の急進派（しばしば大文字のBを頭文字とした Behaviorism とよばれる）は，やがて穏健派（小文字のbを頭文字とした behaviorism とよばれる）に取って代わられることとなった。穏健派は，行動を

研究対象にするという立場は譲らなかったが，複雑な心理現象を説明するために，内的な認知過程に関する仮説を立てることを容認したのである（例えば，Hull, 1943；Spence, 1942）。

1950年代後半に，人間の認知過程の解明をめざす，認知科学という新しい領域が生まれた。認知科学は，その誕生以来，人類学・言語学・哲学・発達心理学・コンピュータサイエンス・神経科学・その他心理学の諸分野を含む多様な視点から学習の科学的研究に取り組んでいる（Norman, 1980, 1993；Newell and Simon, 1972）。すなわち，多様な分野の科学者たちが，新しい実験装置・方法論・理論構築の方法を用いて，人間の学習の問題に真正面から取り組みはじめた。かくして「学習科学」が成立し，学習研究はようやく「思弁」の段階を脱し「科学」になったのである。つまり，人間の思考や学習過程について単に思索するだけではなく，構築した理論を実験で検証したり（例えば，Anderson, 1982, 1987；deGroot, 1965, 1969；Newell and Simon, 1972；Ericsson and Charness, 1994参照），学習の社会・文化的文脈にまで洞察を深めること（例えば，Cole, 1996；Lave, 1988；Lave and Wenger, 1991；Rogoff, 1990；Rogoff et al., 1993）が可能になったのである。また，最近では綿密な質的研究の方法論も導入され，従来の実験研究の伝統を補完し豊かにする新たな視点も加わっている（Erickson, 1986；Hammersly and Atkinson, 1983；Heath, 1982；Lincoln and Guba, 1985；Marshall and Rossman, 1955；Miles and Huberman, 1984；Spradley, 1979）。

理解を伴う学習

新たな学習科学の最大の意義は，理解を伴う学習を重視する点にある。もちろん，学習には理解が重要であると，直観的には誰もがそう思っているに違いない。しかしながら，長いあいだ，そのことを科学的な方法で明らかにするのが困難であった。また，従来のカリキュラムでは理解よりも暗記が重視されているために，生徒たちは学習内容を理解する機会をしばしば逸してきた。教科書は暗記すべき事項であふれ，ほとんどの学力テストでは，暗記力が評価されてきた。例えば，生徒たちが動脈と静脈について学ぶとき，動脈は静脈より太く弾力があり，動脈は血液を心臓から運び出し静脈は血液を心臓に戻すという事実を暗記させられる。そして，例えば次のようなテスト問題によって，動脈と静脈に関する知識の正確さが評価される。

1. 動脈は
   a. 静脈より弾力がある
   b. 心臓から送り出される血液を運ぶ
   c. 静脈ほど弾力がない
   d. aとbの両方

e．bとcの両方

　もちろん学習科学は，このような知識の重要性を否定するわけではない。なぜなら，チェス・歴史・科学・数学などの領域の熟達者の研究によって，熟達者の優れた思考力や問題解決の能力は，自分の専門分野に関する豊かな知識体系に依存していることが明らかにされているからである（例えば，Chase and Simon, 1973；Chi et al., 1981；deGroot, 1965）。また，それらの研究では，熟達者の知識は断片的な事項の単なる羅列ではなく，重要な概念を核にして知識が相互に関連づけられていることが明らかにされている。（例えば，ニュートンの運動の第2法則）。そして，それは応用できる状況を特定するために条件づけられ，単なる暗記力よりはむしろ理解や他の状況への転移を促進しているのである。

　例えば，動脈や静脈の熟達者は，さきにあげた事項のことを知っているだけでなく，なぜ動脈と静脈がそれぞれの特性をもっているのかを理解している。彼らは，心臓がポンプのはたらきをして血液を断続的に送り出していることや，動脈の弾力性が血圧を調整するのに役立っていることを知っている。彼らはまた，心臓から送り出される血液は下方に流れるのと同様に脳に向かって上方にも流れることや，動脈の弾力性が血液を送り出すたびに閉じて逆流を防ぐための弁の機能を果たしていることも知っている。このように熟達者は動脈と静脈の構造と機能の関係を理解しているので，新しい問題を解決する際に，その知識を活用することができる。例えば，人工動脈の設計という問題を与えられたとしよう。人工動脈には弾力は必要なのだろうか。また，それはなぜなのだろうか。動脈の構造と機能の関係を知っている熟達者であれば，弾力は必要ないことに気づくであろう。なぜなら，心臓から血液が押し出される際の血圧に耐え，血液の逆流を防ぐ弁としての機能を果たすのに十分な強度を備えた血管であれば，必ずしも弾力は必要ないからである。もちろん，熟達者は常にこのような応用問題の正解を考え出すことができるとは限らないが，単に事実を記憶しているだけではけっして思いつかないような代案を考え出すことはできるであろう（Bransford and Stein, 1993）。

既有知識

　新しい学習科学では，「理解」を伴う学習を強調すると同時に，「知る」という過程にも着目する（例えば，Piaget , 1978; Vygotsky, 1978）。人間は本来，積極的に情報を求める能動的で目標志向的存在である。例えば就学年齢に達した子どもは，それまでに獲得した様々な既有知識を携えて学校にやってくる。そして彼らは，その既有知識に基づいて学校という新しい環境で遭遇する様々な事象を解釈しようとする。このため，彼らの既有知識は，暗記，推論，問題解決，知識獲得といった学校での学習活

動の能力にも影響を及ぼす。

　乳児でさえも，自分なりの視点に基づいて学習環境を解釈しようとする能動的な学習者である。彼らの目に映る世界は，あらゆる刺激が同程度に目を引く，ホワイトノイズのような「騒々しい混乱の世界」(James, 1890) ではない。なぜなら乳児の脳には，言語，数の基本概念，視覚対象の物理的特性，生物や無生物の運動などの情報に関しては素早く学習できる生得的制約が備わっているからである。このことを一般化して言えば，「人間は既有知識に基づいて新しい知識を獲得したり物事を理解したりする」ということであり，(例えば, Cobb, 1994 ; Piaget, 1952, 1973a, b, 1977, 1978 ; Vygotsky, 1962, 1978)，そのことは古典的な童話の中でわかりやすく説明されている (BOX 1.2 参照)。

　このように，新しい知識の獲得は既有知識に基づいてなされる。したがって教師は，生徒が教室にもち込んでくる不完全な理解や誤概念，素朴理論に注意をはらう必要がある。そしてその際には，生徒たちが，自分の既有知識を足場にすることによって，より高度な成熟した理解に到達できるように支援することが重要である。もし既有の知識や信念が無視されると，生徒たちは教師の意図とはまったく異なる理解をすることになるであろう。

　例えば，「地球は平らだ」と信じている子どもたちに「地球は丸い」ことを理解させる場合を考えてみよう。「地球は丸い」と教えられると，子どもたちはおそらく「球のような地球」ではなく「パンケーキのような地球」を想像するかもしれない (Vosniadou and Brewer, 1989)。もしそのとき，「地球は球のように丸い」と教えられると，子どもたちは「地球は平らだ」という既有知識に基づいて，「地球の内側か

BOX 1.2　『魚は魚』

　『魚は魚』(Lionni, 1970) は陸上で何が起こっているのかを知りたがっている魚の物語である。魚は水中でしか呼吸ができないので，陸上を探索することができない。これに対し，友だちのオタマジャクシは，成長すればカエルとなって陸に上がることができる。ある日，陸の冒険の旅から池に戻ってきたカエルが，陸上で見聞したことを魚に説明する。この本には，カエルの説明を聞いて魚が思い浮かべた人間や鳥や牛の絵が示されている。それは，「尾ビレで立って歩く魚の体型をした人間」「翼のある魚の体型をした鳥」「乳房のある魚の体型をした牛」の絵である。つまり，どの絵も魚の体型に少し修正を加えただけなのである。この童話は，既有知識を基礎にして新しい知識を構築することに内在する創造的な側面と誤解をもたらす危険性の両面を如実に示している。

地球の頂上にはパンケーキのような平らな表面があって，そこに人が立っている」と考えるであろう。このように子どもたちは，『魚は魚』の場合と同様に，既有知識に基づいて新しい知識を理解しようとするのである。

　この『魚は魚』の話は，幼い子どもたちだけではなく，あらゆる年齢層の学習者にもあてはまる。例えば大学生でさえも，科学的説明とは矛盾する物理学や生物学の誤概念を獲得していることがある。では，こうした誤った概念は，どのような説明をすれば修正されるのであろうか（例えば，Confrey, 1990；Mestre, 1994；Minstrell, 1989；Redish, 1996）。

　既有知識に基づいて新しい知識の獲得がなされることを仮定する「構成主義者」たちの学習理論には，共通の誤概念が存在する。それは，教師は新しい知識を直接的に教えるべきではなく，生徒たち自身で知識を構成させるべきであるという誤概念である。このような構成主義者の見解は，認知理論と教授理論を混同したものといえる。このため構成主義者は，「いかに教えるべきか」という教授法の問題には注意をはらわずに（例えば，Cobb, 1944），ひたすら生徒たち自身に知識を構成させようと固執するのである。たしかに，『魚は魚』（Lionni, 1970）や「地球は丸い」ことを子どもたちに教えた事例（Vosniadou and Brewer, 1989）に明瞭に示されているように，単に説明をくり返すだけでは，誤概念はなかなか修正されない。しかし，他方では，最初に自分で問題に取り組んだあとであれば直接的に説明し教えるほうが効果的であることも多い（例えば，Schwartz and Bransford, 1998）。したがって教師は，生徒たちの既有知識に注意をはらい，必要に応じて指針を与える説明をするべきである。

　教師が，生徒の既有知識や信念に注意をはらい，新しい知識を教える際の出発点として既有知識を用いれば，生徒の学習を促進する効果がある。そのことは，多くの授業実践によって確認されている。例えば，探究型の授業を受けた郊外の学校の6年生は，同じ学校で伝統的な物理の授業を受けた11年生および12年生よりも，物理学の概念に関する成績がよいという報告がなされている。また，この学校の11年生および12年生と都市部の学校の7〜9年生とを比較した追試研究においても，探究型の授業を受けた低学年の生徒のほうが高学年の生徒よりも，物理の基本原理をよりよく理解していることが明らかにされている（White and Frederickson, 1997, 1998）。さらに，年少の生徒の場合にも同様の効果があることが確認されている。例えば，新しい幾何学の授業を受けた小学校2年生は，3次元図形を表象したり描いたりする課題において，一流大学の学部生よりも優れていることが明らかにされている（Lehrer and Chazan, 1998）。また，初等幾何学（Lehrer and Chazan, 1998）や初等理科（Schauble et al., 1995；Warren and Rosebery, 1996）の授業においても同様の結果が得られている。

能動的学習

　学習科学はまた，学習者が自分の学習過程を自分自身で制御する能動的学習を重視する。すなわち学習科学は，学習者が理解の程度を自分自身で認識したり，他者の意図を正しく理解しているかどうかを自分で確認したり，あることを主張するためにはどのような証拠が必要であるかを認識したり，自分自身で構築した理論を自分自身で検証したりできるようになることを重視するのである。

　上述したような能力は，本書の第2章と第3章で詳説する「メタ認知」能力と関連している。メタ認知とは，例えば，様々な課題での自分の成績を予想したり，自分の現在の学習や理解の水準を自分自身でモニターする能力のことをさす（例えば，Brown, 1975 ; Flavell, 1973）。このメタ認知の能力の育成をめざす教授法には，自己評価や自分の学習過程を省察させることを重視するものなど様々なアプローチがあるが，いずれも新たな場面やできごとへと学習の転移を促進する効果があることが確かめられている（例えば，Palincsar and Brown, 1984 ; Scardamalia et al., 1984 ; Schoenfeld, 1983, 1985, 1991）。

　ここで，生徒の能動的学習を重視している3人の教師の授業を想像してみることにしよう（Scardamalia and Bereiter, 1991）。教師Aの目標は生徒たちが様々な学習活動に主体的に取り組むように指導することであり，この目標は生徒たちが行った作業の質と量を監督し指導することによって達成される。ただし，生徒が取り組む学習活動は，古い様式のワークブックであろうと宇宙時代の最新のプロジェクトであろうとかまわない。これに対し教師Bは，生徒たちが何を学習しているのかについて教師は責任をもつべきだと考えており，この点に関しては教師Cも同様である。だたし教師Cは，学習過程のすべてを生徒の自主性に任せるべきだと考えている。さて，3人の教師の授業を少々観察してみることにしよう。どのクラスでも，生徒たちは協同でビデオやマルチメディアを使った発表の準備をしている。教師は，各班を見てまわり，進み具合を確認しながら，時おり生徒たちの質問に答えている。このように，3人の教師の授業の違いは，すぐには現われないであろう。しかし，数日間の学習活動が終わった時に，教師Aと教師Bの違いが明らかになるはずである。教師Aが注目しているのは，制作過程と作品である。つまり教師Aにとっては，「生徒たちが学習活動に積極的に参加しているかどうか」「すべての生徒が公平な扱いを受けているかどうか」「よい作品を制作しているかどうか」が重要なのである。もちろん教師Bもこれらの点に注目しているが，それだけでなく，生徒たちは学習活動を通して「何を学んでいるのか」にも注目する。つまり教師Bにとっては，生徒たちの活動が単なる「遊技的活動」ではなく「学習活動」であることが重要なのである。一方，教師Bと教師Cの違いを知るためには，学習活動の最初の段階にまで立ち戻る必要がある。そもそもメディア制作の活動は，いったいどのようにして始まったのであろうか？　それは最初

から学習活動だったのであろうか，それとも生徒たち自身の純粋な好奇心から始まったのであろうか？　教師Cのクラスの場合には，例えば次のようであるかもしれない。生徒たちは最初はゴキブリについて研究していた。その過程で，文献を読んだり空き時間にみなで観察したりして，多くのことを学んだ。その学んだことをクラスの仲間にも知らせたくて，ビデオ制作をすることになった（Lamon et al., 1997）。

このように一見したところ同じように見える3つのクラスの学習活動も，その内実はかなり異なっている。教師Aのクラスの生徒たちは，メディア制作を通して何かを学んでいるはずであるが，それは何か別の活動を通して学ぶのでもかまわない。これに対し教師Bのクラスでは，「活動内容が教育目標にふさわしいものであるかどうか」や「活動を単なるメディア制作の練習で終わらせない」ということに対して絶えず教師が注意をはらっている。一方，教師Cのクラスでは，メディア制作の活動が学習活動と密接不可分の関係になっている。そして教師Cの指導は，メディア制作のアイデアが浮上してくる以前からすでに始まっており，生徒たちがメディア制作の活動を行う際に教師がしなければならないことは，彼らが目標を見失わないように手助けすることだけなのである。

上述の3人の仮想教師は，現時点では部分的にしか現実の教師とは適合しない仮想のモデルである。しかし，この仮想のモデルに，学習目標と教授法の重要な関係性を垣間見ることができるであろう。

教育的示唆

以上に述べてきたように，学習科学は，物事を深く理解し，学んだことを積極的に活用しようとする，能動的な学習者の育成をめざしている。そして，そうした能動的な学習者を育成するための新しい教授法の開発をめざしている。もちろん，この目標を達成することは今なお大いなる挑戦である（例えば，Elmore et al., 1996）。しかし，けっして不可能ではないはずである。学習科学は今，この遠大な目標をめざして，「何をどのように教えどのように評価するべきか」の再検討を行っている。これが本書でこれから展開する基本テーマに他ならない。

進化する学習科学

本書は，学習の科学的基盤の統合をめざしており，この目標を達成するためには，少なくとも学習科学の次の領域に関する十全な理解が不可欠である：(1) 記憶と知識の構造，(2) 問題解決と推理，(3) 学習の生得的基盤，(4) メタ認知を含む自己制御学習の過程，(5) 学習者を取り巻く文化や地域社会からフォーマルな思考が生み出される過程。

しかし，学習科学の上記の諸領域を理解したとしても，それで学習という深遠な営

みの全貌を理解できるわけではない。学習科学は今なお発展途上の科学であり、いまだ解明されていない研究領域が数多く残されている。したがって、一部の研究領域で明らかになった原理を学習科学全体にまで一般化するのは厳に慎むべきである。また、学習の原理に関する深い理解が得られている領域は、まだごくわずかな領域に限られている。このため、例えば双方向性の情報テクノロジー（Greenfield and Cocking, 1996）のような新しく出現した領域では、過去の研究のかなり大胆な一般化がなされることもある。

また、学習科学では、学習、記憶、言語、認知発達などの幅広い領域に関わる認知的および神経科学的な問題を扱うので、多様な研究手法の開発が不可欠である。このため、最近では、計算理論のような従来の理論的枠組みを根本から覆すような新しい研究手法も出現している。例えば、計算理論の一種である並列分散処理モデル（McClelland et al., 1995；Plaut et al., 1996；Munakata et al., 1997；McClelland and Chappell, 1998）では、学習はシナプス結合の適応だと考えられている。そして、この種の研究の目的は、行動実験、コンピュータ・シミュレーション、脳内活動の神経科学的分析、数学的解析などの手法を駆使し、理論的モデルを現実の課題に適用しながらしだいにモデルの改良・拡張をすることである。このように、この種の研究もまた理論と実践の発展に貢献しており、最近では生涯学習の問題もモデルの視野に含めることによって、学習科学の研究領域を拡張している。

学習科学の重要な知見

本書では、「学習者と学習」および「教師と授業」に関する学習科学の広範な知見を概観する。中でも次に述べる3つの知見は、「学習と授業」に関わる最も基本的な発見であり、優れた授業を設計する際の重要な示唆を含んでいる。

1．子どもたちが教室にもち込んでくる素朴概念は、しばしば科学的理論と矛盾する。そのような場合、学校で教えられる新たな科学的な概念や知識を理解するのが難しくなる。また、仮にテストに備えて科学的な概念や知識を学習したとしても、教室の外ではまちがった先行概念を保持し続けるであろう。

認知発達に関する最近の研究によって、就学前の乳幼児も身のまわりの世界に関する彼らなりの理解をしていることが明らかになった（Wellman, 1990）。そうした素朴理論は、新しい概念や知識を統合する学習に大きな影響を及ぼす。もし先行の理解が正しい場合には学習を促進するが、まちがった誤概念である場合には学習の妨げとなる（Carey and Gelman, 1991）。誤概念は、例えば自分の目で観察できない物理現象に関するものや、歴史を善玉と悪玉の争いと理解するステレオタイプ的な歴史観や先

入観（Gardner, 1991）など，様々なものが確認されている。したがって，効果的な授業を行うためには，子どもたちがその内容についてもっている理解や誤概念を引き出し，それを基礎にして子どもたちが新しい科学的知識を獲得するように指導することが重要である。高校の物理学教師であるジェームズ・ミンストレル（James Minstrell）は，その過程を次のように述べている（Minstrell, 1989: 130-131）。

> 力学に関する生徒たちの初期理解は，乱雑に織られた布地のようなものである。したがって，学習指導とは，生徒たちが自分でその糸を解きほぐし，1本1本の糸にラベルをつけ，再び正しく織り直すのを手助けすることに他ならない。その際，教師は生徒たちの信念を否定するのではなく，生徒たちがあらかじめもっていた素朴理論を科学的理論と整合的に統合できるように手助けすることが重要である。

　子どもが教室へもち込んでくる素朴理論は，とくに低学年の子どもの場合に大きな影響を及ぼす。例えば，「地球は丸い」ことを教えられた子どもは，「球のような地球」ではなく「パンケーキのような地球」を想像し，「地球は平らだ」という素朴理論を保持しようとする（Vosniadou and Brewer, 1989）。また，多くの幼児は，8は4より大きいので，8分の1が4分の1より大きいという素朴理論に固執する（Gelman and Gallistel, 1978）。もし子どもたちの心がタブラ・ラサ（白紙）であれば，「地球は丸い」「4分の1は8分の1より大きい」と，彼らに言葉で説明するだけで十分であろう。しかし，彼らはすでに地球や数に関する概念を形成しているので，それを修正・拡張するする必要があるのである。
　先行の理解を修正・拡張することは，あらゆる年齢段階の学習者にとっても重要である。なぜなら，素朴理論と矛盾する科学理論を教えられると，高学年の生徒でも素朴理論に固執する傾向があることが，多くの実験によって確認されているからである。例えば，アンドレア・ディセッサ（Andrea DiSessa, 1982）は，工学系の一流大学の学生に次のようなコンピュータ・ゲームを行わせた。なお，比較のために，小学生にも同じゲームを行わせた。このゲームの課題は，ダイナタートルとよばれる物体を操作して標的にあてることであるが，標的にあてる際にはダイナタートルを最低速度にすることが要求された。被験者は，このゲームを始める前に，テーブルに置かれたテニスボールを小さな木づちで2，3度叩く練習を行った。実験の結果，大学生の成績は小学生と同様の惨憺たるものであった。大学生は，テニスボールを使って練習したにもかかわらず，小学生と同じように，惰性を考慮に入れずに，動いているダイナタートルで直接標的をねらってしまったのである。このゲームで成功するためには，ニュートンの運動法則を理解している必要がある。そこで，この実験に参加した1人の大学生の物理学に関する知識を調べてみたところ，彼女はゲームの遂行に関係する物

理学の法則や公式を知っていることがわかった。それにもかかわらず，ゲーム中には素朴理論の世界に逆戻りしてしまうのである。

　この他にも，多くの大学生が，「季節は地球の傾斜によってではなく太陽からの距離によって引き起こされる」という素朴理論（Harvard-Smithsonian Center for Astrophysics, 1987）や，「投げ上げられて空中を移動中の物体は，重力と投げられた際に手によって加えられた力の両方を受けている」という素朴理論を保持していることが明らかにされている（Clement, 1982）。したがって，こうした素朴理論を修正し科学的理論と置き換えるためには，大学生自身が自分の素朴理論の問題点に気づき，みずからそれを修正するための学習機会を提供することが重要である。

2．**学習者が探究能力を発達させるためには，(a) 事実についての幅広く深い基礎知識を身につけ，(b) その事実を概念の枠組みの文脈と関連づけて理解し，さらに，(c) スムーズに検索・応用できるように知識を体制化しなければならない。**

　この原理は，熟達化や転移の研究において明らかにされたものである。熟達者は，自分の専門分野に関しては，十分に構造化した知識に基づいて常に行動することができる。彼らは単なる「熟慮型の人」でも「利口な人」でもない。彼らは，問題解決の計画を立てたり，問題のパターンに気づいたり，合理的な議論や説明をしたり，他の問題へアナロジーを利用したりすることができ，これらの能力は相互に密接に関連し合っている。

　このことは，学習者が探究能力を発達させるためには，幅広い知識を身につけるだけではなく，深い理解を伴った学習が必要であることを意味している。深く理解されれば，事実についての知識が応用可能な柔軟な知識に変換される。つまり，熟達者は，初心者にはわからないような情報のパターン，関係，不整合などを分析することによって，情報を深く理解することができる。また，熟達者は全般的な記憶力が他の人より特別によいわけではないが，個々の概念を深く理解しているので，初心者にはわからないような深い水準の意味を情報から抽出することができる。さらに，熟達者は課題と関連のある情報を効率的に検索することができるので，課題とは無関連な情報に注意を向けることがない。このため熟達者は，複雑な事象でも限りある情報処理容量をむだに消費することがない。

　幼稚園から高等学校までのどの段階でも，生徒たちは初心者として新しい学習を始める。生徒たちはインフォーマルな知識をもってスタートし，フォーマルな科学的な知識の獲得をめざす。したがって，教育とは，生徒たちがインフォーマルな理解からフォーマルな理解に向かって発達する（熟達する）のを支援する営みに他ならない。そして，教科学習の熟達化の場合にも，教科内容についての知識，ベースを深めるこ

とと，教科に関する概念的枠組みを発展させることの両方が必要になる。

　教科学習の熟達化の例として，地理の学習を取り上げてみよう。地理の学習では，生徒たちは地図を見ながら，州名，都市名，国名などを記憶するであろう。しかし，境界線が取り除かれると，彼らの知識を支えている概念の境界も消失してしまうので，この課題はかなり難しくなる。一方，熟達者は境界線が取り除かれても困ることはない。なぜなら熟達者は，山や川や海が人々を分断する境界線になることや，大都市は貿易が便利な土地（例えば，大河の河口，大きな湖のほとり，海辺の港の近く）に建設されることを知っているからである。また，熟達者は，人々が集まってくる都市の必要性や天然資源の重要性を理解しているので，初心者よりも地図の意味を深く読み取ることができる。したがって，こうした熟達者がもっている概念的枠組みを生徒たちに適切に教えれば，生徒たちも地理の熟達者になることができるであろう。

　学習と転移の研究で得られた重要な知見とは，概念的枠組みに基づいて知識を構造化すれば転移が促進されるということである。すなわち，生徒たちは以前に学習した知識を利用して，それと関連する新しい知識を素早く学習することができる（p.55. BOX 3.3参照）。例えば，地理学の概念的枠組に基づいてアメリカの地理を学習した生徒は，別の地域の地理も，新たな知識の獲得を助ける質問や考え，期待をもつことで効果的に学習できるであろう。また，ミシシッピー川の地理上の重要性を理解した生徒は，ナイル川の地理上の重要性を素早く理解できるであろう。さらに，かつて訪れたことのある都市の地理学上の特徴について観察したり質問したりすることによって，教室を越えた学習の転移が促進されるであろう（Holyoak, 1984 ; Novick and Holyoak, 1991）。

3．メタ認知能力を促進させる教授法では，生徒たちに学習目標を立てさせたり，その目標への学習過程をモニタリングさせることによって，みずから学習を制御し進めていく能力を高めることができる。

　熟達者の思考過程を発話思考法を用いて分析した研究によって，熟達者は自分の学習過程を注意深くモニタリングしながら学習を進めていることが明らかにされている。すなわち熟達者は，疑問点が生じたらメモを取ったり，新しい知識と既有知識のあいだに矛盾がないかを調べたり，どのようなアナロジーを用いれば理解が促進するかを考えたりする。このメタ認知的行動モニタリングとは，適応的熟達者とよばれるための重要な認知的要因である（Hatano and Inagaki, 1986）。

　メタ認知は自己内対話の形式をとるので，自己内対話を促すことによってメタ認知能力を高めることができる。ただし，メタ認知能力を高めるための方法は文化的規範や探究方法の影響を受けることに留意するべきである（Hutchins, 1995 ; Brice-Heath,

1981, 1983 ; Suina and Smolkin, 1994)。メタ認知能力を育成するための方略を指導するには，次のようなものがあげられる。それは例えば，「正しく学習しているかどうかを自分で確認させる」「学習したことを他者にわかりやすく説明させる」「理解できていないことを書き出させてみる」「関連する既有知識を検索させる」「あらかじめ学習計画を立てさせる」「学習時間を適切に配分させる」などの活動である。また，読解力を育成する目的で開発された相互教授法においても，生徒たちに理解したことを精緻化させたり，理解しているかどうかをモニタリングさせる（Palincsar and Brown, 1984）。この相互教授法では，最初に教師が上述のようなメタ認知方略を使ってみせ，次に生徒たちに練習をさせ，その方略を使った結果がどうであったかを話し合わせ，最終的には教師の援助がなくても生徒たちが独力でメタ認知活動を行えるようにするというのが，一般的な指導手順である。

また，メタ認知能力を育成するための指導では，教科の学習活動の中にメタ認知活動を組み入れるべきである（White and Frederickson, 1998）。なぜなら，一般的な文脈の中で獲得されたメタ認知能力は，転移が生じにくいからである。なお，メタ認知活動を学習活動の中に組み入れることの有効性は，物理（White and Frederickson, 1998），作文（Scardamalia et al., 1984），数学（Schoenfeld, 1983, 1984, 1991）などの教科において確認されている。そしてメタ認知活動は生徒が新たな場面やできごとに転移できるにつれ増えていく（Lin and Lehman, in press ; Palincsar and Brown, 1984 ; Scardamalia et al., 1984 ; Schoenfeld, 1983, 1984, 1991）。

上記の全教科の技法は，別のやりかたを考える過程を指導したりモデルを示す，目標に到達するよう生徒のよいところを認める，目標への進捗状況をモニターする，というような方略を共有している。そして自立と自己制御という目標に向かって，教室での話し合いが技能の発達支援のために使われている。

教育実践への示唆

上述の3つの学習原理は，授業実践だけでなく教員養成の教育に対しても，次のような重要な示唆を含んでいる。

1. 生徒たちが教室にもち込んでくる既有知識を，学習を妨害するものととらえるのではなく，学習を促進するものとして役立てる必要がある。

①一般に，「生徒たちは空っぽの皿で，その皿に知識を満たしていくのが教師の役割だ」と考えられている。しかし，生徒たちはけっして空っぽの皿ではなく，就学前にすでにインフォーマルな知識を獲得している。生徒たちは，そのインフォーマルな知識の上に，教室で学ぶフォーマルな知識を積み重ねていく。したがって，教師の役割は，そうしたインフォーマルな知識を考慮に入れ，インフォーマルな知識とフォー

マルな知識が整合的に関連づけられるような学習環境を提供することである。

　②学期末や学年末の学力テストによる総括的評価だけでなく，生徒に学習過程のフィードバックを与えるはたらきをする形成的評価を重視するべきである。生徒は，フィードバックを与えられることによって，まちがいを修正したり，学習を深めたりすることができる。また，形成的評価を与えることは，教師や他の生徒たちにも役に立つことが多い。ただし，従来のように知識を記憶しているかどうかや技能を断片的に評価するのではなく，深く理解しているかどうかを評価するべきである。

　③教員養成課程では，生徒たちの既有知識に気づき，それを引き出し，それがうまくはたらくようにすることを学ぶ機会を提供すべきである。

2．生徒たちが教科内容を深く理解できるような学習指導を行うべきである。そのためには，関連した例を数多く用いるなどして基礎となる事項や原理をきちんと理解させる必要がある。

　①これからの学校教育では，幅広い知識を網羅して表面的に教える教授法ではなく，重要な知識や概念を深く理解させるための教授法が重視されるべきである。もちろん，幅広い知識を教えることも重要ではあるが，それよりもさらに重要なことは，ある教科の特定の単元について深い理解を促す機会を設けることである。しかし，深い理解を促すためには，インフォーマルな知識をフォーマルな知識と整合的に関連づけるための時間が必要となる。このため，場合によっては複数の学年にまたがるカリキュラム編成が必要になるであろう。

　②深い理解を促すための学習指導を行うためには，教師自身が，教科内容について深く理解しておく必要がある。また，生徒の学習過程や思考の発達についても理解しておく必要がある。したがって，教員養成課程には，教科内容に関する専門知識を習得するためのコースと，生徒の学習過程や思考の発達を理解するためのコースの両方が設けられるべきである。

　③従来の標準学力テストは，断片的な事項や手続きの記憶が過度に重視されている。しかも，標準学力テストは，学校が説明責任を果たしているかどうかの評価基準として利用されることが多い。このため，教師がいくら深い理解を促すような学習指導を行っても，その成果が標準学力テストの成績に反映されないことが多い。したがって，深い理解を促すための学習指導の成果を適切に客観的な得点化によって評価できるような標準学力テストの開発が望まれる。

3．メタ認知能力の育成は，多様な教科の学習指導のカリキュラムの中に組み入れる形でなされるべきである。

　メタ認知は自己内対話であるため，生徒たちはメタ認知の重要性に気づかないことが多い。したがって，教師がメタ認知の重要性を強調する必要がある。また，教科に

よってモニタリングの方法が異なるので，メタ認知能力を育成するための指導は，教科ごとに行う必要がある。例えば，歴史の授業では，生徒たちに「誰がこの文書を書いたのだろうか？」「この文書は史実の解釈にどのような影響を及ぼすのだろうか？」などについて考えさせるのが有効である。これに対し，物理の授業では，物理学の原理を正しく理解できているかどうかを，生徒自身にモニタリングさせるのが効果的である。

①教科学習の指導の中にメタ認知能力の育成を組み入れることは，生徒たちの学業成績を向上させるだけでなく，自主的な学習態度の育成につながる。したがって，メタ認知能力の育成は，教科ごと，学年ごとのカリキュラムに組み入れられるべきである。

②教職志望の学生にメタ認知能力の育成とメタ認知能力を高めるための指導法を教えることが，今後の教師養成カリキュラムの標準となるべきである。

上述の3つの示唆を授業実践に組み入れると，生徒の学業成績は目覚ましく向上する。そのことは数多くの研究によって確認されている。一例として，シンカー・ツール（Thinker Tools）という学習支援ツールの有効性を調べた研究を取り上げてみよう。この研究では，シンカー・ツールを利用して，モデル化を行って物理学に関する自分の既有知識が正しいかどうかを確認したり，自分の学習過程を省察したり，他の生徒の評価を参考にしたりというように，生徒たちに多様なメタ認知活動を行わせた。その結果，このシンカー・ツールを用いた物理の授業を受けた小学6年生は，講義形式の授業を受けた中学2，3年生よりも物理学の概念をよく理解していることがわかった。また，都市部の中学校1，2年生と郊外の高校2，3年生を対象にして行われた追試研究においても，シンカー・ツールを用いた探究型の授業を受けた中学生のほうが，講義形式の授業を受けた高校生よりも物理の基本原理をよく理解していることがわかった（White and Frederickson，1997，1998）。

混乱に秩序を

「人はいかに学ぶのか」に光をあてれば，効果的な教授法を選択する際の混乱を避けることができる。それにしても，なんと数多くの教授法が教育界やメディアで喧伝されていることであろう。例えば，「講義形式の授業」「テキストを使った授業」「探究学習」「情報テクノロジーを駆使した授業」「個別学習」「協同学習」など，実に様々な教授法が提唱・実践されている（図1.1参照）。いったいこれらの教授法のうち，どれが最も優れているのだろうか？　講義形式の授業は効果的ではないという風評は正しいのだろうか？　協同学習は効果的なのだろうか？　コンピュータを使った授業（情報テクノロジーを駆使した授業）は，学習を促進するのだろうか，それとも

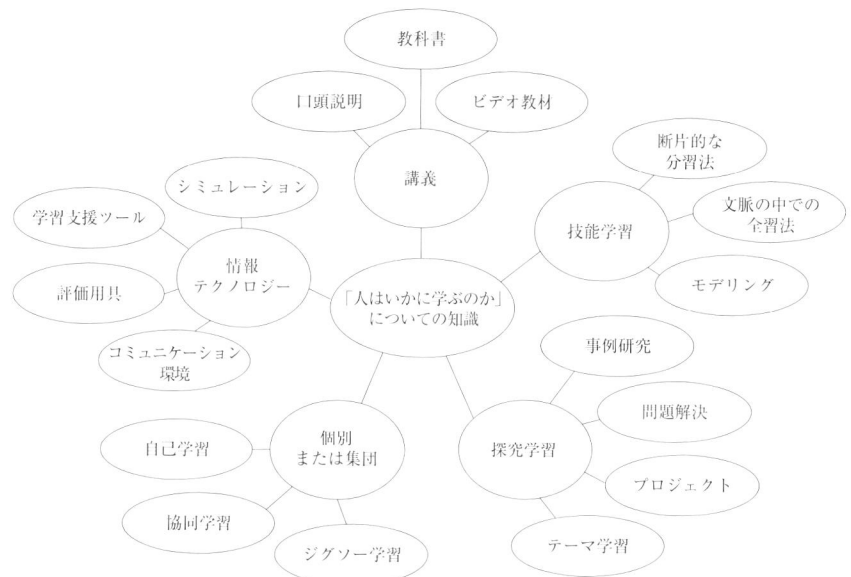

▲図1.1 「人はいかに学ぶのか」についての知識を備えていれば、教師は様々な教育方法の中から、特定の教育目標に応じてより適切な方法を選択することができる。

阻害するのだろうか？

　本書で取り上げる学習科学の知見は、そもそもこうした問いを立てること自体がまちがいであることを教えてくれる。なぜなら、どの教授法が最も優れているのかを問うことは、ハンマー、スクリュードライバー、ナイフ、ペンチの中で、どの道具が最も優れているのかを問うようなものだからである。授業にしても大工仕事にしても、どの道具が最も適しているのかは、取り組む課題や用いる材料によって決まる。例えば、生徒に新しい知識を伝達することや、生徒の想像力を刺激することや、生徒の批判的思考力を磨くことが授業の目標である場合には、テキストを使った授業や講義形式の授業が最も効果的であろう。しかし、生徒の既有知識や理解のレベルを診断することや、生徒のメタ認知能力を高めることが授業の目標である場合には、別の形式の授業のほうが適しているであろう。また、実験実習を組み入れた授業は、生徒の創造性をはぐくむための教授法としては効果的であるが、それだけでは基本的な概念を深く理解し、それを一般化させるまでにはいたらないであろう。要するに、どのような教育目標にも適合する万能の教授法など存在しないのである。

　しかし、適切な教授法を選択する際の出発点として学習の基本原理を用いれば、合理的な教授法の選択が可能になる（もちろん、教科、学年、教育目標によって異なる

べきであるが)。つまり，様々な教授方略が存在することは，けっして「混乱」ではなく，教育目標に応じて適切な教授法を選択すれば，そこにはおのずから「秩序」が生まれ，生徒たちに豊かな学習環境を提供することができるはずである。

　また，「人はいかに学ぶのか」を知ることによって，教師は「基礎・基本か問題解決力か」といった教育界に浸透している「悪夢の二分法」から解放されるであろう。言うまでもないことであるが，両者はどちらもたいせつなのである。そもそも基礎的・基本的な知識・技能は，生徒たちが問題解決に取り組む過程で身につくものである。逆に，基礎的な知識・技能が身についていない生徒に問題解決に取り組ませても，問題解決能力の育成にはつながらないであろう。

学習環境をデザインする

　本書では第6章において，学習を促進するための学習環境のデザインと評価について検討するが，その主要なポイントは次の4点である。

1. 「学習者中心」の学校と教室

　教師は，生徒たちが教室にもち込んでくる既有知識，スキル，態度などに細心の注意をはらわなければならない。また，教科内容に関する既有知識だけでなく，次のような要因にも注意をはらうべきである。

　①個別学習と協同学習のどちらを好むかには個人差があり，この個人差は生徒たちが教室にもち込んでくる文化的相違を反映している (Moll et al., 1993)。

　②生徒たちの知能に関する理論が彼らの学習活動に影響を及ぼす。例えば，知能は変化しないという固定的知能観をもっている生徒は，学習目標よりも成績目標をもつ傾向がある。彼らは自分の能力に対する高い評価を期待し，自分の評価が下がるような挑戦をしない。また，失敗するとくじけやすい。これに対し，知能は発達するという増大的知能観をもっている生徒は学習目標をもつ傾向があり，難しい課題にも意欲的に挑戦し，たとえ失敗しても，くじけずに根気強く学習活動に取り組むことができる (Dweck, 1989 ; Dweck and Legget, 1988)。

　要するに「学習者中心」の教室では，教師は個々の生徒の成長に敏感であり，常に個々の生徒に最も適した学習課題を工夫する。すなわち，ある程度は挑戦的ではあるが解決をあきらめてしまうほどには難しくない「ほどよい難易度」の課題を与えるために，教師は個々の生徒の知識，スキルの水準，興味などに常に注意をはらっている (Duckworth, 1987)。

2. 「知識中心」の学習環境を提供するためには，何を教えるか (教科内容)，なぜそれを教えるのか (理解)，学力とは何なのかに注意をはらう必要がある。

後続の章で述べるように，深い理解を反映するように体制化された知識は理解を促進し，深い理解を伴う学習は転移を促進する。しかしながら，理解を伴う学習は，単に知識を記憶するだけの学習よりも困難であるし，時間もかかる。このため従来のカリキュラムでは，事実に関する知識を広く浅く教えることに主眼が置かれ（このため，しばしば「広さは1マイルだが，深さは1インチ」と酷評されている），理解を伴う学習は十分になされていないのが現状である。これに対し，「知識中心」の環境では，事実を記憶することを強化するよりも深く理解することのほうを重視し，将来の学習を促進すると考えられるメタ認知方略の指導も行う。

　また，「知識中心」の教室での主要な目標は，単に生徒が学習に熱心に取り組むことではない（Prawaf et al., 1992）。たしかに，生徒が興味をもって課題に取り組むこともたいせつではあるが，そのことは必ずしも理解を伴う学習がなされていることの保証にはならない。熱心に取り組んでいるだけの課題と理解しながら取り組んでいる課題の違いは大きい。したがって，「知識中心」の教室では後者を推奨するのである（Greeno, 1991）。

3.「評価中心」の教室では，教師と生徒の両方が生徒の学習過程の進歩を可視化しモニターする。つまり，形成的評価によって，生徒は自分の思考過程を見直すことが可能になる。一方，教師も形成的評価によって，生徒の素朴理論や思考の「発達段階」を把握し，それに基づいて適切な指導計画を立てることができる。

　形成的評価は，あくまで学習者の視点に立った評価であり，生徒はテストに備えて前の晩に試験勉強をする必要もなければ，評価結果が教室内での順位づけに利用されることもない。生徒は形成的評価によって自分自身の思考過程を見直したり（Vye et al., 1998b），各週ごとや各月ごとにそのコースでの自分の進歩のようすを知ることができる。一方，教師は形成的評価によって，生徒の学習上の問題点（評価をしてみないと気づかないような問題点）を見いだすことができる。例えば，民主主義の原理について勉強している高校生に，月に移住した人々が政府を樹立しようとしている物語を呈示したとしよう。この教師の話題提供を受けて，生徒たちは，その政府の特徴を説明したり，政府を樹立する際に起こる問題点などについて議論をするであろう。そうすれば，それを聞いている生徒にも教師にも，それぞれの生徒の思考の深まりを知ることができる。これはテストというよりも，むしろ，その後の探究と指導の方向性を探るための指標になるのである。

4.「共同体中心」の学習環境では，学校や教室の中に「ともに学び合う仲間意識や規範」が成立していなければならない。また，学校が地域社会に開かれている必要がある。

　教室の中で成立している社会規範は，生徒の学習活動に多大な影響を及ぼす。例え

ば，ある学校では「答えがわからない場合には，それを他人に知られないようにする」という社会規範が成立しているかもしれないし，別の学校では「難しい問題にも積極的に挑戦し，失敗したらやり直せばよい」という社会規範が成立しているかもしれない。もちろん，「共同体中心」の学級では，「自分の考えや疑問を自由に表現してもかまわないのだ」という社会規範が成立していなければならない。

そのような望ましい社会規範を成立させるためには，教師は学級の中に仲間意識や共同体感覚が芽ばえるようにする必要がある。そうすれば学級は学習者共同体となり，生徒たちは互いの知識を共有したり，友だちの説明を理解するために質問したり，友だちにヒントを与えたりしながら，協力して問題解決に取り組むであろう（Brown and Campione, 1994）。そして，学習共同体の中での協同的問題解決（Evans, 1989；Newstead and Evans, 1995）や話し合い学習（Goldman, 1994；Habermas, 1990；Kuhn, 1991；Moshman, 1995a, b；Salmon and Zeitz, 1995；Youniss and Damon, 1992）が，生徒たちの認知発達を促進するであろう。

また，教師たち自身も学習者共同体を作り出すように努めるべきであり，そのことがもっと奨励されるべきである（Lave and Wenger, 1991）。そうした教師のための学習共同体では，答えを知っていることよりも質問をすることのほうが重視され，教師たちは他の教師の考えを考慮に入れながら，互いに新しいアイデアを生み出していくであろう。そして，教師たちの学習に対する積極的な態度が教室の中にも伝播し，教師たちは自分たちで考案した新しいアイデアを実践することに対して，誇りと責任感をもつようになるであろう。

さらに，教室での学習活動を生徒の日常生活と結びつけることも重要である。そのための有効な方法の1つは，学校での学習活動や学習計画づくりに保護者も参加することである（Moll, 1990, 1986a, 1986b）。図6.3（p.150）に，生徒が1年間のうち学校で過ごす時間の割合が示されている。この図から明らかなように，もし学校外の時間（就寝時間は除く）の3分の1をテレビを見て過ごしているとすれば，学校で過ごす時間よりもテレビを見ている時間のほうが長いことになる。このことは，家庭学習の重要性を示唆している。

学習の原理を大人の学習に適用する

本章で取り上げた学習の原理は，子どもの学習だけでなく大人の学習にも適用することができる。しかし，大人の学習には学習の原理がほとんど活かされていないのが現実である。そのことは，次に示す教職研修プログラムの現状を考えてみれば明らかである。

(1) 従来の教職研修プログラムは「学習者中心」ではない。すなわち，現職教師の

ためのワークショップのほとんどは，教師のニーズに応えるものではない。
(2) 従来の教職研修プログラムは「知識中心」ではない。教職研修のプログラムは教授学的な教科内容の知識を中心とするべきであるが，実際には教科内容に基づかない一般的な教授学（例えば協同学習）の紹介にとどまっていることが多い。
(3) 従来の教職研修プログラムは「評価中心」ではない。教師が自分の実践を変えるためには，自分の授業実践に対するフィードバックを受ける必要があるが，従来の教職研修プログラムでは，そうしたフィードバックを提供していない。
(4) 従来の教職研修プログラムは「共同体中心」ではない。つまり，教師のための学習共同体がほとんど形成されていないために，教師たちは孤立しがちである。このため，教師が新しいアイデアを授業に取り入れようとする際に，ほとんどサポートを得ることができないのが現状である。しかし，インターネットの普及によって，最近ではそうした状況も多少は改善されつつある。

また，本章で取り上げた学習の原理は，教育改革がめざすべき方向を見定める際のレンズの役割を果たすであろう。したがって，本章で取り上げた学習の原理は，今後の教育政策の立案にも活かされるべきである。

第2部

学習者と学習

第2章

熟 達
──熟達者と初心者の違いは何か

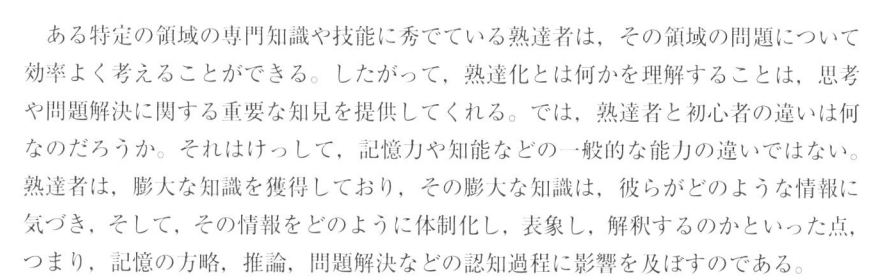

　ある特定の領域の専門知識や技能に秀でている熟達者は，その領域の問題について効率よく考えることができる。したがって，熟達化とは何かを理解することは，思考や問題解決に関する重要な知見を提供してくれる。では，熟達者と初心者の違いは何なのだろうか。それはけっして，記憶力や知能などの一般的な能力の違いではない。熟達者は，膨大な知識を獲得しており，その膨大な知識は，彼らがどのような情報に気づき，そして，その情報をどのように体制化し，表象し，解釈するのかといった点，つまり，記憶の方略，推論，問題解決などの認知過程に影響を及ぼすのである。

　本章では，チェス，物理学，数学，電子工学，歴史学などの領域の熟達者に関する研究を紹介する。ただし，すべての子どもたちが，これらの領域の熟達者になることを期待しているわけではない。これらの研究を紹介するのは，効果的な学習とはどのようなものかを明らかにするためであり，熟達化につながる学習のプロセスに関しては，第7章で検討することにする。

　以下に，熟達者の知識に関する6つの原則と，それらの原則が学習や教授法にどのような示唆を与えているのかを示しておく。

　原則1．熟達者は，初心者が気づかないような情報の特徴や有意味なパターンに気づく。

　原則2．熟達者は，課題内容に関する多量の知識を獲得しており，それらの知識は課題に関する深い理解を反映する様式で体制化されている。

　原則3．熟達者の知識は，個々ばらばらの事実や命題に還元できるようなものではなく，ある特定の文脈の中で活用されるものである。すなわち，熟達者の知識は，ある特定の状況に「条件づけられた」ものである。

　原則4．熟達者は，ほとんど注意を向けることなく，知識の重要な側面をスムーズに検索することができる。

　原則5．熟達者は，自分が専門とする分野について深く理解しているが，それを他者にうまく教えることができるとは限らない。

　原則6．熟達者が新奇な状況に取り組む際の柔軟性には，様々なレベルがある。

情報の有意味なパターン

　初期の熟達化研究は，人がどのような知識を用いるかによって，同じ刺激であっても知覚や理解のされ方が異なることを示している。ドゥグルー（DeGroot, 1965）は，なぜ国際レベルのチェス・マスターは常に対戦相手に勝つことができるのかに関心があった。彼は，チェス・マスターと，チェス・マスターよりは経験の少ないチェスの上級者に，チェスの対局場面を見せ，自分ならどのような手をさすかを声に出して説明させた（BOX 2.1を参照）。ドゥグルーは，チェス・マスターは，マスターではない上級者より，(a) 駒を動かす前に可能性のある指し手のすべてを考慮し（検索の範囲が広く），(b) 一手指すごとに，対局相手が選ぶ可能性がある応じ手をすべて考慮するだろう（検索の程度が深い）と予想していた。この初期の研究では，チェス・マスターはたしかにかなり広く深く検索を行っていたが，それはマスターではない上級者の場合も同様であった。そして，両者とも，あらゆる可能性を網羅した検索は行わなかった。ただ，チェス・マスターが考慮した指し手は，経験が少ない上級者よりも質的に高度であった。したがって，これらの結果は，熟達レベルの差をもたらすのは一般的な方略以外のものであることを示唆している。

　ドゥグルーは，何万時間ものチェスの試合を通じて培われた柔軟な知識こそが，チェス・マスターの強さの秘密だと結論づけている。つまり，チェス・マスターは，チェスの定跡や状況に応じた適切な手筋がすぐにわかるので，適切な指し手を考えることができるのである。ドゥグルー（1965：33-34）は，即座に手筋がひらめくチェス・マスターの優れた能力について，次のように表現している。

> 特定の領域（例えば，チェス）の経験や知識が増えると，初期には抽象化や推論のはたらきによってようやく理解できたことが，後期には瞬時に理解できるようになる。つまり，問題を抽象化してとらえるのではなく，知覚的に直接とらえることができるようになるのである。ただし，抽象化がどのようになされるのか，また，知覚的なとらえ方と抽象化との境界がどこにあるのかは明らかではない。つまり，抽象化の過程が知覚的過程に置き換えられることは，問題が誰にでも同じように与えられているわけではないことを意味している。なぜなら，熟達者と非熟達者とでは，そもそも問題のとらえ方が異なるからである。

　ドゥグルーは，発話思考法を用いて，専門的学習が行われる状況を綿密に分析し，数多くの仮説を導き出した（Ericsson and Simon, 1993を参照）。それらの仮説は，他の研究法を用いてその妥当性が確かめられている。

　例えば，チェスの熟達者は，駒の配置の再生成績がより優れていることが示されている（BOX 2.1の例を参照）。そして，それらの結果は，熟達者がチェスの駒の動き

方や戦略と関係づけながら，チェスの駒の配置をどのようにチャンク化するのかという観点から説明されてきた。短期記憶に保持できる情報量には限界がある。しかし，よく知っている配置として情報をチャンク化できれば，短期記憶に保持できる情報量を増やすことができる（Miller, 1956）。チェス・マスターは，駒の配置を見れば，即座に意味のある情報のチャンクを知覚できる。そして，そのことが駒の配置の記憶に影響する。つまり，チェス・マスターは，ある戦術にかかわっている複数の駒の動きをチャンク化することができる。これに対し初心者は，階層的で高次に体制化された知識構造をもっていないために，チャンク化方略を使用することができない。要するに世界のトップクラスのチェスの熟達者は情報を有意味なチャンクに符号化する能力が高いのである。しかし，世界のトップクラスにならなければ，チャンク化方略が身につかないというわけではない。例えば，チーやシュナイダーら（Chi, 1978；Schneider et al., 1993）の研究によれば，チェスに熟達した10歳から11歳の子どもは，チェス選手でない大学生よりも，多くの駒の配置を覚えることができた。ところが，他の刺激（例えば，数字の列）を提示すると，今度は大学生のほうが小学生よりも多くの数字を覚えることができたのである（図2.3を参照）。

　チェス・マスターと同様のスキルは，電子回路（Egan and Schwartz, 1979）や放射線医学（Lesgold, 1988），コンピュータ・プログラミング（Ehrlich and Soloway, 1984）などの領域の熟達者にもみられる。これらの領域の熟達者は，初心者には利用できないような情報の有意味なパターンに対する感受性が高い。例えば，電子工学の熟達者は，アンプの電子回路を構成する個々の部品（例えば，抵抗器やコンデンサー）をチャンク化しているので，複雑な回路図を数秒見ただけで回路図を再生できる。しかし，初心者にはそれができない。これに対し，熟達者は典型的なアンプの構造や機能を知っているので，アンプの部品をチャンク化できる。このため，アンプの電子回路の部品の配置を数多く再生することができるのである。

　数学の熟達者も，特定の解決法が必要な問題を提示されると，情報の有意味なパターンを即座に認識することができる（Hinsley et al., 1977；Robinson and Hayes, 1978）。例えば，物理学者は，川の流れに関する問題や飛行機の向かい風と追い風の問題を，同じ数学の法則（例えば，相対速度）を適用する問題であると認識できる。熟達者は，こうした問題のタイプを認識する能力の基礎となる体制化された知識構造，つまりスキーマが発達していると考えられている。そして，その知識は彼らが問題を表象し理解する方法と関係する（例えば，Glaser and Chi, 1988）。また，熟練した教師も，チェスや数学の場合と同様に，授業に関するスキーマを獲得している。

　例えば，サバーズら（Sabers et al., 1991）は，熟練した教師と初心者の教師に，ある授業を録画した画像を呈示した。それは，教室の3箇所（左，中心，右）で起きたできごとを3つのスクリーンを使って同時に示したものであった。教師たちは，ビ

BOX 2.1　熟達者が認識するもの

▲図2.1　記憶実験で用いられたチェス盤の配置（出典：Chase and Simon, 1973）

チェス・マスター級のプレーヤー，Aクラスのプレーヤー（マスターではないが上級者），初級のプレーヤーを対象に，チェス・ゲームの中盤の駒の配置を5秒間提示した（図2.1を参照）。5秒後，チェス盤にはカバーがかけられ，各参加者は，駒の配置を別のチェス盤上に再現することが求められた。この手続きは，すべての参加者が駒を正しく再現できるまで何試行もくり返された。第1試行では，マスター級のプレーヤーはAクラスのプレーヤーよりも多くの駒を正しく配置し，Aクラスのプレーヤーは初心者よりも多くの駒を配置した。正しく配置できた駒の数は，それぞれ16個，8個，4個であった。しかしながら，この結果が得られるのは，チェスの駒が，実際のゲームで現われる可能性のある意味のある配置の場合に限られていた。チェスの駒がでたらめに配置された盤を5秒間提示された場合では，チェス・マスターとAクラスのプレーヤーの再生成績は初心者と同じであり，彼らが正しく配置できた駒の数は2～3個にすぎなかった。図2.2に，実際に試行をくり返した時の中盤に現われる配置の場合の平均再生駒数が示されている。

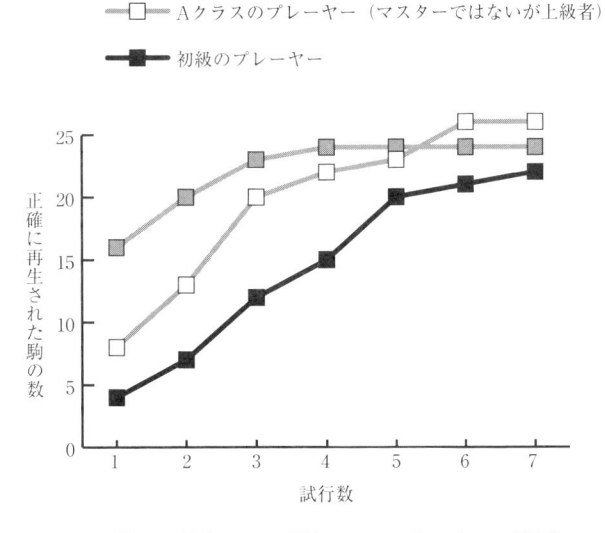

▲図2.2　熟達レベルが異なるチェスプレーヤーの再生数

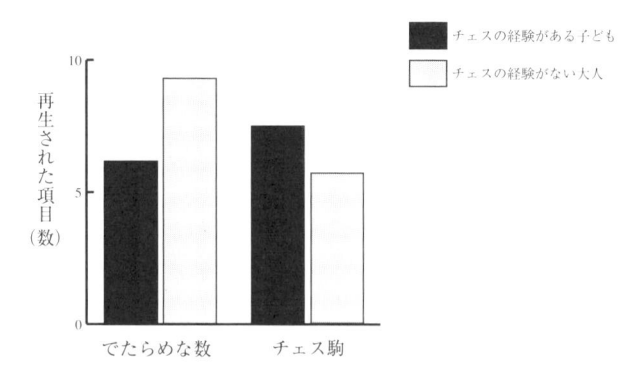

▲図2.3　数とチェス駒の再生数（出典：Chi, 1978）

デオを見ながら，見たことを声に出して話すように求められた。その後，教室内でのできごとに関する質問がなされた。その結果，熟練した教師と初心者の教師の授業に関する理解はまったく異なることがわかった（BOX 2.2の例を参照）。

　熟練した教師は初心者の教師が気づかない授業中のできごとの特徴やパターンを認識できるという事実は，授業改善のための重要な示唆を提供する。例えば，授業用のテキスト，スライド，ビデオテープを見る場合，初心者が気づく情報と，熟達者が気づく情報はまったく異なる可能性が高い（例えば，Sabers et al., 1991；Bransford et al., 1988）。したがって，より高次な能力を獲得するには，知覚した場面を分析する能力を向上させること（すなわち，見方を学ぶこと）が重要なのである。このように熟達化研究は，情報の有意味なパターンを認識する能力を高めるような学習経験を生徒に与えることの重要性を示唆している（例えば，Simon, 1980；Bransford et al., 1989）。

知識の体制化

　熟達者の知識はどのように体制化されているのだろうか，また，知識の体制化は問題を理解し表象する能力にどのような影響を及ぼすのだろうか。熟達者の知識は，当該領域に関連する事項や公式の単なる羅列ではなく，その領域についての思考をガイドする概念，すなわち「核心的で重要な考え」を軸に体制化されたものである。

　物理学の場合を例に取り上げてみよう。チーらは（Chi et al., 1981），物理学の熟達者と学力の高い初心者（大学生）に，物理学の問題の解決方法を記述するように求めた。その結果，熟達者は，問題解決に適用されるべき物理学の重要な原理や法則について言及するだけでなく，なぜその法則を適用するのか，どのようにそれを適用するのかについても説明することが明らかになった。これとは対照的に，学力の高い初心者は，物理学の原理や法則に言及することはほとんどなかった。彼らはただ，どの

BOX 2.2　熟練した教師と初心者の教師が気づく内容

熟練した教師と初心者の教師における授業録画ビデオに対する気づきの違い

熟達者6：左のモニターを見ると，ノートをとっている生徒たちは，以前にもこのようなシートを見たことがあり，このようなプレゼンテーションを経験したことがあるのがよくわかるわ。生徒たちは，この学習形式に慣れているので，かなりうまくやっているわね。

熟達者7：初めの2・3分は何が起こっているのかに注意しているけれど，そのうちに居眠りをする。それは，生徒の顔をみていればわかるよ。しかし，なぜ生徒たちは誰かが情報を教えてくれるのを待つばかりで，自分自身で情報を見つけようとしないのか理解できないな。

熟達者2：始業のベルは聞こえなかったけれど，生徒たちはすでに机に座っている。ちゃんと目的をもって活動しているみたい。教室で友だちとおしゃべりをするのが目的ではなくて，何かをしようとして教室に来ているようなので，きっと彼らは進度の速いグループの子どもたちだと思う。

初心者1：生徒たちが何をしているかわからない。授業の準備はできているみたいだけど，彼らが何をしているかわからない。

初心者3：彼女はここで彼らと何か話そうとしているけれど，何についてなのかわからない。

もう1人の初心者：見るべきものがたくさんあってわからない。

公式をどのように操作するのかについて説明するだけであった（Larkin, 1981, 1983）。

　これらの結果から，熟達者の思考様式は，ニュートンの運動の第2法則のような物理学の重要な概念や，その概念をどのように適用するべきかといった考えに基づいていることがわかる。これに対し初心者は，物理学の問題解決を，公式を記憶・再生・操作する作業として認識している。また，物理学の熟達者は，問題内容を簡潔な図で表わすことが多く，単に数値を公式に当てはめるようなことはしない。そして，熟達者が有効な解決方法を見つけようとすれば，図は精緻化されたものになることが多い（Larkin et al., 1980；Larkin and Simon, 1987；Simon and Simon, 1978 などを参照）。

　物理学の熟達者と初心者では，問題の取り組み方にも違いがみられる。インデックス・カードに書かれた問題を分類するように求めると，熟達者は問題解決に適用する

べき法則に基づいて分類したが，初心者は問題の表面的な特徴に基づいて分類した（Chi et al., 1981）。例えば，物理学領域の1つである力学の問題の場合，熟達者はエネルギー保存の法則を用いて解決するべき問題であると判断したが，初心者は斜面に関する問題であると判断した（図2.4を参照）。しかし，例え問題が同じ物体に関するもので，見かけは類似していても，問題の解決方法はまったく異なることもありうる。そのため，問題の表面的な特徴に注目することはあまり得策ではないのである。

さらに，物理学の熟達者と初心者が物理学の問題解決に利用している知識構造の違いを調べた研究によって（Chi et al., 1982）（図2.5を参照），初心者の斜面に関するスキーマは，主に斜面の表面的特徴から構成されているのに対し，熟達者のスキーマは，斜面に関する概念と，物理学の法則やそれらの適用条件を関連づけた体系的なものであることが明らかにされている。

チェスや物理学などの領域における熟達者特有の知識構造を調べるために，熟考時間を分析した研究もなされている。その結果，物理学の熟達者は，関連のあるいくつかの式をひとまとめにして一気に再生するのに対し（Larkin, 1979），初心者は式を1つひとつばらばらに再生することがわかった。このことから，熟達者は，基礎となる概念や原理に基づいて，関連要素をいくつかのユニットにグループ化することによって，意味のある知識体系を形成していることが推測できる（BOX 2.3を参照）。熟達化をこのようにとらえるならば，熟練化とは，すなわち，記憶中の概念のチャンクが増加することであり，チャンク間の関連性やチャンクを定義づける特徴が多様化することであり，さらに，関連のあるチャンクを効率的に検索する方法や，問題解決場面でそれらのチャンクを適切に用いるための手続きを習得することでもある（Chi et al., 1981）。

熟達者と非熟達者とでは知識の体制化の様式が異なることは，歴史学の領域でも報告されている。ワインバーグ（Wineburg, 1991）は，アメリカ史を専門とする歴史学者（熟達者），アメリカ史以外を専門とする歴史学者（熟達者），高校で歴史の上級コースに在籍し成績が上位である高校3年生に対して，アメリカの独立戦争の歴史的事項に関するテストを行った。その結果，アメリカ史を専門とする歴史学者は，ほとんどのテスト事項を知っていたが，アメリカ史以外が専門である歴史学者は，そのテスト事項の3分の1しか知らなかった。また，歴史学者よりも得点が高い生徒も数名いた。しかし，歴史の文献の理解力に関して，歴史学者と生徒を比較すると，あらゆる基準で明瞭な違いがみられた。すなわち，歴史学者は，理解の精緻化や歴史上のできごとを多様に解釈する能力，その解釈を裏付けるための適切な証拠を示す能力において優れた理解力を示した。しかも，歴史学者の理解の深さは，専門にかかわらずみられた。つまり，アジア史および中世史の専門家も，アメリカ史の専門家と同じ水準の深い理解力を示したのである。

2つの問題を分類する際に初心者がした説明

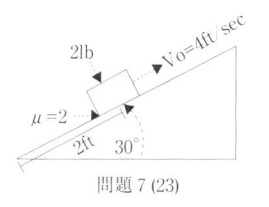

問題7 (23)
2lb, $V_0=4$ft/sec, $\mu=2$, 2ft, 30°

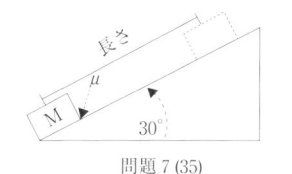

問題7 (35)
長さ, μ, M, 30°

2つの問題を分類する際に熟達者がした説明

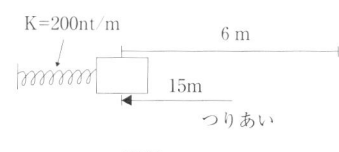

問題6 (21)
$K=200$nt/m, 6 m, 15m, つりあい

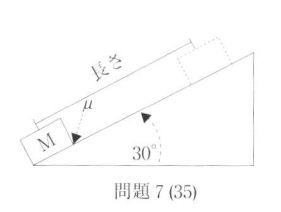

問題7 (35)
長さ, μ, M, 30°

説明

初心者1：斜面のブロックに関する問題です。

初心者5：斜面問題，摩擦係数の問題です。

初心者6：角度がある斜面ブロックがのっています。

説明

熟達者2：エネルギー保存の問題です。

熟達者3：仕事とエネルギーの問題です。これは実にわかりやすい問題です。

熟達者4：この問題はエネルギーを考慮することにより解決できます。エネルギー保存の法則を知っていれば，この問題を解くのは簡単でしょう。

▲図2.4　初心者と熟達者が物理学の問題を分類した例。この図の絵は，物理学の入門用教科書に掲載されている問題の解法を図に描いたものである。解法の類似性に基づいて問題を分類するように初心者と熟達者に求めたところ，両者の分類スキーマは著しく異なることが明らかになった。初心者は，「これらの問題は，同じ表面的特徴を共有していて見かけが似ているから，同じ解法である」というように，問題の表面的類似性に基づいて分類した。これに対し，熟達者は，問題を解く際に適用するべき原理や法則に基づいて問題を分類した（出典：Chi et al., 1981）。

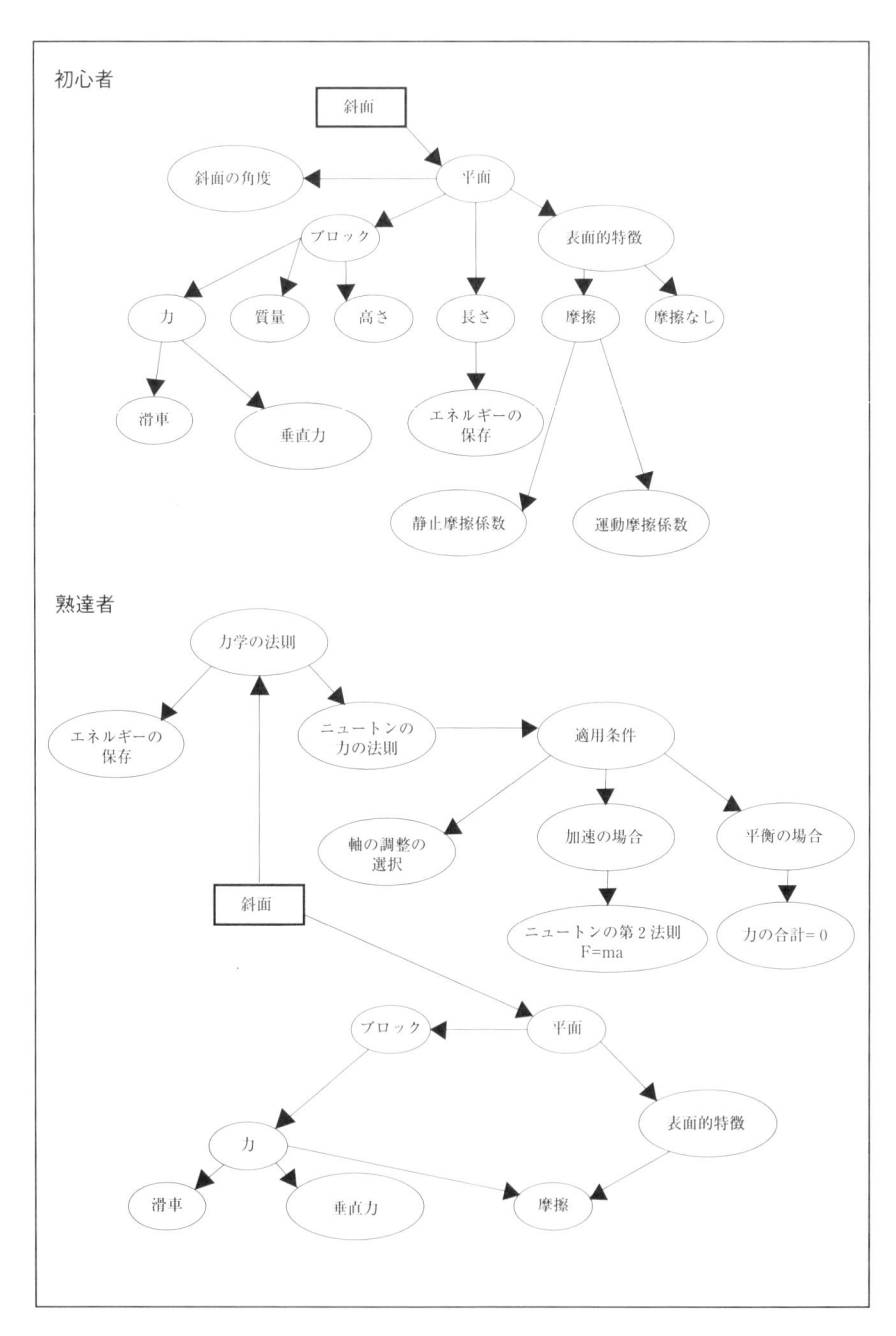

▲図2.5 初心者と熟達者における斜面に関するスキーマのネットワーク表現（出典：Chi et al. 1982：58）

BOX 2.3 理解と問題解決

　数学の場合，熟達者は機械的に数値を公式に当てはめようとするのではなく，まず問題を理解しようとする。例えば，ペイジとサイモン（Paige and Simon, 1966）は，熟達者と生徒に，代数の文章問題を課した。

　「板をのこぎりで2枚に切り分けました。1つの板は全体の3分の2の長さで，もう1つの板は1つ目の板よりも4フィート長くなっています。切断される前の板の長さは何フィートだったでしょうか？」

　熟達者はすぐに，示された問題が論理上不可能であるとわかる。数人の生徒は，論理上不可能であると理解するが，中には安易に公式を適用し，負の長さを答える生徒もいる。

　同様の例は，大人と子どもを対象とした研究でもみられる（Reusser, 1993）。大人と子どもは，以下のような質問をされる。

　「船に26匹の羊と10匹のヤギがいます。キャプテンは，何歳ですか？」

　ほとんどの大人は，この問題が解答不能であることを理解する。しかし，学齢期の子どもの多くは，このことがまったくわからなかった。4分の3以上もの子どもは，その問題に数字の答えを出そうとしていたのである。彼らは，その問題が意味の通るものであるかどうかを考えるのではなく，足し算，引き算，掛け算，割り算のどれを用いようかと思案していた。「答えは36だよ」と言うと，5年生の子どもは以下のような説明をした。「こういう問題では，足し算か引き算か掛け算をしなきゃならないけど，今回は足し算をすると，うまくいくんじゃないかと思ったんだ」（Bransford and Stein, 1993：196）。

　例えば，歴史学者と生徒に3枚の絵を示し，その中からレキシントンの戦いを最も正確に描写している絵を1枚選ぶように求めると，結果に明瞭な違いがみられた。歴史学者は，文献と3枚の戦場の絵を何度も注意深く見比べた。彼らにとって，この絵画選択課題は歴史的認識力を訓練するのに役立つ課題であり，歴史知識の限界を知るのに役立つ課題であった。彼らは，1つの文献や絵だけでは歴史のストーリーを説明できないことを理解していた。このため彼らは，選択にあたりかなり熟考した。対照的に，生徒の多くは，絵を一見すると深く考えることなく選択した。生徒にとって，この課題は通常の多肢選択テストと何ら違いはなかったのである。

　要するに，生徒は歴史的事項の知識に関するテストでは高得点であったが，歴史的思考力を必要とする問題には慣れていなかった。彼らは，矛盾した主張を整合的に体系づける方法を知らなかった。このため，ほとんどの生徒は，文献に書かれている対

立する論点を整理し，筋の通った解釈を述べるように言われると，困惑してしまった。彼らには，筋の通った解釈を考え出すのに不可欠な，歴史の文献を読み解く深い理解力が不足していたのである。このことは歴史の領域に限ったことではなく，他の社会科学領域の熟達者も，「核心的で重要な考え」を軸にして問題解決を行うことが明らかにされている（例えば，Voss et al., 1984を参照）。

熟達者の知識が，「核心的で重要な概念」を軸にして体制化されたものであるという事実は，こうした概念的理解力をはぐくむような学習カリキュラムの必要性を示唆するものである。従来のカリキュラムは，生徒が知識を体系づけることを困難にしていることが多い。事実の表層的な理解しかできていない段階で次の単元へ移るため，「核心的で重要な概念」を軸に知識を整理する時間的余裕などはほとんどないのが通例である。また，歴史のテキスト中には，深い理解がなされるような支援はせずに，事実のみを強調するものもある（例えば，Beck et al., 1989, 1991）。同様に，多くの理科の教授方法も，事実に関する知識を強調するものが多い（American Association for the Advancement of Science, 1989 ; National Research Council, 1996）。

第3回国際数学・理科教育調査（TIMSS）においても，このようなカリキュラムは「広さは1マイルだが，深さは1インチ」と酷評されており，とくにアメリカでは，この傾向が諸外国より強いことが指摘されている（Schmidt et al., 1997）。また，熟達化研究は，表面的な理解しか伴わないままに，いくら数多くの単元をこなしても，生徒の学習や仕事の能力の向上に役立たないことを示唆している。したがって，初心者が知識を体制化できるように支援することが重要であり，そのためには初心者が熟達者と類似した学習方略を使用できるように熟達者からコーチングを受けることや，熟達者の問題解決の方法をモデルにすることが有効であろう（例えば，Brown et al., 1989参照，第3章および第7章でより詳細に説明する）。

文脈および知識へのアクセス

熟達者は，自分の専門分野に関する豊富な知識をもっている。しかし，ある特定の問題の解決に関連する知識はその中のごく一部であり，彼らはどの知識が問題解決に関連しているのかを知っている。このため彼らは，すべての知識を探索するようなことはしない。そのようなことをすれば，たちまち作動記憶容量を越えてしまうことになるからである（Miller, 1956）。例えば，前述のチェス・マスターは，可能な指し手のうちのごく一部の指し手だけを考慮する。しかし，チェス・マスターが考慮する指し手は，たいていの場合，級が低い者が考慮する指し手より優れている。このことは，熟達者は単に知識を習得しているだけでなく，特定の課題に関連する知識を効率的に検索できる点でも優れていることを示している。認知科学では，こうした熟達者の知識を「文脈に条件づけられた知識」と表現する（Simon, 1980 ; Glaser, 1992）。特定の

文脈に条件づけられていない知識は，必要な時に活性化されないので，たいてい「不活性」なのである（Whitehead, 1929）。

「文脈に条件づけられた知識」という概念は，効果的な学習を推進するためのカリキュラム，教授法，評価方法をデザインする際に有益な示唆をもたらす。これまでのカリキュラムや教授法の多くは，生徒の知識が「文脈に条件づけられる」ことを促すようなものではなかった。サイモン（Simon, 1980：92）は，「教科書には，数学や自然科学の法則に関する詳しい説明は載っているけれど，どの法則がどのような問題解決場面で役立つのかについては何もふれていない」と指摘している。つまり，新たな問題を解くために必要な「どういう条件の時にどういう行動をするべきかという組み合わせ」を生成することは，生徒自身に委ねられているのである。

生徒にこの「条件と行動との組み合わせ」を学ばせるための方法の1つに，文章題を与える方法が考えられる（Lesgold, 1984, 1988；Simon, 1980）。たしかに，よく練られた文章題を与えれば，生徒は学んだ知識を，いつ，どこで使うべきかを学習することができるであろう。しかし，練習問題を解くことはできても，「文脈に条件づけられた知識」を獲得することはできない生徒がいるかもしれない。そうした生徒は，どの問題が教科書のどこに載っていたのかだけを覚えておき，その記憶に基づいて，どれが関連する概念や公式であるのかを機械的に判断しているだけなのである。したがって，かなり構造化されているワークシートでも，この種の問題を引き起こすことがあることに留意すべきである。教科書には記述されていた手掛かりがテスト問題にない場合や，そのテスト問題が広範囲からランダムに出題されたような場合，練習問題が解けたので自分は学習できているのだと思っていた生徒たちは，テスト問題にどう取り組めばよいのかがわからずに困惑してしまうであろう（Bransford, 1979）。

「文脈に条件づけられた知識」という概念は，学習評価の問題にも重要な示唆を含んでいる。従来のテスト問題の多くは，生徒の知識がどの程度文脈に条件づけられたものであるかを査定するようなものではない。例えば，生徒が質量とエネルギーの関係を求める公式は$E=MC$，$E=MC^2$，または$E=MC^3$のどれであるかを尋ねられたような場合，公式を使うための適切な条件に関する知識はなくても正しく答えることができる。同様に，国語の時間に，よく知られていることわざ（「ためらう者は機会を逃す（he who hesitates is lost）」「船頭多くして船山に登る（too many cooks spoil the broth）」）の意味を説明するように求められると，それらのことわざの意味をうまく説明することはできるかもしれない。しかし，たとえ意味の説明はできても，そのことわざがどのような状況で使用されるものなのかを知っているとは限らない。ことわざの中には，しばしば「船頭多くして船山に登る」と「仕事は多勢（many hands make light work）」，あるいは「ためらう者は機会を逃す」と「急いては事をし損ずる（haste makes waste）」などのように矛盾する意味をもつものがある。し

たがって，そのことわざを使うのはいつなのか，なぜ使うのかを知っていることが重要なのである（Bransford and Stein, 1993を参照）。

スムーズな検索

　問題解決に関連する知識をスムーズに検索する能力は，「努力が必要な段階」から，「スムーズな段階」を経て，「自動的な段階」へ変化する（Schneider and Shiffrin, 1977）。この自動的でスムーズな検索は，熟達化の重要な特徴の1つである。

　しかし，スムーズな検索ができるからといって，熟達者が初心者より常に迅速に課題を遂行できるとは限らない。熟達者は問題解決に取りかかる前に，問題を理解しようとするので，初心者より時間がかかることもある（例えば，Getzels and Csikszentmihalyi, 1976）。また，問題解決の過程には多くの下位過程があり，それらの下位過程の検索は，熟達者にとっても「スムーズなレベル」から「自動的なレベル」まで様々なレベルがある。スムーズな検索が重要なのは，あまり努力を必要としない処理には注意を意識的に向ける必要がないからである。つまり，人が一度に注意を向けて処理できる情報量には限界があるので（Miller, 1956），課題のある下位過程を処理するのが容易であれば，他の下位過程の処理により多くの処理容量を配分することができるのである（LaBerge and Samuels, 1974；Schneider and Shiffrin, 1985；Anderson, 1981, 1982；Lesgold et al., 1988）。

　車の運転を学ぶ場面は，スムーズな検索や自動化された検索を説明するための好例である。練習の初期段階では，初心者はそもそも運転することが難しく，会話をしながら運転することなど到底できないが，熟達化とともに，容易にそれができるようになる。同様に，単語の解読がスムーズではない読みの初心者は，読んでいる文章を理解することに注意を向けるのが難しい（LaBerge and Samuels, 1974）。スムーズな検索は，学習や授業のあり方を考える際の非常に重要なポイントであり，すべての生徒にとって認知課題をうまく遂行するためには欠かすことのできない重要な能力である。しかし，多くの学習環境は，そのような能力を向上させるようなものにはなっていない（Beck et al., 1989；Case, 1978；Hasselbring et al., 1987；LaBerge and Samuels, 1974）。

　特定領域で問題のタイプがスムーズに再認できるようになることは，学習の重要な側面である。それは例えば，「この問題はニュートンの第2法則だな」とか，「割合や関数の概念に関する問題だな」と即座に認知できるようになることである。そうなれば，適切な解決策を記憶から容易に検索することができるようになる。したがって，こうしたパターンの認識を速めるような教授法は，スムーズな検索を促進する有望な方法である（例えば，Simon, 1980）。

熟達者と学習指導

　ある領域で熟達しているからといって，その人がその領域を学ぶ他者をうまく援助できるとは限らない。実際，熟達者は，生徒にとって何が難しく何が容易であるかがわからないために，熟達することが教授行動を阻害することもある。このことに留意して，ある教材開発の研究グループは，ある教科内容領域の熟達者と他の領域の熟達者である「熟達した初心者」をペアにし，指導についての考えを互いに理解できるようになるまで説明を求め続けるという教授法を考案した（Cognition and Technology Group at Vanderbilt, 1997）。

　効果的な教授法を考える際には，教科内容に関する知識と，授業を想定した教科内容についての知識（それをどのように教えればよいのかについての知識）とを区別しなければならない（Redish, 1996；Shulman, 1986, 1987）。後者には，生徒がどんなところでつまずくのか，生徒はどのような道筋をたどって理解にいたるのか，生徒が問題を解決するのを支援するための方法にはどのようなものがあるのかなどの知識が含まれている。シュルマン（Shulman, 1986, 1987）によれば，授業を想定した教科内容の知識は，教科内容に関する知識に一般的な学習指導法に関する知識を加えたものではない。教授法は教科によって異なるものである。熟練した教師は，生徒が直面しそうな問題や，新しい情報を意味あるものにするために新しい情報と既有知識とを関連づける方法，また，生徒の進歩を評価する方法を知っており，教科内容に関する知識と授業を想定した教科内容の知識の両方を習得している（BOX 2.4を参照）。教師に授業を想定した教科内容の知識がない場合には，彼らは生徒の知識を体制化させる方法についての判断を教科書会社の手引書に頼ることが多くなる。つまり，彼らは，各教室の生徒について何も知らない者が作成した，いわば「現場にいないカリキュラム開発者の作った処方箋」に頼らざるを得ないのである（Brophy, 1983）。教師が効果的に教えることができるようになるためには，授業を想定した教科内容の知識を学ぶことが必要かつ重要なのである（この話題は，第7章で詳しく述べる）。

適応的熟達者

　教育者にとって重要な問題は，人々を新しい状況に対して柔軟で適応的にさせるためには，知識をどのように体制化させればよいのかを知ることである。波多野と稲垣（Hatano and Inagaki, 1986）は，日本の寿司職人を例にとり，熟達者の2つのタイプを比較している。1人は，レシピどおりに寿司を作ることに優れている。もう1人は，「適応的な専門知識」をもっており，独創的な寿司を作ることができる。このように，彼らはまったく異なるタイプの熟達者である。一方は，物事に対し比較的定型化した方法で対処するのが手際よい熟達者であり，もう一方は，外部要求に対して柔軟で適応性が高い熟達者である。つまり，熟達者には「単に熟練しているだけの者」と「き

BOX 2.4 ハムレットの授業

　新任の英語教師であるジェイクとスティーヴンの2人は，エリート私立大学出身で，専攻領域が同じである。この2人が高校でハムレットを教えることになった（Grossman, 1990）。

　ジェイクの教え方は，「言語の相対性（思考の様式は言語によって異なるという考え）」の概念や，モダニズムの問題に焦点をあてながら，テキストを1語ずつ解釈するものであり，彼は生徒の指導に7週間を費やした。また，宿題として，ハムレットのモノローグの詳細な分析，長い節の暗記，ハムレットにおける言語の重要性に関するレポートの作成を生徒に課した。ジェイクのこの指導方法は，彼が学部時代に受けた授業をモデルにしていた。しかし，50分の授業に収まるように知識をまとまりごとに分配することを除き，その授業で彼の知識が変化することはなかった。ジェイクは，かつて自分自身がそうであったように，シェイクスピアを愛し，精密な原文の分析を楽しむという反応を，生徒の反応としてイメージしていた。そのため，生徒の反応があまり熱心ではなかった時，ジェイクには彼らの混乱を理解できるだけの準備ができていなかった。ジェイクは，「授業でのこれまで最大の難関は，9年生の考え方を理解することだ」と述べた。

　一方，スティーヴンは，戯曲の題名にすらふれないまま，授業を始めた。彼は，生徒が戯曲のテーマの概要および焦点を理解しやすいように，想像力をはたらかせるように促した。それは，彼らの両親が最近離婚し，母親は新たに出現した男の人と親しくなった場面を想像するように言ったのである。そして，その男は父親の職の後任となり，「あなたの父親を追い出した件にもかかわっているらしいという噂もある」という話をした（Grossman, 1990：24）。それから，スティーヴンは，生徒に1人の人間の殺害を考えるほど悩むということは，どのような状況なのかを考えさせた。生徒がその問題を熟考し，文章に書いたあとで，スティーヴンはこれから読む戯曲を紹介したのである。

わめて有能な者」，わかりやすく言い換えると「職人」と「名人」がいるのである（Miller, 1978）。このような違いは，その他の多くの職業でもみられる。

　情報システムの設計の領域においても，手際のよい熟達者（職人）と適応的熟達者（名人）がいる（Miller, 1978）。情報システム・デザイナーは，要求を明確に述べる顧客といっしょに働くことが多い。デザイナーの目標は，人々にとって，情報の効率的なアクセスや蓄積ができるようなシステムを構築することである（通常コンピューターを通じて）。職人型のデザイナーは，顧客が述べたことをそのまま受け入れることによって，顧客が何を求めているのかを知る。彼らは，既有知識を使用して，熟知している課題をより効率的に遂行するための機会として新しい問題に取り組む。した

がって，職人型のデザイナーにとっては，スキルが広範囲にわたることが重要なのである。対照的に，名人型のデザイナーは，ある問題に関する顧客の主張に対して尊敬の念をもって接し，それを「さらなる探求のための出発点」とみなしている（Miller, 1978）。つまり，彼らは，現在の専門知識のレベルを向上させる機会として，その機会をとらえているのである。ミラーは，彼の経験から，名人はトレーニングにおいても（それはたいてい専門的スキルに限られていても）積極的な姿勢を示すと報告している。

適応的熟達者という概念は，歴史学の熟達者についても検討されてきた。ワインバーグ（Wineburg, 1998）は，2人の歴史学者と教職志望の学生に，アブラハム・リンカーンについて書かれた文献と奴隷制度に関する彼の見解が書かれた数稿の史料文献を読み，それらの解釈をするように求めた。これらの文献は，制定された憲法と独立宣言に記述されている自然法および神の法則（基本的な権利に関する前提）との対立を含む，リンカーンにとっても複雑な問題を扱ったものであった。歴史学者の1人は，リンカーンの専門家であったが，もう1人の専門分野は違っていた。リンカーンを専門とする熟達者は，文献に書かれている内容と自分がもっている豊富な知識を照合し，文献の内容を容易に解釈することができた。これに対し，リンカーンが専門でない熟達者は，文献に書かれている中心テーマの一部にはなじみがあったが，詳細な部分になると困惑してしまった。実のところ，初めの彼の反応は，学生たちの反応とほとんど変わらなかった（Wineburg and Fournier, 1994）。歴史学者も学生たちも，リンカーンの立場に関するつじつまの合わない情報を整合的に解釈するために，なぜ事態が矛盾しているようにみえるのかを説明しようとした。そのために，評論家，記者会見，スポークスマンなど社会的報道の場面で出てきそうな見解を拠り所にしようとした。教職志望の学生たちの文献の分析は，この段階にとどまった。しかし，専門の違う歴史学者の分析はここで終わらなかった。彼は，自分自身が19世紀についてよく知らないために情報が矛盾しているように見えるのではなく，そもそもリンカーンの言動に裏表があることが矛盾の原因であるのかもしれないという仮説を立てた。そして，自分の最初の解釈から距離をおいて考え，そして，問題に対するより深い理解を得ようとした。彼は，このような観点に立って文献を読み直したので，理解を深めることができた。つまり，彼は経験を通じて学んだのである。かなりの労力を費やしたあと，熟達者は，リンカーンの専門家の段階へたどりつき，整合性のある解釈を考えることができたのである。一方，教職志望の学生たちは，彼らの最初の解釈を越えることはなかった。

この研究で，歴史の熟達者が示した能力は，「メタ認知」とよばれている能力である。メタ認知とは，自分自身の理解レベルをモニターして，理解がうまくなされているかどうかを判断することをさす。このメタ認知という概念は，最初は幼児を対象と

した研究に導入された（例えば，Brown, 1980 ; Flavell, 1985, 1991）。例えば，幼児は情報をきちんと覚えていると思いこみ，リハーサルのような有効な方略を使用しない。自分の現在の知識の限界を認識し，状況を改善するために行動するメタ認知は，どのような年齢の学習者にとっても非常に重要な能力である。リンカーンを専門としない歴史学者が，リンカーンの立場に関する初めの解釈は不十分だと認識できたのは，彼がメタ認知をはたらかせたからに他ならない。その結果，彼は最終的な結論を出す前に，リンカーンの時代の歴史的背景についてもっと学ぶ必要があるという仮説を立てたのである。

　熟達をどのようにとらえるかによって，知らないことを探求する程度や，状況を改善するための取り組み方に違いが生じることが知られている。研究者およびベテランの教師に関する研究によると，「熟達者とはすべての答えを知っている者」という仮定が一般に受け入れられていることが示されている（Cognition and Technology Group at Vanderbilt, 1997）。もちろん，この仮定は明示的なものではなく，暗黙裡の仮定である。このため，この仮定が問題として取り上げられ，論議されることはなかった。しかし，研究者や教師がこの仮定について論議した結果，熟達者は自分が有能であるようにみえることを気にするあまり，支援が必要なときにもそのことを表明しない傾向があり，この暗黙裡の仮定が新たな学びにとっての制約になっているという結論に達した（Dweck, 1989を参照；生徒を対象にして同じ内容を報告している）。つまり，研究者も教師も，「答えを充分もち合わせている熟達者」モデルから，「熟達した初心者」モデルへと熟達者観を変更すべきであると考えるようになったのである。熟達した初心者は，多くの領域に熟練しており，自分自身の成果に自信をもっていると同時に，これから学ぶことのできる潜在的可能性に比べると，彼らが現在までに学んだことは非常に少ないことをよく理解している。すなわち，熟達した初心者モデルでは，たとえある領域の「熟達者」として10〜20年過ごしていても，人々はさらに学習し続ける存在だとみなしているのである。

　適応的熟達者（Hatano and Inagaki, 1986）という概念もまた，望ましい学習についての重要なモデルを提供している。適応的熟達者は，新しい状況への柔軟なアプローチを試み，一生を通じて学習することができる人たちである。彼らは，学んだことを使うだけでなく，メタ認知を十分に利用しており，絶えず自分の熟達レベルの現状に問題意識をもち，現時点の到達レベルを越えようと試みている。また，彼らは，同じことを次はより効率的にやろうとするのではなく，物事をよりよく行おうとする。したがって今後は，どのような学習経験が「適応的熟達者」あるいは「名人」を生み出すのかを考えることが，学習研究の重要な理論的課題となるであろう。

結　論

　知識の体制化は，問題への気づきや問題を表象する方法に影響する。そのため，熟達者の推論能力や問題解決能力は，知識がよく体制化されているかどうかに依存している。熟達者は，どの領域にも通じる方略を学んでいる「普遍的な問題解決者」ではない。熟達者が初心者よりも定跡を認識していることは，チェス，電子工学，数学，教室での教授行動などの多くの領域で報告されている。ドゥグルー（deGroot, 1965）は，問題は誰にも同じように与えられているわけではないと指摘している。なぜなら，熟達者は定跡を認識しているので，たとえ同じ問題を与えられたとしても，より高次な段階から問題解決を始めることができるからである（deGroot, 1965）。したがって，熟達者が認識する定跡を提示することは，生徒の自信と能力を向上させるための重要な方略となるだろう。また，このような定跡，つまり意味あるパターンを認識することは，問題解決に関連する知識へのアクセスを促進するであろう。

　物理学，数学および歴史学の領域の研究によれば，熟達者は初めに問題の理解を深めようと試みる。そして，「核心的で重要な考え」（例えば，ニュートンの物理学の第2法則）を軸にしながら問題に取り組む。一方，初心者の知識は，「核心的で重要な考え」を軸に体制化されたものではない場合が多い。彼らは，適切な公式を探して問題に取り組み，彼らの日常的な直観に合う答えを選びがちである。

　広範囲の知識を取り扱うカリキュラムは，詳しく学習する時間が十分ないために，知識の効果的な体制化を妨げることがある。熟達者がモデルとなって問題解決の方法を示す教授法は，生徒にとって役に立つだろう。この点についてはあとの章でより詳細な議論をするが，モデルの複雑さは，学習者の課題知識やスキルのレベルに合わせることが重要である。

　熟達者は多量の知識をもっているが，特定の課題に関連する知識は，その中のごく一部である。また，熟達者は，知っているすべての知識を探索するようなことはしない。そのようなことをすれば，たちまち作業記憶容量をこえてしまうであろう（Miller, 1956）。そのかわりに，熟達者は課題に関連する情報を選択的に検索しているのである（Ericsson and Staszewski, 1989 ; deGroot, 1965）。

　関連する情報の検索は，使用できる知識を知る手がかりを提供する。また，知識は，それが必要な場合にただちに検索できるように，「条件づけられている」必要がある。そうでなければ，その知識は不活性なままになる（Whitehead, 1929）。しかし，これまでのカリキュラムや評価方法のデザインの多くは，「条件づけられた知識」の重要性を強調するものではない。例えば，教科書には，公式や命題はどのような状況で役立てればよいのかが学習できるような配慮はなされていない。また，多くの評価方法は，知識（事実）を測定するものであり，生徒がその知識をいつ，どこで使うのかを測定するものではない。

加えて，熟達者の重要な特徴は，努力を比較的必要としないでスムーズに関連知識を検索できることである。ただし，スムーズな検索ができるからといって，熟達者が初心者より短時間に課題を遂行できるとは限らない。なぜなら，彼らは問題を十分に理解することにかなりの時間をかけるからである。スムーズに情報を検索する能力は非常に重要である。なぜならば，スムーズな検索は，容量に制限がある意識的な注意をあまり必要としないからである（Schneider and Shiffrin；1977, 1985）。対照的に，検索に努力が必要な場合には，学習者の注意を多く必要とする。その結果，意図的な努力は，学習にではなく，情報の検索に費やされてしまう。また，正確さだけを重視する指導は，生徒にスムーズな検索を促すことにはならない（例えば，Beck et al., 1989；Hasselbring et al., 1987；LaBerge and Samuels, 1974）。

　熟達者は，その領域について他者にうまく教えることができるとは限らない。しかし，熟練教師は，生徒がよく直面する問題を理解しており，新しい情報を意味あるものにするために新しい情報と彼らの既存知識を関連づける方法や，彼らの進歩を評価する方法を知っている。シュルマン（Shulman, 1986, 1987）の言葉によれば，熟練教師は，単なる教科内容の知識だけではなく授業を想定した教科内容の知識も獲得している（この概念については，第7章で詳しく検討する）。

　適応的熟達者という概念は，知識がどのように体制化されていれば，問題解決がより柔軟になるのかを示している（Hatano and Inagaki, 1986；Spiro et al., 1991）。「単に熟練しているだけの職人」と「きわめて有能な名人」は，寿司作りや情報設計の領域でみられるように，まったく異なるタイプの熟達者である。名人は，問題に専門知識を機械的に適用するだけではなく，提示された問題に対して最善の方法を考えて新たに取り組むのである。

　問題解決の方法をメタ認知的にモニターする能力は，熟達者の能力の重要な側面である。熟達者は，問題や状況に関する初めの解釈が単純すぎてはいないか，また，自分の知識の中で関連しているものは何かという点について，距離をおいて考える。また，熟達者についてどのようなメンタルモデルをもつかが，その人が生涯を通じて学ぶ程度に影響を与える。熟達者をすべての答えを知っている者であると仮定するモデルは，「熟達した初心者」のモデルとは非常に異なっている。熟達した初心者は，自分の業績を誇りにしているが，学ぶことはまだまだ多いことを理解しているのである。

　最後に重要な留意点を2つ記述し，本章を締めくくることにする。第1に，熟達化の6つの原則は，1つのシステム全体の部分として同時に考慮される必要がある。本章では，便宜上6つに分けて説明したが，これら6原則は相互に密接に関連し合っている。また，それらの相互関係には，重要な教育的な示唆が含まれている。例えば，知識へのスムーズなアクセスを促すには（原則4），問題の理解を向上させ（原則2），情報をいつ，どこで使うべきかを学び（原則3），情報の意味のあるパターン（定跡）

を認識できる（原則1）ようなアプローチをとる必要がある。さらに，生徒の適応的熟達を促す（原則6）アプローチに必要なことは，彼らが自分自身の進歩を評価することができ，絶えず新しい学習のゴールを認識し追究できるように，メタ認知能力を高めることである。数学の研究例では，メタ認知能力を高めるための支援によって，生徒たちは証明が必要な場合を認識できるようになることが報告されている。メタ認知は，熟練した教師がもつ授業を想定した教科内容の知識と同様の知識を，生徒自身が獲得することに役立つ（原則5）。要するに，生徒は，自分自身に教える能力を身につける必要があるのである。

　第2に，熟達化研究は学習と教授に関する重要な知見を提供するが，研究結果が不適切に適用されると，人を誤った方向に導くことになる。例えば，初心者は，熟達者のモデルを見てさえいれば，効果的に学習できるだろうと考えるのはまちがいである。なぜならば，学習は，彼らがすでに獲得している知識やスキルの程度に依存するからである。次の第3章と第4章では，効果的な教授には，学習者が学習課題に用いる知識およびスキルを考慮することが必要であるという内容を報告する。

第3章

転　移
—— 学んだことを活用するために

　学習の転移とは，ある文脈で学習したことを別の新しい文脈で活かすことであり，人が社会に適応して生きていくためには欠かすことができない重要な心のはたらきである（Byrnes, 1996：74）。この学習の転移は，特定の課題でよい成績をあげるように「訓練」することによってではなく，もっと広い意味で「教育」することによって生じる（Broudy, 1977）。したがって，学校では，生徒がある授業で学んだことを他の授業で役立てたり，ある学年で学んだことを次の学年で活用したり，さらには学校で学んだことを家庭や職場で応用できるような「教育」がなされなければならない。そこで本章では，学習の転移が生じるためには，どのような教育がなされるべきかを述べていく。

　また，転移は，学習経験の質の評価にも利用することができる。学習では，記憶成績には効果がみられるが転移には効果がみられない場合や，逆に，記憶成績には効果がみられないが転移には効果がみられる場合がある。したがって，例えば，ドリル学習の記憶成績ではなく，学習の転移を指標にすることで，学習の質の違いを見逃さずに評価することができるのである。

　ここで簡単に，転移研究の歴史をふりかえってみることにしよう。学習研究の手段として転移テストを最初に用いたのは，ソーンダイクら（Thorndike et al.）であった（Thorndike and Woodworth, 1901を参照）。19世紀から20世紀の初頭にかけて信じられていた形式陶冶説では，ラテン語のような難しい教科の学習は，一般的な学習スキルの獲得や注意力を促進するとされていた。しかし，ソーンダイクらは，この形式陶冶説には科学的証拠がないことに注目し，形式陶冶説に基づく教育は限定的で特殊な能力を身につけさせるだけで，様々な課題に応用可能な「一般的スキル」や「基礎的知力」の獲得には役立たないことを明らかにした（BOX 3.1参照）。

　また，初期の転移研究では，転移の促進条件は，先行学習と後続学習の条件の類似性であるとされていた。すなわち，書字スキルの学習が単語の書字スキルの学習に転移したり（垂直転移），基礎的問題の学習が類似問題の学習に転移したり（近い転移），学校での学習が学校外での学習に転移したり（遠い転移）するためには，先行学習と

BOX 3.1　何を学んだのか

　エリクソンら（Ericsson et al., 1980）は、大学1年生1名を1年間にわたって観察し、数字の羅列（例えば、982761093…）を記憶する力が促進されるかどうかを検討した。エリクソンらが予想したとおり、彼は、最初7桁くらいまでしか記憶できなかったが、練習のあと70桁まで記憶できるようになった（図3.1を参照）。彼は、どのようにして70桁まで記憶できるようになったのであろうか？「基礎的知力」を高めるというような「一般的スキル」を獲得したのであろうか？そうではなく、彼は、主要な陸上競技大会で出された国内・世界記録についての知識を使った、「チャンク」とよばれる方法を用いていたのである。つまり、941003591992100は、94100（9.41秒は、100ヤード競技の記録）と3591（3分59秒1は、1マイル競技の記録）というように、数字に意味を与えてグループ分けしたのである。彼が70桁まで記憶できるようになるまでには、膨大な量の練習が必要であった。また、数字ではなく、文字羅列の記憶テストを行ったところ、やはり7文字しか記憶できなかった。

出典：Ericsson et al.（1980：1181-1182）（許可を得て転載した）

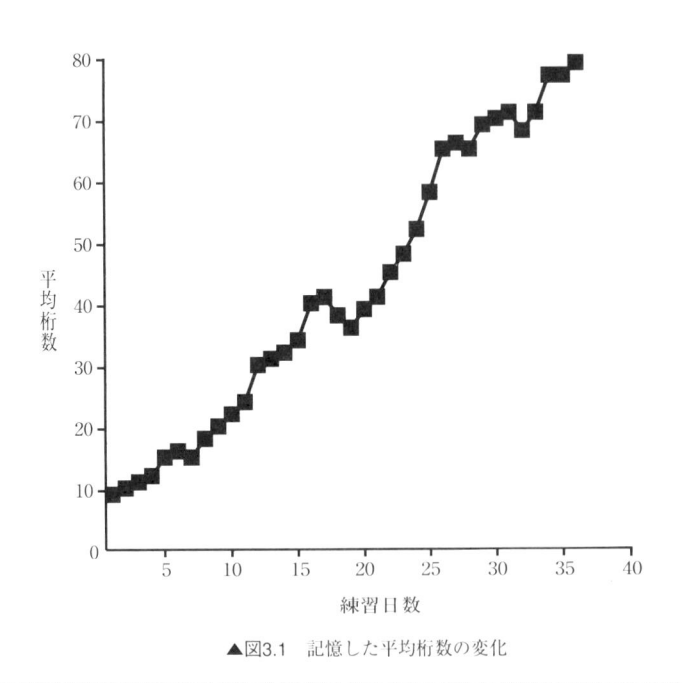

▲図3.1　記憶した平均桁数の変化

後続学習で扱われる知識やスキルが同一でなければならないのである（Thorndike, 1913）。このため，その当時は，先行学習では後続学習でも必要となる知識やスキルを教授する必要があるとされていた（Klausmeier, 1985）。このような同一要素説の立場に立つ研究では，転移の基礎となる知識・技能のドリル学習や反復練習ばかりが強調されていた。しかし，最近の転移研究では，反復練習を行うのはとくに重要な知識・技能だけに限り，それよりはむしろ学習者のもっている特性，例えば，注意力，問題解決能力，創造力，動機づけ，既有知識，方略などの要因を重視すべきだと考えられている（Singley and Anderson, 1989を参照）。さらに，既有知識は，後続の学習を阻害する危険性があることも明らかにされている（Luchins and Luchins, 1970）（BOX 3.2 を参照）。

学習の転移に関する知見は，次の4つのポイントにまとめることができるであろう。そこで本章では，これら4つのポイントについて教育的示唆を加えながら説明することにする。

（1）転移には，先行学習が不可欠である。また，先行学習のどのような要因が転移に影響するかについて，かなりのことがわかってきた。
（2）抽象的に表象された知識は転移を促進するが，文脈に過度に条件づけられた知識は転移を阻害する。
（3）転移を，受動的な学習経験の「結果」としてではなく，能動的でダイナミックな学習の「過程」としてとらえるべきである。
（4）いかなる新しい学習にも，以前の学習からの転移が含まれている。したがって，学習を促進するような教授法を開発するためには，このことを考慮に入れる必要がある。

転移に影響を及ぼす先行学習の要因

転移に影響する要因の1つは，先行学習の習得レベルである。つまり，先行学習の習得レベルが適切でなければ転移は促進されないのである。ところが，この重要な要因が，しばしば見落とされている。

先行学習の習得レベルが重要であることは，主にLOGO研究（コンピューター言語のLOGOを使ってプログラミングを学習させる研究）によって明らかにされた。これらの研究では，LOGOを学習した生徒は，思考力や問題解決力が必要とされる他の分野にも，そのLOGOの知識を転移させることができると仮定されていた（Papert, 1980）。ところが，多くの実験では，LOGOを学習した生徒と学習しなかった生徒の転移テストの結果に明瞭な違いが見られなかった（Cognition and Technology Group at Vanderbilt, 1996；Mayer, 1988を参照）。しかし，これらの研究では，先

BOX 3.2　負の転移

　ルーチンズとルーチンズ（Luchins and Luchins, 1970）は，先行経験がいかに新しい状況に適応する能力を制限してしまうかについて検討した。被験者は，容量の異なる3つの容器と無制限に使ってよい水が与えられ，決められた水の量を容器に入れるよう指示された。練習課題を行ったあと，実験群と統制群に分けられた。実験群は課題（2-6）と転移課題（7,8,10,11）を，統制群は転移課題（7,8,10,11）だけを行った。実験群に与えられた課題（2-6）は構えをもたせるためのもの（容器をB-A-2Cという順番で使用する解決方法）であった。その結果，転移課題では，実験群はもっと効率的なやり方があるにもかかわらず，構えにとらわれた解決法を用い，統制群は簡単で効率的な解決法を用いたのである。

課題	与えられた容器のサイズ			容器に入れる水の量
	A	B	C	
1	29	3		20
2（構え1）	21	127	3	100
3（構え2）	14	163	25	99
4（構え3）	18	43	10	5
5（構え4）	9	42	6	21
6（構え5）	20	59	4	31
7（転移1）	23	49	3	20
8（転移2）	15	39	3	18
9	28	76	3	25
10（転移3）	18	48	4	22
11（転移4）	14	36	8	6

転移課題（7,8,10,11）の予想解答

課題	構えにとらわれた解決法	簡単な解決法
7	49 − 23 − 3 − 3 = 20	23 − 3 = 20
8	39 − 15 − 3 − 3 = 18	15 + 3 = 18
10	48 − 18 − 4 − 4 = 22	18 + 4 = 22
11	36 − 14 − 8 − 8 = 6	14 − 8 = 6

転移課題の典型的な解答例

群	構えにとらわれた解決法（％）	簡単な解決法（％）	無回答（％）
統制群（子ども）	1	89	10
実験（子ども）	72	24	4
統制群（大人）	0	100	0
実験（大人）	74	26	0

（出典：Luchins and Luchins, 1970）

行学習で生徒がどの程度LOGOを理解していたかを測定していなかった（Klahr and Carver, 1988；Littlefield et al., 1988を参照）。そこで，先行学習での生徒のLOGOの理解度を測定したところ，彼らは他の分野に転移させることができるほど十分にLOGOの原理を理解していないことがわかった。その後の研究ではLOGO学習の習得レベルに注意がはらわれるようになり，その結果，関連した学習課題間では転移が生じることが明らかになった（Klahr and Carver, 1988；Littlefield et al., 1988）。この他にも数々の転移研究が行われ，転移に影響する先行学習の要因がしだいに明らかにされてきた。以下に，それらの要因について説明する。

理解か記憶か

　転移は，学習課題の内容や問題解決の手順を記憶することによって生じるのではなく，課題をよく理解しながら学習することによって生じる（BOX 3.3と3.4を参照）。第1章で，動脈と静脈の学習の例を用いて，理解を伴う学習の重要性について説明した。そこで述べたように，動脈と静脈の特徴（例えば，動脈は静脈よりも太く，弾力性があり，心臓から血液を運ぶ機能をもっているなどの特徴）を「記憶すること」と，動脈と静脈の機能を「理解すること」は異なっている。つまり，人工動脈をデザインする転移課題を与えられたとき，「人工動脈には弾力性が必要なのだろうか？」「それはなぜなのだろう？」と考えることで，動脈と静脈の機能についての理解が深まり，転移が生じるのである。これに対し，単に動脈と静脈の特徴を記憶しただけでは，このような転移課題を解決することはできない（Bransford and Stein, 1993；Bransford et al., 1983）。このように，動脈と静脈に関する事実を「構造と機能はどのように関連しているのだろうか」というような一般原理と関連づけて体制化する方

BOX 3.3　ダーツ研究

　初期の転移研究のひとつに，「理解して学習する」ことと「手続きを記憶する」ことを比較した研究がある（Scholockow and Judd, 1908；概念的に類似したものとして，Hendrickson and Schroeder, 1941がある）。理解群には光は屈折するという原理の説明がされ，手続き記憶群にはされなかった。水面下12インチのところに定められた目標点にダーツ（投げ矢）を投げる練習課題では，両群とも同じ成績であったが，水面下4インチの目標点にダーツを投げる転移課題では，理解群のほうがよい成績をあげた。これは，理解群は光の屈折の原理を理解していたために，その理解を転移課題に応用することができたからだと考えられる。

BOX 3.4　面積を求める

理解群

　理解群には，図に示すような平行四辺形の構造関係（平行四辺形の左側の三角形を右側に移動することができる）を理解させた。彼らは，すでに三角形の面積の求め方を知っていたので，このような平行四辺形の構造関係を理解させることにより，簡単に面積を求めることができた。

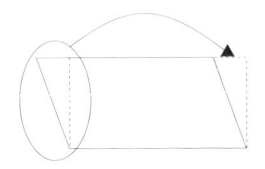

暗記群

　暗記群には，図に示すように平行四辺形に垂直線を引いて，記憶した公式を機械的にあてはめさせた。

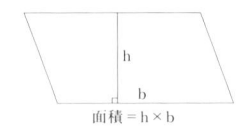

面積 = h × b

転移課題

　両群とも，平行四辺形の面積を求める学習課題には正しく解答したが，下記のような図の面積を求める転移課題には，理解群だけが正しく解答した。

　また，理解群は，下の左側の課題を解答できない課題，右側の課題を解答できる課題と判断することができた。

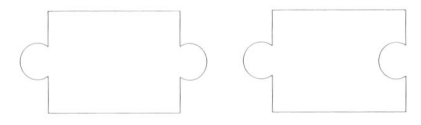

　暗記群は，この転移課題に対して，「まだ習っていません」と答えた。

（出典：Wertheimer, 1959）

法は，第2章で述べた適応的熟達者が知識を体系化するのと同様の方法といえるであろう。

学習時間

　複雑な課題を習得するためには，かなりの時間がかかるのが現実である。例えば，世界的なチェスの名手になるには，5万時間から10万時間の練習が必要だとされている（Chase and Simon, 1973；Simon and Chase, 1973）（第2章を参照）。彼らは，このように長い時間をかけて，パターン認知能力（次の一手を決めるために必要な定跡や駒の配置パターンを見極める能力）を身につけ，約5万の定跡パターンを知識ベースに組み込んでいくのである。これまで，熟達者になるには「才能」が必要だと信じられてきた。しかし，才能だけでなく，専門的知識・技術を伸ばしていくためには，たゆまぬ努力とそのための時間が必要なのである（Ericsson et al., 1993）。したがって，複雑な知識や技術を習得するための学習課題が増えれば，それを学習するのに要する時間が増えるのは当然のことである（Singley and Anderson, 1989）（BOX 3.5を参照）。

　学校の授業で取り扱われる教材の中には，その教材の意義や論理性が不明確なものが多い（Klausmeier, 1985）。このため，学習の初期段階では，基本的な概念を理解したり，既有知識と教材の内容を結びつけることが重要であるにもかかわらず，生徒はそれを行うことができない。さらに，基本的な概念を理解するためには，時間をかける必要があるのに，時間を省いて短期間に多くの課題を与えると，生徒は教材を体制化する原理を十分に理解できないまま，単に羅列的な事実の丸暗記をすることになる。したがって転移は生じない。このことは，学習の初期段階において課題について知識を整理する機会を与えられた生徒は，そのような機会を与えられなかった生徒に比べて，「考える時間」を多くもち，授業の内容を深く理解することができたという研究結果によっても裏づけられるであろう（BOX 3.6を参照）。

　また，複雑な認知活動には，かなりの時間が要求される。例えば，ペゼックとミセル（Pezdek and Miceli, 1982）は，3年生の児童に絵画情報と言語情報を統合する

BOX 3.5　代数の学習

　ほとんどの学校では，代数の学習に，授業と宿題の時間を合わせて1年間で平均65時間を設けている。一方，代数テストで賞を取るような学校では，だいたい250時間を割いている（John Andersonとの私信による）。このように，熟達者になるためには，かなりの学習時間が必要なのである。

BOX 3.6　理解して学習するための準備

　大学生を3つのグループに分け，各グループに，スキーマ理論と記憶について異なる教示を与えた。グループ1には，まずスキーマについて書かれた説明文を読ませ，各自でそれを要約させたあと，知識を体系化したり理解を伴う学習を促すための講義を受けさせた。グループ2には，スキーマについて書かれた説明文を読ませる代わりにスキーマが記憶に及ぼす影響を調べた実験の統計結果を比較検討させ，グループ1と同じ講義を受けさせた。グループ3には，グループ2と同じ実験結果を2倍の時間をかけて検討させ，講義は受けさせなかった。そして，すべてのグループに，記憶について行われた研究結果を予想させるという転移課題を与えた。その結果，グループ2は他のグループよりも転移課題の成績がよかった。それは，グループ2が行った実験結果の検討が，そのあとに受けた授業の下準備になったと考えられるからである。そして，実験結果の検討だけを行ったグループ3の成績がわるかったことから，実験結果を検討して得た知識を整理するためには，講義が必要であることがわかった。

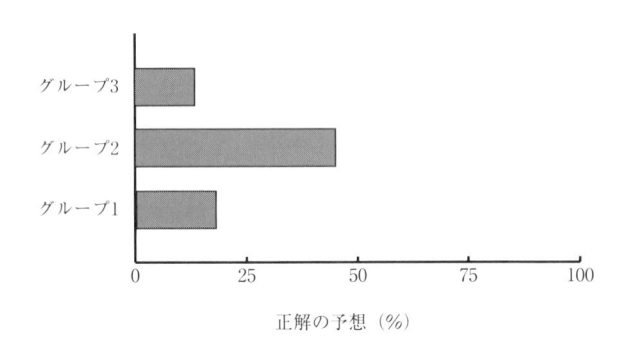

正解の予想（％）

（出典：Schwartz et al., 1999）

課題を課したところ，8秒しか与えなかった時には，短期記憶容量の限界のために2つの情報は統合されず，この課題の遂行には15秒かかることがわかった。このように，学習時間には情報を処理するための時間が含まれることにも留意すべきである。以上に述べたように，授業で生徒に理解を伴う学習をさせるためには，十分な時間を設けることが必要なのである。

学習時間の使い方

　学習時間の長さだけでなく，学習時間をどのように使うかも転移に影響する重要な

要因である．とくに，学習の進行状況をモニタリングするなど「熟考」のためにどれだけ学習時間を使うかが，転移に大きな影響を及ぼす（Ericsson et al., 1993）。モニタリングには学習の進行状況についての情報を求め，その情報を使うことが含まれる。また，長いあいだフィードバックは効果的な学習のための重要な要因だと考えられてきた。(Thorndike, 1913)．しかし，学習内容を記憶しているかどうかについてのモニタリングと，学習内容を理解しているかどうかについてのモニタリングは異なるので，教師は生徒が内容や手順をどのくらい理解したかをフィードバックする必要がある（Chi et al., 1989, 1994）。さらに，第2章で述べたように，教師は，生徒が学習した知識は，いつ，どこで，どのように使うことができるのかについてもフィードバックする必要がある。なぜなら，生徒は，この問題は教科書のどこに書いてあったかを記憶しておけば，その知識を実際の問題解決場面に利用できると勘違いしてしまう危険性があるからである（Bransford, 1979）。

新しく獲得した知識をいつ，どこで，どのように使うのかを正しく理解させるためには，知覚研究で扱われている「対比事例」を学習に取り入れるのが効果的だとされている（Gagné and Gibson, 1947；Garner, 1974；Gibson and Gibson, 1955を参照）。生徒は，対比事例を経験することによって，以前には気づかなかったことに気づいたり，既有知識と新しい知識がどのように関係しているかを理解できるようになる。また，対比事例の利用は，知覚学習だけでなく，概念学習にも有効だといわれている（Bransford et al., 1989；Schwartz et al., 1999）。例えば，一次関数の概念は，非線型関数と対比させることによって簡単に理解できるし，再認記憶の概念は，自由再生と手がかり再生を対比させることによってより明確に理解することができる。

また，学習していることは他の場面にも応用できることを生徒に明確に説明することによっても，転移は促進される（Anderson et al., 1996）。例えば，LOGOプログラミング学習の研究の1つに，バグ発見スキル（プログラミングのまちがいを見つけて訂正するスキル）についての説明書を他人にもわかるように書かせるという転移課題を用いた研究がある（Klahr and Carver, 1988）。実験者は，生徒に，バグ発見スキルには，バグとは何かを理解すること，プログラムを理解すること，バグを見つけること，バグを訂正することの4つがあることを示し，さらに，この4つのスキルを理解することが説明書を書くという転移課題にとってたいせつであることを説明した。その結果，このような説明をされた生徒は，正しい説明ができた割合が33％から55％にまで増加したのである。もし明確な説明がなされなければ，生徒は，LOGOプログラミングの基本的手続きを単に記憶するだけで，バグのない説明書を書くという転移課題を遂行することはできなかったであろう。

学習意欲

　学習に費やされる時間の長さは，当然のことながら学習意欲の強さによって影響される。人はもともと自分の能力を高めたり問題を解決しようという意欲をもっており，ホワイト（White, 1959）は，これを「コンピテンス」とよんだ。報酬や罰を与えることによって人の行動を変えることもできるが（第1章を参照），人は本来，内発的な動機づけによって仕事や勉強に励もうとする。したがって，学習意欲を高め，それを維持させるためには，課題の難易度が適切でなければならない。なぜなら，課題がやさしすぎると生徒は飽きてしまうし，難しすぎると途中で挫折してしまうからである。また，課題の難易度を設定する際には，生徒が「学習志向」であるか「遂行志向」であるかにも注意する必要がある。なぜなら，彼らが学習志向であるか遂行志向であるかによって，直面した困難に耐えられるかどうかが決まるからである（Dweck, 1989）。学習志向の生徒は，第2章で述べた適応的熟達者の特徴にみられるように，新しい課題にチャレンジすることに対して意欲的であるが，遂行志向の生徒は，何かまちがいをするのではないかと気にしすぎて，学習に対して消極的である。また，実験によって実証されているわけではないが，学習志向であるか遂行志向であるかは，その生徒の一貫した特性ではなく，取り組む課題の領域によって異なると考えられる（例えば，数学に関しては遂行志向であるが，科学や社会科学に関しては学習志向であったり，あるいは，その逆のケースもあり得る）。

　学習に社会的な意義をもたせることによっても，学習意欲を高めることができる。とくに，他者のために役立っているのだという気持ちをもたせることは，非常に効果的である（Schwartz et al., 1999）。このことは，年少の子どもたちが，友だちと共有の絵本を作ることに対して意欲的であるという次の事例からもうかがえる。都心部の小学1年生の授業で友だちと共有の絵本を作る授業を行ったところ，子どもたちはその授業をとても気に入ってしまい，休憩時間も遊ばないで絵本作りをしようとしたため，教師は「休憩時間は遊ぶ」という決まりを作らなければならなかったほどである（Cognition and Technology Group at Vanderbilt, 1998b）。

　また，学習意欲は，とりわけ地域社会に貢献していると感じることができるときに高まるようである（McCombs, 1996 ; Pintrich and Schunk, 1996）。これは，年少児に限らずどの学年の生徒にも共通して見られる傾向である。例えば，小学6年生に，5年生の時の最も印象的な活動，例えば，自慢に思うことや，成功したことや，創造的だったことは何かを尋ねたところ，多くの生徒は，年少の子に勉強を教えてあげたこと，学校外での発表のために準備したこと，本来なら専門家が設計して寄付するはずだった幼稚園のおもちゃの家の設計図を自分たちで描いたこと，グループ学習について学んだことなど，社会貢献の可能性を含んでいる活動をあげた（Barron et al., 1998）。実は，これらの活動を遂行するために，生徒には難しい課題が課せられてい

たのである。例えば，おもちゃの部屋の設計図を描くためには，幾何学や建築学を学ばなくてはならなかったし，学外の専門家にその設計図を説明しなければならなかった。それにもかかわらず生徒たちは，意欲をもって積極的にその課題に取り組んだのである（学習意欲を高める他の活動の例と考察は，Pintrich and Schunk, 1996を参照）。

転移に影響を及ぼすその他の要因
文　脈

　ある課題を特定の文脈で学習するのは容易でも，それを他の文脈に転移するのは難しいことを示した報告がある。例えば，オレンジ郡のある主婦のグループは，スーパーマーケットでの買い物の計算はうまくできるのに，また，ブラジルの街中でたむろしている子どもたちは，路上で売買をするときの計算はできるのに，同じ計算を学校で習うような形式にすると解答できなかった（Lave, 1988；Carraher, 1986；Carraher et al., 1985）。

　このようなことは，学習課題が多様な文脈を考慮したものではない場合に生じやすい（Bjork and Richardson-Klavhen, 1989）。つまり，ある特定の文脈に限定された形で知識が獲得されると，文脈を超えた転移は起こりにくいのである（Eich, 1985）。例えば，記憶の検索を促す目的で「教材に取り上げた例を精緻化させる」指導法がよく用いられる。しかし，この指導法は，かえって転移を阻害する危険性がある。なぜなら，教材で取り上げた事項を細部まで精緻化させるために，獲得される知識が学習時の文脈に限定されるからである（Eich, 1985）。

　この問題については，現実的な課題を使って問題解決に取り組ませる「事例ベース学習法」(case-based learning) や「問題ベース学習法」(problem-based learning) において議論されてきた（Barrows, 1985；Cognition and Technology Group at Vanderbilt, 1997；Gragg, 1940；Hmelo, 1995；Williams, 1992）。例えば，5，6年生に，「ボート旅行を計画する」という課題を与えて，距離，率，時間などの算数の概念を学ばせようとした時，生徒は，与えられた文脈では解答できても，別の文脈では解答できなかったのである（Cognition and Technology Group at Vanderbilt, 1997）。

　それでは，文脈を超えた転移を生じさせるためには，どうすればよいのであろうか。そのためには，学習の際に複数の文脈を用いたり，他の類似文脈での適用例を示すのが効果的である。そうすることによって，一般的で抽象的な原理を抽出することが可能になり，獲得した知識を柔軟に新しい文脈へ転移させることができる（Gick and Holyoak, 1983）。具体的な方法として，次の3つが考えられる。第1の方法は，ある特定の事例を課題として与え，その後にその事例と類似した課題を追加する方法で

BOX 3.7　柔軟な転移

　大学生に，以下の「将軍と要塞」の一節を読ませた（Gick and Holyoak，1980：309）。

　「将軍は，国の真ん中にある要塞をなんとか占領したいと思っています。その要塞からは，たくさんの道が四方八方に出ていて，すべての道には地雷が埋められています。このため，小隊ならばその道を安全に渡ることができますが，大きな隊になると地雷を爆発させてしまうおそれがあります。したがって，全隊での総攻撃は不可能です。そこで，将軍がとった方法は，軍隊をいくつかの小隊に分け，各隊を違う道から進めて要塞において集結させることでした」

　生徒に，この一節から重要なポイントを記憶させて，下記の問題を解かせた（Gick and Holyoak，1980：307-308）。

　「あなたは，胃に悪性の腫瘍がある患者を受けもつ医者です。患者に手術をすることはできません。けれども，なんらかの手段で腫瘍を死滅させなくてはその患者は死んでしまいます。その手段の1つとして，放射線治療が考えられます。一度に強い放射線を照射すれば，悪性の腫瘍を死滅させることができますが，同時にまわりの健康な細胞も破壊してしまいます。弱い放射線を照射すると，健康な細胞には危険はありませんが，悪性の腫瘍には効果がありません。悪性の腫瘍を死滅させ，なおかつ健康な細胞を破壊しないためには，どのような方法で放射線治療を行えばよいでしょうか？」

　この転移課題を自力で解答できた学生は，ごくわずかであった。しかし，「将軍と要塞の話をヒントにして悪性腫瘍問題を解くように」という教示を与えると，90％以上の学生が正解することができた。これらの学生は，将軍が軍隊を小隊に分けたのと同様に，少量の放射線を何回かに分けて悪性腫瘍に照射すれば，集中して照射した部分以外の健康な細胞を破壊しないで，悪性腫瘍だけを死滅させることができると類推したのである。このように，将軍と要塞の一節と悪性腫瘍課題には関連した情報が含まれていることを明示することによって，学生は共通した情報に気づくことができたのである。

ある（BOX 3.7を参照）。第2の方法は，ある課題を特定の文脈で学習させたあと，「もし〜だったなら」と質問をして考えさせる方法である。生徒は，「もし，この問題のこの部分が違っていたらどうなるだろう」と考えることで，理解の柔軟性が高まり，転移が促進されるのである。第3の方法は，1つの問題に限定するのではなく，他の問題にも関連するような一般化した形式の課題を与える方法である。例えば，生徒に

ボート旅行の計画を立てさせるのではなく,「旅行会社を経営する」という課題を与えるのである。旅行会社を経営するためには,ボート旅行の計画だけでなく,人々へ様々な場所への旅行計画のアドバイスをしなければならないし,能率よく計画を立てるためには,旅行中に起こるかもしれない問題を予想して数学的なモデルを作り,そのモデルを使って表やグラフやコンピュータプログラミングを作成するといった機会をもつことができる。このように,ある特定の文脈に限定されない一般的な課題を与えることで,新たな領域への転移をもたらすことが可能になるのである（Bransford et al., 1998を参照）。

問題表象

複数の領域にまたがる抽象的な形式で問題表象を形成するように指導することによっても,正の転移を促進し,負の転移（例えば,以前に用いた解決方略を,今回は適切でないにもかかわらず使うこと）を減少させることができる。例えば,固定経費の条件にのみ有効な業務計画をたてた生徒に,他の条件にも適用できるような一般的な業務計画をたてるように指導するのである。

さらに,抽象的な問題表象を形成することは,転移だけでなく,複雑な領域についての柔軟な思考も可能にする（Spiro et al., 1991）。例えば,混合の概念について,数学の原理を示した表を使って代数の文章題を学習した生徒と,混合の概念に関する絵を使って学習した生徒を比較した研究がある（Singley and Anderson, 1989）。その結果,数学の原理を示した表を使って抽象的な形式で原理を教わった生徒は,学習課題と共通の数学の原理を含む転移課題にも解答することができたのに対して,混合の概念に関する絵で指導され原理を教わらなかった生徒は,その課題には解答できたが,転移課題には解答できなかった。

学習課題と転移課題の関係

転移は,「何を学習したか」と「何をテストされるか」の関係によって決まるので,学習課題と転移課題の内容に重複があれば,転移は生じやすい。

このような学習課題と転移課題の関係が転移に影響するという考えを,ソーンダイクらは「同一要素説」（2つの領域が共通の知識の要素を有している場合に転移が起こるという説）として提唱した（Thorndike and Woodworth, 1901 ; Woodworth, 1983）。しかし,当時は,まだ共通の課題「要素」を同定するための方法が開発されていなかったため,この理論を検証するのは困難であった。しかし,その後,ソーンダイクらの研究を受けて,転移が生じるかどうかは,課題間で「認知的要素」が共有されているかどうか,概念的につながっているかどうかによって決まることが明らかにされた。例えば,物理学の距離の概念と生物学の成長の概念は,どちらも連続的で

ある。このため，これら2つの概念が連続的に変化するという点で共通していることを理解していることが，両領域間の転移を促す（Bassok and Olseth, 1995）。このような概念的表象についての研究には，ブラウン（Brown, 1986），バソックとホリョーク（Bassok and Holyoak, 1989a, b），シングレーとアンダーソン（Singley and Anderson, 1989）などがある。

　最近の転移研究で，認知的要素には認知的表象と認知的方略が含まれることが明らかにされた。例えば，シングレーとアンダーソンは，生徒に数種類のテキストエディターをまず1つずつ習得させ，後半で習得するもう1つのテキストエディターの習得時間が短くなるかどうかを指標にして，転移が生じるかどうかを調べた。その結果，生徒は，後半のテキストエディターのほうが，より短い時間で習得できることがわかった。この研究は，次の2つのことを示唆している。第1に，テキストエディターの手続き的要素が共通していれば，転移が生じやすいことである。第2に，その共通の手続き的要素とは，表面的構造の共通性ではなく抽象的構造の共通性であることである。さらに，シングレーとアンダーソンは，手続き的知識と宣言的知識を分析した結果，これと類似の原理が複数領域間にまたがる数学能力の転移の場合にも当てはまることを明らかにした。

　ビーダーマンとシェファラー（Biederman and Shiffrar, 1987）は，1対1の師弟関係でしか教えられないような難しい課題（例えば，ヒヨコの性別を見分けるような課題）の抽象的原理をわずか20分間教えただけで，初心者が見違えるように上達したという結果を得ている（Anderson et al., 1996を参照）。それは，抽象的原理を教えられたことによって，学習経験が特定の文脈を越えて，他の文脈にも応用できるくらいに抽象化されたからである（National Research Council, 1994）。抽象的原理を教えることの効果に関する研究は，この他にも，代数（Singley and Anderson, 1989），コンピュータ言語（Klahr and Carver, 1988），運動スキル（例，ダーツ，Judd, 1908），類推（Gick and Holyoak, 1983），視覚による学習（例，ヒヨコの性別判断，Biederman and Shiffrar, 1987）などの分野で行われている。

　さらに，抽象化された知識表象とは，個々の要素がばらばらに保持されているのではなく，それらが相互に関係づけられ体系化されたスキーマとして保持されていることも明らかにされている（Holyoak, 1984 ; Novick and Holyoak, 1991）。つまり，様々なできごとの類似点や相違点を観察することによって抽象化された知識表象が形成され，その抽象化された知識表象が，類推による転移などの複雑な思考や記憶の検索を促進する。さらに，類推による転移に成功すれば，それはその他の問題にも応用できる一般的なスキーマの形成を促すのである（National Research Council, 1994 : 43）。

転移は能動的か受動的か

　転移は，能動的に方略を選択・評価したり，処理資源を考慮したり，フィードバックを受けとるなどの活動を含んだ力動的なプロセスとしてとらえるべきである。ところが，転移を受動的で静的なものとしてとらえると，学習課題の遂行中になされる上述の活動が考慮されないので，転移課題の結果だけで転移が生じたかどうかを評価することになり，転移の量を過小評価してしまう（Bransford and Schwartz, 1999；Brown et al., 1983；Bruer, 1993）。このように，転移の量は，転移を能動的ととらえて学習過程全体に注目するか，それとも転移を受動的ととらえて転移テストの時点だけに注目するかによって異なるのである（Anderson et al., 1996：8）。

　さきに紹介したテキストエディター研究は，転移を受動的ではなく，能動的ととらえている。この実験では，転移課題の1日目よりも2日目において多くの転移が見られた（Singley and Anderson, 1989）。このことは，転移が生じたかどうかは，転移課題の最初の成績だけで評価するべきではなく，新たな領域での学習速度がしだいに速くなっていくかどうかで評価するべきであることを示唆している。同様に，微積分の授業の教育目標が「微積分の知識を物理の授業に転移させること」である場合，物理の授業の1日目に微積分の知識を使ったかどうかではなく，物理の授業の理解の速度が1日ごとに上がっていくかどうかによって，転移が生じたかどうかを評価するべきである。

　また，転移を能動的なものとしてとらえると，与える手がかりや援助の量を，転移を評価するための指標として利用することができる。理想的には，手がかりや援助が与えられなくても自発的に転移が生じることが望ましい。しかし，実際には，手がかり（例えば，「さきほどの課題に，この課題と関係のあることがあったかどうか思い出してみてください」）の促しを与えることは必要であり，中にはもっと詳細な手がかりが必要な生徒もいる。また，手がかりや援助を与えることによって転移が著しく促進される場合もある（Gick and Holyoak, 1980；Perfetto et al., 1983を参照）。「段階的促進法」とは，こうした転移課題で必要とされる手がかりの種類や量に基づいて，学習の転移を評価する方法である（Campione and Brown, 1987；Newman et al., 1989）。この段階的促進法を用いれば，学習の内容と促しの手がかりが転移に及ぼす効果を，1回だけのテストで評価する場合よりも，より詳細に分析・評価することができる。

転移とメタ認知

　転移は，生徒のメタ認知能力（自分の学習方略や能力を自分自身でモニタリングする能力，テストの準備ができているか，どれくらいうまくできそうかについて自己診断する能力など）を高めることによっても促進される（メタ認知能力については，第

1章と第3章で簡単に述べた。Brown, 1975；Flavell, 1973を参照）。そのため，メタ認知能力を高めるような教授法を用いることで，促しの手がかりや援助を与えなくても転移を促進することができるであろう。以下に，読解指導，作文指導，算数指導の例を紹介しよう。

読解指導では，相互教授法が実践されている（Palincsar and Brown, 1984）。相互教授法がめざしているのは，文章教材を理解するための機械的な「手続き」を記憶させることではなく，教材で取りあげられている分野について深く理解するための「方略」を習得させることである。言い換えると，学習したことの説明，精緻化，モニタリングができる自立した学習者を育てることが目標なのである。相互教授法は，足場作り，モデリング，相互学習という3つの主たる要素で構成されており，小グループの生徒と先生が交代でリーダーシップを取りながら話し合いを中心とする授業が進められる。足場作りとは，生徒に自分が理解しているかどうかをモニタリングするための教示と練習の機会を与えることをさす。モデリングとは，教師自身が模範となって熟達者のメタ認知過程のモデルを提示することをさす。そして相互学習とは，より深い理解を求めて生徒どうしが学びの交流をするための場を設けることをさす。

作文指導で用いられている手続き促進法も，相互教授法と同じ3つの要素が含まれている（Scardamalia et al., 1984）。まず，足場作りのために，洗練された作文が書かれるときに見られるようなメタ認知活動が手がかりとして生徒に与えられる。この手がかりを与えることによって，目標の設定，新たなアイデアの産出，既存のアイデアの発展，産出したアイデアの整理，文章の推敲などのメタ認知活動を促すことができる。また，生徒が順番に自分の考えを述べたり，どのように作文の構想を練り直したかを発表する場を設定することによって，相互に認知活動を高め合うことができる。さらに，教師は，よきモデルとなってこれらのプロセスの模範を示す。このように手続き促進法は，モデリング，足場作り，生徒どうしが援助しあうようデザインされた番交代によって心的なできごとを協働の文脈で外化するものである。

算数指導の分野では，アラン・ショーンフェルド（Alan Schoenfeld, 1983, 1985, 1991）がヒューリスティックスを利用した指導法を実践している。この方法は，ポリヤ（Polya, 1957）のヒューリスティックスを使った問題解決方略を参考にしたもので，モデリング，コーチング，足場作り，相互学習，クラス全体または小グループでの話し合い活動が含まれている点で，さきに述べた相互教授法や手続き促進法と類似している。具体的には，まず，教師が実行可能な問題解決方略の例を呈示し，生徒はそれを参考にして別の解決方略をいくつか考え出し，そのうちのどれが実行可能か，それは時間内で実行できるのかを検討し，さらに，自分の進歩の程度を自己評価するという過程から構成されている。生徒は，このような活動を通して，しだいに自己制御された質問ができるようになり，教師の指導的役割はしだいに薄れていく。そして，

授業の最終段階では，生徒と教師の役割が逆転し，何をなぜやったかを分析して互いに主題を検討できるようになる。

さらに，メタ認知活動を重視する教授法は，IT技術を利用することによって，その学習効果を上げている（第8章を参照）。例えば，物理の実験をシミュレーションしたシンカー・ツールや（White and Frederickson, 1998），大学の生物の授業用に作られたコンピュータ・プログラムなどである。また，メタ認知活動を取り入れた学習方法をビデオで紹介することも，生徒に自分の学習方法の見直しをさせるのに有効であることが示されている（Bielaczyc et al., 1995）。このように，メタ認知能力を身につけることによって，生徒は学習内容の重要な部分はどこかを自分で見極めるようになり，領域を越えた共通のテーマや原理を抽象化できるようになり，さらに，自分の理解の程度を自己評価できるようになる。すなわち，メタ認知能力を高める教授法では，いずれも特定の問題を解く技術を身につけることではなく，もっと一般的な方略の獲得や批判的思考力を身につけることが重要視される。そして，自立した学習者を育てることが指導の目的なのである（White and Frederickson, 1998を参照）。

先行経験からの転移による学習

一般に，転移とは，学習課題で学んだことを転移課題に応用することだとされている。しかし，実際には，学習課題に取り組む段階で，すでに転移は生じている。なぜなら，学習課題に取り組む際に，それ以前の先行経験で獲得した知識を使っているからである（BOX 3.8を参照）。したがって，第1章で述べた「新しく何かを理解することは，既有知識を使って学習することによって初めて成立する」という原則は，「すべての学習には，先行経験からの転移が含まれている」と言い換えることができるであろう。このことには，多くの教育的示唆が含まれているにもかかわらず，これまであまり検討されてこなかった。そこで，この節では，このことに関連する3つの問題点とそれらを克服するための方法について検討する。第1は，生徒は，課題に関連した既有知識をもっていても，それを活性化できない場合があることである。第2は，生徒が，既有知識をもっているために，かえって新しい情報をまちがって解釈してしまうおそれがあることである。第3は，学校での教育と地域社会での実践が食い違うために，学校での学習が困難になることである。

既有知識に基づく学習

就学前の子どもは，毎日の生活の中で足し算や引き算を行っており，大人が思っている以上に計算について多くのことを知っている。ただ，学校で教えられる記号や数式のような記号表象を用いた形式的操作をしていないだけなのである。したがって，学校で足し算や引き算を教える際に，子どものもっている既有知識を活性化し，形式

BOX 3.8 日常生活での数学と形式的数学

　日常生活で知識や経験を獲得していくことは，大人にとっても子どもにとってもたいせつなことである。ある数学教師が，自分の母親の日常的数学の知識について述べている（Fasheh, 1990：21-22）。

　「私の母のもっている数学的知識は，数学教師である私がもっている数学的知識をはるかに超え，もっと重要で現実的な役割をしているようだ。私の母は，読み書きはできないが，いつも決まった方法で，四角形の生地を型紙を使わずにその人の寸法にぴったり合うように裁断する。つまり，母は，生地全体を小さな部分に分け，今度はその各部分を合わせて，違ったスタイル，形，大きさをしたまったく新しいものを作り上げ，着る人に合うように変えてしまうのである。それは，順番，パターン，関係，長さを明らかにするという数学そのものだといえるであろう。母にとっての数学は，学んだり教えたりする教科ではなく，裁縫のための道具であり母にとってのまちがいとは，数学問題を解く時の形式的な誤りではなく，生地をむだにしてしまうとか顧客を失うといった実質的な失敗なのである」

　この母親に通常の数学の授業を受けさせたとしても，おそらく彼女は自分の日常的数学の知識と形式的数学の知識を関連づけることはできないであろう。では，この2つの知識を関連づけた授業を行うことで，彼女は形式的数学を理解することができるのであろうか？　これは，学習研究や転移研究によって明らかにしなければならない課題である。

的操作と日常生活での計算方法を関連づけるように指導すれば，日常生活での計算方法から切り離して形式的操作だけを教える場合よりも，計算のプロセスをよりよく理解させることができると考えられる。逆に，形式的操作による計算方法と日常生活での計算方法をうまく関連づけるように指導しないと，生徒を混乱させてしまうことがあるので注意する必要がある。

既有知識と新しい情報の理解

　前述したように，新しい学習には先行経験からの転移が含まれている。そのため，先行経験や既有知識が妨害となって，新しい情報の理解が難しくなることがある。しかし，うまく理解できずに困惑しているということは，少なくとも何か問題があることには気づいているのであるから，その困難点を解消するように指導すればよい（Bransford and Johnson, 1972；Dooling and Lachman, 1971）。それよりも深刻な

のは，生徒が，新しい情報をまちがえて理解したまま自分なりの整合性のある知識表象を構築してしまい，自分がまちがった理解をしていることに気づかない場合である。そのような例としては，人間の形はこのようなものだというカエルの話を聞いた魚が自分の姿をもとに人間をイメージしてしまった『魚は魚』の話や（Lionni，1970），「丸い地球」についての子どもの素朴理論の研究などをあげることができる（Vosniadou and Brewer，1989）（第1章を参照）。

　その他にも，既有知識が新しい情報の理解を妨げることを明らかにした研究が数多くなされている。例えば，物理学の場合の例としては，高校生と大学生に，「頭上に垂直に投げたボールが手から離れたあと，そのボールにはどのような力がはたらいているか」という問題に対し，ほとんどの生徒が，それは投げた手による力だと答えたという研究がある（Clement，1982a,b）。しかし，実際は，手による力は，手とボールが接触している時にだけはたらくのであって，ボールが手から離れて空中にある時にははたらかない。ところが，手による力と答えた生徒は，「ボールが上がっていくのは，手による力がボールを押し上げるからであって，いったん放物線の最高点に達してボールが下降しはじめる時に，重力がかかってくる」と考える。つまり，これらの生徒は，「物体が運動するためには力を必要とする」という中世には一般的であった運動に関する理論を誤概念としてもっているために，「空中でボールにはたらいている力は重力と空気抵抗だけ」という正しい物理学の原理を理解できないのである（類似例として，Mestre，1994を参照）。

　生物学の場合の例としては，小学生から大学生を対象に行われた「土と光合成の役割」に関する研究がある（Wandersee，1983）。この研究によると，高学年の生徒はすでに光合成について学習しているにもかかわらず，ほとんどの生徒が，植物の栄養に関する誤概念をもっていることが明らかになった。例えば，「植物は土の中から栄養を吸収している」「植物は根から栄養を吸収しそれを葉に蓄えている」「葉緑素は植物の血液のようなものである」などの誤概念である。しかも，授業での形式的説明によっては，生徒がすでにもっている誤概念を改めることができなかった。つまり，いくら授業で工夫をこらした説明をしても，生徒がどのような既有知識をもっているかを考慮した説明をしなければ，生徒の誤概念を正しい理解に変えることはできないのである（研究内容については，Mestre，1994を参照）。

　また，算数の場合には次のような例がある。一般に，幼児が初期の数学概念をもつことは，注意力や思考力を促すと考えられている（Gelman，1967）（詳しくは第4章を参照）。しかし，実際には，よいことばかりではない。なぜなら，幼児がもつ計数原理（足し算や引き算をする時に使われるルール）は，整数を扱う低学年の算数の授業には通用しても，有理数を扱うようになると，授業の理解を阻害する危険性があるからである。分数の数学原理は，年少児がもっている計数原理（数を小さい数から順

に数えていく原理，2つの数を加えれば数は大きくなるなど）とは違っていて，数字は単純に大きさの順に並んでいるわけではない。また，分数は1つの基数をもう1つの基数で割ったもので，余りの数も考慮されている。しかし，計数原理では，大きさの順に整数が並んでいて，少数点以下の数値は考慮されない。そのため，分数では，／によって数値のXとYを分断して1/4は1/2よりも小さいことを示すことができるが，計数原理ではそれができない。このような違いのために，多くの生徒は計数原理を分数の理解に応用することができず，分数の授業についていけなくなってしまうのである（Behr et al., 1992；Fishbein et al., 1985；Silver et al., 1993を参照）。

以上に述べたように，生徒が既有知識に基づいて新しい知識を獲得していく際に，既有知識をもっていることが，かえって学習を阻害してしまう場合がある（Schwartz and Bransford, 1998）。したがって，講義や説明による学習指導では，教師が，生徒の思考過程を生徒にも見えるような形で呈示することによって誤概念を正しく再構成させる工夫が必要である（詳しい教授法については，第6章と第7章を参照）。

転移と文化的背景

既有知識には，授業で学習したこと以外にも，各人に固有の特殊な経験によって獲得された知識（例えば，旅行の経験から得た知識，両親が特別な仕事をしているために得た知識，児童虐待の経験など）や，発達に伴って増えていく知識（例えば，天国は空の上にあるとか，牛乳はいつも冷蔵庫の中にあるなど）がある。さらに，文化的背景（人種，階級，ジェンダー，文化などの社会的役割）の影響の下に獲得された知識もある（Brice-Heath, 1981, 1983；Lave, 1988；Moll and Whitmore, 1993；Moll et al., 1993；Rogoff, 1990, 1998；Saxe, 1990）。この文化的背景の影響の下に獲得された知識は，学校での学習を促進する場合も阻害する場合もあるので，とくに注意が必要である（Greenfield and Suzuki, 1998）（BOX 3.9を参照）。

例えば，生徒をはぐくんできた家庭の文化が求めているものと学校文化が求めているものが異なるために，授業についていくことのできない生徒が出てくる危険性がある（Allen and Boykin, 1992；Au and Jordan, 1981；Boykin and Tom, 1985；Erickson and Mohatt, 1982を参照）。各家庭の習慣や行事は，その家庭独特のものであることが多い。このため，生徒の家庭の習慣とは異なるなじみのない習慣が授業で取り上げられた場合，生徒にとって，その授業を理解するのは困難である。例えば，教師が「空の色は何色？」とか「鼻はどこにあるの？」というような質問をした時，ふだん家庭ではこのようなわかりきった質問をあまりしないので，生徒は教師の質問にとまどって答えないかもしれない。

こうした家庭の文化と学校文化の食い違いは，主に幼少時における親とのやり取り

BOX 3.9　パイを使った分数学習

　ほんのささいな文化的知識の違いでも，生徒の学習に影響を及ぼすことがある。その1例として次のような話がある。ある小学校教師が，どこにでもあるような日常的な例を使って分数を教えようとした。「今日は，感謝祭で食べるみんなが大好きなパンプキンパイを切り分ける時のお話をしましょう」と始め，分数の説明を続けた。話しをしていくうちに，アフリカ系アメリカ人の男子生徒が，困ったような顔をして「パンプキンパイって何？」と質問した（Tate, 1994）。

　アフリカ系アメリカ人は，お祝いのご馳走にパンプキンパイではなくスイートポテトパイを食べる習慣がある。アフリカ系アメリカ人の親が，パンプキンパイを子どもに説明する時にスイートポテトパイのようなものと説明するように，パンプキンパイもスイートポテトパイも同じパイなのであるが，アフリカ系アメリカ人の生徒にとっては，パンプキンパイはなじみのない例だったのである。このように，ほんのささいな文化的知識の違いでも，生徒にとっては学習の妨げになってしまうことがある。生徒は，「パンプキンパイってどんな味なのだろう？」「匂いは？」「アップルパイやチェリーパイのようにまわりがサクサクしているかな？」と考え始めて，授業に集中するよりもパンプキンパイがどんなものか想像することに気を取られてしまい，生徒の頭の中は教師が教えようとしている分数よりもパンプキンパイのことでいっぱいになってしまうのである。

によって形成されるといわれている（Blake, 1994）。白人の中流階級の母親は，物をさし示して教えるような口調で幼児と会話をすることが多い（例えば，「あの赤いトラックを見てごらん」）。一方，アフリカ系アメリカ人の母親は，幼児と感情のこもった会話表現を用いることが多い（例えば，「かわいいおもちゃね，それで遊ぶときっと楽しいよ」）ことが明らかにされている。では，子どもが学校に入学して，会話をする相手が親から教師に変わった時，どのようなことが起こるのだろうか（Suina, 1988；Suina and Smolkin, 1994）？　これは，学習の転移を考えるうえで，非常に重要な問いである。ここでは，そのことを「お話」の授業で使われる会話スタイルの例を用いて説明しよう。

　お話の授業では，アフリカ系アメリカ人の子どもは，話題から順に連想したことを話していく「会話スタイル」で話をするのに対し（Michaels, 1981a, b；1986），白人の子どもは，学校の作文や発表の授業で学ぶような構造化した「説明スタイル」で話をすることが多い（Gee, 1989；Taylor and Lee, 1987；Cazden et al., 1985；Lee and Slaughter-Defoe, 1995を参照）。そのため，白人教師とアフリカ系アメリカ人教師では，生徒の話す能力を評価する際に評価が食い違うことがある。例えば，白人

教師は，アフリカ系アメリカ人の生徒の会話スタイルを理解できずに，その生徒のお話し能力を低く評価してしまうかもしれない。一方，アフリカ系アメリカ人教師はアフリカ系アメリカ人の会話スタイルになじみがあるので，その生徒を高く評価するかもしれない（Cazden, 1988：17）。また，学校では，説明スタイルの言語表現力を身につけることを目的として授業が進められるため，会話スタイルの言語表現が身についているアフリカ系アメリカ人の生徒は，学力不足とみなされる危険性がある。このように，教師の意図としているものと生徒の文化的背景が一致していない場合，教師の反応や評価が異なってくるのである（Heath, 1983）。したがって，教師は，生徒たちが幼少時から身につけている自分とは異なる生徒固有の文化的知識を，転移を阻害する要因としてとらえたり，学力不足のサインとしてとらえるのではなく，むしろ利点としてとらえ，その上に新しい知識を積み上げていくような学習指導をするよう心がける必要がある。

学校での学習の日常生活への転移

　この章の初めに，学習の最終目標は，学んだことを他の様々な目的のために役立てること，すなわち，学んだことを他の場面に転移させることであると述べた。つまり，学校教育の目標は，生徒が学校で学習したことを，家庭，職場，地域社会に転移することができるように支援することである。したがって，日常生活に転移するような授業を行うためには，転移課題となる日常生活場面について十分に理解しておく必要がある。また，日常生活の変化は速いので，生徒がその変化についていけるような適応的熟達者として成長するための方法も明らかにしておかなければならない（第1章を参照）。

　日常生活における人間の行動については，認知人類学，社会学，心理学などの科学的分野で検討され（Lave, 1988：Rogoff, 1990を参照），日常生活での活動と学校での学習活動にはいくつかの違いがあることが明らかにされている。第1の違いは，学校での学習では個人の活動に重点がおかれているのに対し，日常生活ではグループによる共同作業の重要性が強調されることである（Resnick, 1987）。例えば，巨大なアメリカ軍艦を操縦するためには船員の共同作業が不可欠であるし，遺伝学研究所では共同研究によって科学的発見がなされている（Dunbar, 1996）。また，病院の救急治療室での緊急な意思決定は，医療チームの合意に基づいている（Patel et al., 1996）。

　第2の違いは，日常生活での問題解決には情報テクノロジーが道具として頻繁に使われるが，学校での学習活動では精神作業が中心であることである（Resnick, 1987）。日常生活では，情報テクノロジーを取り入れることによって，きわめて精度の高い作業を行うことが可能になった（Cohen, 1983；Schliemann and Acioly, 1989；Simon, 1972；Norman, 1993を参照）。したがって，学校でも同様に情報テクノロジーを導入

すれば，転移を促す学習環境を整えることができるであろう（第8章を参照）。

　第3の違いは，日常生活では文脈に沿った推理が行われているのに対して，学校では具体的文脈から切り離された抽象的な推理が強調されることである（Resnick, 1987）。日常的生活で行われる問題解決の例として，次のような報告がある。あるダイエット・プログラムの参加者は，料理に2/3カップのカッテージチーズのうちの3/4が必要であった（Lave et al., 1984を参照）。ところが，ある参加者がその分量のカッテージチーズを取り出すために行ったことは，学校で習う分数の計算をすることではなかった。彼は，まず，カッテージチーズを2/3カップの分量を測り，それをカップから取り出して円形にして4等分し，その4等分のうちの3/4を料理に使ったのである（BOX 3.10を参照）。その他にも，牛乳販売員が牛乳ケースの大きさの知識を計算に利用している例や（Scribner, 1984），スーパーマーケットやそれを

BOX 3.10　カッテージチーズ課題

2/3カップのカッテージチーズから，3/4分取り分けるには，どうしたらよいでしょう？

3/4

形式的数学での方略
　3/4 × 2/3 ＝ 6/12 ＝ 1/2カップ
　1/2の印のところまでカッテージチーズを入れる。

日常での方略
　2/3カップのところまでカッテージチーズを入れる。

　カッテージチーズを取り出して，円形にする。

　4等分する。

　4等分から1/4分取り除いて，残りを調理する。

BOX 3.11　お得な買い物課題

どっちのバーベキューソースを買うほうが得でしょう？　　　各方法を使った割合（％）
＜差を計算する方法＞　　　　　　　　　　　　　　　　　　模擬実験 ｜ スーパー
　　　　　　　　　　　　　　　　　　　　　　　　　　　　　　　　　マーケット

A　18オンス　79セント
B　14オンス　81セント

18－14＝4オンス
79－81＝－2セント
AはBよりも、4オンス多くて
2セント安い。

　　　　　　　　　　　　　　　　　　　　　　　　　　　　　9　　　22

どっちのひまわりの種を買うほうが得でしょう？
＜単位あたりの価格を計算する方法＞

30／3＝1オンスにつき10セント
44／4＝1オンスにつき11セント
AはBよりも単位量あたりの
価格が安い。

A　3オンス　30セント
B　4オンス　44セント

　　　　　　　　　　　　　　　　　　　　　　　　　　　　39　　　5

どっちのピーナッツを買うほうが得でしょう？
＜割合を計算する方法＞

A　10オンス　90セント
B　4オンス　45セント

2×45＝90セント
2×4＝8オンス
Aの価格はBの2倍だが、
内容量は2倍以上ある。

　　　　　　　　　　　　　　　　　　　　　　　　　　　　47　　　35

（出典：Lave, 1988）

模した実験で，買い物客が学校で教えるような形式的数学とは異なる計算をしている例などがある（Lave，1988）（BOX 3.11 を参照）。これらの例から明らかなように，具体的文脈から切り放された抽象的な推論の方略を，日常生活の問題解決に役立てるのは難しい（Wason and Johnson-Laird，1972 を参照）。

また，具体的文脈に沿った問題解決方略には，文脈を越えた転移が生じにくいという問題点がある。例えば，もし，課題がカッテージチーズではなく蜂蜜などの液体の場合には，カッテージチーズ方略を使って 3/4 分の蜂蜜を取り出すことはできない（Wineburg，1989a，b；Bereiter，1997）。液体を分けるためには，カッテージチーズで使った方略を一般的な問題解決方略に転移させる必要があるのである。同じような問題が，医学部の 1 年次で行われている問題ベース学習法や，大学の経営学部，法学部，教員養成学部などで行われている事例ベース学習法においても生じる（Hallinger et al.，1993；Williams，1992）。例えば，問題ベース学習法では，日常の事例を用いて，学生が卒業後，医者としてどのような知識や技術が必要であるかを認識できるような形で学習がなされる（Barrows，1985）。このため，この学習法で学ぶ学生は，従来の講義形式の授業で学ぶ学生よりも，現在医療で問題とされていることを現実的なものとしてとらえたり，実践的な診察技術を獲得することができるという利点がある（Hmelo，1995）。しかし，特定の事例を用いるため，獲得される知識や技術が特定の文脈に過度に条件づけられてしまうという危険性がある。このような問題点を克服し，柔軟な転移を促進するための方法の1つは，特定の文脈と一般的な原理のどちらかに偏るのではなく，両者のバランスをうまく取って指導することである。

「学校とは，人生の準備の場ではなく人生そのものである」というジョン・デューイ（John Dewey）の言葉を実践するためには，日常生活で起こる現実的な問題やできごとを積極的に授業に取り入れる必要がある。日常生活における人間の行動を解明した研究には，たしかに重要な教育的示唆が含まれている。しかし，それを教育に適用していくには，もっと詳細な研究が必要であろう。

まとめと結論

学校教育の目標は，将来直面するであろう問題や状況に対して柔軟に対応できる能力，すなわち，学習したことを転移させる力を生徒に習得させることである。また，転移は，学校教育の目標であると同時に，教授法の評価に利用することもできる。つまり，学習したことを記憶しているかどうかを基準にするのではなく，別の問題や状況に転移できるかどうかを基準にすることによって，教授法の効果を詳細に評価できる。

本章で述べてきた転移を促すための4つのポイントを，教育的示唆を加えながらま

とめてみよう。第1に，先行学習で学んだことが後続学習に転移するためには，先行学習の量と内容が適切でなければならない。すなわち，先行学習においてかなりの量の学習を行わなくては，転移は起こりにくい。したがって，教師は，生徒が興味のある問題だけでなく複雑な問題にも時間をかけて取り組むように動機づける必要がある。そのためには，新しいことを創造させたり，学習した知識が誰かのために役に立つのだという意識をもたせるような指導をするのが有効である。

また，十分な時間を設けるだけではなく，その時間を効率的に使わなくてはならない。つまり，ただ単に教科書や授業の内容を記憶するために時間を費やすのではなく，学習内容を理解するために時間を使うべきである。すなわち，生徒が，自分の学習過程をモニタリングしたり，自分の学習方略を自己評価したり，どのくらい理解しているかをふりかえったりするための時間がたいせつなのである。

第2に考慮すべき点は，単一の文脈の下で教えるよりも，複数の文脈の下で教えるほうが，抽象的な概念が抽出され，柔軟に知識が表象され，転移が生じやすいことである。例えば，対比事例を与えることによって，生徒は，新しい知識をどのような場面に応用できるかを学習することができる。また，課題の選択にあたっては，学習課題と転移課題で扱う内容の原理や知識が共通していることが不可欠である。さらに，その際には，両課題の認知的性質を明確にしておく必要がある。

第3に注意すべき点は，学習を評価するときには，転移を能動的なものとしてとらえ，単に転移課題の成績に基づいて評価するのではなく，学習のスピードが速くなったかどうかに基づいて評価しなければならないことである。

第4に留意すべき点は，新しい学習課題に取り組む際には，それ以前の経験で獲得した知識からの転移が含まれており，そうした既有知識は，新しい学習を促進するだけでなく阻害する場合もあることである。例えば，日常生活でよく使われている計数原理は，分数を理解する際の阻害要因になるかもしれないし，日常生活の物理的な経験（例えば，地球が平らで私たちはその上をまっすぐに立って歩いているように感じていること）は，天文学や物理学の概念を理解するうえで邪魔になるかもしれない。したがって，教師は，生徒がもともともっている概念を引き出し，それを生徒に見えるような形で呈示し，誤概念を修正する必要がある。誤概念が修正されることによって，生徒は，与えられた課題を異なる角度からとらえ，その課題を超えた広範な問題意識をもつことができるようになる。また，生徒がもっている文化的知識やその知識を支える文化的実践も既有知識の1つであるが，それらを学習の障害になるものとして排除するのではなく，転移を促進するものとして活用すべきである。

学校で学んだことを日常生活へ転移させることが，学校教育の最終目標である。したがって，日常生活で何が要求されているかを明らかにして，それを学校での実践に取り入れる必要がある。それは同時に，学校教育を見直すよい機会にもなるであろう。

また，授業に道具や情報テクノロジーを積極的に取り入れることも効果的である。生徒が，これらを使って創造的に問題解決に取り組むことで，転移が促されるだけでなく，柔軟な思考も身につくのである。
　メタ認知能力を高める教授法を取り入れることによっても，転移を促すことができる。それは，メタ認知を活性化させることで，生徒は，自分が知識を獲得しようとしていることを認識して，学習者としての自覚をもつからである。適応的熟達者の特徴の1つは，このように自分の理解過程をモニタリングしたりコントロールすることによって，彼らの専門知識や技術を高めていることである。この適応的熟達者がもっている高度なメタ認知能力は，あらゆる学習者が見習うべき重要な能力である。

第4章

認知発達
―― 子どもはいかに学ぶのか

　子どもの学習と大人の学習は様々な点で異なっているが、その一方で、あらゆる年齢にわたる共通点も数多く存在する。本章では、子どもの学習、とりわけ乳幼児の学習に焦点をあてることにするが、それは次の2つの目的のためである。すなわち、第1は公立学校での学習の特色や問題点を明らかにすること、第2は学校の中での教授・学習からは見えてこない子どもの学習の特徴を浮き彫りにすることである。子どもの学習の発達過程を研究することによって、加齢に伴って展開していくダイナミックな学習の全体像をとらえることができるであろう。また、乳幼児の認知発達に関する最新の知見は、幼児教育から学校教育へのスムーズな移行を可能にする有益な示唆を与えてくれるであろう。

乳児の有能さ

理論的背景

　かつて、乳児は思考することができないと考えられていた。20世紀の終わり近くになっても、ほとんどの心理学者たちは、新生児の心はタブラ・ラサ（白紙）であり、その上に経験が刻まれていくという伝統的な考え方を受け入れていた。新生児は抽象的思考に必要な言葉をもたないうえに、行動のレパートリーも限られている。また、生後数か月をほとんど寝て過ごす新生児は、たしかに受動的であり、何も知らないかのように見える。最近まで、新生児の有能さを明らかにする方法はなかったのである。
　しかし、このような考え方にチャレンジする機運が生じ、乳幼児は実際に何を知っているのか、そして何ができるのかを調べるための緻密な研究法が次々に開発された。そうした新しい研究法を手に入れた心理学者たちは、乳幼児の有能さを示すデータを着々と蓄積しはじめた。そして、そこで明らかになった乳幼児の姿は、無能な存在であることが強調されてきたこれまでの姿とはきわめて対照的であった。かくして今日では、乳幼児はきわめて有能であり、主体的に概念を発達させていく能動的な存在であることが認識されている。つまり、乳幼児にも心があることが認められたのである

(Bruner, 1972, 1981a, b ; Carey and Gelman, 1991 ; Gardner, 1991 ; Gelman and Brown, 1986 ; Wellman and Gelman, 1992)。

　ジャン・ピアジェ（Jean Piaget）の登場により，乳児の心をタブラ・ラサととらえる立場は見直しを迫られることになった。1920年代の初頭，ピアジェは，乳児の行動の詳細な観察と，子どもに工夫を凝らした質問をすることを通して，子どもの認知発達を説明するための段階モデルを提出した。すなわち，子どもの認知発達にはいくつかの段階があり，各段階では根本的に異なる認知構造（シェマ）が存在すると結論づけた。

　ピアジェは，乳児が自分の知的発達を促進するような刺激を求めて環境にはたらきかけるようすを観察し，物体，空間，時間，因果関係，および自己についての最初の表象は，2歳までのあいだに徐々に形成されていくと考えた。そして，乳児の世界は，内的世界と外的世界を自己中心的に融合したものであり，見る，聞く，触れるなどの感覚運動シェマの発達に伴って，しだいに物理的現象を正確に表象することができるようになると結論づけた。

　ピアジェの研究に触発されて，多くの研究者が，新生児はどのように視覚と聴覚とを統合し，知覚世界を探索しているのかを研究した。そうした知覚学習の理論家たちは，乳児が物体やできごとに関する知覚情報を得るための探索活動を通じて，発達のごく初期の段階から急速に知覚学習を進めることを明らかにした（Gibson, 1969）。また，情報処理理論が台頭してくるのに伴って，人間の認知過程をコンピュータの情報処理過程にたとえる考え方が普及し（Newell et al., 1958），このような考え方が，ただちに認知発達研究にも適用されるようになった。

　これら認知発達の諸理論には重要な点で様々な相違があるものの，子どもは，目的やプランを設定し，それを修正することができる能動的な学習者であるととらえる点では共通している。今や，子どもは材料を集め，それを組み立てる能動的な学習者であり，認知発達とは，例えば素朴生物学や素朴物理学や初期の数概念のような体系化された知識構造を獲得することだと考えられている。また，認知発達には記憶や理解や問題解決の方略を徐々に獲得していくことも含まれる。

　ヴィゴツキー（Vygotsky, 1978）も学習者の能動的な役割を強調した研究者であるが，彼は思考を発達させる要因として，人だけでなく道具や文化的事物などの社会環境にも強い関心をもっていた。ヴィゴツキーの理論のうち発達心理学に最も大きな影響を与えたのは，発達の最近接領域（Vygotsky, 1978）の考え方であろう（BOX 4. 1参照）。この考え方は，他者からの支援が与えられる状況において学習者が到達することができる能力を射程に入れている（この考え方の最近の動向についてはNewman et al., 1989 ; Moll and Whitmore, 1993 ; Rogoff and Wertsch, 1984を参照，これらとは視点が異なる理論的展望についてはBidell and Fischer, 1997を参照）。発

達の最近接領域の考え方が提案されたことにより，子どもの能動的な学習の取り組みを支援する有能な仲間，親，その他のパートナーの役割が注目されるようになった。そのことは，また，フォーマルな学習とインフォーマルな学習の関連性（Lave and Wenger, 1991）や，人と道具とのかかわりの中の分散された認知過程の解明にも役立っている（Salomon, 1993）。

BOX 4.1　発達の最近接領域

　発達の最近接領域は，1人で問題解決が可能な現在の発達レベルと，大人や能力のある仲間からの援助を得ることによって達成可能な発達レベルのあいだの範囲をさしている（Vygotsky, 1978：86）。子どもが自力でできることよりも他者の援助があればできることのほうが，心の発達の指標として有用なのである（Vygotsky, 1978：85）。

　発達の最近接領域は，学習レディネスの概念に現実のレベルよりも上位レベルの能力を組み入れている。より上位レベルの境界は不変ではなく，学習者自身の能力の発達に伴って常に変化する。子どもが他者の援助を得て今日できることは，明日になれば独力でできるかもしれないのである。だからこそ，新しい，より要求の高い協同作業を設定する必要がある。したがって，発達の最近接領域の機能は，「発達の開花」というよりも「発達の萌芽（buds）」とよぶほうがふさわしい。現在の発達レベルはすでに到達している発達の水準を示しているが，発達の最近接領域は将来に到達するべき発達の水準を示しているのである（Vygotsky, 1978：86-87）。

　こうした理論的，方法論的発展によって，乳幼児の学習能力についての研究は飛躍的に前進し，とくに次の4領域に関する知見がまたたく間に蓄えられた。

　1．認知的制約：乳児は，周囲から入力される感覚刺激をそのまま「白紙」に記録するだけの受動的な存在ではなく，物理的概念，生物学的概念，因果関係，数，言語などの領域に関する情報に関しては，発達の初期の段階から学習を有効にする認知的制約をもっている（Carey and Gelman, 1991）。これらの領域は特権的領域とよばれており，この特権的領域の知識を中心にして，人間の多様な知識が体系化されていく。

　2．方略とメタ認知：上記の特権的領域以外の学習においては，子どもも他のあらゆる学習者と同様に意志や工夫，努力が必要である。また，従来は幼児には意図的に学習を進める能力や学習を進めるための知識（メタ認知的知識）が欠けていると考え

られていたが，最近30年のあいだに，幼児にも方略的学習能力やメタ認知能力があることを示す研究が数多く見受けられる（Brown and DeLoache, 1978；DeLoache et al., 1998）。

　3．心の理論：子どもは成長するにつれて，学習や理解とは何を意味するのかについての「理論」を形成する。そして，この心の理論は，子どもがどのようにして意図的に学習を進めていくのかに影響を及ぼす（Bereiter and Scardamalia, 1989）。また，それぞれの子どもがもつ心の理論は多様であり（Dweck and Legget, 1988），しかも学習の方法は1つではなく，子どもが知的になっていく過程も1つではない。さらに，すべての子どもがまったく同じ準備状態で学校での学習を始めるわけではない。したがって，こうした知能の多重性を理解することがたいせつであり（Gardner, 1983），この理解によって，子どもの長所を伸ばし短所を補うような学習支援の方法が見えてくる。

　4．子どもとコミュニティ：子どもの学習の多くは自発的・自主的なものであるが，他者からの支援も重要な役割を果たす。支援の提供者の中には，大人（養育者，親，教師，指導者など）だけでなく他の子どもも含まれるし，例えばテレビ，本，ビデオなどのメディアも含まれる（Wright and Huston, 1995）。こうした支援のもとでの学習に関する研究のほとんどは，ヴィゴツキーの発達の最近接領域の考え方や，「学習者の共同体」の概念の影響を受けており，また最近では，電子メディアや電子技術も積極的に活用されている（第8章，第9章を参照）。

研究法の発展

　研究法の発展に伴って，乳児の学習に関する研究が数多くなされ，人間の心の発生のしくみがかなり明らかになってきた。それらの研究は，人の心が生得的に備わったものであることを示唆している（Carey and Gelman, 1991）。新生児は，話すことができないし，身体能力にも制限がある。そのような新生児が何を知っており，何を学ぶことができるのかを研究するためには，言語を用いずに，なおかつ新生児の運動能力を利用して新生児の学習過程を探る方法を開発する必要があった。そのために，乳児はどんな刺激を好んで注視するのか（Fantz, 1961）や，乳児はどんな刺激の変化に敏感であるのかに注目した研究法が新しく開発された。そうした研究法のうちの代表的なものは，オペラント条件づけ法，馴化法，視覚的予測法の3種である。

　オペラント条件づけ法は，新生児がもっている吸啜反応を利用した方法である。例えばカルニンズとブルーナー（Kalnins and Bruner, 1973）の研究では，生後5週〜12週の新生児に乳首のおしゃぶりを与え，無声のカラー画像を見せた。このおしゃぶりはプロジェクターのレンズをコントロールできる押しボタンと接続されており，一定の速度でおしゃぶりを吸うと画像のピントが合うようなしくみになっている。する

と新生児は，このしくみをすぐに学習することがわかった。このような実験結果から，乳児は自己の感覚世界を操作することに興味があり，その操作方法の学習能力をもっているだけでなく，ぼやけた映像よりも鮮明な映像のほうを好むことが明らかになった。

　第2の馴化法では，乳児は新奇刺激への選好をもっていることが示されている。新生児は，例えば絵や音声などの新奇刺激が呈示されると，その刺激を注視したり，その刺激の方向にふり向いたりする。つまり，新奇刺激を持続させるために何らかの反応を示すのであるが，同一刺激がくり返し呈示されると，やがて馴化が生じ，刺激に反応しなくなる。ところが，別の新奇な刺激を呈示すると，脱馴化が生じ，再び刺激に反応を示す。また，この馴化法と吸啜反応の条件づけを組み合わせた研究では，最初に音声"ba"を呈示したときには勢いよくおしゃぶりをしゃぶっていた4か月児は，そのうち徐々に興味を失ってしゃぶるのをやめ，異なる音声"pa"が呈示されると再びしゃぶり始めることが明らかになっている。

　視覚的予測法は，興味のあるものを注視するという乳児の行動の特徴を利用した方法である。この方法では，乳児が視覚刺激の呈示パターンを理解しているかどうかを注視パターンに基づいて査定する。例えば，スクリーンの左側に絵を2回呈示し，その後右側に3回呈示するという刺激の呈示パターンを設定する。そして，絵が瞬間呈示されているときの乳児の注視のようすを観察するのである。もし，乳児が1回目の刺激の呈示後にスクリーンの左側を注視し，そして2回目の刺激が呈示されたあとに右側へと視点を移動させれば，刺激の呈示回数に対応する1，2，および3を区別していると推定することができる。この手続きを用いた実験によって，5か月児が3まで数えられることが明らかにされている（Canfield and Smith, 1996）。

　こうした注視反応，吸啜反応，新奇刺激への興味など乳児が生得的にもっている能力を利用することによって，発達心理学者は発達初期の認知過程を研究するための信頼できる方法を開発してきた。上述の研究法の他にも，例えば，足のキックや腕の動きなどの身体動作を用いて乳児の再認記憶を測定する方法が開発されている（Rovee-Collier, 1989）。

　そうした新しい研究法を用いることにより明らかになったことは，単に乳児が能動的に刺激を選択できるということにとどまらない。乳児が何を知覚し，何を知り，何を記憶するのかということも解明されたのである。例えば，乳児は"pa"と"ba"の微妙な違いを認識できるからこそ，新奇な音声に対して再び好奇心を示すのである。このように，乳児の見る能力，吸う能力，あるいは新奇なものへの好奇心を有効に活用することによって，乳児の認知過程を解明するための実験課題の開発が可能になった。そして，それらの実験課題を用いることによって，乳児は物理的および生物学的な因果関係や，数，言語に関する驚くべき理解力をもっていることが明らかになり，

乳児が認知している世界についての科学的見解は大幅な修正がなされようとしている。次節では、それらの領域における乳児の学習の特徴について紹介することにしよう。

特権的領域における乳児の能力

物理的概念

　乳児は物理的世界について、どのように学ぶのであろうか。研究の結果、3, 4か月児はすでに物理的世界についての正しい知識をもち始めていることが明らかになっている。例えば、乳児は物体が落下しないためには支えが必要であり、静止した物体は動いている物体と接触することによって移動することを理解している。また、無生物は外から力が加わることによって初めて動くことを理解している。

　物体は支えがなければ空中にとどまることができないことを乳児が理解していることは、以下の実験で確かめられている。ある実験では、乳児は台が置かれたテーブルの前に座る。すると、実験者の手が右側の窓から伸びてきて箱を台の上に置く（可能条件）。また、もう1つの条件では、実験者は台の上を通り越したところで箱から手を離すので（不可能条件）、箱は空中に浮いているように見える（図4.1参照）。

　以上のような可能条件と不可能条件のもとでの乳児の反応を視覚的馴化法を用いて調べると（図4.2参照）、3か月児は不可能条件をより長く見ることがわかった。このような結果は、乳児が支えとなる台がない場合には物体は安定しないという物理的概念を理解していることを示唆している（Baillargeon et al., 1992 ; Needham and Baillargeon, 1993 ; Kolstad and Baillargeon, 1994）。

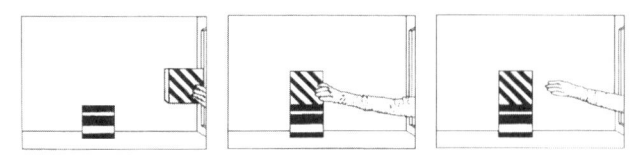

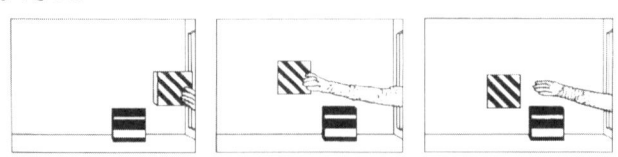

▲図4.1　可能な/不可能な物理的できごとに対する乳児の理解の査定
（出典：Needham and Baillargeon, 1993での実験状況）

馴化事態のできごと

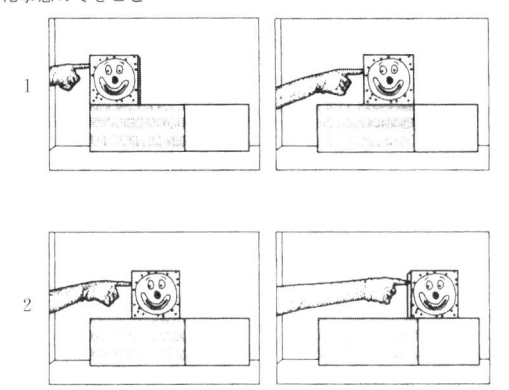

1

2

実験事態のできごと

可能なできごと

不可能なできごと

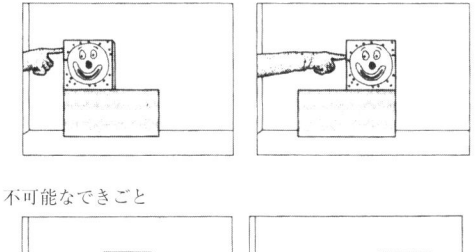

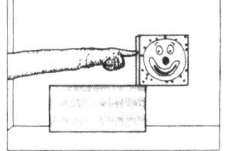

▲図4.2 馴化と物理的概念についての査定
(出典:Baillargeon, Needham and Devos, 1992での実験状況)

　シリングとクリフトン（Schilling and Clifton, 1998）は，軽い物体と重い物体に関する物理現象について，9か月の乳児は経験的事実と一致する事象よりも一致しない事象のほうをより長く注視することを明らかにした（図4.3参照）。また，静止した物体は動いている物体と接触したときに移動するという物理的因果関係に関しては，2か月半の乳児もこの概念を理解しているが，動いている物体の大きさと静止した物体を移動させる距離とを関連づけることは6か月半にならないとできないようである。さらに，ベラルジョン（Baillargeon, 1995）によれば，「動いている物体と静止

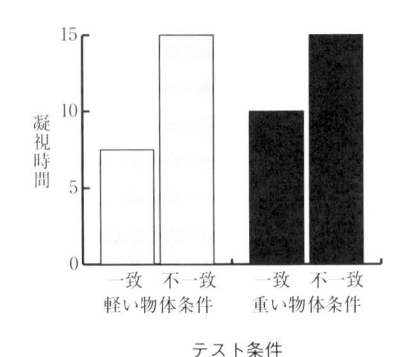

▲図4.3　視覚的凝視の平均値
（出典：Schilling and Clifton, 1998を参考に作成）

している物体の衝突を見たとき，乳児は最初のうちは衝突による物体の移動があるかないかについての初期概念を形成する。しかし，そのできごとを何度も見ているうちに，乳児はこの初期概念に影響する変数は何かを同定できるようになる（Baillargeon, 1995：193）」。

　生後1年のうちに，無生物は外的な力が加わることによって初めて動き，それ自身では動けないことを理解している。例えば，レスリー（Leslie, 1994a, b）は，4か月〜7か月児も，物体が移動するためには接触が必要であることがわかっていることを示した。乳児に，静止している人形を人の手が持ち上げて運び去る映像（接触条件），もしくは物理的な接触なしに人形が移動する映像（非接触条件）を見せると，乳児は時空間的な不連続性に対して非常に敏感であることがわかった。つまり，乳児は手が無生物を動かす原因と考え，非接触条件はあり得ない事象，つまり因果律に矛盾する事象とみなしたのである。

　このような物理的な因果関係に関する発達初期の理解は，子どもの自発的な行動にもみてとることができる。ピアジェは，自分の子どもの探索遊びを観察し，生後12か月までに無生物を手の届く範囲に移動させるためには接触点が必要であることを理解することを示した。例えば，ジャクリーヌ（Jacqueline；9か月）は，おもちゃののった毛布（支え）を引っ張っておもちゃを手の届くところへ運ぶことを発見し，その数週間後には，その"シェマ"を頻繁に用いた（Piaget, 1952：285）。さらに，その行為を見たルシエンヌ（Lucienne；12か月）は，すぐにそのシェマをシーツ，ハンカチーフ，テーブルクロス，枕，箱，本などで試した。「物を運ぶ」ための他の方法としては，棒状のものを使って押すシェマや，ひも状のものを使って引っ張るシェマもあり，これらも同様に学習され，一般化されていった（Piaget, 1952：295）。

一連の実験研究によって，生後4か月～24か月の子どもの「押すシェマ」「引くシェマ」の発達が詳細に検討され，自然観察によるピアジェの知見が裏づけられただけでなく，さらに多くのことがわかってきている。前述したように，レスリーは7か月児が押す状況での接触点の必要性に敏感であることを示した。またベイツら（Bates et al., 1980）は，乳児には様々な道具を使っておもちゃを手にする能力があることを報告している。さらに，ブラウンとスラタリー（Brown, 1990に記載）は，乳児には一群の道具の中から適切な道具（適切な長さ，硬さ，押すのか引くのか）を選ぶ能力があることを報告している。その報告によると，即座に適切な道具を選ぶことは生後24か月にならないとできないが，多少の練習をすれば生後14か月の乳児でも適切な選択が可能なようである。例えば，生後10か月～24か月の乳児は，おもちゃと物理的に接触している道具［ひもがおもちゃにくっついている場合］（固定接触）を効果的に使うことは早いうちからできるが，おもちゃと接触してはいるけれども動かすと離れる道具［おもちゃにくっつくようにフックを置いているけれども固定していない場合］（非固定接触）や接触点を想像する必要がある道具［ひもやフックがおもちゃにくっついていない場合］（非接触）の使用は難しい。また，道具［ひも］がおもちゃに接触しているように見えるが実際にはそうではない場合や，接触していないように見えるが実際には接触している場合も，子どもはとまどったり驚いたりして，引くシェマをうまく利用できないようである（Brown, 1990）。

　これらの研究をまとめると，非常に興味深い発達の筋道が見えてくる。すなわち，子どもは早くから（5か月～7か月）接触点の必要性を理解しているが，道具と対象物が接触している状態で呈示されないと，10か月児でもその知識を道具の使用に適用することができない。しかし，数か月後には，乳児は他者による実演を見て接触点を想像することができるようになる。そして24か月までには，対象物を引っ張ることができるかどうかを考慮して，適切な道具を選択するようになる。生まれたばかりの新生児も物理学的知識をもっているのであるが，その知識を現実世界に適用していくためには他者による実演を必要とする。

生物学的因果関係

　最近30年のあいだに，生物学に関する素朴概念の研究が数多く蓄積されてきている。本節では動物と無生物を区別する素朴概念に焦点をあてる。

　乳児は，動物と無生物の違いをすぐに学習し，無生物は外から力が加えられないと動かないことを知っている。6か月児は動物と無生物の動きを区別することができる（Bertenthal, 1993）。また，馴化法を用いたスペルキ（Spelke, 1990）の実験では，7か月児は，2人の人間が近づいた後，接触することなく一列に並んで去っていくのを見ても驚かないが，人の大きさをした2つの物体が近づいて接触することなしに離れ

たときには困惑することがわかった。

　幼児は，動物に関しては，「生物学的な素材」からできているために自力で動くことができるというゲルマン（Gelman, 1990）の提起した「メカニズムの内部構造の原理」をもっている。これに対し無生物に関しては，自力では動くことができないが外的な力が加えられると動くという「他動性の原理」を用いて理解しているのである。

　マッセイとゲルマン（Massey and Gelman, 1988）の研究によれば，3歳と4歳の子どもはハリモグラのような珍しい動物と動物らしい容貌ではあるがおもちゃの動物が，丘を登ったり降りたりできるかどうかを尋ねられたときにも正しく答えられる。子どもは，いくら動物のような形をしていてもおもちゃを動物と判断することはなく，自力で丘を登ったり降りたりできるのは動物だけだと考えているのである（図4.4参照）。また，この年齢の幼児は，動物，機械，自然界の無生物の内部と外部の違いに関しても敏感である。

　これらは，幼児は知覚できないものについては考えることはできないという主張に対する反証例のごく一部にすぎない。今や子どもは，物理的・生物学的世界を説明するための彼らなりに一貫性のある理論を構築していることが明らかにされている。したがって今後は，そうした素朴理論が就学後の学習への橋渡しとしてどの程度有効であるのかを明らかにしていく必要があるだろう。

乳児期の数概念

　これまでに蓄積された知見から，乳児にも目の前に並べられた物についての数表象や，太鼓の音の数や，おもちゃのうさぎがジャンプした数や，数直線で表わされる数概念に注意を向け，それを使用する生得的な能力があることは明らかである。スターキーら（Starkey et al., 1990）は，6か月〜8か月児に2つ，もしくは3つの事物が写っているスライド写真を見せた。それぞれの写真には，くし，パイプ，レモン，はさみ，コルク抜きなど様々な家庭用品が写っており，それらは色，形，大きさ，材質，そして空間的配置も多様であった。半分の乳児には2品目の写真を見せ，他の半分の乳児には3品目の写真を見せた。乳児が見るのに飽きると馴化が起こり，注視時間は50％にまで落ち込んだ。ところが，それまでとは品目数を変えた写真を見せると，乳児は再び注視するようになった。写真に写っている事物は様々であり，品目数だけが一定していた。したがって，2もしくは3の品目の数に馴化し，異なる数が呈示された時に注視量が回復したということは，乳児が事物の知覚的特徴に関する情報だけでなく，より抽象的なレベルの数表象を処理していることを示している。

　さらに乳児は，おもちゃのうさぎが上下にジャンプする回数が2から4のあいだであれば，ジャンプ回数に注意を払う（Wynn, 1996）し，視覚的予測法（前節参照）を用いた研究では，5か月児は，ある位置に現われる3つの絵と他の位置に現われる

第 2 部　学習者と学習 ◆ 89

▲図4.4　動きに関する就学前児の推論の査定に使用された線画
（出典：Massey and Gelman, 1988：309）

2つの絵を区別できることも示されている（Canfield and Smith, 1996）。これらの研究は，乳児もすでに抽象的な数情報に気づいていることを示唆しており興味深い。

　乳児はまた，足したり引いたりという数の操作も理解している。乳幼児は予想していた数よりも品目の数が加えられていたり引かれていたりすると，驚いたり探索したりする（Wynn, 1990, 1992a, b；Starkey, 1992）。例えば，5か月児に2個のねずみの人形をくり返し見せたあと，スクリーンで人形を隠す。そして，実験者の手が現れて，スクリーンの後ろに別の人形を1個加えるか，もしくはスクリーンの後ろから人形を1個取り去るのを見る。したがって，スクリーンが下ろされたときには，人形の数が3個か1個になっていることになる。その結果，1個増える条件でも1個少なくなる条件でも，乳児は人形の数が本来あるべき数［3か1］ではない場合に長く注視することがわかった。すなわち乳児は，2個に1個加われば3個に，1個取り除かれると1個になることを予測していたのである（Wynn, 1992a, b）。

　これらの実験結果は，乳児が最初に呈示された物体の数表象に「加えたり」「引いたり」という心的処理を行っていることを示している。また，就学前児も身近な環境において数が予期せず変わってしまうような場面に直面したときには，既有の数表象を積極的に適用して，その予期せぬ事態を説明しようとする（BOX 4.2参照）。

　以上の研究を総合すると，乳児にも，物体の数を認識したり，数に関する学習や問題解決に能動的に取り組む能力が備わっていると考えられる。この能力によって，乳児は"数を数えることを学習している最中の"指人形の回答が正しいかまちがっているかを判断したり，数を数えるという解決法をみずから考え出すことができるのである（Groen and Resnick, 1977；Siegler and Robinson, 1982；Starkey and Gelman, 1982；Sophian, 1994）。

　しかし，数に関する知識がすでに就学以前に獲得されるからといって，その後の学習指導にまったく配慮の必要がないというわけではない。乳幼児の数に関する知識は，数概念に関する学校での学習への契機となるにすぎないのである。最近注目されているライトスタート・プログラムは，そのことを配慮したプログラムの1つである（Griffin and Case, 1997）。また，乳幼児期の数に関する知識は，学校教育の開始時には役立つが，より高次の数学に移行する時にはむしろ障害となることもある。例えば，多くの子どもは，「大きな数は多い量を表わしている」と信じている。このために彼らは「分数」が理解できずに苦しむのである。

BOX 4.2　いくつ？

　3歳～5歳の子どもは，物の数が予想とは異なる事態に直面したときにどのような反応を示すのであろうか。実験状況を説明すると，まず子どもは皿の上に置かれている5匹のおもちゃのネズミで遊ぶ。それから実験者は皿とネズミを隠し，カバーをはずす前にこっそり2匹のネズミを除いておく（Gelman and Gallistel, 1978：172）。以下はそのあとに交わされた会話の内容である。ネズミの数が違うという状況を子どもはどのように説明するのであろうか。

子ども：消えちゃってる。
実験者：なあに？
子ども：ほかのネズミは…？
実験者：今はいくつかな？
子ども：1，2，3。
実験者：ゲームの始めにはいくついたのかな？
子ども：ここに1つ，ここに1つ，ここに1つ，ここに1つ，ここに1つ。
実験者：全部でいくつ？
子ども：5。今は3だけど，前は5だったよ。
実験者：どうしたらいいかな？
子ども：よくわからない。でも，ぼくのお兄ちゃんはとっても大きいから，お兄ちゃんなら教えてくれるかもしれないよ。
実験者：お兄ちゃんだったらどうすると思う？
子ども：えーと，わからない…どれかは戻ってくるんでしょ。
実験者：［子どもに4匹のネズミの他，いろいろなものを手渡す］
子ども：［4匹のネズミをお皿の上に置いて］ほら。1，2，3，4，5，6，7！違う…［2匹のネズミを指さして］これを取って，さあいくつあるでしょう。
子ども：［1匹取り除いて数える］1，2，3，4，5。ううん，1，2，3，4。えーと，5だったよね？
実験者：そうよ。
子ども：この1つをここ［テーブルの上］において，じゃあ，今はいくつあるかな。
子ども：［1匹取り除いて数える］1，2，3，4，5。5だ！5だ。

乳児期の言語への注意

　以上のように，乳児は物理的および生物学的概念を理解する際の生得的制約をもっている。したがって，乳児が言語の学習においても同様の生得的制約をもっていたとしてもけっして驚くにはあたらない。実際，乳児は誕生直後から，言語の発達を導く固有のメカニズムを用いて言語についての知識を豊かにしていくのである。

　乳児は言語情報と非言語情報を区別することができる。例えば，犬の鳴き声や電話の音ではなく，単語に意味や言語機能を見いだす（Mehler and Christophe, 1995）。また，4か月になるまでに，乳児は他の音よりも音声を聞くことのほうを好む（Colombo and Bundy, 1983）。さらに，言語の変化にも気づくことができる。例えば，英語の音声に馴化した乳児は，スペイン語のような異なる言語の音声に対しては聴取反応が回復したが，英語の異なる音声へはそのような反応を示さなかった（Bahrick and Pickens, 1988）。つまり，新奇なスペイン語の音声に対してだけ聴取反応の回復がみられたのである。図4.5は，合衆国生まれの2か月児はフランス語の音声よりも英語の音声に対して速く反応することを示している。もちろん，乳児は，言葉の意味はわかっていないが，イントネーションやリズムのような話し言葉の特徴に注意を向けているのである。そして，加齢に伴って，母語に固有の構造をもっている音声に注意を集中しはじめ，そのような構造をもたない音声は無視するようになる。

　6か月までに，乳児は，身近な言葉の特性をいくつか識別できるようになる（Kuhl et al., 1992）。そして，8か月〜10か月の乳児は，話し言葉を単なる音声の組み合わせととらえることをやめ，言語学的な違いを表象しはじめる（Mehler and Christophe, 1995）。例えば，クールら（Kuhl et al., 1992）は，英語母語の新生児も日本語母語の新生児も"ra"と"la"の違いを早くから学習することができるが，やがて母語に関連するものだけが保持され，それ以外のものは抜け落ちることを示した

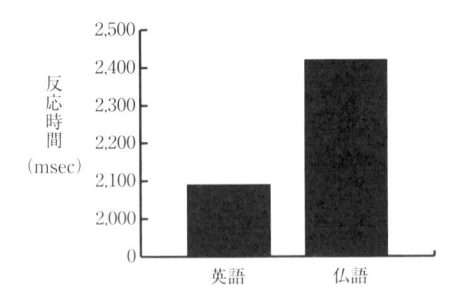

▲図4.5　2か月児の英語文とフランス語文に対する反応時間：英語文とフランス語文とを聞いた合衆国の2か月児が音の方向に対して視覚サッカードを始めるまでの平均反応時間
（出典：Mehler and Christophe, 1995：947を参考に作成）

(例えば，日本の新生児からは"la"が抜け落ちる)。基本的な学習メカニズムに違いがない生後まもない時期であっても，学習環境が学習内容を決定するのである。

新生児は，周囲の他者が話す言語にも注意を向ける。乳児は人間の顔に興味を示し，とくに話している人の唇を見つめる。彼らは，口の動きと話し言葉とのあいだに特定の関連性があることを期待しているようである。乳児は人が話しているビデオを見て，音声と一致している唇の動きと一致していない唇の動きとを見分けることができる。

乳児はまた，自分のまわりで話されている言葉の意味を能動的に理解しようとしている。ロジャー・ブラウン (Roger Brown, 1958) は，子どもと大人とのあいだでくり広げられる「言葉当てゲーム」について検討している。これは，大人が考えている内容を子どもが推論するゲームであるが，このゲームのようすを観察したところ，1歳児は，自分には理解することができない情報が非常にたくさんあるにもかかわらず，周囲の文脈に注意を払うことによって多くの内容を理解していることが明らかになった (Chapman, 1978)。また，ルイスとフリードル (Lewis and Freedle, 1973) は，13か月の女児の言葉の理解力を次の方法で分析した。まず，子ども用のイスに座っている乳児（対象児）にリンゴを手渡して「リンゴを食べて」と言うと，彼女はリンゴをかじった。そして，ベビーサークルで遊んでいるときにリンゴを手渡して「リンゴを投げて」と言うと，今度はリンゴを投げた。そこで，本当に「食べる」と「投げる」の意味を理解しているかどうかを調べるために，次のような実験を行った。その結果，子ども用のイスに座っている乳児（対象児）にリンゴを手渡して「リンゴを投げて」と言うと彼女はリンゴをかじり，次に，ベビーサークルで遊んでいるときにリンゴを手渡して「リンゴを食べて」と言うと彼女はリンゴを投げた。要するに，この子どもが使っていた方略は，"その状況でいつもしていることをする"というものだったのである。そして，この方略は，たいていの場合には有効に機能するのである。

上の例で明らかなように，乳児は日常生活では文脈を利用しながら会話の意味を学習している。例えば上述のようなひっかかりやすい実験でテストされない限り，子どもは「リンゴ」「食べる」「投げる」の意味を文脈から同定することができる。母親が敷物の上にあるダブダブの物を指さしながら「シャツを取って」と言えば，子どもは「取る」や「シャツ」の意味を理解しはじめるであろう。このように，単語や文の意味情報は状況的文脈によって提供されるので，そうした文脈を社会的に共有することがなければ，言葉は獲得されない (Chapman, 1978)。つまり，子どもは，意味の手がかりとして言葉を使用するというよりも，言葉の手がかりとして意味を使用しているのである (MacNamara, 1972)。したがって，親や保育者は，子どもの言語能力の発達を支援するためには，文脈と子どもの現在の能力の両方を考慮する必要がある。

要約すると，言語発達に関する最近の研究によって，子どもの生得的な言語能力は環境によって開発されることが明らかになった。すなわち，生得的な能力によって子どもは3歳ごろまでに流暢に話すことができるようになるが，もし子どもが言葉を使用する環境にいなければ，その能力を発揮することはできない。言葉にふれる経験はもちろんのこと，言語のスキルを使用する機会，つまり練習が重要なのである。ハッテンロッカー（Janellen Huttenlocher）も，言葉を獲得するには活動しながら練習する必要があり，テレビを見るといった受動的な活動では不十分であることを示している（Huttenlocher，ニューズウィーク1996から引用）。

学習方略とメタ認知

これまでの検討で明らかなように，乳児には驚くべき学習能力が生得的に備わっている。このような生得的学習能力が，その後の複雑で高度な学習の基礎になるのである。しかし，早くから有能さが発揮される領域においても，それが特権的領域でない場合には，子どもは自発的に，または他者の指導に従って学習に取り組む必要がある。本節では，例えばチェスや各国の首都を覚える時のような特権的領域ではない領域の学習について検討することにしよう。子どもは，こうした努力や意志を要する学習をどのように行っているのであろうか。

計画的で，意図的で，注意を要する，方略的な学習に関しては，これまで幼児は未熟であると考えられてきた。しかし最近の研究によって，幼児も方略を使用する能力やメタ認知的知識を獲得していることが明らかにされている。

記憶容量，方略，知識，およびメタ認知の重要性

学習および発達に関する伝統的な考え方は，幼児が知っていること，できることはごくわずかであり，加齢（成熟）や経験に伴ってしだいに有能になるというものである。この考えでは，学習は発達に他ならず，発達はすなわち学習である。つまり，特殊な形式の学習や能動的な学習者などは想定されていない（Bijou and Baer, 1961；Skinner, 1950参照）。しかし，前述した特権的領域においてでさえ，子どもの学習はけっして受動的ではないのである。

特権的領域以外の領域における認知発達研究では，学習者がどのように情報を処理し，記憶し，問題解決をするのかが明らかにされている。この分野では，子どもの学習方略の発達を説明するための理論として情報処理理論が早くから取り入れられてきた（Simon, 1972；Newell and Simon, 1972）。そして，子どもの短期記憶容量には限界があることが広く知られている。したがって，サイモン（Simon, 1972）や他の研究者（例えば，Chi, 1978；Siegler, 1978；Klahr and Wallace, 1973）は，発達とは短

期記憶容量の限界のような情報処理上の限界を克服することであると唱えている。この点に関連して発達心理学者がとくに関心を寄せているのは，子どもの短期記憶容量は大人よりも少ないのか，それとも効果的な記銘方略に関する知識が不足しているために，短期記憶容量の限界を克服することが難しいのかという点である。

　前者の立場では，子どもは大人よりも短期記憶容量が少ないと考えられている。子どもの学習能力や記憶能力が加齢とともに増加することには議論の余地はないが，その発達的変化に影響を及ぼすメカニズムについては今なお論争が続いている。すなわち，子どもの短期記憶容量や心的スペース（M-スペース）の容量が加齢に伴って増加するので（Pascual-Leone, 1988），より多くの情報の保持や，より複雑な心的操作の実行が可能になるのか，それとも加齢に伴って心的操作が速くなるので，限界のある短期記憶容量を効率的に活用することが可能になるのかという論争である（Case, 1992 ; Piaget, 1970）。

　後者の立場では，子どもも大人とほぼ同程度の記憶容量をもっているが，加齢に伴って，子どもは知識を獲得したり，容量に限界のある短期記憶を効率的に使用する方法を発達させると考えられている。そのための方法は一般に方略とよばれており，記憶を促進するための方略としては，暗記学習を促進するリハーサル（Belmont and Butterfield, 1971），文のような意味のあるユニットの保持を促進する精緻化（Reder and Anderson, 1980），保持と理解を促進する要約（Brown and Day, 1984）の3種がよく知られている。

　記憶を促進するための方略のうち最も広く使用されているのは群化であろう。群化とは，ばらばらな情報を意味のあるユニットにまとめる方略であり，つまり，知識を体制化することである。古典的な論文において，ミラー（Miller, 1956）は人間の心的処理には「不思議な数 7 ± 2」とよばれる現象が存在すると主張した。例えば，数字リストの記憶や，音声（音素）の区別や，相互に関連しない事項の再生を求めると，7項目あたりで遂行に決定的な変化がみられる。すなわち，7項目までは（Millerによれば5項目から9項目のあいだ），人は様々な課題を容易にこなすことができるのであるが，7項目以上になるととたんに手際よく処理できなくなるのである。しかし，ばらばらの文字や，数や，絵をグループ化したり，意味のあるまとまりに"チャンキング"するなど，情報を体制化することによって，この短期記憶容量の限界を克服することができる。

　チャンキングの方略は大人だけでなく子どもの遂行も促進する（チャンキング効果）。典型的な実験例を紹介してみよう。例えば，ばらばらに覚えようとしたのでは到底覚えることのできない数の絵のリストを，4歳～10歳児に見せて記憶させた。そのリストは，ネコ，バラ，汽車，帽子，飛行機，ウマ，チューリップ，ボート，コートなどの絵から構成されている。この20項目のリストを与えられたとき，年長児は年

少児よりも多くの項目を再生できる。しかし，それは単なる加齢の効果ではなく，リストが4つのカテゴリー（動物，植物，乗り物，衣類）から構成されていることに気づくかどうかにかかっている。つまり，カテゴリーに気づくことができれば，年少児でも全リストを再生することができる。しかし，年少児は年長児ほどカテゴリー化方略を使うことができないので，通常は再生数が少ない。カテゴリー化方略を使えるかどうかは年齢ではなく知識に依存していると言えるが，カテゴリーが複雑になるほどカテゴリー構造に気づく年齢は高くなる。カテゴリーを使うためには，そのカテゴリー自体を知っている必要があるのだ。

　子どもの学習に関する前述の2つの立場は，子どもに期待できることについて異なる示唆を与えている。もし，学習の相違が記憶容量や処理速度の漸進的な増加によって決定されるのであれば，あらゆる学習が一様に進むはずである。これに対して，学習には方略や知識が重要であるのであれば，子どもの概念的知識や，知識を体制化する方略の程度によって異なる学習レベルが想定されるであろう。後者の考え方を支持する実験結果としては，次のようなものがある。例えば，大学生と小学3年生に，日曜日の朝のテレビ番組や子どもの漫画の登場人物などから構成されている30項目を記銘させると，小学3年生のほうが，群化の程度も再生成績もよかった（Linberg, 1980）。また，ポップスターや芸能人の名前を再生する課題では，8歳〜12歳児のほうが群化方略をうまく用いており，再生成績も大人よりよかった（Brown and Lawton, 1977）。さらに，子どもがチェスの駒の配置を記憶する際に，知識や方略をうまく組み合わせて利用していることがBOX 2.1の事例からわかる（第2章参照）。

　メタ認知も子どもの学習を支える重要な能力である（Brown, 1978；Flavell and Wellman, 1977参照）。学習を進める時には，子どもだけではなく大人にとっても，学習についての知識，自分の学習の長所や問題点についての知識，課題の要求に関する知識が重要になる。こうしたメタ認知能力には自己制御能力，つまり自身の学習を統制し，計画し，遂行をモニターし，適切な時にエラーを修正する能力も含まれており，これらはすべて効果的な意図的学習にとって欠かすことのできない重要な能力である（Bereiter and Scardamalia, 1989）。

　自分自身の学習過程を内省する能力もメタ認知に含まれる。自己制御能力はきわめて早くから認められるが，内省は少し遅れて発達する。自分自身の学習過程の内省が不十分であれば，効率的に計画したり自己制御することは困難である。児童期後期になると，メタ認知能力を十分に使用できるようになる。しかし，この時期になって初めてメタ認知方略が使えるようになるわけではない。他の能力の発達と同様に，メタ認知能力も徐々に発達するのであり，そのためには経験や知識が必要である。したがって，子どもが知らない領域について自己制御や内省を試みるのは困難であるが，子どもがよく知っているトピックであれば，自己制御や内省の原初的様式が早くからみ

られる（Brown and DeLoache, 1978）。

　就学前児が意図的に想起を試みるようすを観察すると，方略を計画し，組織化し，適用するメタ認知能力のきざしを認めることができる。よく知られている実験例を紹介してみよう。この実験では，3歳〜4歳児に，3つあるコップの中の1つに小さなおもちゃの犬を隠すのを見せ，犬がどこにいるのかを覚えておくように教示した。すると，1人で待っているあいだ，子どもはけっしてじっとしてはいない（Wellman et al., 1975）。例えば，ある子どもは，ターゲットのコップを見て頷き，ターゲットではないコップを見て首を横に振るなどの検索行動を行った。また，別の子どもは，正しいコップに手を置いたりめだつ位置に動かしたりして検索手がかりを作るなど，リハーサル方略の前兆と思われるような行動を示した。しかも，これらの方略は有効であり，能動的に検索を試みた子どものほうが隠された犬の位置をよく想起できたのである。なお，BOX 4.3の事例は「リハーサル方略」の萌芽とみなすことができるだろう。

　年少の子どもにみられるこれらの行動は，何らかの努力をしなければ忘れてしまうことがわかっているからこそ現われるのであり，その意味ではメタ認知方略の萌芽と解釈することができる。実際，彼らの方略は，リハーサルのような年長の学齢児が使用する成熟した方略とよく似ている。このようにして子どもたちは，5歳から10歳ま

BOX 4.3　ビッグバードはどこにいる

　18か月と24か月の子どもたちが見ている前で，枕の下，ソファーの上，イスの下などプレイルームのいろいろな場所に，彼らの大好きなビッグバードのおもちゃを隠し，「ビッグバードが隠れているよ。ベルが鳴ったらみんなビッグバードを見つけよう」と話した。大人といっしょに遊んでいても，子どもたちはおもちゃ探しが始まるのを待ちきれないようすであり，遊びを中断して，ビッグバードの位置を覚えることに夢中になっていた。子どもたちの発話では，おもちゃについては「ビッグバード」，隠れていることについては「ビッグバード隠れてる」，隠れている場所については「ビッグバード，イス」，ビッグバードを探し当てることについては「ぼくにビッグバードを見つける（Me find Big Bird）」と表現していた。その他に，「隠されている場所を見たり指さしたりする」，「その場所の近くをうろうろする」，「おもちゃをちらっと見ようとする」などのリハーサルに似た行動も見られた。幼児の行為は，年長の子どもたちのリハーサル方略に比べれば無計画であり未熟ではあるが，おもちゃや隠された場所についての情報を想起できる状態にしておくというリハーサルの機能を十分に果たしているといってよいであろう（DeLoache et al., 1985a）。

でのあいだに，学習のためには方略的に努力をする必要があることを理解していく。そして，学習について話したり内省したりする能力は学齢期を通して発達し続ける（Brown et al., 1983）。したがって，学齢期初期の子どもがいつ，どのように学習や記憶について理解していくのかを知ることによって，子どもの理解に基づき，その理解をさらに深めていくような学習活動を計画することができるであろう。

方略の多様性と方略の選択

　子どもが記憶したり，概念化したり，推論したり，問題解決をするときに使用する方略は，加齢や経験に伴って，より効果的で柔軟になり，より広く適用されるようになる。しかし単に加齢に伴って発達するとは限らない方略もあり，その発達過程は多様である。ここでは，多くの認知研究で取り上げられている1桁の足し算のケースについて考えてみることにしよう。

　3＋5という問題について，就学前児は1から合計していき（"1, 2, 3, それから4, 5, 6, 7, 8"），6歳～8歳児は大きいほうの数字である5から加算していき（"5, それから6, 7, 8"），9歳以上になると答えを知っているため記憶から検索する（Ashcraft, 1985 ; Resnick and Ford, 1981）と考えられている。しかし最近では，より複雑で興味深い現象が認められている（Siegler, 1996）。子どもは問題ごとに異なる方略を用いるので，同年齢の子どもでも様々な方略を使用している。この傾向は，算数（Cooney et al., 1988 ; Geary and Burlingham-Dubree, 1989 ; Goldman et al., 1988 ; Siegler and Robinson, 1982），因果に関する科学的推理（Lehrer and Schauble, 1996 ; Kuhn, 1995 ; Schauble, 1990 ; Shultz, 1982），空間的推理（Ohlsson, 1991），リファレンシャルコミュニケーション（Kahan and Richards, 1986），記憶の再生（Coyle and Bjorklund, 1997），読みと綴り（Jorm and Share, 1983），もっともらしさの判断（Kuhara-Kojima and Hatano, 1989）などの多様な領域において見いだされている。例えば，同じ子どもに2日続けて同じ問題を与えたときでも，異なる方略が用いられることがある（Siegler and McGilly, 1989）。すなわち，5歳児が数を足していく時に，1から加算することもあれば，記憶から検索することもあり，あるいは大きい数から加算することもあるのである（Siegler, 1988）。

　子どもが様々な方略を使用するという事実は，人間の認知活動にとってけっして特異な傾向ではない。人間が多様な方略を選択的に使用することには十分な理由がある。それぞれの方略は，正確さ，遂行のための時間，処理要求，他の課題に応用できる範囲が異なっているので，そのことを考慮したうえで最も適した方略を選択する必要がある。したがって，子どもがもっている方略が多様になるほど，問題に応じてより適切な方略を選択することができるのである。

子どもであっても，課題に応じて最も適切な方略を選択して使用できることは，次のような例からも明らかである。例えば，小学1年生は，4＋1という簡単な足し算については答えを記憶から検索し，2＋9のような数字の大小の差が比較的大きい問題では大きいほうの数字から数え始め（"9, 10, 11"），以上のどちらでもない6＋7のようなケースでは1から数え始める（Geary, 1994；Siegler, 1988）ことがわかっている。

子どもは多様な方略を知っており，その中から適切な方略を選択すると考えると，次のような疑問が湧いてくる。彼らはいつ，どのようにして方略を発達させるのであろうか？　この疑問に対する答えは，方略をまだ知らない子どもたちに課題を与え，その課題に長期間（数週間から数か月）取り組ませた研究の中に見いだすことができる。この種の「微視発生的」研究では，子どもが様々な方略をどのように工夫するのかについて検討することができる（Kuhn, 1995；Siegler and Crowley, 1991；DeLoache et al., 1985aも参照）。また，このアプローチでは，新しい方略が最初に使用されるのはいつなのか，方略がどのようにして発見されるのか，その発見を導くのは何なのか，その発見がどのようにして一般化されるのかなどについて調べることができる。

このアプローチから，次の3つの結果が見いだされている。
①新しい方略の発見は行き詰まりや失敗への対処策としてではなく，問題解決の成功に伴って生じる。
②長期間持続する方略よりも短期間で移行していく方略のほうが早く現われる。
③新しい方略の有効性について理論的根拠を示すことはできても，その方略の一般化は非常にゆっくりと達成される（Karmiloff-Smith, 1992；Kuhn, 1995；Siegler and Crowley, 1991）。

子どもは，別の不適切な方略を生成したあとにではなく，いきなり有効な新しい方略を生成することができる。彼らは適切な方略に必要なものは何かを概念的に理解しているようにみえる。つまり，1桁の足し算や，数桁の引き算，ティック・タック・トーゲーム（3目並べゲーム）のような課題において，子どもは，新しい洗練された方略を自発的に生成する前に，適切な方略に必要なものは何かを理解し，その方略の有効性を認識しているのである（Hatano and Inagaki, 1996；Siegler and Crowley, 1994）。

以上のような子どもの方略の発達に関する新しい知見をふまえて，新しい教育プログラムが次々に提唱されている。そのようにして開発された相互教授法（Palincsar and Brown, 1984），学習者の共同体（Brown and Campione, 1994, 1996；Cognition and Technology Group at Vanderbilt, 1994），理想の生徒（Pressley et al., 1992），ライトスタートプロジェクト（Griffin et al., 1992）では，生徒が多様な方略を発達さ

せ，またそれを適切に使用できるようになることの重要性が共通に認識されている。これらの多様なプログラムは，いずれも生徒が問題解決における方略の使い方を理解し，いつどの方略を使用するのが最も有効なのかを認識し，学習した方略を別の新しい状況に応用できるようになることをめざしている。また，これらの教育プログラムは，年長児だけでなく年少児においても，また中流階級の子どもだけでなく低所得者層の子どもにおいても有効性が確認されており，方略のレパートリーの充実と方略の柔軟な活用が学習にとって非常に重要であることのよき証明といえる。

知能の多重性

　方略の多様性の解明が，子どもの学習についての理解を深め，教育へのアプローチにも影響を及ぼしたように，知能の多重性についても大きな関心が寄せられている。ガードナー（Gardner, 1983, 1991）の多重知能理論では，言語的知能，論理・数学的知能，空間的知能，音楽的知能，身体・運動的知能，対人的知能，個人内知能という7種の知能が提唱されており，最近では，8番目の知能として「自然的知能」が加えられた（Gardner, 1997）。このうち，学校教育において最も価値あるものとされているのが言語的知能と論理・数学的知能である。

　この多重知能理論は，もともとは心理学の理論として提唱されたものであるが，学校教育に対しても多くの示唆を含んでいるため，合衆国内だけでなく諸外国の教育者からも多くの興味，関心が寄せられている。この理論に基づく実験的教育的プログラムには，次の2つのアプローチがある。第1は，すべての子どもはそれぞれの知能を育成される必要があるとする考え方であり，それぞれの知能を育成するためのカリキュラムが考案されている。第2のアプローチでは，例えば，対人的知能や個人内知能といった人間に関する知能のように，合衆国の教育ではとかく等閑視されがちな特定の知能の育成に焦点をあてている。もちろん，これら2つのアプローチは，それぞれに長所と短所とをもち合わせている。

　多重知能理論の教育現場への適用はまだ端緒についたばかりではあるが，教師のあいだで草の根的に実践されつつある。多重知能理論は，歴史であれ，理科であれ，美術であれ，教科内容にかかわらず，学習トピックへのアプローチの方法や，重要な概念を表象する方法や，生徒が自分自身の理解を表現するための様々な方法を提供しており，それらをふまえて伝統的なカリキュラムを修正する試みが進められている（Gardner, 1997）。

子どもの知能観と学習観：学習と理解への動機づけ

　年長の子どもは，自分自身や他者の心について，また人間はどのように学習し「知的に」なるのかについて，彼らなりの概念をもっている（Wellman, 1990；Wellman and Hickey, 1994 ; Gelman, 1988 ; Gopnik, 1990を参照)。子どもは，固定的知能観と増大的知能観という2種の信念のどちらかをもっている (Dweck, 1989 ; Dweck and Elliot, 1983 ; Dweck and Leggett, 1988)。固定的知能観をもつ子どもは，知能は変化することのない個人特性であると信じているのに対し，増大的知能観をもつ子どもは知能は発達すると信じている (Resnick and Nelson-LeGall, 1998を参照)。また，固定的知能観をもつ子どもは，学習場面においては成績目標をもつことが多い。彼らは成績が上がるように努力し，自分の能力に対する高い評価を期待し，テストされることを嫌う。彼らは自分の評価が下がるような挑戦はしないし，また失敗にくじけやすい。要するに，彼らの目標はうまくやることなのである。これとは対照的に，増大的知能観をもつ子どもは学習目標をもつことが多い。彼らは，知能は努力と意志によって高めることができると信じており，自分自身の能力を向上させることを目標にしている。彼らは挑戦を試み，失敗に対しても根気強く取り組む。このように，子どもがどのような知能観をもっているかによって，学習についての考え方や学習への取り組み方が影響を受けるのである。もちろん，多くの子どもは，これら2つの理論の中間に位置しており，また，算数については増大的知能観をもち，美術については固定的知能観をもつといったように，同時に2つの知能観をもつ場合もあるだろう。したがって教師は，子どもがもっている知能観や学習観をよく理解し，それを正しい方向へ導くことによって，子どもの潜在的な学習可能性を引き出すことがたいせつである。

自発的学習

　子どもは，言葉や物理的因果性などの特権的領域だけでなく，意図的な学習状況においても自発的に学習する存在である。つまり，彼らは他者からの指示がなくても，またフィードバックや報酬のない状況においても学習するのである (White, 1959 ; Yarrow and Messer, 1983 ; Dichter-Blancher et al., 1997)。しかも，子どもは問題を解決するだけでなく，みずから問題を作り出し，その問題に挑戦する。例えば，クロスワードパズルに取り組んでいる大人とジグソーパズルに取り組んでいる子どもには，多くの共通点がある。いったいなぜ，彼らはそんなに問題を追い求めるのであろうか。もしかすると人間は，解決するべき問題をみずから生み出す存在なのかもしれない (BOX 4.4参照)。ともあれ，学校教育では，探索する，成功を求める，理解をめざすといった子どもの問題解決への動機を生かし (Piaget, 1978)，それを学習指導に大いに活用することが求められている。

子どもの学習をいかに導くか

　乳幼児は，生得的な好奇心に基づいて学習する自己動機的な学習者である。しかし，彼らの学習はけっして社会から孤立してなされるわけではない。社会的に価値がある

BOX 4.4 問題を解いてみよう

　18〜36か月児に入れ子式の容器で遊ばせてみた（DeLoache et al., 1985b ; Karmiloff-Smith and Inhelder, 1974も参照）。1人の子どもの前に5つのプラスチックのコップを置き，「これで遊んでいいのよ」と話す。子どもはそれらのコップが入れ子状になっているのを見ていたにもかかわらず，自分で入れ子状に重ねようとはしなかった。子どもはコップを積み重ねたり，想像上の汽車を作ったり，コップを使って飲むふりなどをした。そのうち，子どもはコップを入れ子状に重ねることに挑戦しはじめたが，それは子どもにとって難しく長い時間がかかった。

　最初のうちは，コップがうまくはまらないと無理に力を加えて入れ込もうとしたり，限られた数のコップについていろいろと試していたが，次第に，全部のコップを使って操作することへと移っていった。この「発達」傾向は，年齢間のみならず，そのコップで遊ぶ時間を十分与えられた場合には，同じ年齢の同じ子ども（30か月）においても認められた。

　ここで重要なことは，子どもは強制されたからでも失敗したからでもなく，成功することと課題の構造がわかることが動機づけとなって根気強くこの課題に取り組んでいることである。

とみなされている行為を子どもに促すことによって，大人たちが彼らの学習を補っている。多くの研究から，乳幼児の学習が社会的相互作用の影響を強く受けることがわかっている。例えば，薬物乱用者の母親とその子どもの相互作用に関する研究では，母親との相互作用が欠如している3か月児と6か月児は，うまく課題を学習できないことが明らかにされている（Mayes et al., 1998）。

　養育者は，子どもの行動を調整したり，課題の困難さを調節したり，いっしょに取り組みながら成功する方法をやってみせることがある。そうした行動が子どもの学習を促進しているのである。多くの観察研究において，母親と乳幼児との相互作用による学習が詳細に記述されている。例えば，膝の上に1歳の子どもを座らせた母親の前にいろいろなおもちゃを並べて観察すると，母親は，まるで手が3つ必要ではないかと思われるほど人形を抱いたり，子どもの手に届かないおもちゃを探したり，子どもが活動に集中できるように使っていないおもちゃをかたづけたり，子どもがおもちゃをつかみやすいようにおもちゃの向きを変えたり，おもちゃのわかりにくい特性を教えたりして，最初から最後まで，子どもがおもちゃにアクセスできるように導いていた（Schaffer, 1977 : 73）。

　大人は，子どもの学習を促進するような環境を整えるだけでなく，状況についての

感情的な手がかりを示したり，どうふるまえばよいのかを言葉を用いないで示したり，できごとを言語的もしくは非言語的に解釈してみせたり，言葉を用いて物体やできごとを分類してみせたりすることによって，子どもが新しい状況でいかにふるまうべきかを導いている。また，大人がどのように子どもの行為を導くのかに関する研究も数多く蓄積されている（Rogoff, 1990；Walden and Ogan, 1988）。親は子どもの学習を促進するように親自身の言葉や行動を方向づけている（Bruner, 1981a, b, 1983；Edwards, 1987；Hoff-Ginsberg and Shatz, 1982）。例えば，親が生後数か月の乳児に対して数少ない音調で話しかけることによって，乳児は母語の音声の原型を抽出することができる（Papousek et al., 1985）。また，親による物体やカテゴリーのラベルづけは，子どもがカテゴリー階層を理解したり，適切なラベルづけを学習するのを助けるであろう（Callanan, 1985；Mervis, 1984）。日常生活で子どもが目的を達成するために養育者とコミュニケーションをとることは，言語や，共同体で使用される認知的道具を学習していくうえでの基盤となるのである（BOX 4.5 参照）。

BOX 4.5　どのおもちゃ？

　14か月の赤ちゃんが遊びたいと思っているおもちゃを大人が理解するまでのやりとりを紹介してみよう。大人はおもちゃ箱の中のおもちゃをいろいろと探っている。大人がリングの塔に触ったときに，赤ちゃんが「あぁ」と大きな声を出すので，大人は塔を取り上げて「あぁ？」と返事をした。赤ちゃんは塔を無視しておもちゃ箱を見続けているので，大人は再び赤ちゃんに塔を見せて「あぁ？」とたずねるのであるが，赤ちゃんは「あぁ…あぁ…」と言いながらおもちゃ箱の中を指さしている。大人が再びおもちゃ箱に手を伸ばすと赤ちゃんは「ちゅう！」と叫んだ。大人はいないいないばあ遊びの布を取り上げながら「あぁ！」と大きな声で言って赤ちゃんに見せた。しかし，赤ちゃんはその布を無視しておもちゃ箱の中を指さし，それからじれったそうに腕を振っている。大人は「あぁ？」と返事をするが赤ちゃんはおもちゃ箱の側面を指さしている。大人と赤ちゃんは他のおもちゃについてもこのやりとりをくり返し，そのたびに赤ちゃんはいらいらして腕を振るのであった。とうとう大人は「どれがいいのか教えてちょうだい！」と言って赤ちゃんをイスから抱き上げて自分の膝の上に座らせた。それから大人はびっくり箱を取って「これ？」とたずねた。すると赤ちゃんは手を広げておもちゃに手を伸ばし，びっくり箱で遊び始めた（Rogoff et al., 1984：42-43）。

養育者が果たすべききわめて重要な役割の1つは，子どもが新しい状況を，よく知っている状況と関連づけるのを助けることである。学習の転移に関する研究によって（第3章参照），特定の状況に関連する知識へアクセスすることは必ずしも容易ではないことがわかっている。したがって，教師は，学習者がもっている多様な知識を相互に関連づけていくように援助する必要がある。

また，養育者は，足場を提供することによって，子どもが現在の能力をさらに伸ばすように支援している（Wood et al., 1976）。そうした足場作りには，次のような行為が含まれる。

（1）子どもを課題に惹きつけること。
（2）課題を簡単にして問題解決に必要なステップ数を減らすこと。それにより，子どもは課題要求を認識できるようになり，問題解決過程に必要な下位ステップを達成できるようになる。
（3）子どもを目標達成へと動機づけ，子どもの思考過程を正しく方向づけること。
（4）子どもが考え出した解決法と正しい解決法のあいだの本質的な矛盾点を示すこと。
（5）問題解決に伴う子どもの心の葛藤を調整すること。
（6）問題解決にいたるまでの模範的な遂行例を示すこと。

要するに足場作りとは，「観客である前に参加者であれ」（Bruner, 1983 : 60）というモットーに基づく行為なのである。

読むことと物語ることの学習

子どもの学習にとって大人の支援が重要であることは，言葉をもたずに生まれた子どもが，最初の3年間で，いかにして物語を語るための基礎を身につけるのかを考えてみれば明らかであろう（Engle, 1995）。様々な読み書き経験を通して，子どもは優れた読み書き能力を獲得する。物語を話したり読んだりする経験は，言語スキルを発達させる力となる（BOX 4.6参照）。もちろん，古くから絵本の「読み」が重要であることは親や研究者によって認識されていた。しかし，最近になって，絵本を読む経験の有効性が科学的に立証されてきたのである（National Research Council, 1998を参照）。

19世紀末に，ルイス・キャロルの筆名で知られているドジソン（C. L. Dodgson）が，『不思議の国のアリス』と『鏡の国のアリス』の子ども版を出版した。この本は，木版挿絵で有名なジョン・テニエル（Tenniel, J）による最初の「言葉のない絵本」であった。この絵本は，現代の文字のない絵本と同じように，子どもの「読む」感覚

BOX 4.6　赤ちゃんが読むということ

　16か月児のジュリーは，家を訪ねてきたおじいちゃんと少しのあいだ2人きりになった。母親がいないことから子どもの気をそらせるために，おじいちゃんは彼女に絵本を「読み」始める。それぞれのページにはある動物とその赤ちゃんが描かれている。ジュリーは興味津々で聞いていたが，カンガルーとその赤ちゃんのページになるとすかさず「カンガ，赤ちゃん」と言ったのである。そして，(『くまのプーさん』に出てくる) カンガとルーのついたシャツを指さして，「カンガ」「赤ちゃん」と再び言った。ジュリーが最近オーストラリアのお土産に大きなカンガルーのぬいぐるみをもらったことを知っているおじいちゃんは，彼女の言った言葉をくり返したあとで「ジュリーのカンガはどこかな？」と言った。ジュリーはとても興奮しながらおじいちゃんのところまでぬいぐるみを引っぱってきて，絵本を指さしながら「カンガ，赤ちゃん」と言い，それからぬいぐるみを指さして「カンガ」と言い，お母さんカンガルーのポケットの中の赤ちゃんを指さして「赤ちゃん」と言った。カンガ/赤ちゃんルーティンをくり返しながら多くの笑いとともにコミュニケーションは展開されていった。1語文期であっても，子どもは「読む」，「指示する」，そして場面を通して「表象する」ことができるのである（Brown, 私信による報告）。

を刺激したのである。以下に，ルイス・キャロルの言葉を紹介しておこう（Cohen, 1995：440から引用）。

　　私は，『不思議の国のアリス』が，5歳から15歳までの子どもたち，15歳から25歳までの子どもたち，いや25歳から35歳までの子どもたちも含めて，多くのイギリスの子どもたちに読まれ続けてきたと信じている。そして今，私はこの本を0歳から5歳までの子どもたちにも読んでもらいたいと願っている（それは無理な願いだろうか？）。はたして彼らに読めるだろうかって？　そんなことを心配する必要はない！　読み書きができない，文法もわからない子どもでも，ページをめくったり，話しかけたり，ページの隅を折ったり，しわくちゃにしたり，キスすることはできるではないか。

　卓越した教育者であったドジソンは，『幼児版のアリス』に対して教育的信念をもっていた。キャロルが『幼児版のアリス』を世に送り出した真の目的は，子どもの生活の中に本をとり入れることであった。キャロルは，その役割は大人が担うべきだと考えていたが，現代では教師がその役割の一端を担っているといえるだろう。アリスの挿絵はあまり具体的ではなかったが，キャロルは絵に注目するよう強調した。アリ

スが自分の涙でできたプールでネズミといっしょに泳いでいるという，有名なテニエルの挿絵を見るときには，キャロルは次のように読み聞かせるよう大人に求めた。

　　さあ，この絵を見てごらん。次に何が起きるんだろうね？　それは海のようだね。だけど，それは涙のプールなんだよ。アリスの涙でできたプールなんだ！　アリスはそのプールに落ちちゃった。ネズミも落ちちゃった。それで2人はいっしょに泳いでいるんだね。この絵の中で泳いでいるアリスはかわいいね？　プールのドのほうに，アリスの青い長靴下が見えるね。だけど，どうしてネズミはこんなにあわてて泳いで，アリスから離れようとしているんだろう？　それはなぜかというと，アリスがネコとイヌの話を始めたからなんだ。ネズミはネコとイヌの話をすることが大嫌いなんだ！　君が自分の涙のプールで泳ぐとしたらどうだろうね？　おまけに誰かが君に，おけいこ帳や薬のビンの話を始めたらどうだろうか？　君は一生懸命泳いで逃げちゃうかな？

　天性の教師であったキャロルは，養育者に対して，たとえ子どもの反応がみられないような早い段階であっても，子どもの注意を絵に集中させること，質問をして子どもの好奇心を刺激すること，子どもを対話に引き入れることをすすめた。キャロルは，子どもに「詳しく観察する習慣」をつけさせることによって，子どもの読み書き経験を豊かにするよう大人に求めた。彼は，人間と動物界の真実をうまく示して，物語を読みながら大人と子どもが笑いとナンセンスを共有できるような世界を創り出した（Cohen, 1995：442）。

　養育者は絵本の「読み聞かせ」をしながら，お話をまとめるよう子どもに促すことによって，子どもの「語りのスキル」を育成する（Eisenberg, 1985；McNamee, 1980）。もし子どもが途中でお話をやめたり，大事な情報を伝えないままであれば，「次に何が起こったの？」とか「他に誰がいたの？」などと尋ねて話の続きを促すとよい。こうした質問は，子どもたちに，知らず知らずのうちに望ましい語りの構造に気づかせるための手がかりになっている。

　例えば，ある母親は息子のリチャードがまだ8か月のころから読み聞かせを始めた（Ninio and Bruner, 1978）。母親は最初，絵本を「読む」時には，必ず絵本の読み聞かせのお決まりのやりとりをリチャードに「教えて」いた。最初，彼女はリチャードのどんな発声に対しても満足しているように見えたが，息子が単語を話すことができるようになると要求が高くなり，「これはなあに？」という質問に答えることを求めた。母親はしだいに要求水準を上げているようであった。最初は，非音声的なサインではなく音声を使うことを求め，次には不明瞭な音声の代わりにきちんとした単語を使うように促した。また，最初は子どもがラベルづけをする（絵に命名する）ことはできないと考えていたために，母親がいつもラベルづけをしていたが，その後は，子

どもが自分でラベルづけができないと考えられる時にのみ母親がラベルづけを行うようになっていった。つまり、母親が子どもの知識獲得のようすを観察し、その知識獲得の程度に応じて、しだいに子ども自身でラベルづけをするようにうまく仕向けていったのである。さらに、母親は子どもがすでに理解している単語の目録を絶えず更新し、子どもが漸次増加していく語彙知識へアクセスすることをくり返し求めていた。

　1歳半から3歳の中流階級の子どもは、自発的にラベルづけをよく行う。例えば、「これはホージー」というラベルづけを行ったり、「これはなあに？」と尋ねて情報を求める（DeLoache, 1984）。こうした中流階級の子どもが3歳になると、母親はラベルづけにはとどまらなくなる。母親は絵の中の事物間の関連性について話したり、その事物を子どもの経験に関連づけたり、実生活での子どもの経験について質問したりするようになる。例えば、「そうね、あれはミツバチの巣ね。ミツバチが何を作るか知っている？　ミツバチは蜂蜜を作るのよ。ミツバチは花から蜜を集めて、その蜜を使って蜂蜜を作るの。それから、その蜂蜜を巣の中に入れておくの」母親は様々な状況や材料を呈示しながら子どもに多くの背景情報を与える。母親は絶えず情報を工夫し、そして子どもに質問をする。それは「実際の」読み課題にも適用できる立派な理解育成のための活動である。

　こうした読み活動では、母親は少しの援助を与えるだけで子どもができる範囲をさらに広げるように試みている。ヴィゴツキーが言うところの発達の最近接領域の機能を果たしている（BOX 4.1参照）。子どもの能力が伸びていくのに伴って、母親が子どもに要求する共同作業のレベルも上がる。母親は、共同作業における子どもの役割がしだいに増加するように計画立てている。母親は望ましい学習環境を提供するだけでなく、適切な理解育成のための活動を行っている。

　物語を語ることは、自分自身の体験や他人に聞いた経験を体制化する有力な方法であり、それはテキストの中の語りを解釈する能力の基礎となる。3歳か4歳になるまでには子どもは語り手となる。彼らは、自伝的なできごとを話したり、創作物語をくり返し話したり、他人に聞いた物語を思い出して話したりするようになる。子どもの日常経験はこうした物語を語る能力を育成する。子どもは元来話すことが好きであるし、「ベッドでおやすみ」スクリプトや、「マクドナルドへお出かけ」スクリプトのような身近な活動についてのスクリプトやスキーマを学習することも好きである（Nelson, 1986 ; Mandler, 1996）。子どもは個人的な経験を聞いたり話したりすることも好きである。こうした回想はより熟達した語りへのステップになる。子どもは成長するにつれて、物語に新しい要素を付け加えたり、語り手となる機会が増えることによって語りへの参加のレベルを上げていく。子どもは3歳になるまでには、家族で共同の物語を語り合う場合に、先頭に立って個人的な語りを組み立てることができるようになる。

家族といっしょに共通の経験を回想することによって，子どもはごちゃごちゃとした経験を関連づけることができるようになる。また，回想による語りは，「鎮静剤」（Bruner, 1972）の役割を担っており，経験を客観的にながめたり，家庭という安全な場所や家庭以外の支援的環境を確認したりすることにつながる。さらに，読み聞かせや語りなどの共同作業に早くからかかわることは，就学前や学齢期初期の読み書きの学習にも役立つ。そのことは，ハワイのキープログラム（Au, 1981 ; Au and Jordan, 1981）や，合衆国都市部の相互教授法（Palincsar and Brown, 1984）が日常の相互作用をモデルにして構想されたことからも明らかである。これらのプログラムは，日常生活の中での他者との相互作用をモデルにして，それを学校教育に応用している。この他にも，子どもの算数学習を支援することを目的として親によって開発された関係づくりや足場作りのプログラムも，その有効性が証明され（Saxe et al., 1984 ; Byrnes, 1996），学校現場で取り入れられている。

コミュニケーション様式の文化差

大人と子どものコミュニケーションの様式には文化差がある。また，どんな共同体であれ，その中で営まれるコミュニケーションのスタイルには大きな個人差がある。もちろん，あらゆる文化は，それぞれ子どもの発達を強力に援助している。しかしながら，ある文化のほうが他の文化よりも特定の知識や相互作用のスタイル（例えば，合衆国の典型的な学校環境で期待されているような）の発達を促す傾向があるのも確かな事実である。したがって，教育者や親は，こうした文化差に配慮する必要がある。

▶会話，観察，もしくは盗み聞き

ある共同体では，子どもが大人と会話を直接的にやりとりすることはめったになく，大人の活動に参加することを通じて子どもは大人とやりとりをする。こうした状況では，大人を観察することによって，または進行中の活動の中で大人がヒントや援助を与えることによって，子どもの学習が生じる。こうしたかかわりは，他の共同体でよくみられるような，明示的でわかりやすい練習を通して幼児の言葉の獲得を直接的に促すといったパターンとは明らかに対照的である（Ochs and Schieffelin, 1984 ; Rogoff, 1990 ; Rogoff et al., 1993）。

例えば，プエブロ族の子どもは，大人の生活に加わることが許されており，誰に対してどのようにかかわるかの選択も自由である（John-Steiner, 1984）。自分よりも経験の豊富な成員に対して「徒弟」としてふるまうことによって学習がなされる（Suina and Smolkin, 1994）。つまり，大人といっしょに文化的実践に参加する中で，観察や言葉による説明が生じ，学習が進行するのである。

また，ルイジアナのアフリカ系アメリカ人の共同体では，子どもは「見ることはで

きるが聞くことはできない」と考えられており，子どもは盗み聞きをしながら言葉を学習する。共同体への静かな没入，日常的な商売上のやりとりへの参加，大人の会話を聞いてすごす時間などが，子どもが言葉を獲得するための重要な機会となっている（Ward, 1971：37）。子どもの耳に入らないように検閲されるものは何もない。子どもたちは土曜日の夜のパーティ以外はどこでも参加できる。さらに，年長の子どもは年少の子どもに社会的スキルや，知的スキルを教える。年少の子どもは，アルファベット，色，数字，韻，言葉遊び，ペンと鉛筆ゲームなどを，すべて年長の子どもから習う。そうした指導を受けない子どもはいない。たとえ第1子であっても，いつも身近にいる，いとこ，おば，おじなどから教えてもらう（Ward, 1971：25）。

　この共同体では，小さい子どもが大人にとって会話上のパートナーになることはない。もちろん，子どもが重要なことを話す場合は，親は子どもの言葉に耳を傾けるし，また親が子どもに話しかける時には，子どもは親の言うことをよく聞いている。しかし，通常の会話場面で大人が話しかける相手は大人に限られる。また，年長の子どもと大人のあいだで交わされる質問は，直接的に情報を要求する形式の質問であり，会話を目的としていたり，親が子どもを訓練するために，自分が知っているトピックについて子どもに質問するようなことはない。さらに，母親の子どもに対する話し言葉は，対話の形式ではなく，慎重に調整されており，その共同体で用いられている言葉の正確な見本になっている（Ward, 1971）。

▶学校教育と質問の役割
　詳細なエスノグラフィー研究によって，大人が子どもと言葉で相互作用する方法には驚くべき文化差があることが明らかになった。したがって，学校の教室で一般的に行われている質問と，子どもが属している共同体で行われている質問について，慎重に検討する必要がある。ある古典的な研究では，白人の中流階級の家庭とアフリカ系アメリカ人の労働者階級の家庭における質問のスタイルには大きな文化差があることが報告されている（Heath, 1981, 1983）。すなわち，中流階級の母親は，子どもがまだ質問に回答できないと思われる生後早い時期から質問ゲームを始める。例えば，生後8週の乳児に「テディベアが欲しいの？」と質問し，「はい，あなたはテディベアが欲しいのね」と自分で子どもに向かって回答する（BOX 4.6を参照）。こうした儀式的なやりとりは，質問や見せかけの質問を含んだ相互作用が頻繁にみられる共同体への適応を促すという社会的な機能を果たしている。このため，こうした相互作用のパターンに接した子どもたちは，質問に対する回答を強いられているようにみえるが，実は大人はすでによくわかっている情報を喜んで提供しているのである。

このような，質問者が質問の答えを知っている「答え－知ってる」質問は，教室の対話においても頻繁にみられる（Mehan, 1979）。教師は子どもに対して，教師が知らない情報の提供を求めるためではなく，発表することを通して知識を獲得させることを目的として子どもに質問している。同様に，中流階級家庭では「答え－知ってる」質問が圧倒的に多いことが明らかにされている。例えば，27か月の娘に対する発話の約半分が質問であり（215発話のうちの48％），その質問の約半分が「答え－知ってる」質問であった（Heath, 1981, 1983）。

　これに対し，アフリカ系アメリカ人家庭での相互作用で，質問がなされることはあまりない。とくに，「答え－知ってる」質問がまったくみられないことは注目に値する（Heath, 1981, 1983）。しかも，彼らの言語的な相互作用は，中流階級の家庭の場合とはまったく異なる機能を果たしている。彼らの質問は，類推や，物語の開始や，非難の現われであり，そうした質問のスタイルは白人の家庭ではほとんどみられない。例えば，アフリカ系アメリカ人の子どもは，類推的な質問に回答することを通して，洗練されたメタファーの使用法を学ぶ。子どもたちは，「それは何？」ではなく「それはどんなだった？」とか「こんなふうにしていた男の人は誰？」のような質問をされるのである。そうした質問は，アフリカ系アメリカ人の大人が，就学前児は事物間の類似性に関心があると考えているためであり，そのことは質問以外の話し言葉においても直喩やメタファーを多用していることからもうかがえる。大人は物語形式の質問をするし，メタファー的思考や物語形式の説明をすることは価値があると考えている。例えば，ある人は，「昨日，マギーの犬を見たかい？」という形式の質問によって物語を語りはじめることを好む。しかも，この質問への適切な答えは「はい」や「いいえ」ではなく，「いいえ，昨日マギーの犬に何かあったのですか？」という質問である。そして，この質問が物語の始まりの合図になるのである。アフリカ系アメリカ人の大人や就学前の年長児は，こうした質問の儀式に慣れていて，日ごろから熱心にそれに取り組んでいる。

　これらの例から，労働者階級のアフリカ系アメリカ人と中流階級の白人とでは質問の形式や機能が異なっていることは明らかである。ところが，入学直後の教室でよくみられるのは，労働者階級ではなく中流階級の家庭でみられる質問のスタイルである。中流階級出身の教師は，中流階級の生徒にとってなじみのあるスタイルの質問をするので，教師と文化背景を共有する中流階級の生徒がその質問にうまく答えるのは当然である。しかし，労働者階級のアフリカ系アメリカ人の子どもは，そのような質問のスタイルには慣れていないので，しばしば困惑する（Heath, 1981, 1983）。教師のほうも，なぜアフリカ系アメリカ人の生徒がちゃんと質問に答えてくれないのか理解できずに混乱してしまうのである。

彼らはごく簡単な質問に対しても答えられないようでした。

　私は彼らのうちの何人かは聴覚に問題があるのではないかと思ったほどです。まるで彼らには私の質問が聞こえていないようでした。彼らは質問する私を無表情に見つめるだけでした。彼らの興味を惹くようなことを言ったり，物語の口調で質問したときにだけ，私の声が聞こえているようでした。

　彼らは教室では最も簡単な質問にも答えることができません。しかし運動場では，ボールゲームのルールなどいろいろと説明することができるのです。彼らは教室にいるときのように静かに黙っているわけではないのです。

　私は教室で彼らに質問をしているときに，まるで壊せない壁に向かっているようだと感じます。

　しかし，教師がアフリカ系アメリカ人の子どもにとってなじみのあるメタファーを用いた物語口調の質問をとり入れると，彼らは徐々に不慣れな「答え－知ってる」やりとりができるようになる。これは「学校から共同体へ，共同体から学校への双方向的な連携」を図る取り組み（Heath, 1981：125）の優れた実践例であり，多様な少数民族の子どもが公的な学校教育へ移行するときに感じる負担を少なくするためには，こうした取り組みが是非とも必要である。少数民族の親が子どもの就学のための準備教育を工夫するだけでなく，学校側も文化的多様性の問題に敏感にならなければならない。文化的多様性の問題に対する適切な対処法は，子どもを変えることでも学校を変えることでもなく，両者が適応的かつ柔軟に対応していくことなのである。

結　論

　「発達」の概念は，言語習得や因果的推理，素朴な数概念などにおける子どもの思考の変化を理解するうえで欠かすことのできない重要な概念である。

　幼児は能動的に自分たちの世界に彼らなりの意味を見いだしている。幼児には，生物学的・物理的因果性，数，言語など，いくつかの特権的な領域において驚くほど容易に学習することのできる，すばらしい能力が生得的に備わっている。これらの生得的な能力は早いうちからの学習を可能にするだけでなく，学校教育に必要な基本的な能力を開発する。しかし，こうした特権的領域においても，子どもは多くのことを学習しなければならない。

　知覚的・物理的世界に関する子どもの発達初期の理解は，その後の学習の基礎となるが，初期の知識が後の学習の妨げになることにも注意を払うべきである。例えば，有理数を整数として扱っている子どもは，将来，分数の理解でつまずくことになるであろう。教師がこのような「つまずき」の原因に気づくことによって，「つまずき」を克服する手がかりを得ることができる。

子どもは特権的領域において容易に学習できるが，意志や努力によって学習を進めることもできる。特権的領域以外の学習を求められた場合に，子どもは意図的な学習方略を開発する必要がある。そうした学習方略を身につけるためには，子どもは，「学習とは何を意味するのか」「学習者としてどうあるべきなのか」「学習の計画やモニタリング，および修正や内省はどのようにすればよいのか」について理解する必要がある。子どもには，このような知識や経験が不足しており，彼らの推論能力も十分であるとはいえない。しかし幼児は未熟ではあるが，自分がもっている知識を使って推論することができる。

　子どもは問題解決者であり，かつ問題作成者でもある。子どもは自分の前に呈示された問題の解決を試みるだけでなく，別の新しい挑戦すべき問題を探し求める。彼らは，失敗に直面した時だけでなく，それまでの成功体験からも学びながら，問題解決方略を洗練し，改善していく。成功体験と問題理解は，それ自身が動機づけとなって彼らの学習活動を持続させるのである。

　大人は，新しい状況を子どもにとってなじみのある状況へと結びつけることを支援するべきである。大人は，子どもの注意を惹きつけたり，経験を構造化したり，学習への取り組みを支援したり，情報の難易度を調節したりすることによって，子どもの好奇心と学習への動機づけを支えている。

　子どもの能力は，まわりの環境や彼らの養育者によって形づくられる。養育者はできごとの重要な点に子どもの注意を惹きつけたり，注意を払うべき特徴についてコメントしたり，情報に構造を与えたりすることによって，子どもの学習を支援している。情報に構造を与えることは学習にとってきわめて重要であり，それなしに情報を理解することは不可能である。また，発達と学習は2つの平行した過程ではない。素朴な生物学的理解は，ある種の相互作用を可能にし，その相互作用を通して，子どもは養育者からの様々な環境的支援やその他の文化的，社会的支援を得ることができる。そのことによって，子どもの学習経験はさらに広がっていく。つまり，子どもの学習は生得的な知識と生態学的な環境の両方に依存しているのであり，それによって実現された学習がさらなる発達をもたらすのである。

第5章

神経科学
——学習を支える脳のメカニズム

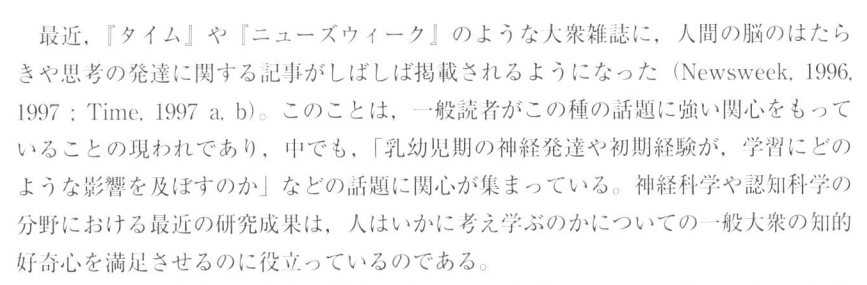

　最近,『タイム』や『ニューズウィーク』のような大衆雑誌に, 人間の脳のはたらきや思考の発達に関する記事がしばしば掲載されるようになった (Newsweek, 1996, 1997 ; Time, 1997 a, b)。このことは, 一般読者がこの種の話題に強い関心をもっていることの現われであり, 中でも,「乳幼児期の神経発達や初期経験が, 学習にどのような影響を及ぼすのか」などの話題に関心が集まっている。神経科学や認知科学の分野における最近の研究成果は, 人はいかに考え学ぶのかについての一般大衆の知的好奇心を満足させるのに役立っているのである。

　脳研究の成果を学習や教育の問題と関連づけて説明しようとする場合, 教育実践場面でその有効性が実証されていない研究成果の引用は, 慎重に行われるべきである。有効性が実証されていない研究成果の例としては, 次の2つをあげることができる。1つは,「学習の効果を最大にするために, 右脳と左脳を別々に鍛えるべきである」という考えである。もう1つは,「脳は, 全体としてダイナミックに発達する時期があるので, その前後に特定の教育目標を設定するべきである」という考えである。しかし, 後述するように, 脳の発達の時期は, 脳の部位によって異なることが明らかにされているものの, その研究成果から何らかの教育的示唆が提示されるまでにはいたってはいない。また, 脳に関しては, いくつかの誤解も存在する。その1つは,「人間の脳は, 発達段階によって多少は異なるものの, わずか20%しか使用されていないので, もっと使用できるはずだ」というものである。このような誤解はおそらく, 大脳皮質の大部分が, 知覚または身体運動とは関係しない「活動していない野（連合野）」であるという, 神経科学の初期の研究成果に由来するものと思われる。しかし現在では, この連合野は, 知覚や身体運動とは直接的には結びつかない, より高次な認知的機能を担っていることが明らかにされている。

　神経科学の分野で行われてきた研究は, 発達心理学の理論的枠組み, 例えば, 発達における初期経験の重要性 (Hunt, 1961) の裏づけに役立っている。つまり, 本書の新しさおよび価値ある点は, 多くの科学研究領域において得られた研究成果を集大成したことである。発達心理学, 認知心理学, 神経科学のわずか3領域を取り上げただ

けでも，これらの領域で蓄積されてきた学習と発達に関する研究成果は，認知発達の様相を理解するうえで非常に役立っている。また，神経科学は，学習のメカニズムの解明にも役立っている。陽電子断層撮影法（PET：Positron Emission Tomography）や，機能的磁気共鳴画像（FMRI：Functional Magnetic Resonance Imaging）のような，非侵襲的（身体に傷をつけない）画像技術の進歩によって，人間の学習プロセスが直接目に見える形で観察できるようになったのである。

　本章では，神経科学と認知科学から得られた学習のメカニズムに関する新しい知見について概説する。本章の概要は，以下の3点である。

（1）学習は，脳の神経科学構造を変化させる。
（2）この構造の変化に伴って，脳の機能的な構造が変化する。すなわち，学習とは，脳を構造化または再構造化する営みである。
（3）脳の部位によって，学習に対する準備の整う時期が異なる。

　本章では，まず初めに，神経科学の基本概念と脳の発達に関する最新の知見を，学習と教育が脳に及ぼす効果を含めて紹介する。次に，脳と心の結びつきについて，言語獲得の場合を例にあげて紹介する。最後に，記憶が脳の中でどのように表象され，そのことが学習にどのような意味をもつのかについて検討する。

　これまで，神経科学の分野で行われてきた研究によれば，学習と教育は，子どもの脳と心の発達にとって，非常に重要な役割を担っていることが示唆されている。具体的には，現在では，「子どもの脳と心の発達は，子どもと子どもを取り巻く環境とのあいだの密接な相互作用を伴いながら進行している」という見解が多数の支持を得ている（正確に言えば，人間は，個々の体細胞から皮膚組織にいたるまで，程度の差こそあれ，様々な度合いで環境と相互作用を行っているのである）。また，この相互作用の重要性が明らかにされつつある現在，「発達は，どれだけ遺伝子に依存し，また，どれだけ環境に影響されるのか？」といった問いに答えることは，「長方形の面積は，高さと幅のどちらによって決まるのか？」といった問いに答えるようなものであり，それほど重要ではないことが認識されつつある（Eisenberg, 1995）。

学習の神経科学的な基礎

　現在，神経系に関する解剖学や生理学，化学，分子生物学などの研究を行っている神経科学者の興味の対象は，人間の脳の活動と，行動や学習との関係を解明することである。具体的には，「脳はどのように発達するのか？」「脳の発達には発達段階が存在するのか？」「脳が正常に発達するための臨界期は存在するのか？」「発達途中および成人期の神経系では，情報はいかに符号化されるのか？」「経験は脳にどのような

影響を及ぼすのか？」などの問いに関心が集まっている。このことから明らかなように，神経科学者の興味は，初期学習における脳の役割にあるといえる。

神経細胞に関する基本事項

　神経細胞（ニューロン）は，他の神経細胞や感覚器官から情報を受け取る役割だけでなく，他の神経細胞はもちろんのこと，筋肉のように環境と直接的に相互作用を行う身体組織へ情報を伝達する役割を担っている。神経細胞の基本構造は，体内の血液を循環させる際の心臓の役割に相当する１つの「細胞体」と，巨木が枝を広げたような形状で情報の入力部となる「樹状突起領域（以下，樹状突起）」と，細胞体の突起部分で情報の伝達路に相当する「神経軸索（以下，軸索）」から構成されている。多くの刺激情報は，通常，樹状突起を介して細胞内へ入力されるが，時折，脊髄（脊椎）を介して入力されることもある。また，神経細胞間での情報伝達の接点（出力部）となるのが「シナプス」とよばれる部分で，興奮性と抑制性のものとが存在する。このように，神経細胞は，入力情報を集約し，出力情報を決定する役割を担っているのである。

　脳の神経回路は，シナプス結合によって形成される。人間の脳では，情報伝達に使用可能なシナプスの密度は，出生直後には大人と比べ相対的に少ないが，出生後まもなく大人の約３分の２まで増加する。なお，残り３分の１のシナプスは，出生後に形成されることが明らかにされており，その一部は経験によって左右されることが知られている。

　現在のところ，発達に伴うシナプス結合の増加過程には，次の２つの基礎的な様相が認められている。

　１つ目の様相は，まず初めに，シナプス結合が過剰生成され，その後，選択的に減少する様相である。この発達の初期段階で生じるシナプス結合の過剰生成と選択的減少は，学習した情報を神経回路に組み入れる際の基本的なメカニズムである。また，視覚野（視覚を統制する大脳皮質領域）では，人間の場合，生後６か月の乳児のほうが大人よりも多くのシナプス結合をもつことが知られている。これは，視覚野では，数多くのシナプス結合が，生後数か月のあいだに形成され，そのうちの多くのシナプス結合がその後消失していくことを意味している。なお，この消失に要する期間は，視覚野で２〜３年，前頭葉のいくつかの部分では８〜10年と，脳の部位により異なっている。

　こうしたシナプス結合の形成過程は，古代の彫塑芸術の工程に例えられることがある。これは，古代の芸術家が，不必要な部分をのみで削り落とすようにして大理石彫刻物を造っていた作業工程と，シナプスの過剰生成と消失の過程で見られる「刈り込み現象」とが似ていることに由来しており，動物を用いた実験でもその現象が確認さ

れている。神経系では，数多くのシナプス結合が形成されるが，その際，学習経験が，適切なシナプス結合を選択し，不適切な結合を取り除く役割を担っている。そして，選択されて残ったシナプス結合は，後の知覚発達または認知発達の基礎となるように，より精錬された形へと作り替えられていく。

シナプス結合の形成過程の2つ目の様相は，新たなシナプスを追加生成する様相である。これはちょうど，ものを付け加えて作品を完成させる塑像芸術の作業工程に似ている。追加生成の過程は，一生涯にわたって続き，さらに後の生活を大きく左右する点で，過剰生成と消失の過程とは異なっている。また，この過程は，経験の影響を受けやすく，経験に誘発され，何らかの形で記憶の基礎となることが知られている。なお，後述するように，これまで認知科学者や教育学者が行ってきた研究は，シナプスの追加生成を理解するうえで非常に役立っている。

神経回路の形成

これまで，脳の神経回路の形成過程における経験の役割は，動物と人間の視覚野に関する研究において明らかにされてきた。具体的には，これまでのところ，大人の場合，左右の眼から脳へ伝わった視覚情報は，視覚野の隣接する左右の領域にそれぞれ別々に到達し，その後，それに続くニューロンを介して輻輳していく現象が確かめられている（皮質視覚野細胞の両眼反応性）。これは，正常な視覚経験を通じて，生得的ではない新たな神経回路が形成されること，すなわち，脳が視覚情報の分類を積極的に行うことを如実に示している。

この現象は，白内障や斜視など視覚障害のある人間を対象にした研究により明らかにされている。もし，発達の初期段階で，視覚障害のために正常な視覚経験が奪われたとすれば，当然のことながら，視覚情報を中枢神経系にまで伝達する能力は失われる。このため，生後まもなく視覚能力（視力）を失った場合には，たとえ後に矯正されたとしても機能は回復せず，ものを見ることはできないままである。このような視覚障害をもたらす処置をサルに施し，脳内のニューロン結合量を測定したところ，正常な眼をもつサルの脳では，結合量が平均よりも多かったのに対し，処置を施した眼をもつサルの脳では，平均よりも著しく少ないことが明らかになった。

しかし，この現象は，発達の初期段階で，左右どちらか一方の眼が正常な視覚経験を奪われた時にだけ生じる現象である。この知覚発達の初期段階は，視覚野でのシナプスの過剰生成と消失の時期と対応している。すなわち，視覚野では，初めは視覚情報が重複かつ混在した状態であるが，その後，正常な眼の神経結合は残り，障害のある眼の結合が衰退する。そして，両眼が正常な視覚経験をもつ場合には，重複した結合は消失し，適切な量の結合が維持されることになる。

生まれつき片眼に障害がある場合には，もう片方の眼が，通常両眼で行う視覚的情

報の処理を受けもつことになる。したがって，視覚経験が失われる時期が遅ければ遅いほど，その影響は小さくなる。例えば，生後約6か月になれば，数週間連続して片眼を閉じていたとしても，視知覚にはまったく影響がなくなる。これは，生後約6か月という時期はすでに視知覚の発達の臨界期を過ぎていること，すなわち，この時期にはすでに視知覚にかかわる神経結合が整理され，重複した結合が消失することを示している。

以上のような研究によって，視覚発達のメカニズムがかなり明らかになった。すなわち，正常な視覚発達においては，神経結合の量が適切な量になるまで，両眼から脳への情報伝達路となる神経回路の刈り込みが起こる。そして，刈り込まれずに残った結合は，その後，例えば，パターン認識ができるようになるなどの目的のために刈り込まれることとなる。このように，脳内では，シナプスの過剰生成とその後の選択的消失（選択的な刈り込み）の過程を通して，最適に機能する神経回路が形成されていく。なお，脳の発達においては，生得的な遺伝子に組み込まれた機能だけでなく，より精緻でより組織的な神経結合を行うために，外界からの視覚情報が利用されている。この外界からの情報は，後の認知発達にとって非常に重要な役割を担っている。

シナプスの過剰生成と選択的消失の過程は，脳の部位によって進度が異なることが明らかにされている（Huttenlocher and Dabholkar, 1997）。発達の初期段階において，第一次視覚野では，シナプス密度のピークは比較的早く訪れる。また，高次の認知機能を担う前頭葉内側面（内側前頭皮質）では，シナプス密度のピークが長期間にわたることが明らかにされている。具体的には，前頭葉内側面では，シナプス生成が出生前に始まり，その後，5〜6歳ころまで増加し続ける。シナプスの選択的消失の過程は，パターン認識の発達に対応していると考えられており，その後4〜5年のあいだ続き，青年前期に終わりを迎える。以上のように，大脳皮質では各領域ごとにシナプス密度のピークが異なることが示されている。この現象は神経細胞レベルでも同様で，そこではさらに異なる情報が様々な進度で構造化されていく（動物実験を対象とした，Juraska, 1982を参照）。

脳内では，シナプスの過剰生成と選択的消失の過程のあと，シナプスの付加的な変化が生じる。それは，現存するシナプスの修正と同時に，まったく新しいシナプスを追加することを意味している。後述するように，これまでの研究の結果，神経系の活動は学習経験と関連があり，神経細胞に新しいシナプスを追加生成するはたらきをすることが示唆されている。シナプスの追加生成と修正の過程は，過剰生成と消失の過程とは異なり経験に誘発され，さらには，一生涯にわたり続く過程である。このことは，学習経験の質や量が，一生涯にわたり脳の構造に影響を及ぼすことを意味している。なお，この過程を理解することは，脳内の記憶メカニズムを理解するのに役立つだけでなく，学習のメカニズムを理解するのにも大いに役立つであろう。

脳の発達を促す経験と環境

　学習経験によって生じる脳の発達は,脳の神経細胞のはたらきを効率的,かつ強力なものにすると考えられている。例えば,豊かな環境で育てられた動物は,檻の中で育てられた動物に比べ,神経細胞あたりの毛細血管量が多いことが明らかにされている (Black et al., 1987)。これは,豊かな環境の中での多様な学習経験により,毛細血管量が増加し,酸素や栄養が脳に供給されやすくなること,すなわち,脳の機能が向上することを意味している。また,栄養の供給,老廃物の除去を通して神経系のはたらきを促す星状膠細胞を指標とした実験では,豊かな環境で育てられた動物のほうが,檻の中で育てられた動物に比べ,神経細胞あたりの星状膠細胞量が多いことが明らかにされている。これらの研究は,脳のもつ能力を最大限に引き出すためには,豊かな学習環境を整えることが重要であることを示唆している。

　学習経験が,脳の構造を変化させる過程を,動物実験によって明らかにした別の例が,BOX 5.1 に示されている。この実験では,ネズミを広い集団ケージ(檻)または狭い個別ケージで飼育した。集団ケージには,様々な遊具が入れられており,遊び相手となるネズミもいた。その結果,豊かな環境の集団ケージで飼育されたネズミは,個別ケージで飼育されたネズミと比較して,大脳皮質の重さと厚さが増加することが明らかになった (Rosenzweig and Bennett, 1978)。また,豊かな環境の中で育ったネズミは,変化の少ない単調な環境の中で育ったネズミに比べ,様々な問題解決行動を達成する能力も高いことが明らかになった。この実験で注目すべき点は,相互交渉のできる仲間の存在と,変化に富んだ豊かな環境の両方が,ネズミの脳の発達にとって重要であることが明らかになった点である。つまり,豊かな環境で個別で飼育された場合や,環境の変化が乏しい集団ケージで飼育された場合には,ネズミの脳には変化が生じないことが確認されたのである (Ferchmin et al., 1978 ; Rosenzweig and Bennett, 1972)。したがって,大脳皮質の構造は,変化に富んだ学習経験を他の仲間との関係(社会的文脈)の中でもち得るかどうかに依存しているといえる。

神経活動だけで脳を変化させることができるのだろうか,それとも学習が必要なのだろうか?

　脳の変化は,実際の学習活動に帰因するのだろうか,それとも神経活動が全体として活性化することに帰因するのだろうか。豊かな環境で飼われた動物は,学習経験をするばかりでなく,走ったり遊んだり運動することによって,脳を活性化させている。したがって,ここで問題になるのは,運動により筋肉を活性化させることによって筋肉が発達するように,単に脳を活性化させれば実際に学習しなくても,脳が成長するのだろうかということである。この疑問に答えるために,複雑な運動技能に関する学習はするが,脳の活性化はほとんど生じないネズミの群と,高次の脳の活性化は生じ

BOX 5.1　ネズミを賢くする

　「ネズミはいかに学習するのか？」「ネズミを教育することは可能か？」。これらの疑問に答えるために，古くから多くの実験研究が示されている。例えば，グリーンナフ（Greenough, 1976）は，次のような2つの群を設けて実験を行った。1つは，探求心や遊び心を満たすことのできる遊具が十分にそろった豊かな環境の中で，ネズミが仲間といっしょに飼育される群である。この豊かな環境では，遊具を毎日交換したり，再配置することによって，常に環境の変化が保たれた。また，遊具を交換する際には，ネズミは同様の豊かな環境に移動させられ，豊かな環境が常に維持された。このような環境は，ネズミの現実世界に例えれば，ニューヨーク州の下水道やカンザス州の草原のようなものである。つまり，このような環境で飼育されているネズミは，毎日変化する環境の中で，常に新奇な情報を得ることができるのである。もう1つは，通常の実験室のケージで，1匹または数匹で飼育される群である。このような環境は，ネズミにとっては明らかに変化に乏しい世界である。このグリーンナフの実験によって，学習経験が脳の発達や認知発達にどのような影響を及ぼし，もし仮に学習経験が奪われたならば，どのようなことが起こり得るのかが明らかにされた。

　このグリーンナフの実験では，ネズミを離乳期から成体になるまでの期間，刺激の豊かな複雑な環境か，刺激の乏しい単調な環境のいずれかで飼育したあとに，種々の学習課題が与えられた。その結果，豊かな環境で飼育されたネズミは，そうでない環境で飼育されたネズミに比べ，学習課題でまちがいを起こす回数が少なかった。また，豊かな環境で飼育されたネズミは，そうでないネズミに比べ，短期間で完全正答できるようになった。さらに，報酬が伴えば，豊かな環境で飼育されたネズミは，変化の乏しいケージの中で個別に飼育されたネズミに比べ，より複雑な課題を学習できることも明らかになった。ここで最も重要なことは，豊かな環境の中での学習経験が，ネズミの脳に変化をもたらすことである。具体的には，豊かな環境で飼育されたネズミは，環境の変化が乏しいケージで飼育されたネズミに比べ，視覚野の神経細胞あたりのシナプス密度が約20〜25％も高かったのである（Turner and Greenough, 1985 ; Beaulieu and Colonnier, 1987）。これらの実験によって，豊かな環境の中での学習経験は，新しい神経回路の形成を促すことが示され，さらにこの現象はけっして発達の初期段階に限ったことではないことも明らかにされている（Greenough et al., 1979）。

るが，学習の機会はほとんど与えられないネズミの群を比較する実験が行われた（Black et al., 1990）。具体的には，以下の4群が設定された。1つ目の群は，「高い障害物のあるコースを通り抜けるように訓練される群（AC群）」で，この群のネズミは，

訓練開始から1か月もすると、何の苦もなくそのコースを通り抜けることを学習した。2つ目の群は、「強制的な訓練を受ける群（FX群）」で、具体的には、1日に1度トレッドミルの上で30分間走らされたあとに10分間の休憩を挟み、再び30分間走らされるという一連の訓練を受ける群であった。3つ目の群は、「自発的な訓練を受ける群（VX群）」で、ケージに備え付けられた回転籠を、好きな時に自由に使える群であった。4つ目の群は、「統制群（IC群）」で、訓練はいっさい受けない群であった。

　実験の結果、各群のあいだで、ネズミの血管の量と神経細胞あたりのシナプスの量に違いが見られた。具体的には、FX群とVX群のネズミは、AC群やIC群のネズミに比べ、血管の密度が高いことが明らかになった。一方、神経細胞あたりのシナプス結合量を測定したところ、AC群のネズミは、他の群のネズミに比べ、その量が著しく多いことが明らかになった。このことから、脳内のシナプス結合の増加は、学習の結果として生じるのであり、訓練それ自体の結果として生じるのではないことがわかる。以上のことから、シナプス結合の形成と血管の形成（血管新生）は、いずれも脳の適応にとって重要であるが、その形成のメカニズムは異なることが明らかになったのである。

脳の局所的な変化

　ある特定の課題を学習することによって、脳の各領域では、課題固有の局所的かつ構造的な変化が起こることが知られている。例えば、成体になったばかりの動物に迷路課題を訓練すると、大脳皮質の視覚野に構造の変化が生じる（Greenough et al., 1979）。また、不透明なコンタクトレンズで片眼をふさぐと、もう片方の開いた眼につながる脳の領域だけに構造的な変化が生じる（Chang and Greenough, 1982）。さらに、一連の複雑な運動技能を学習させると、大脳皮質の運動野と小脳、および運動活動を調整する後脳に構造の変化が生じることが明らかにされている（Black et al., 1990; Kleim et al., 1996）。

　この脳の局所的な構造的変化は、脳の機能がそれぞれの領域ごとに構造化されることを意味している。すなわち、学習経験は、脳に新たな構造化をもたらすのである。この現象は、これまでのところ、神経細胞の活動を電気生理学的に計測することにより確認されてきた（Beaulieu and Cynader, 1990）。また、脳の発達に関する研究によって、学習過程のモデルが細胞レベルで明らかにされている。具体的には、ネズミで観察される脳の変化は、マウスやネコ、サル、トリ、さらにはヒトにおいてもほとんどまちがいなく起こることが確認されている。

脳を発達させるための教育の役割

　脳が情報を記憶することは、すでによく知られた事実である。では、どのような種

類の情報が記憶されるのだろうか。神経科学の分野では，これまでのところ，この問題を取り扱った研究は見あたらない。この問題は，主に，認知科学者や教育学者，さらには経験が人間の行動と潜在能力にどのような効果を及ぼすのかという問題に関心のある研究者たちにより検討されている。ある特定の種類の情報による教育が，認知発達にどのような影響を及ぼすのかを明らかにするための研究は，これまでにもいくつか行われてきた。以下，言語獲得に関する研究例に焦点をあてて検討してみよう。

言語と脳の発達

　ある特定の経験が，脳の発達に影響を及ぼす時期は限定されており，そのような制約の下で，環境からの情報は脳の構造化を促進する。人間の言語獲得の過程は，タイムテーブルに相当するある種の制約の影響を受ける典型例の1つである。話し言葉の「原子」に相当する音素の知覚能力も，視知覚系の場合と同様の発達過程が生じる。音素は，話し言葉で使用される音の最小有意味単位として定義されている。例えば，人間は，"b"と"p"の音を，音声の頭子音に費やされる時間と，唇が動く部分の動作タイミングを知覚することによって区別している。すなわち，"b"と"p"の音を区別する境界が存在するので，人間は，"bet"と"pet"を識別できるのである。この種の境界は，音素と密接にかかわっており，大人になるまでに形成される識別可能な境界は，各人の言語経験を反映している。一般に，乳児期初期には，大人よりも多くの音素の境界を識別できるが，母語の習得過程において必要とされない境界に関する音素の識別力は，やがて失われることが明らかにされている（Kuhl, 1993）。例えば，日本語母語話者は，通常，英語母語話者にとっては自明である"r"と"l"の音を識別できない。これは，日本語を母語とする子どもたちが耳にする話し言葉の中には，rとlの音の区別を必要とする言葉が存在しないため，それらの音の識別能力は，乳児期の早いうちに失われてしまうのである。神経科学的な証拠が検出されているわけではないが，おそらくシナプスの過剰生成と消失の過程が，こうした音素の識別能力の発達にかかわっているものと思われる。

　言語や他の高次な認知機能に関係する大脳皮質の各領域では，シナプスの消失の過程は比較的ゆっくりと進行することが知られている（Huttenlocher and Dabholkar, 1997）。また，それぞれの脳の領域は，異なる時間軸に沿って発達し，経験によって発達が促進される領域もあれば，生得的な力によって促進される領域もある。このことは，子どもの脳が，異なる時期に異なることがらを学習するようにあらかじめ準備されていることを示唆している。しかし，前述したように，シナプスの過剰生成と消失が完了したあとでも，学習は脳の構造に影響を及ぼし続ける。すなわち，その後も，学習によって新しいシナプスが追加生成され，脳の神経回路は一生涯を通じて再構成され続けていくのである。この他にも，脳内では，学習情報の符号化に関係した変化

が多数生じていると考えられている。すなわち,シナプスの追加と修正の過程こそが,神経科学の分野で学習情報の符号化を考えるうえで基礎となるというのが多くの科学者の一致した見解なのである。

脳の発達に及ぼす教授の効果の例

近年,言語の基礎をなす脳のはたらきに関する詳細な知見が得られはじめた。例えば,他者の話を聞くことや,書かれたものを読むこと,さらには,話すことや書くこと,言葉を使って物事を考えることは,脳の異なる領域で営まれていることが明らかになっている。では,聞く,読む,話す,書くなどの技能にかかわる脳の各領域の構造化がなされるためには,これらの技能を別々に訓練する必要があるのだろうか。この点についての検討は,まだ十分になされていない。もし,これらの密接な関連がある言語技能が多少とも脳の異なる領域で機能するのであれば,それらを関連づけて指導することが,学習者がそれぞれの技能をスムーズに行えるようにするための最良の方法といえるだろう。

言語獲得の問題は,教授過程が脳の機能の構造化に関係していることを示す好例である。また,言語獲得の問題が興味深いのは,通常,言語処理の過程が,脳の左半球と密接に関連しているからである。後述するように,ある種の経験によって,本来は言語機能を担うことのない脳の領域にその機能をもたせることが可能になることが知られている。例えば,手話を学ぶ聴覚障害者は,脳の聴覚系の代わりに視覚系を使うことによって,コミュニケーションのしかたを学習することができる。手話は,接辞や語形論(形態論)などの文法構造を備えているが,それは,単に話し言葉を翻訳したものではない。手話には,通常の言語とは異なる固有の構造があり,その構造は,視知覚に依存している点に特徴がある。すなわち,手話の知覚は,形や空間的な配置,手の動きなどを並列的に処理する視知覚に依存しており,聴覚に基づく話し言葉の知覚とはまったく異なる知覚なのである (Bellugi, 1980)。

健聴者の神経系では,聴覚系の神経回路が,話し言葉の特徴を処理する脳の領域につながっている。そして,視覚系の神経回路は,いくつかの処理段階を経ることによって,書き言葉の言語的情報を抽出する (Blakemore, 1977 ; Friedman and Cocking, 1986)。一方,聴覚障害者が手話によるコミュニケーションの方法を学ぶ時には,健聴者の言語処理を担う神経系とは異なる神経系がそれに取って代わる必要があり,これが成功するか否かが,聴覚障害者にとっては重要となるのである。

神経科学者はこれまで,視空間情報の処理と言語情報の処理の各領域が,大脳半球においていかに結びつくのかを研究するとともに,言語を視覚系によって処理するという経験の結果,脳がどのように新しい機能を発達させるのかについて研究を重ねてきた。聴覚障害者の脳では,通常ならば聴覚情報を処理する大脳皮質領域の一部が,

視覚情報を処理するように構造化される。しかし,おそらく言語経験の違いのために,同じ聴覚障害者でも,手話を使う人の脳と使わない人の脳では,明らかな違いが存在する (Neville, 1984, 1995)。とりわけ,手話を使う聴覚障害者と手話を知らない聴覚障害者とでは,脳の電気的活動が著しく異なることが明らかにされている (Friedman and Cocking, 1986 ; Neville, 1984)。また,手話活動に携わるといった共通の経験から,手話を使う健聴者の脳と聴覚障害者の脳には,類似点が生じることも知られている。これは,言い換えれば,ある特定の教授方法を用いることによって,本来は処理できない感覚情報を処理できるように,脳の機能を修正することが可能であることを示している。

さらに,人間の脳は,教授訓練によって機能的に再構造化されることを示す証拠が,脳卒中の患者や,脳の一部を摘出した患者を対象とした研究によって見いだされている (Bach-y-Rita, 1980, 1981 ; Crill and Raichle, 1982)。脳に損傷のある患者は,通常は自発的回復が見込めないので,失われた機能を回復させるためには,長期間の訓練が必要となる。この種の訓練は,一般に長い時間を要するが,正しい教授原理に基づいてなされる訓練であれば,失われた機能の部分的,あるいは完全な回復が期待できる。また,類似した脳に損傷のある動物の研究においても,脳が訓練によって機能的に回復することが確認されており,さらに,人間の大人が学習する際に起こる現象と何ら違いが見られないことも確認されている (例えば,Jones and Schallert, 1994 ; Kolb, 1995)。以上の研究から,他者の指導の下でなされる学習であれ,個人的経験による学習であれ,学習が脳の機能的な再構造化にとってきわめて重要な役割を果たしていることは明らかである。

記憶と脳の過程

近年,記憶の過程に関する研究は,陽電子断層撮影法 (PET) や機能的磁気共鳴画像 (FMRI) などの技術的進歩に支えられ,また,神経科学者と認知科学者の協力によって飛躍的に進展した (Schacter, 1997)。こうした記憶研究の進展は,主に次の2つの流れの研究によってもたらされた。1つは,記憶の多様性を明らかにする研究であり,もう1つは,どのような学習が,後の再生成績を向上させるのかを明らかにする研究である。

記憶の過程は多様であり,けっして脳の単一の領域で起こる単一の現象ではない。これまでのところ,基本的な記憶の過程は,次の2つであることが明らかにされている。1つは,宣言的記憶である。これは,事実やできごとに関する記憶で,主に海馬を含む脳の神経系が関係している。もう1つは,手続き的記憶または非宣言的記憶とよばれるもので,運動技能や他の認知操作に関する記憶,あるいは言語では表現できない記憶をさし,主に新線条体 (neostriatum) を含む脳の神経系が関係することが

わかっている（Squire, 1997）。

　記憶が長く保持されるか否かは，どのように学習したかによって左右される。例えば，単語の記憶と，その単語に対応する絵の記憶を比較した場合には，絵の記憶のほうが単語の記憶よりもよいことが知られている。このような効果は，学習中に，単語と絵が組み合わせて提示された場合でも確認されている（Roediger, 1997）。このことからも，ある情報をどのように学習するかが，その情報の長期的記憶の成績に密接に関係していることは明らかである。

　記憶は，経験したできごとを受動的に記録するだけでなく，情報を保持，再生するという，能動的な心のはたらきである。そのことは，例えば，一連のできごとがバラバラな順序で提示された場合に，人間は，それらを意味ある順序に並べ替えて再生することからも明らかである（Lichtenstein and Brewer, 1980）。また，脳が能動的なはたらきをしていることは，人間が，実際には起きてはいないできごとを思い出すことがあることにも如実に示されている。そのような脳のはたらきを明らかにした実験を1つ紹介してみよう（Roediger, 1997）。この実験では，まず最初に，「sour－candy－sugar－bitter－good－taste－tooth－knife－honey－photo－chocolate－heart－cake－tart－pie」のような単語のリストが提示された。その後に行われた再認課題では，被験者は，ある特定の単語がリストにあったか否かを，「はい」または「いいえ」で答えるように求められた。その結果，被験者は，高い頻度かつ高い確信の下に，「甘い」という単語がリストの中にあったと回答した。つまり，被験者は，実際には提示されなかった単語を思い出したのである。この実験結果は，人間は，経験したできごとを関連づけるために，能動的に推論を行うことを示している。このように，人間は，実際には提示されなかった単語を，前後の文脈から推論し，その単語があたかもリストの中にあったかのごとく記憶することがある。つまり，情報処理の効率性や「認知的経済性」（Gibson, 1969）のために，人間は，必要なカテゴリーを創り出すこともあるのである。この実験結果に示されているように，既有知識を利用して，情報間に関連をもたせるようにリンクを張りめぐらすことが，人間の学習の特徴の1つといえるだろう。

　経験が脳の構造を変化させ，また，ある特定の経験が脳に特定の効果を及ぼすことを考慮すれば，経験の性質を記憶の過程と関連づけて考えることは，たいへん興味深い問題といえる。例えば，両親が子どもたちに，実際には起きていないできごとが起きたかどうかを尋ねると，子どもたちは，そのようなできごとは起きていないと正しい回答をする（Ceci, 1997）。しかし，そのできごとについて，長時間にわたりくり返し話をしていると，やがて，子どもたちは，実際には起きていないできごとをあたかも実際に起きたかのように思い込みはじめる。そして12週間後には，両親や兄弟に，さらにできごとを支持する多くの証拠を示しながら，架空のできごとについて詳しい

説明をするようになる。しかも,実際には呈示されていない単語や,実際には経験していないできごとを再生する場合と,実際経験したことのあるできごとや単語を再生する場合のいずれにおいても,脳の同じ領域が活性化されることが明らかにされている (Schacter, 1997)。また,MRIを用いた実験でも,真のできごとと偽りのできごとのいずれに関する質問や回答をする場合にも,脳の同じ領域が活性化されることが明らかにされている。これらのことから,人間ができごとを語る際には,常に偽りの記憶の影響を受けやすいことがわかる。

　要約すれば,複雑な認知処理を必要とする言葉や絵などの情報をくり返し処理すると,脳が活性化される。脳が活性化されると,その情報は,長期記憶の一部として符号化される。このようにして,真のできごとも偽りのできごとも類似した処理がなされ,しかも,記憶の真偽にかかわらず,脳の同じ領域が活性化されることが画像技術 (PETやFMRI) により明らかにされている。つまり,経験は,脳の構造の発達にとって重要であり,その経験の記憶には,みずからの精神活動も含まれるのである。

　こうした記憶の特徴は,学習のメカニズムを理解するうえで重要となるばかりではなく,なぜ経験したことがらの記憶が確かであったりあやふやであったりするのかを説明するうえでも重要となる。とりわけ重要なのは,人間の記憶においては,経験から得られた情報が構造化されるという点である。これとよく似た例として,第3章では,熟達化に伴う情報の構造化について説明した。すなわち,初心者と熟達者の主要な相違点は,情報をいかに構造化し利用するかにあるのである。したがって,能率的かつ効果的な学習指導を行うためには,適切な構造化のための枠組みが重要となるのである (第3章と第4章を参照)。

　これまで神経科学の分野では,経験によって脳の構造が変化し,その変化によって認知構造が形成されることが明らかにされてきた。このことは,発達が生得的に決められたプログラムに従って進むだけではないことを意味している。さらに,様々な種類の学習を支配する共通の法則の存在も確認されている。それは,例えば,反復練習が学習を確かなものにするという法則である。脳内では,豊かな環境における経験の量と脳の構造的変化の量のあいだに関係があることが確認されている。

　以上のように,神経科学の進展に伴って,教育者が強い関心をもっている問いに対して最終的な答えではないが,いくつかの示唆が提供されはじめている。学習が生起する際には,発達途上の脳,または成熟した脳のいずれにおいても,構造的な変化が生じることが多くの研究によって明らかにされている。このような構造的な変化は,脳で学習情報が符号化されることを意味している。これまでの研究では,刺激的な自然環境や相互作用を伴う社会的グループの中でネズミを育てた場合,大脳皮質の重さと厚さが変化することが明らかになっている。また,その後の研究からも,脳の構造的な変化の基礎となる神経科学的メカニズムが明らかにされている。神経細胞には,

細胞間の情報伝達の役割を担う膨大な量のシナプスが存在する。このシナプス結合によって，神経細胞どうしが相互に影響を及ぼし合いながら変化をしていく。ある状況下では，ニューロンを支える星状膠細胞や，血液を供給する毛細血管も変化することが明らかにされている。また，ある特定の課題を学習すると，その課題に関係している脳の特定の領域に構造的な変化が生じることも明らかにされている。これらのことから，脳は力動的に変化する器官であり，現在または過去の経験により大いに変化し得るものであるといえよう。

結 論

世間では，脳の発達と学習のメカニズムに関する脳科学研究の進展が，教育上の示唆を含んでいると考えられている。また，時には教育者向けの出版物の中で，簡略化した科学の基礎事項を用いて教育への助言を行う脳科学者もいる（例えば，Sylwester, 1995の第7章を参照）。今や神経科学は，研究で得られた知見が教育者による実践に適用し得るか否かを適切に判断すること，すなわち教育実践に役立つ知見と役立たない知見とを批判的に検討することが必要な段階にきているのではないだろうか。

本章では，脳の発達に及ぼす経験の効果や，学習のために代替経路を作るといった脳の適応性，さらには，記憶に及ぼす経験の影響に関する研究について概観した。その結果，脳と心に関する，以下のような重要な知見が得られ，同時に今後の課題も提起された。

（1）脳と心の機能的な構造化は，経験に依存しており，経験からの恩恵を受けている。
（2）発達は，生得的に決められたプログラムに従って進展するのではなく，経験から重要な情報を引き出すことによって生じる能動的な過程である。
（3）これまでの研究によって，発達の初期段階の特定の時期に最も大きな効果をもつ経験もあれば，もっと長期間にわたって脳に影響を及ぼす経験もあることが明らかにされている。
（4）教育と関連づけて検討されるべき重要な問題の1つは，どのような種類の学習に臨界期があり（例えば，音素の知覚や言語学習にある側面など），どのような種類の学習には臨界期がないのかを明らかにすることである。

これらの結果から，学習の機会がある場合とない場合とがあることが明らかである。例えば，推論やカテゴリー形成などの認知活動を通じて，処理する情報を創り出す場合がある。この場合には，そうした認知活動によって学習は促進される。これとは対

照的に,情報間の隔たりがあまりにも大きいために(John Bruer, 1997),何らかの認知活動によってそれらを結びつけること(Cardellichio and Field, 1997)が困難な場合がある。この場合には,学習の機会は少ないと考えられる。

第 3 部

教師と授業

第6章

学習環境
―― 学びの環境をデザインする

　本章では，学習研究の最新の知見が，学校の学習環境をデザインする際に，どのような示唆を与えるのかを論じる。もちろん，学習理論は優れた学習環境をデザインするための秘策を授けてくれるわけではない。そのことは，物理学の理論が橋を建設する際の制約条件を与えることはあっても，橋の建設方法を具体的に指示してくれるわけではないのと同様である（例えば，Simon, 1969）。しかしながら，学習科学が新たな展開を遂げたことによって，学習環境をデザインする際に考慮しなければならない重要な問題が浮かび上がってきた。すなわちそれは，何をいかに教え，どう評価するかについて，根本に立ち返って検討する必要があるのではないかという問題である。そこで本章では，学習科学の最新の知見に基づいて，学習環境をデザインする際の全般的な問題について検討する。なお，歴史・数学・理科の授業を実践する際の具体的な問題については，次の第7章で検討する。それらの実践例を通して，本章で取り上げた問題が，より具体的に検討されるであろう。

　本章ではまず，第1章で指摘した教育目標の変化という観点に立って，学習環境に関する論議を始めることにする。学校での教育目標は，この1世紀のあいだに大きな変化を遂げ，今日の学校に課せられている課題は，100年前に比べるとはるかに大きくなった。つまり，教育目標が大きく変化したことによって，学習環境のデザインを抜本的に改革する必要性が生じたのである。なぜなら，「教育目標に応じて教授法も変えるべきである」というのが，現代の学習理論の基本原理だからである（第3章を参照）。そこで本章では，まず，この100年間に生じた教育目標の変化について検討する。次に，よりよい学習環境をデザインする際に考慮するべき問題を，最近の学習研究においてとくに重視されている次の4つの視点から検討する。すなわちそれは，学習環境がどのくらい「学習者中心」「知識中心」「評価中心」「共同体中心」であるかという4つの視点である。そして最後に，これらの視点が第1章から第4章までの議論とどのように関連しているのかについて言及する。

教育目標の変化

　第1章で述べたように，21世紀の教育目標は，それ以前の教育目標とはまったく異なるものとなった。したがって，学校が「ますますひどくなっている」と言われていることの原因を考える時には，この教育目標の変化を考慮に入れるべきである。一見すると，学校はこれまでどおりに機能しているように見える。しかし，学校に課せられている課題や学校に寄せられている期待は，急激な変化を遂げてきたのである（例えば，Bruer, 1993 ; Resnick, 1987）。

　1800年代初頭の学校では何が教育目標であったのかを考えてみよう。例えば，その当時の作文の授業で行われていたことは，教師が読み上げたことを単に書き写すことであった。1800年代半ばから後半になると，ヨーロッパの多くの国々では，作文教育が大衆化し，子どもたちは自分で文章を構成することが求められるようになった。ただし，この時代には，非常に単純な形式の文章の模倣をする力をつけることが，作文教育の主な目的であった。作文を書くことによって自分の考えを表現するという発想が生まれたのは，ようやく1930年代になってからのことなのである（Alcorta, 1994 ; Schneuwly, 1994）。また，作文と同様に読んだ内容を分析し解釈することが，上手な読みとしてあらゆる子どもたちに期待されるようになったのも，このころのことであった。このように，リテラシーの定義は，「自分の名前が書けること」から「単語の符号化」へ，さらに「読むことを通して新しい情報を得ること」へと変化してきたのである（Resnick and Resnick, 1977）（BOX 6.1 を参照）

　1900年代初頭には教育の大衆化が始まり，学校教育は工場での大量生産に例えられるようなものへと変質した。すなわち，教育行政の担当者は，工場のような「科学的な」組織を利用して，効率のよい教室を作ろうとした。つまり，子どもたちは原材料であり，技術労働者である教師が，それをてきぱきと効率よく処理し，製品に仕上げるというわけである（Bennett and LeCompte, 1990 ; Callahan, 1962 ; Kliebard, 1975）。それはまた，流れ作業に乗せやすいように，原材料である子どもたちを選別しようとするものでもあった。そして，工場長，すなわち学校教育の管理職や研究者の指示を忠実に実行することが，技術労働者である教師の仕事になったのである。

　また，工場である学校が互いに効率を競い合うようになり，それに伴って，「製品」のよさを測定するための標準学力検査が開発された。また，コストや仕事の進行状況を記録するという事務的な仕事が発生し，教師の仕事がまた1つ増えた。このため，授業のほうがおろそかになることも多くなった。さらに，教育実践や教育哲学の知識をほとんどもたない中央・地方の関係当局が，「学校経営」に乗り出してきた（Callahan, 1962）。かくして工場モデルの教育が全国的に広がり，カリキュラムや指導・評価のデザインに多大な影響を及ぼすことになったのである。

　このような歴史的変遷の過程を経てきた21世紀の学校の教育目標は，いったい何な

BOX 6.1　リテラシー（読み書き）：今昔

　米国へやってきた移民たちにとっては，書類に自分の名前を書く（仮にXと書くだけでもよい）ことさえできれば，それで十分であった。しかし，移民が増加した1800年代になると，教育に携わる人々は，教室の多数を占める外国人の子どもたちに「暗唱リテラシー」を培うことを学校に要請した。この「暗唱リテラシー」とは，本をきちんと持って，すらすらと読み上げる能力のことをさしている。その際に朗読の対象となったのは，アメリカ人にとっての基礎読本とされている文章の一節であった。例えばそれは，独立宣言の冒頭，ゲティスバーグの演説の一部，ブライアント（W. C. Bryant（1794-1878）：米国のジャーナリスト・詩人）やロングフェロー（H.W. Longfellow（1807-82）：米国の詩人）の詩などであった。

　この状況に変化が生じたのは第一次世界大戦が始まったころのことである。その当時，多くの男子が外国で新しい言語的知識を扱うようになるのを見越して，陸軍の試験官は「読み」の定義を書き換えた。当時の人々は，「読み」とはよく知っている文章を読むことであると考えていた。そのため，今まで見たことのない文章の意味がその場で理解できなければ陸軍での読みの試験には受からないことがわかったとき，人々は非常に狼狽した。

　1914年当時，こうした「抜粋リテラシー」は革新的なものであった。しかし，今日では，それだけでは十分ではないと考えられている。単に誰が何をいつどこでどのようにしたかを文章から読み取るだけでは推論や疑問が生まれない。したがって，それだけでは「完全なリテラシー」あるいは「高次のリテラシー」とよぶことはできない。なぜなら「高次のリテラシー」とは，女性や貧しい階層，少数民族の生徒たち，さらには学習障害の生徒たちも含めた「すべて」の生徒たちが，シェークスピア（W. Shakespeare（1564-1616）：英国の劇作家・詩人）やスタインベック（J. E. Steinbeck（1902-68）：米国の小説家）の文章を単に暗唱するのではなく意味を「読む」ことができ，写し書きではなくそれらの作品についての作文を「書く」ことができることをさしているからである。大衆には実用的な技能としてのリテラシーを，少数の選ばれた人には生産的で内省的リテラシーを，という考えが長いあいだ支持されてきたことを考えると，これは急進的ではあるけれども非常に望ましい飛躍といえるだろう（Wolf, 1988：1）。

のだろうか。それはおそらく，「子どもたちが自分の現在の知識状態を知り，知識を形作り，その質をさらに高め，あいまいな未知のできごとに直面した時に自分で判断を下すこと」であろう（Talbert and McLaughlin, 1993）。では，ここでの知識とは何をさすのだろうか。ジョン・デューイ（John Dewey, 1916）によれば，知識に

対する考えには2通りある。1つは，知識を人類が過去に創り出した文化遺産の「記録」と見なす発想である。もう1つは，知識を「なすこと」という表現に表わされるような活動過程への能動的関与ととらえる見方である。後者の見方に立てば，例えば「数学をする」ことには，問題の解決，抽象化，工夫，証明などの活動が含まれる（例えば，Romberg, 1983を参照）。また，「歴史をする」ことは，歴史的記録を構成し評価することをさし（例えば，Wineburg, 1996を参照），「科学する」とは，実験や観察を通じて理論を検証する活動をさす（例えば，Lehrer and Schauble, 1996 a, b；Linn, 1992, 1994；Schwab, 1978）。

　一方，学校を卒業した生徒たちに対して社会が期待するものは何だろうか。それはおそらく，様々な社会事象の問題は何であるのかを明らかにし，その問題を解決すること，そして生涯を通じて社会に貢献することであろう。つまり，第3章で議論した優れた「適応的熟達化」の資質が期待されているのである。このように，21世紀の教育目標は，旧来の教育目標とはまったく異なっている。したがって，この新しい教育目標を達成するために今，何をいかに教え，どう評価するかを再検討することが求められているのである。

　さて，図6.1は，本章の以下の節の構成を図式化したものである。この図には，前章までに述べてきた学習の原理に基づいて，学習環境をデザインする際に考慮しなければならない4つの視点が示されている。以下の各節では，まず，これら4つの視点を1つずつ取り上げて検討する。ただし，これら4つの視点は，相互に密接に関連していることを念頭に置かなければならない（例えば，Brown and Campione, 1996）。そこで本章の最後に，これら4つの視点がどのように関連し合っているのかについて

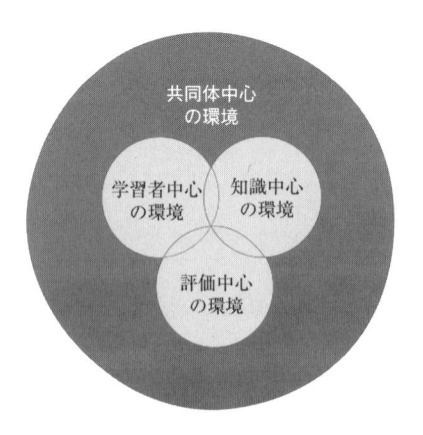

▲図6.1　学習環境のデザインにおける4つの視点
（出典：Bransford et al., 1998）

述べることにする。

学習者中心の環境

「学習者中心」の環境とは，学習者が教室にもち込む知識や，技能，態度，信念に対して十分な注意がはらわれているような環境をさす。すなわち「学習者中心」の環境とは，「文化に応じた」「文化的に適切な」「文化に調和した」「文化に関連した」と形容できるような教育実践を意味しており（Ladson-Billings, 1995），同時に，「診断的な学習指導」の概念とも合致している（Bell et al., 1980）。つまり，生徒は自分が取り組んでいる問題に関して何を考えているのかを的確にとらえ，生徒の誤概念を注意深く診断し，生徒が自分のまちがった考えを自分自身で修正できるように支援する学習指導をさしているのである（Bell, 1982a : 7）。また，学習者中心の環境をデザインするためには，教師は授業をする際に，何よりもまず生徒が教室にもち込んでくる概念的知識や文化的知識をふまえて授業することの重要性を認識していなければならない（第3章，第4章参照）。

「学習者中心」の環境の1例として，診断的な学習指導を取り上げてみよう。診断的な学習指導において診断の基礎となる情報は，観察や質問，会話，生徒の活動成果への省察などから得ることができる。例えば，生徒に様々な状況について予想をさせ，自分の予想の理由を説明させることによって，教師は生徒が教室にもち込んでくる知識や誤概念の診断ができる。それと同時に，生徒に自分の知識構造を説明したり，発展させるように促すこともできる。その際，教師の課題選びが重要なポイントになる。誤概念が含まれている課題を選んで生徒に与えれば，生徒はその課題を解くことを通して自分の思考過程を省察し，なぜどのように自分の考え方を変えなければならないのかを自分自身で確かめるようになるであろう（Bell, 1982a, b, 1985 ; Bell et al., 1986 ; Bell and Purdy, 1985）。また，診断的な学習指導では，認知的葛藤が生じるような状況を設定し，生徒たちに矛盾点について話し合いをさせる方法がしばしば用いられる（Piaget, 1973 ; Festinger, 1957を参照）。「学習を促すためには，次のいずれかに注目することが重要である。1つは，一定の文脈の中で，構造を統制しながら変えていくこと…もう1つは，ある文脈から別の文脈へと構造を意図的に転移させることである」（Bell, 1985 : 72 ; 第7章を参照）。

「学習者中心」の環境をデザインするためには，生徒の文化的実践や，それが教室での学習に与える影響に対して鋭敏になることも重要である。1例として，ハワイのカメハメハ・スクールでの実践を取り上げよう。この実践は，生徒が家庭や地域社会で経験している文化的実践や言語使用について教師が熱心に学び，教室での読み書きの指導にそれを組み入れようとしたものである（Au and Jordan, 1981）。教師たちは，ハワイ語の母語話者によるトークストーリー（生徒といっしょに作り上げた語り）を

教材として用い，指導の目標を内容の理解中心に変え，教材についての話し合いの中に家庭での経験を盛り込んだ。その結果，読みの標準学力検査の成績が以前に比べてはるかに向上したのである。

　さらに，「学習者中心」の環境とは，生徒たちの日常の言語実践が尊重される環境でもある。なぜなら，その言語実践が将来の学習の基礎になるからである。例えば科学で用いられる言葉を取り上げてみよう。科学では非人称の説明的な語り口が用いられ，個人的あるいは社会的な経験に関することがらについては言及しないのが通常である（Lemke, 1990；Wertsch, 1991）。そしてこのことは，学校の理科の時間で用いられる言葉であろうと，専門の科学者たちのあいだで用いられる言葉であろうと変わりはない。しかし，学校で顕著にみられるこうした科学的な語り口は，中産階級の生徒たちを「知の主流」として優遇するものである。これに対し，他の文化的背景をもち，「学校特有の語り口」に慣れていない生徒にとっては，科学的な語り口が学校での学習の障壁となる（Heath, 1983）。したがって，生徒たちの科学の理解を支援するためには，日常生活での語り口と科学的な語り口を統合することがたいせつになる。

　授業中に科学的な談話が展開するようになると，生徒の発言中に，しばしば複数の意図や声が出現する（Ballenger, 1997；Bakhtin, 1984；Warren and Rosebery, 1996；Wertsch, 1991を参照）。すなわち，生徒は語ったり議論する時に，科学的なねらいと社会的なねらいの両方を表出するのである。この場合の科学的なねらいとは，科学的論証をするために証拠を示すことであり，社会的なねらいとは，「道徳心がある」「誠実である」「信頼できる」のような，ある種の人間として自分自身を語ることである。そして，ある生徒が科学的なねらいと社会的なねらいの両方を表出した場合には，教師や他の生徒たちは科学的なねらいの観点から応答することが多い。このため，その生徒は，教師や他の生徒の応答を科学的な観点から意味づけ，科学的な議論の展開という文脈と関連づけて理解するであろう（Ballenger, 1997）。ところが，教室において議論の中心からはずれている生徒たちの発言は，たとえその中に科学的に重要な内容が含まれていても見逃されることが多く，また，彼らの社会的なねらいは低く評価されることが多いのである（Lemke, 1990；Michaels and Bruce, 1989；Wertsch, 1991；第7章参照）。

　日常の会話と学校での会話の結びつきに関する研究例をもう1つあげてみよう。この研究では，アフリカ系アメリカ人の高校生に，彼らが話す日常生活での会話の中には，学校で教えられる読み書きのような高度な形式や内容の発言が多く含まれているにもかかわらず，それが日常の経験と結びつけられていないことを教えた。すると生徒たちは，学問的に高度だとみなされている言語能力を自分たちもうまく使いこなしていたことに初めて気づいた（Lee, 1991, 1992）。それはあたかも，プルースト（Marcel Proust（1871-1922）：フランスの小説家）が，ある日，自分は生涯を通じて

散文を唱じていることに初めて気づいた瞬間のようであった。

　要するに，学習者中心の環境を作り出すためには，意味を構築するのは生徒自身なのだということに教師が気づき，生徒が教室にもち込む信念，知識，文化的実践を深く理解したうえで学習指導を行うことが重要である。つまり，授業では，教科内容と生徒のあいだの橋渡しをすることが重要なのである。したがって教師は，その橋の両端，すなわち教科内容と生徒の両方に目配りをし，生徒の興味や願いだけでなく，生徒が知っていることや気にしていることは何か，できることやしたいことは何かについても深く理解しておく必要がある。言い換えれば，優れた教師とは，生徒たちが学校にもち込んでくる経験や知識を尊重，理解し，生徒たちは自分たちなりの理由で考え行動しているのだと「学習者に理を与える」ことができ（Duckworth, 1987），そのうえで教科内容と生徒の橋渡しができる教師なのである。なお，その橋渡しが実際の授業でどのようにできるのかについては，第7章で実践例をあげながら述べることにする。

知識中心の環境

　学習者中心の環境だけでは，生徒たちは社会でうまく適応していくのに必要な知識や技能を身につけることはできない。第2章で述べたように，熟達者の思考力や問題解決力は，一般的な「思考スキル」や方略だけで成り立っているのではない。適応的熟達者の柔軟な思考力を成り立たせているのは，プランニングや方略的思考と，それを支える高度に体系化された知識なのである。したがって，知識中心の環境をデザインする際に重視しなければならないことは，生徒たちが「理解に基づく学習」をし，なおかつ「転移が生じるような学習」をすることによって，真の意味での「知力をもつ」（Bruner, 1981）ように支援することである。その際，学習と転移（第3章）および認知発達（第4章）に関する最新の知見が，目標達成のための重要な指針となるであろう。例えば，数学や理科などの教科で学力の標準と考えられていることは，生徒が身につけるべき知識や能力とは何かを定義するのに役立つはずである（例えば，American Association for the Advancement of Science, 1989；National Council of Teachers of Mathematics, 1989；National Research Council, 1996）。

　ところで，知識中心の環境は学習者中心の環境と重なる部分が多い。生徒がその教科についてあらかじめもっている既有知識を考慮に入れて授業を始めようとすれば，これら2種類の環境は領域を共有することになる。例えば『魚は魚』の物語（第1章）でみたように，人は自分の現在の知識を基礎として新しい知識を構築する。したがって教師は，生徒が学習状況にもち込む知識を考慮しなければ，生徒が新しく出会う情報から何を学ぶのかを予測することはできないであろう（第3章，第4章）。

　知識中心の環境を作り出すためには，生徒が教科の原理を深く理解するのに必要と

なる情報や活動に注目することも必要である（例えば，Prawat et al., 1992）。そのためには，現行のカリキュラムを批判的に吟味する必要があるだろう。例えば，歴史を例にあげると，アメリカで広く使用されている教科書の独立革命に関する記述には，歴史の原理を理解するのに必要な決定的情報が省かれている（Beck et al., 1989, 1991）。理科の場合も，現在のカリキュラムは，事実を学ぶことが強調されすぎて，よい考えを探索したり検証するといった「科学する」ことはあまり重視されていない（American Association for the Advancement of Science, 1989 ; National Research Council, 1996）。第2章でも述べたように，第3回国際数学・理科に関する調査（Schmidt et al., 1997）では，アメリカの数学・理科のカリキュラムは，広範な内容を扱っているが，そこで扱われる情報の質が表層的である（「広さは1マイルだが，深さは1インチ」）と酷評されている（なお，情報の深さに注目した学習指導の例は第7章を参照）。

　また，第1章でも述べたように，知識中心の環境とは，意味がわかることを重視する環境でもある。ここでの「意味がわかる」とは，新しい情報がないと理解できないことに気づいたり，理解できないときには質問等によって何が理解できていないのかを明らかにすることをさす。つまり知識中心の環境とは，生徒のメタ認知的活動を促すような環境でもあるのである（例えば，Palincsar and Brown, 1984 ; Schoenfeld, 1983, 1985, 1991）。このように「意味がわかること」に注目すると，現在の多くのカリキュラムに対して疑念が生じてくる。例えば，多くの数学のカリキュラムが重要とみなしているのは，

　　　…思考の一形態というよりは，むしろ思考の代わりになるものである。計算の過程は決まりきった手続きをこなしていく作業にすぎず，創意工夫やセンスが入り込む余地はない。もちろん，推測や驚きの場面はなく，何かを発見する機会もなく，人間的である必要すらない（Scheffler, 1975 : 184）。

と言われている。このことは，生徒は計算を学ぶ必要はないということを意味しているわけではない。そうではなく，数学を理解し数学的に考えるといった計算以外のことも生徒は学ぶべきだということを意味しているのである（例えば，Cobb et al., 1992）。

　それでは，理解を深める学習を支援し，意味がわかる学習を促すカリキュラムとは，いったいどのようなものなのだろうか。この点に関しては，新たな興味深い試みがいくつかなされている。その1つは，「漸次的形式化」である。これは，生徒が学校へもち込んでくるインフォーマルな概念が，指導の過程でどのように変容しフォーマルな（形式的な）ものになっていくのかを，生徒自身が発見できるように，段階を追っ

て少しずつ支援していく教授法である。すなわち，生徒は各単元で，自分のインフォーマルな概念に基づき，少しずつではあるが体系的に学習を進め，その教科での概念や手続きを獲得していくのである。

　漸次的形式化の実践例として，中学生に「文脈の中での数学」を使って代数学を教えた実践を紹介してみよう（National Center for Research in Mathematical Sciences Education and Freudenthal Institute, 1997）。この実践では，生徒たちは問題状況を記述し，自分が用いている方略を説明することが求められる。生徒たちは，初めのうちは自分自身の言葉や絵・図を使って問題状況を記述する。しかし学習が進んでくると，同じことをするのに記号を使うようになる。このレベルまで達すると，生徒たちはしだいに自分なりの記号を考案したり，慣習的ではない表記法を学び始める。したがって，問題状況の表象や今やっている作業についての説明は，言葉と記号が混ざり合ったものになる。さらにレベルが進むと，標準的で慣習的表記法を学習し，その表記方法を用いて数式や方程式を書いたり，数式を使って方程式を解いたり，方程式をグラフにしたりするようになる。もちろん，この一連のプロセスは必ずしも順調に進むとは限らないし，一定の方向に進むとも限らない。とくに低学年の生徒は，まだフォーマルなやり方で代数をすることを十分に学んでいないので，基礎となる数学的な概念を十分に経験したあとに，よりフォーマルな水準へと知識を一般化し，その水準で操作することを学ぶことが多い。このため生徒たちは，問題状況や関連する数学の内容によっては，フォーマルな水準とインフォーマルな水準のあいだを行ったり来たりすることもある。

　「漸次的形式化」のような，知識中心の環境づくりをめざすカリキュラムでは，まず第1に，「それぞれの年齢で何を教えるのが発達的にみてふさわしいのか」を考えることが重要となる。かつて，「幼児は複雑な推論ができない」という見方をしていた時代があった。しかし最近では，子どもは必要な知識をもっている場合には，洗練された思考と推論を行うことができると考えられている（第4章を参照）。こうした認知発達の最新の知見は，核心的で重要な概念は早くから授業に導入したほうがよいことを示唆している。例えば，小学2年生の幾何の授業で，「生徒の認知過程に注目した」指導法を用いたところ，3次元立体を表象し視覚化する技能に関しては，一流大学の大学生よりも優れていることや（Lehrer and Chazan, 1998），代数学で用いられる初歩的タイプの一般化ができることも明らかにされている（Lehrer and Chazan, 1998）。また，実験法のような科学で使われる一般化の方法も，生徒の発達段階に応じて数学や科学の重要な概念を授業に導入すれば，中等教育前でも指導可能であることも示されている（Schauble et al., 1995 ; Warren and Rosebery, 1996）。このように，漸次的形式化のアプローチを採ることによって，生徒の思考の原初的様式を診断することができ，また，その原初的な思考様式を洗練された思考様式へと発達させるには

どうすればよいのかを明らかにすることもできる（Brown and Campione, 1994）。そしてこのことは，学習者中心の視点と知識中心の視点が領域を共有していることを示す，もう1つの例証でもある。

　知識中心の環境づくりにかかわるもう1つの重要な問いは，「どうしたらある学問分野についての統合的理解を促進できるのか」という問いである。従来のカリキュラムの多くは，統合的理解，すなわち全体として一貫性があるように体系化された知識やスキルを生徒たちに習得させるのではなく，むしろ，まとまりのない断片的な知識やスキルを習得させてきた観がある。例えば，米国学術研究推進会議（The National Research Council, 1990：4）によれば，「ローマ人にとって，カリキュラムとは，戦車の轍の跡が残った道路のことであった」という。この「轍の残った道路」という表現は，現在の多くの教科カリキュラムの問題点を的確に指摘した，実に巧みな比喩といえるだろう。また，米国学術研究推進会議の報告書には，次のような記述もある。

> 　多くの学習目標は，それぞれの教授法に関連しており，幼稚園から12年生にいたるまでの，教科書が示す軌跡をたどるための「道しるべ」の役割を担っている…こうした数学のカリキュラムにおいては，生徒は自分が通ってきた風景を観察したりそれに反応することによって問題を解くのではない。軌跡に沿って配置された決まりきった手続きを習得して問題を解いているだけなのである（National Research Council, 1990：4）。

　「轍の残った道路」に代わる比喩として提案されているのが，「風景を学ぶ」という比喩である（Greeno, 1991）。この比喩は，「周囲にどんな小道があるのか」「どんな資源が手に入るのか」「学習活動を生産的で楽しいものにするために資源をどう使えばよいのか」を学ぶことをさしている（Greeno, 1991：175）。つまりこの比喩では，学習が「ある環境の中で生きるために学ぶこと」にたとえられているのである。また，前述の漸次的形式化の枠組みは，自分の現在の知識をもとに，より体系的な知識を徐々に獲得していくという点で，「風景を学ぶ」という比喩と相通じる点が多い。ある風景の中で自分がどこにいるのかを知るためには，自分の現在地をより広い空間と結びつけるための「関係のネットワーク」が必要である。

　ところが伝統的な教科のカリキュラムは，学習内容の範囲（スコープ）と，学年・学期・授業時間などの時系列を示した予定（シーケンス）からなる計画表であり，単に各学年で生徒が習得すべき手続き・操作の目標が示されているにすぎない。要するに，個々の目標それ自体は適切に設定されていても，それがより大きなネットワークの一部として示されていないのである。しかし，カリキュラムで重要なのは，ネットワーク，すなわち目標間の関係であり，このようなネットワークをもっていることが熟達者の特徴でもある（第2章を参照）。つまり，ある学問領域についての統合され

た知識構造を発達させ，その知識構造をいつ適用するかについての情報を与えてくれるのは，ネットワークに支えられた学問の全体像なのである。このため，伝統的カリキュラムでは，生徒がある学問分野の「広がりを学ぶ」のを支援できない場合が多い。なぜなら，伝統的なカリキュラムでは各部分がばらばらなままで強調されているために，生徒たちに一連の決まりきった作業手順を訓練することになり，学問の全体像を理解させることができないからである。

　こうした伝統的カリキュラムの問題点を克服するために，スコープとシーケンスで作られた計画表に基づいて学習を進めていくのではなく，それに替わるものとして，問題を解く中で教科の主要な特徴が自然に現われてくるようなカリキュラム作りの発想が生まれた。そのようなカリキュラムを作るためには，生徒たちがみずから探求し，説明し，内容を広げ，自分の進み具合を評価するといった多様な活動が展開できるような授業を設計する必要がある。例えば，ある特定の概念は，生徒たちがその概念を使う必要性や理由を理解した時に初めて取り入れるのである。そうすることによって，生徒たちは，必要な知識を必要な時に使うという経験ができるであろう。また，生徒が解こうとする問題には，その問題に関係する学問領域の歴史的背景や，その領域と他領域の関係，さらにはその領域での概念の使用法なども含まれている必要がある（Webb and Romberg, 1992を参照）。なお，この概念の導入のしかたに関しては，次の第7章で歴史，数学，理科を例にあげ，深い理解を促すための様々な教授法について，より具体的に紹介することにする。

　最後にもう1点，知識中心の環境をデザインする際の留意点をあげておこう。それは，理解を促すのを目的とする活動と，技能の自動性を高めて効率をよくしようとする活動のバランスをうまく取ることである。後者の自動化された技能が重要であることは，すでに多くの領域で示されている。例えば，読み・書き・計算で苦労している生徒は，学習でも相当な困難に直面するであろう。（例えば，Beck et al., 1989, 1991 ; Hasselbring et al., 1987 ; LaBerge and Samuels, 1974 ; 第2章を参照）。

評価中心の環境

　効果的な学習環境は，「学習者中心」「知識中心」であるとともに，「評価中心」でなければならない。つまり，フィードバックを与えたり，修正の機会をもたせること，そして評価されることが学習者の学習目標に沿っていることが重要である。

　評価の利用に関しては，次の2つを区別することが重要である。1つは形成的評価である。これは指導法を改善したり生徒の学習成果を向上させるためのフィードバック情報として，通常は授業中に実施される。例えば，レポートの下書きや発表の準備のような，生徒が学習活動中に行っている作業について教師が批評することなども，形成的評価に含まれる。2つ目は総括的評価である。これは学習活動の終了時に生徒

の学習成果を査定するための評価で，例えば，単元終了時の教師作成テストや学年末の標準学力検査などが含まれる。教師が行う形成的評価および総括的評価は，学年末の州または全国規模の標準学力検査と適合しているのが理想的であるが，現実には困難が伴う場合が多い。なお，国・州・地区の説明責任のための総括的評価にかかわる問題は本書の主題ではないので，ここでは授業での形成的評価および総括的評価に焦点を絞って論議を進めることにする。

形成的評価とフィードバック

　フィードバックがきわめて重要であることは，適応的熟達化や，学習，転移，乳幼児期の認知発達の研究において，すでにくり返し指摘した（第2章，第3章，第4章参照）。すなわち，生徒の思考過程を，議論・レポート・テストなどを通じて可視化し，フィードバックを与えることは非常に重要である。そして，理解を深めることが学習指導の目標である場合には，評価とフィードバックの対象となるのは，あくまで理解である（手続きや事実の記憶ももちろんたいせつではあるが）。また，後述するように，理解の評価には必ずしも精緻で複雑な評価手続きが必要になるわけではない。工夫しだいでは多枝選択テストを用いて理解を評価することも十分可能なのである（次の「理解を評価する形式」の項を参照）。

　また，評価とフィードバックは，与えすぎないように留意しながら，指導の一部として行うべきである。優れた教師は生徒の思考や理解過程に常に注意をはらっている。例えば，グループでの作業や個人のパフォーマンスをその場でモニターする。そして，生徒が今やっている学習をそのカリキュラムの他の学習や日常生活と関連づける力を身につけているかどうかを評価し，その評価結果をただちに生徒にフィードバックする。その際，フォーマルなフィードバックとインフォーマルなフィードバックの両方を用いる。また，有能な教師は，生徒が自己評価の技能を身につけるように支援する。すなわち，生徒に友だちの作品や自分の作品を評価させ，そのことを通して生徒が効果的に学ぶのを支援する（例えば，Vye et al., 1998a, bを参照）。このように生徒に自己評価をさせることは，生徒のメタ認知能力を高めるための非常に効果的な教授方略なのである（第3章参照）。

　もちろん，以上に述べたのはあくまで理想であり，現実の授業で形成的評価がなされることは，それほど多くないようである。多くの教師がフィードバックとして与えているのは，テスト・レポート・ワークシート・宿題・通知表などの成績の評価であり，これらは単元・学期・学年末に学習の最終的成果を測ることを目的とする総括的評価である。このため生徒は，この時点でフィードバックを与えられても，それを当該の学習活動に活かすことができない。このように，せっかくのフィードバックが活かされることなく，そのまま次の単元・学期・学年の新しい学習課題に移ることが多

いのである。

　しかし，生徒がフィードバックを最も必要としているのは，ある単元やプロジェクトの学習課題に取り組んでいる過程で自分の思考を修正しようとする時である。したがって，形成的評価の機会を増やすことは，学習と転移を促進し，生徒は思考を修正することに価値を見いだすようになる（Barron et al., 1998 ; Black and William, 1998 ; Vye et al., 1998b ）。また，グループで協同作業をする機会を設けることも，フィードバックの質を高めるための効果的な方法であろう。（Barron, 1991 ; Bereiter and Scardamalia, 1989 ; Fuchs et al., 1992 ; Johnson and Johnson, 1975 ; Slavin, 1987 ; Vye et al., 1998a）ただし，協同作業のしかたを学ぶのに手助けが必要な生徒も多いので，注意が必要である。さらに，新しい情報テクノロジーを導入することも，フィードバックを増やすことにつながるであろう。なぜなら，生徒・教師・熟達者が同時進行または継時的に相互作用することが可能になるからである（第9章を参照）。

　教師や保護者そして生徒も，効果的な学習とは何かという点に関して，かたよった考え方をしていることが少なくない。その場合には，優れた評価の実践を行うために，そうしたかたよった考え方を修正する必要がある。教師の場合の例をいくつかあげてみよう。例えば，教師が開発してきた評価用具は，概して手続きや事実の記憶を重視したものが多いといわれている（Porter et al., 1993）。しかし，それよりもさらに重大な問題は，標準学力検査においても今なお断片的な事実や手続きの記憶が過度に重視されていることである。標準学力検査は，学校が説明責任を果たしているかを評価する際の評価基準として利用されることが多い。つまり，標準学力検査で生徒がどのくらいよい成績を取るかによって，教師の指導力が評価されることが多いのである。このため，ある数学の教師は，長年にわたり，標準学力検査によく出る数学の手続き（例えば証明のしかた）を記憶させることによって，生徒に高得点を取らせる努力を続けてきていた。しかし，その教師の指導を受けた生徒は，自分が何をやっているのかを本当の意味では理解しておらず，深い理解を必要とする数学の問題には答えられないことが多かったのである（Schoenfeld, 1988）。

　こうした現状を打開するためには，新しい適切な評価デザインを開発し，教師が自分の教育実践を再考するように促す必要がある。例えば，物理の教師を対象にして行われた研究では，熟達者には明白な質問に生徒が答えられないのを目のあたりにした教師たちは驚愕し，そのことが契機となって自分たちの授業実践の改善に取り組みはじめたことが報告されている（Redish, 1996）。同様に，生徒の「数感覚」を目に見える形で調べることができる評価法（Case and Moss, 1996を参照）を実施したことによって，教師たちは生徒に数学の重要な側面を理解させることのたいせつさに初めて気づいたという報告もある（Bransford et al., 1998）。このように，最近では，生徒が理科や数学の重要な概念をどのくらい深く理解しているかを調べることのできる，

新しい評価方法が開発されはじめている（Lehrer and Schauble, 1996 a, b）。

理解を評価する形式

　限られた時間の中で生徒たちの理解の程度を評価し，フィードバックを与えるのはけっして容易ではないが，新たな情報テクノロジーの進歩によって，その困難さが少しずつ解消されつつある（第9章を参照）。しかし，情報テクノロジーの助けを借りなくても，記憶だけでなく理解の程度を簡単に評価する方法を考えることは十分可能である。例えば，第2章で紹介した熟達者と初心者の思考過程を評価する方法が改良され，物理の授業で使われている。それは例えば次のような2つの問題を生徒に与え，これら2つの問題が類似の解法で解けるかどうかを尋ね，さらに自分の答えの理由を聞くというものである。

（1）半径4cm，重さ2.5kgのボールが毎秒7mの速度で，なめらかでない水平面を回転せずに動いている。しばらくして，そのボールは毎秒5mの速度で滑らずに転がっている。このとき，どれだけの摩擦力がはたらいているか。

（2）半径15cm，重さ0.5kgのボールが，毎秒10mの速度で回転せずに滑っている。ボールは水平な面を移動し最後には滑らずに転がった。ボールの最終速度はいくらか。

　初心者の典型的な答えは，「この2つの問題は同じ方法で解くことができる。なぜなら，表面的な字句上の特徴に注目すると，どちらもボールの滑走と回転に関係しているから」というものである。これに対し，深く理解しながら学んでいる生徒は，「2つの問題の解法は異なる」と答える。ちなみに，第1問は，仕事量とエネルギーの定理で解ける問題であるが，第2問は角運動量の保存によって解ける問題である（Hardiman et al., 1989）。このように，評価項目を工夫すれば，簡単なテストによって，生徒がどれだけ概念的に深く理解しているのかを授業中にモニターすることができるのである。なお，BOX 6.2に，これと関連する問題が取り上げられているので参照していただきたい。

　また，ポートフォリオによる評価も，形成的評価の一種として最近よく利用されるようになった。ポートフォリオは1年を通じて生徒の学習が進んでいくようすを記録する形成的評価の一形式で（例えば，Wiske, 1997 ; Wolf, 1988），教師・保護者・仲間の生徒どうしのあいだで，作品の達成度や難しかった点について話し合いができる点に特色がある。しかしながら，作品の評価には時間がかかるので，せっかくの貴重な評価資料が学習指導にうまく利用されないことも多い。また，ポートフォリオが作品を保存するだけの場所になってしまい，作品についての議論が行われないこともし

BOX 6.2　どうしたらわかる？

　長さ2m，重さ1kgの棒が摩擦のない面に置かれている。棒は一方の端を貫く鉛直軸を中心に自由に回転させることができる。軸から80cmのところには重さ50gのパテ（接合剤）がくっついている。角速度を毎秒3ラジアン（172度）とした時，棒とパテのあいだにかかる力の大きさを知るには，次の法則のうち，どれを用いたらよいだろうか。

A.　ニュートンの第二法則　$\vec{F}_{net} = M\vec{a}$
B.　角運動量，あるいは角運動量の保存
C.　運動量，あるいは運動量の保存
D.　仕事－エネルギーの理論，あるいは力学的エネルギーの保存
E.　力学的エネルギーの保存に基づく運動量の保存

　微積分を基礎とした物理学の入門課程を終えた学生でも，選択した回答に一貫性はなく，ほとんどランダムに近い状況であった。また，この問題はニュートンの第二法則を使う簡単な問題であるにもかかわらず，学生は問題文中の「回転」という表面的特徴と「角運動量」を結びつける傾向があった。したがって，このデータは，生徒に柔軟で転移可能な知識を身につけさせるような指導を工夫する際に役立つであろう（Leonard et al., 1996）。

ばしばある。しかし上手に活用すれば，ポートフォリオは，生徒の学習が時間とともに進展していくようすをつぶさに把握するための，貴重な評価資料になるであろう。

評価のための理論枠組み

　学習の科学は，評価の実践を学習の理論と結びつけるための理論的枠組みを提供しようとしてきた。この流れをくむ代表的な研究は，バクスターとグレイザー（Baxter and Glaser, 1997）の研究である。彼らは，理科の学習の到達度を評価する際に，生徒の認知過程と文脈とを統合する枠組みを提案した。この評価の枠組みでは，各教科の課題を解くのに必要となる「内容知識」と「認知スキル」の観点と，評価が行われる状況でよくみられる認知的活動の性質や程度の観点から，生徒の学習到達度を評価する。したがって，このバクスターらの理論的枠組みは，推理や，理解，複雑な問題解決などの認知過程を含む教科の評価目標を具体化する際に役立つであろう。

　例えば「高次の思考と深い理解」のような評価目標は，あまりに抽象的・包括的で，実際に評価するための基準を作るのが難しい。しかし，評価される能力を構成する要

素や，課題が要求する内容知識と認知スキルを特定することによって，個々の具体的な評価目標に焦点をあてることができる。また，学習到達度を認知的活動の側面からとらえることによって，評価がなされる状況でみられる能力および教科の学習到達度における個人差の両方に注意を向けることができる。このような認知的活動の種類や質は，課題が要求する内容知識と認知スキルの関数として表わすことができる（図6.2参照）(Baxter and Glaser, 1997)。この図のY軸は，課題達成のために要求される内容知識を示しており，「多い」と「少ない」の極がある。すなわち，一方の極は豊富な知識が必要とされる課題，つまり課題達成のために教科に関する深い理解が必要となる課題を示し，他方の極は既有知識あるいは関連する経験を必要とせず，課題の達成度が評価されるその時々の状況に依存するような課題を示している。これに対し，X軸は，課題達成に必要な認知スキルが「自由度が低い」か「自由度が高い」かの程度を表わしている。すなわち，自由度が高い課題状況では，明確な方向づけは最小限になっており，生徒は問題解決に適切な認知スキルを自分自身で生み出し実行することが求められる。一方，自由度が低い状況には2通りの方向がある。1つは，課題の一部としてあらかじめ与えられた教科固有の手続きを1つ1つ実行するもので，もう1つは，課題の遂行に必要な認知スキルを生徒に説明させようとするものである。後者のような状況の場合，生徒は説明を求められるが，説明自体は認知スキルを必要としない活動である。このように，必要とされる内容知識の量および認知スキルの制約度の組み合わせによって，様々な種類の評価課題を構成することができるのである。なお，表6.1には，認知的活動と知識構造の関係が示されている。

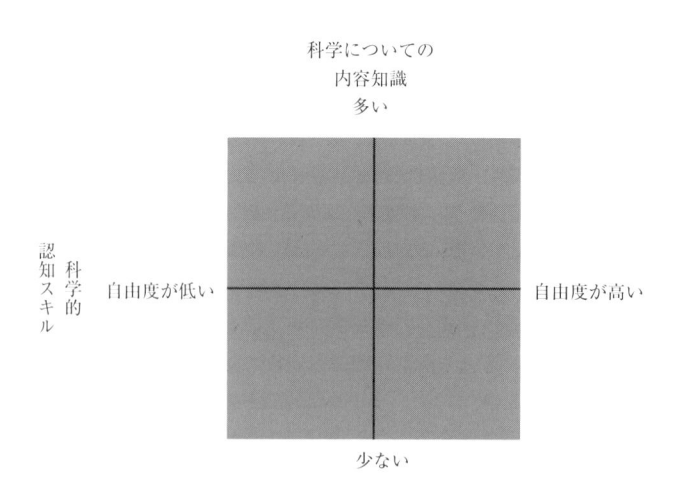

▲図6.2　内容知識－認知スキル空間：理科の評価の場合

▲表6.1　認知的活動と知識構造

認知的活動	知識構造	
	断片的な知識	有意味な知識
問題の表象	・表層的な特徴への注目 ・浅い理解	・根本的な原理と関連のある概念への注目
方略使用	・方向性の定まらない試行錯誤による問題解決	・効率的 ・情報伝達的 ・目標指向性がある
自己モニタリング	・散発的に，最小限に行われる	・課題実行中に柔軟に行われる
説明	・表面的な要因を記述することによって事実を述べる	・原理に基づいている ・一貫性がある

共同体中心の環境

　学習科学の新たな発展とともに，学習環境がどれくらい「共同体中心」であるかが重視されるようになってきた。ここでの共同体中心とは，共同体の様々な様相をさす言葉として用いている。例えば共同体としての教室，共同体としての学校を意味する場合もあれば，生徒・教師・学校管理者が，より大きな共同体である家庭や企業・州・国家・世界とどのくらいつながりを感じているかという意味を含む場合もある。

教室と学校共同体

　人々が共同体の中でともに学ぶことによって成長し続けていけるかどうかは，共同体の中にどのような社会規範が成立しているかにかかっている。例えば教室や学校の中に，「理解を求めて探求することを価値あるものとみなし，生徒（および教師）は学ぶために失敗してもかまわない」とする社会規範が成立していれば，それは生徒の学習を促進するであろう（例えば，Brown and Campione, 1994；Cobb et al., 1992）。逆に，「失敗したり答えがわからない場合には，それを他人に知られないようにする」という目に見えない規範が教室の中に成立している場合には（例えば，Holt, 1964を参照），その規範は，学習内容が理解できない時に質問したり，新しい問題や仮説を探求しようとする生徒の気持ちを抑制するであろう。これらの例はいずれも学習全般にかかわる規範であるが，各教科に特有の規範もある。例えば，数学の授業中には，「数学で重要なのは答えをどうやって計算するかを知ることだ」という，あまり望ましくない規範がはたらく教室があるかもしれない。逆に，「数学の学習の目標は数学的な理解を深めることだ」という望ましい規範がはたらく教室もあるだろう。

　こうした教室の規範や実践は，教師が何を教えどのように評価するかに大きな影響を及ぼす（例えば，Cobb et al., 1992）。例えば，教師が何を期待するかが生徒によって異なることがある。すなわち，ある生徒たちに対しては学校で成功することを期待し，ある生徒たちに対しては失敗を期待する場合がある（MacCorquodale, 1988）。

また，性別によって期待が異なる場合もある。すなわち，女子生徒は高度な数学や理科の授業に参加しないようにしむけられたり，女子生徒は参加できないという文化的期待が，生徒たちのあいだで共有され伝達されるような授業もある（Schofield et al., 1990）。

　教室の規範はまた，ある生徒たちにとってはなじみがない学習様式を強いることもある。例えば，最初は他の生徒のようすを観察したり人の話をよく聞くことによって学び，そのあとで学習活動に積極的に参加するという，欧米とは異なる学習様式をもつ集団もある。また，最近ようやく学校ができたような地域に住む子どもたちにとっては，学校で用いられる形式的な語り口はなじみのないものであろう（Rogoff et al., 1993；BOX 6.3 を参照）。

　また，成績のつけ方も教室内の共同体意識に影響を及ぼす。そしてそれは，生徒によってよい影響を与えることもあればわるい影響を与えることもある。

　例えば，ナバホ族（ニューメキシコ，ユタ州などに住むネイティブ・アメリカン最大の部族）の高校生は，アングロ系（英国系アメリカ人）の高校生のように試験や成績を競争とは考えていない（Deyhle and Margonis, 1995）。このため，アングロ系の高校のスクールカウンセラーが掲示板に「成績優秀者」を張り出すことを始めると，

BOX 6.3　教室での発言

　カナダ北部にあるイヌイット族（Inuit：北米・グリーンランドのエスキモー。カナダにおけるエスキモーに対する公式呼称）の学校において，言語病理学の研究者がイヌイット族出身ではない校長に依頼し，話し言葉や言語に関する問題を抱える子どもたちを調査した。リストには，全校生徒の3分の1にあたる子どもたちの名があげられており，何名かの名前の横には，「授業中発言をしない」と書かれていた。そこで病理学者は，今度はイヌイット出身の教師に，リストにあげられた子どもたちがイヌイット語ではどのくらい話しているのか尋ねてみた。すると「イヌイット族では，しつけの行き届いた子どもは授業中には発言しません。他の人のすることを見たり，人の話を聞いたりすることで学ぶべきだからです」との返事が返ってきた。

　次に，病理学者は同じ教師に，自分が研究している乳児の中に，とても活発に話しイヌイット族出身でない研究者にはとても頭がよいと映る子どもがいるが，どう思うかと尋ねてみた。教師の返事は，「その子は何か問題を抱えているのではないでしょうか。あまり知能の高くない子どもの中には，自分を抑制できない子どもがいるのです。どんな時に話をするのをやめたらいいのかがわからないのですから」というものであった（Crago, 1988：219）。

ナバホ族の親は自分の子どもだけがめだつことに不平を漏らし，B以上（米国の5段階評定はAからEまであり，Aが最もよい成績である）の生徒の写真を全部張り出すようにと異議を申し立てた。そこで教師は，生徒の名前を書いたステッカーを掲示板に貼り，ナバホ族の親への「歩み寄り」を見せた。それでもなおナバホ族の生徒の中には，その掲示板を見て，「こんなふうに掲示されてめだつのはきまりが悪い」と言う者もいた（Deyhle and Margonis, 1995 : 28）。

　米国の学校では，教師の注目・承認・評価を求めて生徒どうしが競争することは，生徒のやる気を引き出す効果があると考えられている。このため，生徒に競争させる方法が広く用いられている。しかし，同じような状況でも，とくに「個人の競争」という理念が「個人が力を出して共同体に貢献する」という共同体の倫理と調和しない場合には，競争が学習の妨害となる場合もあるのである（Suina and Smolkin, 1994）。

　共同体中心の環境という考え方はまた，外国で成功した教育実践を取り入れようとする時に重要になる。例えば日本の教室を取り上げてみよう。日本人の教師は多くの時間を生徒たちと過ごしている。また，まちがえた生徒たちに対して，他の生徒の考えを共有するように指導することがよくある。もちろんこれは非常に価値のあることである。なぜなら，そうすることによって，クラス全員の理解を深めることができるからである。しかし，このような実践が成功するのは，日本の教師たちが日本に固有の教室文化を作り上げているからに他ならない。すなわち，日本の教室では，生徒が他の子どもから学ぶことや自分のまちがいを分析することは，学習を促進するものとして尊重されている（Hatano and Inagaki, 1996）。また，日本の生徒は人の話をよく聞くことをたいせつなことだと考えているので，たとえ議論に参加する機会が少なくても，他の生徒の意見を聞くだけで多くのことを学ぶことができる。一方，米国の教室文化は，こうした日本の教室文化とは対照的で，正解を答えることや積極的に発言することが重視されている。したがって，こうした学校文化の違いを考慮せずに，日本の教授技術を米国の授業に部分的に導入しても，よい結果は生じないであろう。

　また，学校における共同体意識は学校で働いている大人たちからの強い影響を受ける。バース（Barth, 1988）はそのことを次のように述べている。

　　学校で働く大人たちの関係は，他の要因にもまして，学校の特色や質，さらには生徒の学業成績に影響を及ぼしている。

　なお，ブレイ（Bray, 1998）やタルバートとマクロフリン（Talbert and McLaughlin, 1993）の研究では，教師の学習共同体の重要性が強調されている。この点に関しては，第8章で詳しく述べることにする。

学校外の共同体との連携

　共同体中心の学習環境について検討する際には，学校内の環境だけでなく，学校と学校を囲むより大きな共同体，例えば，家庭，コミュニティセンター，放課後プログラム（地域との連携によって運営される学童期の子どものための保育プログラム），企業などとの連携も視野に入れなければならない。第3，4，5章でくり返し述べたように，学習には時間がかかる。したがって，学校での学習と学校外での学習が相互に密接な連携をとることが，学習の望ましい姿なのである。しかし，それはあくまで理想の姿であり，現実には両者の連携がとられていないことが多い。例えばジョン・デューイ（John Dewey, 1916）は，はるか昔に次のように記している。

　　　子どもの側に立てば，子どもが学校で時間を浪費してしまうのは，学校での学習に学校外での経験を活かせないからである…。逆に，学校で学んだことを毎日の生活で応用することもできない。これこそが学校の隔絶，すなわち日常生活からの隔絶である。

　学校での学習と学校外での学習をつなぐことがいかに重要であるかは，図6.3を見れば明らかである。この図は，1年間を通じ生徒が学校で過ごす時間，睡眠時間，家庭や共同体で過ごす時間の比率を示したものである（Bransford et al., 2000を参照）。この図を見ると，学校で過ごす時間は比較的少ないことがわかる。仮に生徒が起きている時間の3分の1をテレビを見るのに費やしているとしよう。そうすると，年間の合計時間で比較すれば，学校に行っている時間よりもテレビを見ている時間のほうが多いことになるのである（なお，テレビと学習の問題については次項で詳しく述べる）。
　次に，家庭や共同体で過ごす時間について検討してみよう。子どもの学習にとって鍵となる環境は，何よりもまず家族である。家族は，そのことを自覚してはいないであろうが，子どもに学習の資源を提供し，学習を促す活動を行い，共同体とのつなが

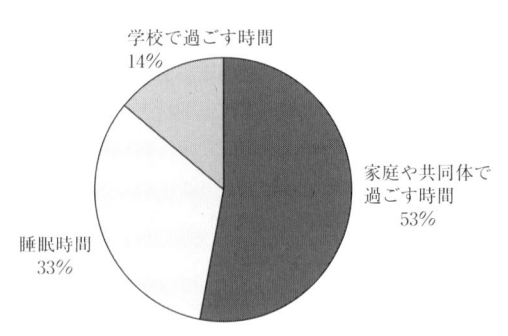

▲図6.3　学校で過ごす時間，睡眠時間，家庭や共同体で過ごす時間の比較。
　　　　年間授業日数を180日，1日の授業時間を6.5時間として計算した。

りをもたせてやることを通して，きわめて重要な教育的役割を果たしているのである（Moll, 1986a, b, 1990）。また，学校で学ぶ知識・技能や学校教育に対する家族の価値観も，子どもの学習に大きな影響を及ぼしている。

　こうした学習環境としての家族は，とりわけ幼児期においては，きわめて重要な役割を担っている（第4章参照）。家庭から学校という新しい環境への移行には，様々な変化が伴う。その環境の変化への適応がうまくなされるように，家族は子どもを激励し，導く。また出生から，4，5歳くらいまでのあいだに子どもの示す目覚ましい発達は，家族との相互作用によって育まれる。すなわち子どもたちは，家族と協力して何かをやり遂げたり，あるいは家族が協力し合っているようすを観察することを通して，多くのことを学んでいる。このように，信頼できる熟達者である家族や親しい友だちとの相互作用の場である家庭は，子どもにとって非常に重要な学習環境なのである。このため最近，家庭での学習活動を学校での学習活動につなげようという試みがなされはじめている。例えば，教室での学習活動や学習計画づくりに家族も参加する取り組みなども，子どもの学習を支える2つのシステム，すなわち学校と家庭を結びつけようとする試みである。

　また，子どもは家庭以外の様々な地域の共同体の制度にも参加しており，そこでも学習がなされている。例えば，放課後プログラム，ボーイ・ガールスカウト，4Hクラブ（5～19歳までの子どもを対象にした協同的な学習の促進を目標とする国際団体。4つのHは，Head, Heart, Hands, Healthを表わす），博物館，宗教グループなどでは，その共同体の目標の1つに子どもの学習が掲げられている。加えて，学習を第1の目標とはしていない共同体（例えば，ユースクラブや5次元プログラム）においても，学習がなされている（ユースクラブについてはMcLaughlin, 1990；5次元プログラムについてはGriffin and Cole, 1984を参照）。

　さらに，学校外の熟達者との交流も，学校での学習によい影響を及ぼす。なぜなら，そうしたつながりをもつことによって，生徒は両親や学校での生徒の活動に関心をもつ人々と相互作用できるからである。他者との共同作業は，生徒にとっても教師にとっても非常によい刺激になる。とくに学校外の人々との交流に備えて準備をすることは，教師が学校での学習内容の水準を上げるのに役立つ。しかも，そうした交流がもたらす学習成果は，単なる標準学力検査の得点をはるかに超えるものである（例えば，Brown and Campione, 1994, 1996；Cognition and Technology Group at Vanderbilt, in 1998b）。

　学外の人々と交流するという発想は，多数の教育プログラムにおいてすでに導入されはじめている（例えば，Cognition and Technology Group at Vanderbilt, 1997；Wiske, 1997）。学外の人々に話を聞いてもらうために準備をする際には，相手があることなので，生徒は締め切りまでに仕上げるという責任を負わなければならない。し

かし、そのことがかえって、生徒が課題への関心をもち続けるための動機づけになる。また、教師と生徒が共通の仕事に取り組むことを通して、学級の共同体意識がさらに強くなる。その他、学外の交流者の中には、授業には来ないけれども、生徒の研究プロジェクトの成果をどこかで見守っている人々もいる。そうした人々のために準備をすることがまた、生徒のやる気を引き出す。博物館での展示の準備などが、その好例である（Collins et al., 1991を参照）。さらに、最新の情報テクノロジーは、他の教室だけでなく、保護者や企業の指導者、大学生、各領域の熟達者、そして世界中の様々な人々と教室を結びつけるのに非常に役立っている。こうした情報テクノロジーについては第9章で詳しく述べることにする。

テレビ

良かれ悪しかれ、多くの子どもは、かなりの時間テレビを見て過ごしている。この50年のあいだに、テレビが子どもの発達に大きな影響を及ぼすようになってきた。子どもたちは就学前から様々なテレビ番組を見ているし、それは生涯にわたって続くであろう。実際、学校にいる時間よりもテレビを見ている時間のほうが長い子どもも少なくない。一方、保護者は、子どもにテレビから何かを学び取ってほしいと期待すると同時に、子どもがテレビ番組から何を学ぶのかに関心をもっている（Greenfield, 1984）。

様々なテレビ番組の視聴

子ども向けのテレビ番組は、教育番組から娯楽番組まで多岐にわたっており（Wright and Huston, 1995を参照）、番組の見方も、大人といっしょだったり子ども1人であったりと様々である。さらに、チェスや物理学、授業の領域と同様に（第2章を参照）、視聴者がもっている既有知識や信念が、テレビを見る際に何に注目し、何を理解・記憶するかに影響を与える（Newcomb and Collins, 1979）。つまり、テレビ番組が視聴者に与える影響は、「誰が見るのか」「1人で見るのか誰かといっしょに見るのか」など、様々な要因によって左右されるのである。そうした要因の中でもとくに重要なのは、番組が教育的意図をもって制作されているかどうかである。

子どものテレビ視聴を調べた調査によると、就学前児（2〜4歳）と小学1年生（6〜7歳）は、教育番組以外の番組を1週間に7〜8時間も見ているのに対し、教育番組は就学前児では週に2時間、小学1年生では1時間しか見ていないことがわかった。このように教育番組の視聴時間は少ないにもかかわらず、子どもによい効果を与えることもわかっている。例えば、就学前児の場合、教育番組をよく見る子どものほうが、就学レディネス・テスト（小学校に入学する児童が新しい学習環境に適応するのに必要な準備状態にあるかどうかを診断するテスト）や、読み・算数の成績がよ

く，3年を経過した就学後においても，その効果が持続していた（Wright and Huston, 1995）。とくに，知っている文字や単語の数，語彙量，就学レディネス・テストにおいては，教育番組の影響は顕著であった。小学1年生では，教育番組をよく視聴する子どもはあまり見ない子どもよりも，読解テストの成績がよく，1，2年のころに学校への適応力が高いと教師によって評価された。このように，総じて年少の子どものほうがテレビ視聴の影響を受けやすいことが明らかにされている。なお，ここで重要なのは，「当初の言語スキル，家族の教育歴・収入の程度，家庭環境の質を考慮に入れたとしても」（Wright and Huston, 1995：22），テレビの影響が明らかにみられる点である。

信念と態度に及ぼす影響

　テレビが作り出すイメージや役割モデルは，子どもが自分自身や他者をどのように見るか，何に関心をもつか，他者の感情・意図・性格を正しく理解できるかどうかなど対人認知に関することがらに影響を及ぼす。そうしたテレビが作り出すイメージには，肯定的な側面と否定的な側面の両面がある。例えば，外国の子どもたちのよい特質や優れた点が強調されたテレビ番組を見た8〜14歳児は，「自国の子どものほうが外国の子どもよりも知的で魅力的だ」と考える傾向が減り（O'Brien, 1981），世界の人々に共通する点を探すようになったという報告がある（Greenfield, 1984）。また，セサミストリートで，障害のある子どもたちが登場するエピソードを見た子どもは，障害児に対して肯定的な感情をもつようになったという報告もある。これはテレビが作り出すイメージの肯定的な側面である。

　しかしながら，否定的な側面もある。それは，テレビ番組で様々な国の人々を見た時などに，自分の既有知識に基づいて誤った解釈を生み出す危険性があることである（Newcomb and Collins, 1979）。テレビの影響力は大きい。このため，テレビ番組によってステレオタイプなイメージが形成されることがある。例えば，テレビ番組やコマーシャルに描かれた性役割のステレオタイプなイメージを，子どもたちが学校にもち込んでくることがある（Dorr, 1982）。このようにテレビは強力な視覚メディアであるがゆえに，番組制作者の意図に反して，種々の偏見やステレオタイプなイメージを生み出す危険性があるのである。ただし，5歳くらいの幼児の場合，大人がいっしょに番組を見ながらステレオタイプな描写を批判すると，子どもはステレオタイプなイメージをもつことがないという報告もある（Dorr, 1982）。したがって，娯楽番組は子どもたちの教育にとって，すべてが有害というわけではない。大人が適切な指導や解説を行えば，娯楽番組から子どもたちの教育にとって有益な情報を引き出すことも十分可能であろう。

　いずれにせよ，テレビが子どもの学習に与える影響は大きいので，慎重に扱わなけ

ればならない。しかし，テレビのようなメディアは本質的にそれ自体が有益または有害と決めつけるべきではない。影響を決定するのは，どのような内容の番組が制作されるか，および，視聴者がその番組をどのように見るかなのである。ただし，一般的には教育番組のほうが娯楽番組よりも学校での学習によい影響を及ぼすと考えられる。そのことは，娯楽番組と教育番組の視聴時間の割合が 7：1 の場合でも，教育番組を視聴することによってよい影響が生じるという調査結果からも明らかである。したがって今後は，どのようなテレビ番組が子どもたちの学校での学習を促進するのかを研究し，その研究成果をよりよい番組作りに活かしていくことがたいせつである。

連携の重要性

　本章の冒頭で述べたように，優れた学習環境をデザインするためには，「学習者中心」「知識中心」「評価中心」「共同体中心」という 4 つの視点相互の連携を図ることが重要である（例えば，Covey, 1990）。例えば，第 2 章でも述べたように，課題分析で鍵となるのは，学習目標と学習内容，指導法，および評価方法（形成的評価・総括的評価を含む）との連携がうまくとれているかどうかである。つまり，学習した内容と評価する内容との連携がうまくとれていなければ，生徒は価値のある情報を学んでいるという確信をもつことができないであろう。同様に，カリキュラムや評価の内容と，学校を取り巻く地域社会という共同体の学習目標との連携がとれていなければ，生徒は地域社会の価値観と矛盾する内容を学校で学習することになるかもしれない（Lehrer and Shumow, 1997）。

　こうした「連携」の発想に基づいて学習環境をデザインする際には，次の 3 点に留意することが重要である。第 1 に，様々な学習指導のための活動の連携を図る必要がある（Brown and Campione, 1996）。例えば，多くの学校において，協同学習，理解と問題解決のための指導，形成的評価などが実践されているかどうかのチェックがなされている。しかし，これらの活動間の連携がとれているかどうかについてのチェックはなおざりにされていることが多い。このため，理解と問題解決のための指導が，毎日行われるのではなく「毎週金曜日だけにやる特別の仕事」になっていたり，事実確認テストについての記憶を促す協同学習が行われていたり，他のカリキュラムとはまったく無関係な特殊な技能について形成的評価がなされたりする。また，せっかく協同学習の機会が設けられていても，テストが相対評価であるために，生徒が互いに成績を競い合うことになってしまう場合もある。このように，学習指導のための諸活動は，必ずしもうまく連携がとれているとは言いがたいのが現状である。

　第 2 に，一貫した方針の下に，学校全体で提携を図る必要がある。学校によっては，学級の中の活動ではうまく連携がとれていても，同じ学校の他の学級とのあいだでは連携がとれていないことも少なくない。もちろん，学習指導の方法や生徒の学業成績

に関する規準や期待について，学校内で一貫した方針が共有されている学校もあるだろう。しかし一方では，学校内で伝達されるメッセージに一貫性がないために，いたずらに混乱を招いている学校があるのも事実である。例えば，ある教師が生徒の行動上の重大な問題について報告しているにもかかわらず，校長がその問題を軽視し，意図に反してその教師を傷つけてしまうことがあるかもしれない。また，時間割の柔軟な変更ができないために，生徒に深く追求させるための授業を行うことが難しい場合もある。さらに，熱心すぎる校長が学習とは関係のない活動の挿入をしたり，インターホンを使って授業中に介入したりすることによって，授業が中断されることもある。もちろん，こうした妨害要因を最小限にするために，学校内で意思統一が図られている学校もあるが，そうでない学校があるのも事実である。したがって，校長と教師が意思統一を図り，学校内での諸活動が互いに競合したり妨害し合ったりしないようにすることがたいせつである。すなわち，学校全体が共通のビジョンの下に一致協力し，学校内での諸活動の連携を図ることによって，初めて優れた学習環境のデザインが可能になり学習が向上するのである（例えば，Barth, 1988 ; Peterson et al., 1995）。

　第3に，学校の中での活動が地域社会の目標や価値観から遊離しないようにすることが重要である。理想的には，教師の立てた学習目標はカリキュラムや学校全体の目標と一致しているべきであり，さらにカリキュラムや学校全体の目標は，標準学力検査の目標と一致していることが望ましい。なぜなら，標準学力検査は，学校が説明責任を果たしているかどうかを査定するための評価規準として利用されるからである。これらの目標は必ずしも一致している必要はないとみなされることが多いが，けっしてそうではなく，優れた学習環境をデザインするためには，これらの目標は，すべて同時に考慮されるべきなのである（例えば，Bransford et al., 1998）。

結　論

　学校教育の目標と学校教育への期待は，この1世紀のあいだに劇的に変化した。したがって，21世紀の教育は，新しい教育目標の下で，何をいかに教え，どう評価するかを再検討すること，すなわち学習環境のデザインを抜本的に改革することが求められている。その際，学習科学の最新の知見が重要な示唆を与えてくれるであろう。もちろん学習科学は，よりよい学習環境をデザインするための秘策を授けてくれるわけではないが，学習環境をデザインする際に考慮するべき重要な4つの視点を示唆している。すなわちそれは，学習環境がどのくらい「学習者中心」「知識中心」「評価中心」「共同体中心」であるかという4つの視点である。

　「学習者中心」の学習環境とは，学習者が教室にもち込む知識や，技能，態度，信念に対して十分な注意がはらわれている環境をさす。学習者が教室にもち込んでくる既有知識は，学校の学習に役立つこともあるが，妨害になることも少なくない。した

がって，効果的な学習指導を行うためには，生徒が学校にもち込んでくる経験や知識と教科内容との橋渡しをすることが重要になる。親はわが子の橋渡しを支援するのが上手である。けれども，教師は生徒と生活経験を共有しているわけではないので，そうした橋渡しをするのはけっして容易ではない。しかし，学習科学の発展に伴って，それぞれの生徒の既有知識や興味・関心，特質を体系的に知るための有効な方法が開発されている。

　よりよい学習環境とはまた，「知識中心」の環境でもある。しかし，単に一般的な問題解決の方略や思考スキルを教えるだけでは十分ではない。深く考えながら問題解決をするためには，適切な文脈の下で利用することができる，きちんと体系化された知識が必要なのである。こうした「知識中心」の学習環境をデザインしようとすれば，様々な問題が発生する。その1つは，「それぞれの年齢で何を教えるのが発達的にみてふさわしいのか」という問題である。この問題は，換言すれば，新しい知識を教材として取り上げる際に，生徒が現在もっている知識やスキルをどのくらい尊重すればよいのか，という問題である。この点に関しては，最近の認知発達研究によって，必要な知識をもっている場合には年少の子どもにも洗練された思考と推論が可能であることが明らかにされている。したがって，もし年少の生徒が以前よりも複雑な概念を理解できた場合には，その概念は発達にふさわしい時期に教材として取り上げられたと考えてよいであろう。また，「知識中心」という視点に立つことによって，いかにカリキュラムをデザインするかという重要な問題が浮かび上がってくる。すなわちそれは，カリキュラムをデザインする際に，深い理解を伴う学習の支援を重視するべきか，それとも断片的な知識やスキルの獲得を重視するべきかという問題に他ならない。この点に関しては，現行の広く浅く学ばせようとするカリキュラムでは，全体として一貫性があるように体系化された知識やスキルを生徒たちに習得させるのではなく，まとまりのない断片的な知識やスキルを習得させる危険性があることを指摘しなければならない。そうしたカリキュラムは，いわば「轍の跡の残った道路」のようなものであり，今後は「風景を学ぶ」という比喩で表現されるようなカリキュラムが開発されるべきである。すなわち，多様な知識が相互に関連し合い，全体として統合されていく道筋が見えるようなカリキュラムがめざされるべきなのである。そうすれば生徒は，自分がどこにいるのかを見失うことがなく，学問分野の「広がりを学ぶ」ことができるであろう。

　「評価中心」であることも，よりよい学習環境をデザインする際の重要な視点である。生徒にフィードバックを与えることは効果的な学習指導の基礎であるにもかかわらず，生徒が教室でフィードバックを受ける機会は意外に少ない。たしかに生徒は，テストやレポートの成績がフィードバックとして与えられてはいるが，それらの多くは単元・学期・学年末に与えられる総括的評価である。しかし，生徒がフィードバッ

クを最も必要としているのは，ある単元の学習課題に取り組んでいる過程で自分の思考を修正しようとする時であり，そこで思考と学習の質が深まるのである。つまり，生徒は形成的評価を必要としている。また，評価は学習目標を適切に反映したものでなければならない。つまり，理解を促すことが主要な学習目標であるにもかかわらず，事実や公式の記憶を評価するのは不適切である。ところが，現実には，そうした不適切な評価がなされることが少なくない。そのことは，熟達者には明白な質問に生徒が答えられないのを見て，教師は驚き，その後は指導法を変えた，という報告などに如実に示されている。

　学習環境がどのくらい「共同体中心」であるのかも重要な視点の1つである。生徒，教師，および地域の教育関係者は，学習を価値あるものとみなす高邁な価値基準を共有していることが望ましい。価値基準を共有することによって，生徒，教師，および教育関係者が相互作用し合い，フィードバックを受け学び合うことが可能になる。そのことによって，学習環境はさらに豊かに広がるであろう。もちろん，「共同体中心」という発想の中には，学級や学校という共同体だけでなく，家庭や地域社会など学校を取り巻くより大きな共同体も含まれている。なぜなら，子どもたちは，学校で過ごす時間よりもはるかに長い時間を学校以外の共同体で過ごしているからである。そのことを考えれば，多様な共同体が相互に連携を図ることの重要性はおのずから明らかであろう。学校での学習活動と，家庭，コミュニティセンター，放課後のクラブでの活動とがつながれば，生徒の学業達成にも必ず好影響が現われるはずである。

　最後に，上述の4つの視点は相互に密接に関連し合っていることを忘れてはならない。すなわち，これら4つの視点は相互に重なり合い，影響を与え合っているのである。したがって，これら4つの視点の連携を図ることが，学校の内と外での学習を促進するための重要な鍵となるであろう。

第7章

教授法
――歴史，数学，理科をいかに教えるか

　前章では，効果的な学習環境のデザインにかかわる全般的な問題について，学習科学の最新の研究成果を基にして考えてきた。これをふまえて本章では，歴史，数学，理科の3教科を取り上げて，これらの教科の効果的な教授法について検討する。この3教科を選択したのは，探究と分析方法がそれぞれに異なっているからである。本章では，これらの教科の類似点と相違点に焦点をあてることによって，多様な教科を効果的に教えるために必要となる知識について検討する。

　第2章では，ある分野で熟達するためには，一般的な問題解決スキルだけではなく，その分野に固有の概念や探究の手続きに関する構造化された知識が必要であると述べた。したがって，教科が異なれば知識の構造化の様式も異なり，当然それを研究するアプローチ法も異なってくる。例えば，歴史に関する主張を支持するのに必要な証拠は，数学の証明に必要な証拠とは異なるし，それらの証拠はまた，理科の理論の検証に必要な証拠とも異なる。また，第2章では，ある教科について熟達することと，その教科の学習者を援助する技能に熟達することとを区別した。つまり，シュルマン (Shulman, 1987) の言葉を借りるならば，「教え方の上手な熟練教師になるためには，教科内容の知識だけでなく，授業を想定した教科内容の知識（ある教科の内容をいかに教えるのかの知識）が必要になる」のである。

　この「授業を想定した教科内容の知識」は，一般的な教育方法の知識とは異なるものである。熟練教師は教科の構造を熟知しており，この知識が「生徒にどのような課題を与えるべきか」「生徒の進歩はどのようなテストで評価すればよいのか」「日常の授業で教師はどのような発問をすればよいのか」などを判断する際の認知的指針となる。つまり，熟練教師がもっている教科内容の知識と教授学的知識は，相互に密接に関連し合っている。したがって，教師の教授行動を導くのは，教科構造に関する知識それ自体ではない。熟練教師がもっている，例えば「生徒はどこでつまずきやすいのか」あるいは「生徒がたやすくこなすことができるのはどこか」などに関する知識が，教師の教授行動を導くのである。このことは，新任教師が身につけなければならない能力とは，「授業に即して反省的な方法で理解する能力」であることを意味している。

つまり，教師は教科内容を知っているだけでは不十分であり，その内容を生徒が学習する際に，何が「概念上の障壁」になるかを知らなければならないのである（McDonald and Naso, 1986：8）。しかも，この障壁は教科ごとに異なっている。
　また，こうした教科内容の知識と教授学的知識の密接な関連性を強調する考えは，効果的な学習環境をデザインすることについてのいくつかの誤解を正すものである。世間では「オールマイティな教育方法がある」「優れた教師はどの教科の授業もうまくできる」「教科内容の知識さえあれば十分である」などと誤解していることが多い。
　もちろん，多様な教科の授業を上手にこなす教師がいるのも確かである。しかし，そのためには全般的な授業技術以上の能力が必要になる。そのことを示す1例として，モンロー中学校で12年間6年生を担当しているバーブ・ジョンソン先生の授業を取り上げてみよう。一般的な基準に照らせば，モンロー中学校はよい学校の部類に入る。標準学力テストの成績はおおむね良好であり，学級は小規模で，建物・設備もよく維持管理されている。校長の指導力も確かであり，教職員の異動も少ない。それでも，地域の小学校からモンロー中学校にやってくる新入生の親にしてみれば，バーブ・ジョンソン先生が一番なのである。ジョンソン先生の授業をわが子が受けられるようにするために，どの年の親も一生懸命となる。「ジョンソン先生の授業は絶品だ」と評判になるほどの彼女の授業では，いったい何が起こっているのだろうか？
　新学期の第1週目，ジョンソン先生は自分が担任をしている6年生に，「あなたは自分についてどんな疑問をもっているか」「世の中のことで何が知りたいか」という2つの質問をする。すると生徒たちは，各自の疑問をあげはじめる。ときには生徒が，「これってくだらなくて，とるに足りない疑問かな？」と迷うこともある。そのような時ジョンソン先生は，「本当にその答えを知りたいと思っているのなら，あなたの疑問はくだらないことでも，つまらないことでもないのですよ」と答える。ジョンソン先生は，生徒たちが各自の疑問リストを作ったあと，そのリストに基づいて生徒をいくつかの小グループに分け，生徒たちが疑問を共有し探索し合えるようにする。生徒たちは，各グループごとに十分な話し合いをしたあとに，「自分についての疑問」と「世の中のことについての疑問」のそれぞれについて，疑問の優先順位のリストを作り上げる。
　その後，全体でのセッションに戻り，ジョンソン先生は各グループの優先事項を出させ，疑問リストの優先順位について，クラス全体で合意が得られるようにはたらきかける。このようにして順位づけされた疑問のリストが，ジョンソン先生の授業カリキュラムを導く基礎となる。例えば「私は100歳まで生きられるかしら？」という疑問から，遺伝学や，家族史，口承歴史資料，推計学，統計，確率，心疾患，がん，高血圧など幅広い分野にわたる調べ学習が始まることになるのである。その際，生徒たちは多様な情報源を探索する。情報源として教師はもちろんのこと，家族や友人，様々

な分野の専門家，コンピュータでのオンライン検索，書籍などにまでわたる。「この時，生徒が取り組まねばならないのは『学びの共同体』の一員となっていくことでした」と，ジョンソン先生は述懐する。彼女によれば，「生徒たちはどういう問題が知的好奇心をかき立てる問題なのかを自分たちで判断し，自分たちでその問題を調べる方法を工夫し，学びの旅に出かけるのです。時にはゴールにたどりつけないこともありますし，無事にたどりつくこともあります。しかし，たいていの場合，当初の目標をはるかに超え，最初に予想していた以上に多くを学ぶことになるのです」（ジョンソン先生からの私信による）。

調べ学習の最終段階では，調べたことが従来の教科内容の範囲とどのように関連しているかをジョンソン先生と生徒たちがいっしょになって照らし合わせる。そして，国語や読み書き，数学，理科，社会科，歴史，音楽，美術などの教科内容と，自分たちの経験を照合したチャートを作成していく。そのとき生徒たちは，自分たちがどれだけ多くのことを学んだのか，そしてそれがどれだけ多様なものであったのかを知って驚くことが多い。例えば，「ただおもしろいことをやっていただけなのに，こんなに勉強していたなんて，ちっとも気づかなかったよ！」という生徒がいるように。

ただし，ジョンソン先生の授業は例外とみなすべきであろう。ジョンソン先生の授業は，あらかじめ決められた指導案からではなく，生徒たちの疑問から出発する。このため，教師が幅広い教科内容知識をもっていることが授業が成り立つための前提となる。ジョンソン先生は教科内容知識を幅広く膨大にもっているので，生徒たちの疑問を，関連する教科の重要な原理に基づいて位置づけることができる。しかし，乏しい知識しかもっていない新任教師が，一般的方略としてこの方法を取り入れ，ジョンソン先生の授業のやり方を忠実にまねしたとしても，その授業はけっしてうまくはいかないであろう。教師に学問原理の知識がない限り，授業はすぐに行き詰まってしまうに違いない。生徒がどのように学ぶのか（すなわち発達心理学および学習心理学の原理）に関する知識と，学びの過程を導くための教授学的知識（すなわち教育方法に関する知識）を伴わない教科内容の知識だけでは，ジョンソン先生の授業のようなダイナミックな授業は成立しないのである（Anderson and Smith, 1987）。

本章では次に，歴史，数学，理科の3教科について，授業の実践例を示しながら，効果的な指導法について検討する。歴史，数学，理科の3教科を選んだのは，熟達した授業を根底で支えているのは，教授学的知識と教科内容の知識の両方であることを示すためである（Shulman, 1987）。このことはまた，効果的な授業には，なぜ「一般的な教育技術」以上の能力が必要なのかを明らかにするのにも役立つであろう。

歴　史

歴史の授業を受けた経験を，「重要だとされている史実とその年代を学んだだけだ

った」と語る人が多い。しかし、このような歴史の授業に対する考え方は、歴史学者が歴史をとらえる際の考え方とはまったく異なっている。歴史は史実とその年代を覚えるだけの教科だと考えている生徒は、歴史に対して知的好奇心をかきたてられる機会を逸している（Ravitch and Finn, 1987を参照）。なぜなら、歴史が歴史的証拠と固有のルールに基づいて構築される学問であることを知り、また、歴史に固有の分析技能は自分たちの人生でのできごとを理解するのにも役立つことを知ることが、歴史を学ぶことの本質であり、面白さでもあるからである。ところが残念なことに、そうした歴史に対する好奇心をかき立てるような授業を行っていない教師が多い。その理由は、教師自身もまた「年代―史実」法で教えられてきたからに他ならない。

史実を超えて

　第2章では、歴史分野における熟達者の研究を検討し、歴史学者は、史実を記憶すべきことがらのリストというよりも、歴史的証拠として利用可能なものとして見なしていることを示した（Wineburg, 1991）。その研究では、優秀な高校3年生と歴史学者の比較をするために、広く使用されている米国史の教科書に基づいて、アメリカの独立戦争に関する史実を問うテストを作成した。そして、このテストを高校生と歴史学者に課したところ、米国史が専門でない歴史学者は、テスト項目の3分の1の項目しか回答できず、彼らより成績のよい高校生もいたくらいだった。ちなみに、これは米国史が専門の歴史学者ならばテスト項目の大半は知っていることがらであった。ところが、この史実を問うテストに加え、高校生と歴史学者に史料を提示し、その史料の中の矛盾する主張を整理して合理的な解釈をまとめるように求めたところ、今度は歴史学者のほうが高校生よりも圧倒的に優れていた。そして、大多数の高校生は、この課題がまったくできなかった。つまり高校生は、史実に関する多くの情報を記憶している場合でも、それらの情報を用いてできごとを解釈したり、合理的な結論を導こうとする意識があまりなかったのである。

教師により異なる歴史の見方

　教師の歴史に対する見方が異なると、歴史の教え方も異なってくる。例えば、ウィルソンとワインバーグ（Wilson and Wineberg, 1993）の研究では、2名の米国史の教師が、生徒が書いたレポートにコメントするように求められた。その際のレポートの評価は、できのよさ、つまり「人物やできごとについていかに偏見なく明確な記述か」ではなく、「生徒の理解を改善・向上させるため」の指導計画を立てることが主眼であった。なお、このレポートは、高校生たち（11年生）が「アメリカの独立戦争の原因について検討せよ」という課題を与えられ、45分間で作成したものである。その結果、バーンズ先生とケルジー先生のコメントは、まったく異なるものであった

（BOX 7.1 を参照）。

　バーンズ先生のコメントは，レポートに書かれている史実がどれだけ正確か，という点に集中していた。これに対してケルジー先生のコメントは，史実の重大なまちがいを見逃すことはないが，それよりはむしろ生徒の歴史に対する認識を広げることに重点を置いている。総じてバーンズ先生は，レポートを「生徒の能力を示す１つの指標」ととらえているようである。これに対しケルジー先生は，レポートは「歴史の授業では多くの史実を記憶し，それを年代順に述べればよいのだという生徒の誤った歴史認識を表わしたもの」ととらえていることが伺える。調べてみると，この２名の教師は，歴史を学ぶことの意味について，まったく異なる考えをもっていることがわかった。このように教師の歴史に対する見方が違えば，教師が歴史をどのように教え，何を生徒に学んでほしいと願うのかにも違いが生じるのである。

優れた歴史教師の研究

　歴史の熟練教師の場合，歴史学の原理に関する知識や教科構造に関する信念が，教授方略と相互に密接に関連し合っている。つまり熟練教師は，単に歴史上の史実を伝えるだけではなく，生徒が歴史の解釈や分析の問題点を理解したり，自分たちの生活と歴史との関連性を認識できるように支援しているのである。

　そうした優れた歴史授業の一例として，オハイオ州ビーチウッドの公立学校でのボブ・ベイン先生の授業を紹介しよう。ベイン先生は，歴史について次のように述べている。「もし歴史学者が重要なことと周辺的なことを区別する方法を知らなければ，過去の軌跡という膨大なデータに押しつぶされてしまうであろう。過去の軌跡を体系づけ，時代区分をする枠組みと同様に，この"何が重要か"に関する歴史学者の仮定が，その歴史学者が歴史をどのようにとらえ，史料を選択し，物語るのかを決めるのである」。こうした歴史の意義に関する歴史学者の仮定は，通常は授業では明言されない。そのため生徒たちは，教科書に描かれている歴史は，歴史に関する１つの言説にすぎないにもかかわらず，揺るぎない定まった歴史であるという信念を形成することになるのである。

　ベイン先生の９年生の授業は，タイムカプセル作りから始まる。生徒たちはタイムカプセルを作り，その中に過去に作られた最も重要な物だと自分たちが考えるものを入れるのである。そして生徒たちは，なぜ自分がそれを選んだのかをレポートにまとめる課題に取り組む。このようにして，生徒たちは何が歴史では重要なのかについて，自分たちがもっている暗黙の仮定を言語化していくのである。先生は生徒の回答を回収し，大きなポスターに書き写し，教室の壁に貼っておく。ベイン先生は，このポスターを「歴史的な意義を判断するルール」とよんでいる。このポスターは，年間を通して授業での討論の指針となる。そして，このルールは，生徒たちが自分の考えをよ

BOX 7.1 アメリカ独立戦争についてのレポートに対するコメント

7番の生徒

　フレンチ=インディアン戦争が終わったとき，英国は戦争での負債の払い戻しをアメリカが援助することを期待していた。その要求は，もしあの戦争が植民地のためだとしたら正当なものだったかもしれない。しかし，実際には英国帝国主義のための戦いであり，アメリカ人がお金を出したがらなかったからといって，それを非難するにはあたらないだろう。その税金が契機となって英国に対する抵抗運動が始まり，それに拍車をかけたもう1つの要因として，英国議会が植民地政府にさらなる金儲けを禁じる決定を下した時，正貨はこれまでにないくらいに欠乏し，貿易商人の多くは「双方からの搾取」に追い込まれ，破産に直面した。もし自分が英国を支持するか，それとも反逆して何か食べ物を得るのかを選択できるのならば，その選択は決まっている。本当に英国支持を誓っている植民地人ならば絶対に反逆しないだろう。そして，革命を支持している人は3分の1なのである。

　多くの人々の態度を転換させた主要な原因は，宣伝活動の量である。それは例えば，パトリック・ヘンリーや「連盟」のような組織に属していた人々の演説である。ボストン虐殺事件や耐えがたい行為のあと，人々はアメリカの自由を圧迫する英国政府の陰謀の存在に対する確信を深めた。多くの人々がみずから進んでこの潮流に乗ったか，あるいは，そうするように解放派の戦士たちに圧力をかけられていたのだろう。ボイコットに同調しなかった貿易商人はしばしば群衆の暴力の犠牲となった。でも，全体的に見ると重税を課せられることにうんざりし，前に踏み出して事態をどうにかしようと決めたのである。

バーンズ先生のコメントの要約
（1）トピックセンテンスが弱い

り的確に言語化できるようになるのに伴って，しだいに修正されて精緻なものになっていく。

　生徒たちは当初，「自分たちが決めたルールは自分たちで変えることもできるのだ」ということに，なかなか気づかない。このため，このルールを杓子定規にあてはめようとする。しかし，この重要性の判断を何度も行っているうちに，このルールを歴史学者の論点を評価するための道具とみなすようになり，しだいに歴史学者の見解にも矛盾があることを理解しはじめる。このように，歴史学の解釈学的な性質を理解する生徒の能力は，教師が歴史という教科の根本原理を深く理解していることによって，初めて伸びていくものなのである。

> (2) 史実の詳細をもっと書き加えることで小論文がよくなる
> (3) 綴りと文法の訂正を忘れないように
> 　　　　　　　　Cマイナス
>
> ケルジー先生のコメントの要約
> (1) この小論文の最もよい点は「なぜ植民者は反乱を起こしたのか?」という質問によく考えながら取り組んでいる点です。「自分がこの場にいたらどうだったかな?」と考えるのは,出発点としてよいでしょう。個の視点で考えるようにしていなさい。
> (2) ただし,小論文を効果的にするには,まとめかたをもっと工夫する必要があります。あなたの小論文の読者は基本的に何も知らない人だということを心に留めて,自分の見方をできるだけはっきりと表現することがたいせつです。自分の考えを前半・中間・後半とまとめてみなさい。
> (3) 前半部では,あなた自身がどちらの立場に立つのかを述べなさい。お金,宣伝,服従のうち,何が植民地人を反抗に駆り立てたのでしょうか。
> (4) 中間部では,あなたの見方の正当性を示しなさい。あなたの考えを支持するもの,または読者を納得させる要因とは何か。
> (5) 後半部では,あなた自身の見解について,小論文を読む相手にもう一度念を押しなさい。
> 　見直して推敲し,再提出すること!
>
> (出典: Wilson and Wineberg, 1993・図1 転載許可済)

　また,ラインハートとグリーノ (Leinhardt and Greeno, 1991, 1994) は,ピッツバーグ近郊の高等学校で,成績上位クラスの歴史を教えている熟練教師の授業を2年間にわたって研究した。教職歴20年以上のベテラン教師であるスターリング先生の授業は,新学期の最初に,「真実の歴史とは,その時代が作りあげる歴史である」という言説の意味を生徒たちに考えさせることから始まる。新学期の第1週には「歴史とは何か?」「私たちはどのようにして過去を知るのか?」「歴史の叙述を行う歴史学者と,日常生活のなかで産み出されたものとはどう違うのか?」など,大学院のゼミで見かけるような認識論の問題を生徒たちに考えさせる。スターリング先生がこの課題にかなりの授業時間を費やすのは,生徒たちに「歴史とは,単なる人名と年月の集合では

なく，歴史的証拠に基づいて構成される知識の一形態であること」を理解させるためである。

　限られた時間に数多くのことがらを扱わなければならない歴史の授業において，「歴史を定義すること」だけに5日間も費やすのは時間のむだではないかと考える人もいるであろう。しかし，これこそがスターリング先生が最も重視している教科内容知識の枠組みである。つまり，「歴史という教科を全体としてとらえ包含する枠組みがなければ，生徒たちは歴史的な意味理解という高次の歴史認識の世界に足を踏み入れることはできない」というのがスターリング先生の考えなのである。実際，このコースの修了時には，生徒たちは過去を受動的にながめるだけの単なる傍観者から，歴史を深く認識するのに必要な思考力・推理力を身につけ，主体的に意味生成に参加する能動的な学習者へと変身する。例えば，学期の初めに憲法制定会議について取り上げたとき，スターリング先生は生徒たちに，「当時の人々になしえたことは何か」という質問をした。そのとき，その質問を文字どおりに解釈したポールは，「ええと，ちょうど昨日僕らが話し合ったことだけど，彼らがした一番の大きなことは北西部を最初に開拓したことだと思う」と答えた。ところが歴史に関する考え方を2か月にわたって教育されたあとには，ポールにも教師の質問の意図がわかるようになった。そして学期が始まり4，5か月たった1月ごろには，南部の綿花中心の経済の崩壊理由を問う質問に対して，ポールは，南部の指導者が大英帝国の世論を正確に把握できなかったことや，英国の貿易政策やアジアにおける殖民地化政策と関連づけて回答できるまでになっていた。このようにスターリング先生の授業は，生徒たちに歴史上の史実や概念を習得させるだけではなく，その史実や概念に基づいて歴史的解釈を作り上げるのに必要な歴史的思考力・推理力をはぐくんでいるのである。そして，このような本物の歴史の授業を可能にしているのは，スターリング先生自身の広く深い歴史認識に他ならない。

証拠を論じる

　エリザベス・ジェンセン先生の授業では，しばしば討論（ディベート）が行われる。以下は，次のような論題について11年生が行った討論（ディベート）の例である。

　　論題：英国政府は，植民地アメリカに対して課税する正当な論拠をもっている

　生徒たちは教室に入ると，机を3つのグループに分けて並べた。部屋の左側には「反対派」の机，右側には「支持派」の机，そして前には「審判」の机である。そしてジェンセン先生は，そこから少し離れたところにノートを膝の上に置いて座る。ジェンセン先生は小柄な30歳代後半の女性で，日ごろは大きな声で話す。けれども今日

は生徒たちが英国のアメリカ植民地に対する課税の正当性に関する問題を取り上げるので，ジェンセン先生はただ黙って聞いている。

　反対派第一弁論者はグレイトフル・デッドのTシャツを着て，片耳にはイヤリングをぶらぶらさせている16歳の女生徒である。彼女は自分のノートから紙を1枚取り出して弁論を始めた。

「英国はわれわれを防衛するためにアメリカに駐留するのだと言っている。これが額面どおりならば十分筋の通ったことのように見える。だが，実際には彼らの主張にはまったく実質が伴っていない。何よりもまず，英国はわれわれを何者から守ると考えているのか？　フランスだろうか？　教科書の著者，ベイリー氏によると「1763年のパリ和解条約によって，フランス勢力は北米から完全に撤退した」という記述が54ページにあるので，フランスではあり得ない。それではスペインから守る必要があるだろうか？　しかし，同じ戦争でスペインも屈服させたので，彼らも実際には心配の種ではない。実のところ，われわれの秩序を脅かす唯一の脅威はインディアンであるのだが…だが…われわれ自身もかなりの軍備を保有している…だから，ここに英軍が駐留する理由は，論理的に考えるとただ1つ，われわれを押さえつけるためである。駐留軍が来れば，われわれのたいせつな自由は1つ残らず剥奪されてしまうだろう。このような植民地の正義を押しつぶす悪意ある英国軍駐留のための費用を，英国がわれわれに期待していることは最大の皮肉である」。

これに対する支持派の応酬は，以下のとおりである。

「ここに移住して来てから，われわれが払っている税金は，英国在住時の2世代にわたる額よりも少ない。それなのにあなたたちは文句を言うのか。なぜわれわれは課税されるのかを考えてみよう。主な理由はやはり英国の負債が1億4千万ポンドもあることだ。これは少し貪欲に思えるが，われわれのお金を彼らが持っていかざるを得ない権利がどこにあるのかというと，単純に，彼らがわれわれに対して力をもっているからだと私は言いたい。しかし，英国の戦争負債の半分以上は，われわれをフレンチ＝インディアン戦争から守るためのものだったことをあなたたちは知っているのか？…代表なき課税は公平ではない。たしかに暴君的だ。それでも，実質的な代表がいるのだから，あなたたちの泣き言は真実とはいえない。英国市民なら誰でも，参政権のあるなしにかかわらず，英国議会に代表を送っているのだ。この代議院制がアメリカまでどうして拡大されないというのか？」

支持派に対する反対派の質疑は以下のとおりである。

反対派：王室に税金を払うことでわれわれが得られる恩恵とは何か？
支持派：保護を受けられることだ。
反対派：（支持派をさえぎって）保護が唯一の特典だと主張するのか？
支持派：そうだ。そしてこれは英国人としてのすべての権利である。
反対派：では，それなら英国臣民としてのわれわれの権利を否定した残虐行為はどうなのだ。われわれを否定する権利は何なのか？
支持派：解放派の人たちは，私刑を行ったり，家々を略奪した。だから，明らかに何らかの罰に値していたのだ。
反対派：ならば少数の植民者の行為によってすべての植民者が罰せられないといけないのか？

しばらくのあいだ，部屋は非難の応酬の不協和音に包まれていた。支持派が「それではバーミンガムと同じじゃないか」と叫び，反対派は鼻息荒く軽蔑したように「実質的な代表なんてでたらめだ」という。32名の生徒全員が一度にしゃべっているようなやかましさであった。審判役は針金みたいな体格の生徒で，べっこうぶちの眼鏡をかけていた。そんな彼が槌をいくら鳴らしてみてもまったく効き目がなかった。そのとき，教室の隅でノートを抱えていたジェンセン先生が，その日唯一の指示を下した。「静かに！」。教室の秩序は回復し，支持派は彼らの第一陳述弁論を続けたのであった (Wineburg and Wilson, 1991)。

　このジェンセン先生の授業は，連邦派と反連邦派の論争を高校生にも理解できるように，彼女がわざわざ考えたものである。彼女は，意見の不一致が人間の本質についての根本的な概念の違いに根ざしていることを理解できなければ，15, 16歳の生徒には両派の論争の複雑さを理解することもできないことがわかっていた。この人間の本質については，彼女の教科書の中では2段落にわたって注がついているほどである。しかも彼女は授業を「ヨーロッパ人によるアメリカの発見と探検」という単元から始めるのではなく，彼女の教科書に記述されているように，人間の本質についての話し合いから始める。彼女の歴史の授業を取っている11年生は，いろいろな著作の抜粋を読む。彼女が取り上げる著作は，哲学者（ヒューム，ロック，プラトン，アリストテレス）や，合衆国の指導者や革命家（ジェファーソン，レーニン，ガンジー），独裁者（ヒトラー，ムッソリーニ）の著作にまで及んでおり，それらの人々の見解をクラスメイトに，提示し，弁護する。6週間後，憲法の批准について学習する際に，熱血的な連邦派や反連邦派によって，プラトンやアリストテレスなどすでになじみの人物がディベートの場に再び召喚されることになる。ジェンセン先生は，「自分が教えたいのは何なのか」「生徒たちがすでに知っているのは何なのか」を十分に理解している。そのことが，独立戦争や憲法，連邦主義，奴隷制，政府の本質などの内容につい

て，生徒自身が自分で判断したと感じることができるような学習活動を作り出すのを可能にしているのである。

結 論

　以上の実践例は，優れた歴史の授業の一端を垣間見せてくれる。しかし，これらの実践例は，どんな教科でもうまく教えることのできる「才能豊かな教師」の特別な事例ではない。これらはいずれも，教科の構造や生徒の教科に対する認識に関する広く深い知識を身につけているだけでなく，その知識を生徒が自分の力で教科の本質を理解できるような教授活動に結びつけている教師の実践例なのである。また，これらの実践例は，前述したように社会に根強くはびこっている授業についての危険な神話，すなわち「オールマイティな教育方法がある」や「優れた教師はどの教科の授業もうまくできる」などの神話に対する反証例でもある。教科書を含めて，あらゆる教科のカリキュラムは，教師の各教科領域についての深い理解によって媒介されるものであり，そのことは，すでに多くの研究によって明らかにされている自明の理なのである（歴史に関してはWineburg and Wilson, 1988；数学に関してはBall, 1993；英語に関してはGrossman et al., 1989などを参照）。なお，歴史を教える際に必要となる教科内容知識と教授学的知識の独自性は，他の教科の優れた授業の実践例と比較検討することによって，さらに明確になるであろう。

数　学

　歴史と同様に数学の場合も，多くの人が「数学は計算だ」という誤った思い込みをしている。このため数学教育上の論争は，たいていの場合，「学校教育のカリキュラムにおいて計算はどのような位置を占めるべきか」「計算を教えるための有効な教授法は何か」といった点に集中する。これに対し数学者は，「数学とは物事を構造とパターンの特徴から理解する問題解決の一種であり，計算はそうした本物の数学のための単なる道具にすぎない」と考えている。かくして最近の数学教育の現場では，計算技能を教えるべきだと主張する人と概念的理解を重視する人とが対立している。こうした状況からも明らかなように，数学教育では何が重要かという点に関する信念は各人各様である。したがって，最近の数学教育研究では，教師の数学に関する知識や信念が授業の意思決定や教授行動に及ぼす影響を明らかにすることが，重要な研究テーマになっている（Brown, 1985；National Council of Teachers of Mahematics, 1989；Willson, 1990 a；Brophy, 1990；Thompson, 1992）。

　教師が数学や数学の授業，数学の学習をどのように考えるかによって，その教師の数学の教え方は異なってくる。つまり，教師がもっている教科内容の知識と教授学的知識は密接に関連しており（例えば，Gamoran, 1994；Stein et al., 1990），「数学では

何が重要なのか」「生徒はどうすれば数学を最もよく学習できるのか」に関する教師の考えが，その教師の数学の授業のやり方に影響するのである。したがって，数学の授業について検討する際には，教師の教科内容の知識，教授学的知識（一般的知識と内容固有な知識），数学学習者としての生徒の認知過程に関する知識という3種類の知識に注意をはらう必要がある。これらの3種類の知識に注目することが，教師の授業の検討には不可欠なのである。

　数学の授業では，生徒たちが数学を理解しながら学習するべきである。これは計算技能の重要性を主張する人でさえも受け入れる数学教育の重要な目標である。しかし，この目標を達成するためには，理解をめざした授業の実践例を取り上げ，その授業での教師の役割や，授業を支えている教師の知識の分析が重要になる。そこで次に，現時点での模範的な実践例と思われる3人の教師の授業を取り上げ，その授業での教師の意思決定を導く信念や目標と，教師たちが依拠している知識の中身について検討することにしよう。

意味のあるかけ算

　研究者であると同時に教師でもあるマグダリン・ランパート（Magdelene Lampert）は，4年生の生徒に複数桁のかけ算を教えるための一連の授業を計画・実践した。この授業の対象である28人の生徒たちの計算技能は様々で，一桁のかけ算を学習しはじめたばかりの子どもから，n桁×n桁のかけ算が正確にできる子どもまでの幅があった。この授業のねらいは，答えにたどりつくプロセスで，「足し算とかけ算の構成法則」「結合と交換の法則」「かけ算を足し算に分割する法則」などの重要な数学の法則が明らかになっていくことを，子どもたち自身に経験させることである（Lampert, 1986：316）。このランパートの授業の分析で明らかになったことは，彼女の「乗法構造についての深い理解」と「かけ算にかかわる多様な表象や問題状況についての幅広い知識」の両方が，彼女の授業の計画と授業の実践を支えていることである。さらに，彼女の数学授業の目標には，生徒たちが数学を理解するだけではなく，自立した思慮深い問題解決者へと成長することも含まれている。ランパート（Lampert, 1986：339）は，教師としての自分の役割について，次のように語っている。

　　私の役割は，問題をいかに解決したり分析したりするかという生徒たちの考えを教室の開かれた討論にもち込み，彼らの考えが理にかなっているかどうかを話し合う際に審判となって，生徒たちが直観的に使っている数学法則の正当性を認めてやることです。もちろん，シンボル記号の構造や，とくに量にかかわる記号と演算操作のつながりについては，私が生徒たちに教えます。しかし，生徒たちが学習活動をする際に何を数学と

して正当なものとみなすかは，生徒たち自身が決定します。これは私の授業でのたいせつな約束事なのです。もしこの決定を教師が行うと，教室で意味生成の文化を構築することと，数学の教材内容を教えることとの区別が難しくなります。なぜなら，意味生成の文化とは，教師や生徒たちの誰もが，自分たちが発見した数学法則の正当性に対しては自分たち自身で責任を負うという文化であり，それが数学を学ぶことの本質だからです。たしかに教師は数学の法則をより形式的・抽象的な体系として理解しています。これに対し生徒たちは，数学の法則をなじみのある日常経験の文脈との関係で理解しています。しかし，何よりもたいせつなことは，教室では教師も生徒たちも，その教室で独自に培ってきた数学の見方や進め方でやろうとすることなのです。

ランパートは，生徒たちが複数桁のかけ算についてすでに知っていることと法則化した概念知識を結びつけるために，3回の授業を行った。1回目の授業では，「2種類の硬貨だけを使って，19枚の硬貨で1.00ドルを作りましょう」というような，硬貨の問題を用いた授業であり，硬貨を使って親しみやすさを引き出すとともに，硬貨交換に必要となる数学の法則を引き出すように子どもたちを促した。次に2回目の授業では，大きな数を数えるには小さな数をまとめるとよいことを，簡単なストーリーと絵を用いて示した。そして最後の3回目の授業では，数字と数学記号だけを用いて問題を表わした。これらの授業では，一貫して生徒たちが自分の答えを説明し，その正しさを証明する際に，教師や本に頼らず，自分たち自身で論拠を示すことが求められた。なお，BOX 7.2に，このアプローチの特色を示す典型的事例が示されている。

ランパートは話を次のように締めくくっている（Lampert, 1986：337）。

>　…自分たちがわかったことを説明するために生徒たちが使った知識は，教室での話し合いで使っている言葉と結びつけて法則化された知識です。生徒たちは，説明のために専門用語は使わなかったけれど，それでも位取りと操作の順序について，とても豊かに語り，自分たちの手続きの正当性を示し，自分たちが出した結論の理由を説明することができました。生徒たちが説明や話し合いができるようになったのは，単なる正解の出し方以上のものとして数学を理解できるようになったからだと私は考えています。

以上の説明で明らかなように，ランパートの数学についての造詣の深さが，彼女の授業を成功へと導いている。また，彼女の授業では，数学として正当なものは何かを生徒自身に理解させようという明確な目標があり，それが授業の計画と実行を方向づけている点にも注目すべきである。

BOX 7.2　全部で何匹？

教師は基本的な計算の例を示すことから授業を始める。

　教師：誰か，このかけ算があてはまるお話を言ってくれないかしら…12×4の。
　ジェシカ：12個のびんがあって，どれにも蝶が4匹ずつ入っていました。
　教師：そうしたら，もし私がかけ算をして答えがわかったら，びんと蝶について何がわかるのかしら。
　ジェシカ：全部で蝶が何匹いるかがわかるわ。

教師と生徒たちは，次にジェシカのお話を図示して，蝶を数える手続きを考えた。

　教師：はい，びんがあります。びんの中の星は蝶を表わしています。さてここで，もし私たちがびんをグループで考えたら，蝶が全部で何匹かを数えるのが簡単になりますね。そして，ふつうは，グループについて考えるときに数学者が好きな数と言えば？（10個のびんを丸で囲って）
　サリー：10。

教師と生徒たちは，4匹の蝶が入った10個のびんのグループとそれ以外の2個のびんに分けて図に表わして，授業を進めた。生徒たちは12×4が10×4＋2×4として考えられることを認識した。次にランパートは，例えば6個のびんのグループを2つというように，びんをグループ分けする別の方法を子どもたちに考えさせた。

生徒たちが6×4＋6×4が10×4＋2×4と同じ数になることに驚いている姿がありありとうかがえた。これは，ランパートにとって生徒たちの理解を知るための重要な情報であり（第6章の「形成的評価」を参照），それによって，グループ分けの活動をより豊かにすることができた。このあとの授業では，生徒たちは2桁のより大きな数のかけ算の問題に取り組み，最終的には2つの数はとても大きいもの（28×65のような数）になった。生徒たちはかけ算を支配している法則についての理解を発展させ続け，その法則に基づいた計算手続きを発明し，図とストーリーを使ってその手続きの合理性を証明し続けた。ついには，生徒たちは筆記の記号だけを用いて，2桁のかけ算を独自の計算方法だけでなく伝統的な方法でも探究するようになった。

負の数の理解

　同じく研究者であり教師でもあるデボラ・ボール（Deborah Ball）は，小学3年生の生徒たちが自然数から整数へと数の理解を広げるのを支援するために，次のような授業を実践・研究している。この実践研究においても，教師の幅広い教科内容の知識と教授学的内容知識によって授業が支えられていることを垣間見ることができる。彼女の授業の目標は，「数学の学問原理を尊重しながらも，同時に数学的に思考する子どもたちの認知過程も尊重する授業を展開すること」（Ball, 1993）である。すなわちボールは，重要な数学の概念を考慮するだけでなく，授業で取り上げる特定の数学分野を子どもたちがどのように考えるかも考慮に入れながら授業を展開する。そして，そのような彼女の授業は，数学的実体としての整数に関する彼女の深い理解（教科内容知識）と，幅広い教授学的内容知識の両方によって成立している。また，ボールの授業の目標は，ランパートの授業の目標と同様に，一般に数学の授業の目標とされていることの範囲をはるかに超え，子どもたち自身が推測し，試行し，議論を組み立て，問題に枠組みを与え，解決するような文化（すなわち，数学者が行っている仕事）の開発をも含んでいる。

　ボールが自分の授業を記述する際に強調するのは，数学の鍵概念を子どもたちに提示するための有効なモデルを見つけ出すことの重要さと困難さである（Ball, 1993を参照）。例えば，負の数を表現するためのモデルには様々なものがある。そこで彼女は，魔法のピーナッツ，お金，ゲームの得点，数直線上の止め具，地上と地下に複数の階がある建物など，様々なモデルの有効性を検討した結果，最初に「建物モデル」を使い，次に「お金モデル」を使うことに決めた。彼女は，数の重要な性質，とくに大きさと方向性という性質を表わす方法として，それぞれのモデルがもつ長所と限界を鋭く見抜いていたのである。このように，彼女は生徒の思考過程を促すのに最も適したモデルを選ぶために，実に様々な点を考慮に入れている。彼女が考慮に入れる内容の複雑さを知ると，おそらく誰もが圧倒されてしまうに違いない。例えば子どもたちは，しばしば「負の数とゼロは等しい」というまちがった理解をする。彼女は，これがまちがった理解であることを生徒たちに気づかせるためには，建物モデルでは階数の上下がはっきりしている点が手助けになることを知っていた。彼女はまた，建物モデルでは負の数の引き算モデルとしては不適切であることも知っていた。

　そこでボールは，生徒たちとの協同作業を，建物モデルを使って各階にラベルを貼ることから始めた。生徒たちは地下の階にもラベルを難なく貼り，それが「ゼロより下」であることをすぐに受け入れた。それから彼らは，紙で作った小さな人形がエレベーターに乗って，ある階から別の階へ移動したときに何が起こるかを調べた。これは，負の数を含む，4－6＝－2のような足し算や引き算の問題を書き表わすための規則を導入するのに使われた。つまり，「ある人が2階へ移動するための方法はいく

つあるでしょうか」といった質問をするのである。この建物モデルで作業することによって，生徒たちは数多くの発見をした。例えば，ある生徒は「ゼロより下のどの数でも，ゼロより上の同じ数を足すとゼロに等しくなる」ことに気がついた（Ball,1993：381）。しかし，このモデルでは 5 +（- 6）のような問題を探究することはできない。なぜなら，生徒たちは，- 5 は - 2 よりも「低い」とは感じても，「小さい」と感じるとは限らないからである。このためボールは，負の数を探究するための第 2 のモデルとして，お金モデルを採用した。もちろんこれは，お金モデルにも限界があることを十分に承知したうえでのことである。

　以上の説明で明らかなように，ボールの授業は，整数を表わすための表象モデルに関する彼女の幅広い知識（教授学的内容知識）と，整数がもつ重要な数学的性質についての深い理解が基礎になっている。また，彼女の授業の特色は，自分たちこそが数学を創る担い手なのだという主体性の感覚を生徒たちが発達させ，互いに協調性と連帯感を培うことにある。さらに，ボールもランパートと同じく，解法の正しさを確かめるのに教科書や教師に頼るのではなく，自分たちが見いだした解法の妥当性に対して，生徒たち自身が責任を引き受けることを願っているのである。

認知的にガイドされた授業

　ランパートとボールの研究では，「教師の数学内容知識と教授学的内容知識が，授業の計画と実施においてどのような役割を果たすのか」という点に焦点があてられている。また，学習者としての生徒の認知過程を教師が的確に理解することの重要性も指摘されている。しかし，効果的な数学の授業の必要条件は，けっしてそれだけではない。次に紹介する「認知的にガイドされた授業」の実践（Carpenter and Fennema, 1992；Carpenter et al., 1996；Fennema et al., 1996）でわかるように，個々の生徒が特定の数学トピックについてどのように思考するのかを教師が的確に理解することも，重要な条件なのである。この「認知的にガイドされた授業」のアプローチでは，一人ひとりの生徒がおのおのの数学知識を構築するのを支援するために，教師は自分の知識を用いて生徒の認知過程を的確に理解することが求められる。つまり，このアプローチでは「授業を想定した教科内容の知識」という概念（Shulman, 1986）のさし示す内容が広がり，自分のクラスの個々の学習者に関する知識も含まれるのである。

　さて，「認知的にガイドされた授業」の実践例を見てみよう（Hiebert et al., 1997）。この授業を実践しているのは，ウィスコンシン州マディソン郡の小学校で 1 年生と 2 年生の複式学級を教えているアニー・キース先生である。彼女の授業実践は，教師が子どもたちの思考を理解し，その理解を自分の授業を進めるガイドに使うことによって何が可能になるのかを如実に示している。また，キース先生の教室のようすを描写

することによって，彼女の数学の知識と教授学的知識が，授業での意思決定にどのような影響を与えているのかが浮き彫りになるであろう。

キース先生の授業のほとんどは，文章題が基礎になっている。生徒たちは非常に多くの時間を費やして，文章題のいろいろな解き方について，2人で，またはグループで，または教室全体で話し合う。教師はその話し合いにたいていの場合は参加するが，問題の正解を示すことはなく，数学の重要な概念はすべて，生徒たち自身が問題の正解を求めて探究する活動の中で体験的に理解される。例えば，「桁」の概念は，複数桁の数に関する文章題を解くために，生徒たちが10でひとまとまりのブロックと数える枠のような「10を基とする教材」を使って活動する体験の中で獲得されていくのである。

キース先生のクラスでは，いつどこでも算数の授業が始まる。1年生と2年生の毎日の活動，例えばスナック菓子を分けること，昼食を数えること，出席をとることなどが，問題解決課題の文脈となる。そして，このクラスの算数の授業では，生徒たちが数学センターを利用することが多く，そこでも様々な活動を行う。あるセンターでは，子どもたちが教師に出された文章題を解いていたり，別のセンターでは，子どもたちがクラスで発表するための準備をしていたり，数学ゲームをしていることもある。

一方，キース先生は，生徒たちが算数で自分たちがやっていることを考え，理解するように励まし続ける。この活動はまた，キース先生にとっては，個々の生徒が算数について何を知っていて何がわかっているのかを学ぶためのよい機会となっている。生徒たちがグループで問題解決の作業をしている時，彼女は様々な解法を観察し，誰にその作業について発表させるかを決め，心に留めておく。彼女は，生徒たちが様々な解法を発表し聴き合うことを通して，互いに学び合うことを望んでいるのである。誰に発表させるかを決めるときには，彼女がもっている重要な数学概念に関する知識も参考にはするが，それよりも，「子どもたち一人ひとりがその数学概念をどのようにとらえているか」に関して，観察を通してわかったことのほうを重視する。また，よくおかすまちがいについての話し合いを導くために，実際はまちがっている解法をわざと選んで発表させることもある。あるいは，最も洗練された解法を選んで発表させ，生徒たちが洗練された解法の利点を理解するように導くこともある。このようにしてキース先生は，解法の発表とそれに続くクラスでの話し合いの両方から，「生徒たちは何がわかっているのか」「次にはどんな問題を使ったらよいのか」についての情報を得ることができるのである。

キース先生が授業を進めていくうえでの意思決定は，「数学の概念についての生徒たちの理解は，彼らがすでに知っていることを基礎にして構築していくべきである」という強い信念に基づいている。彼女は生徒たちが何を理解しているのかについて仮説を立て，その仮説に基づいて授業を行う。そして彼女は，授業中に生徒たちについ

ての追加情報を収集し，生徒たちに学んでほしいと思っている数学の概念と照合しながら，授業を臨機応変に修正していく。また，そのような授業を通して，彼女は個々の生徒の理解状態をより明確に診断できるようになる。このようにキース先生のアプローチは，けっして何の規準もない「なんでもあり」の授業ではない。むしろ，生徒の理解を基盤とした授業であり，何が数学として重要で何が学習者の進歩にとって重要なのかがわかっている教師による，生徒の理解に応じて注意深く調整された授業なのである。

モデルに基づく推理

　数学の授業を活性化する試みの1つとして，最近，事象のモデル化が重視されている。モデル化に関する研究は，幼稚園から12年生（高校3年生）までを対象にして幅広く行われている。モデル化は，モデルの構築，モデルの評価，モデルの修正のサイクルから成り立つ。例えば数学や科学のような学問分野ではモデル化が重要な役割を果たしているが，従来の学校教育では見落とされがちであった。しかしながら，モデル化は，プラネタリウムや人間の血管系のような物理的モデルから，代数や幾何，微積分に代表されるような抽象的なシンボル記号体系のモデルまで，様々な分野で幅広く用いられている。学問分野において，これだけモデル化が普遍的かつ多様に用いられていることを考えれば，学校教育においても，様々な教科の重要な概念の理解を支援するために利用できるはずである。おそらくモデル化は，どの年齢どの学年段階でも用いることができるはずであり，また用いるべきである（Clement, 1989；Hestenes, 1992；Lehrer and Romberg, 1996 a,b；Schauble et al., 1995；BOX 7.3を参照）。

　ところで，モデル化とは，関心の対象である問いに答えるために，モデルを考案（または選択）し，モデルの質を検討し，そのモデルを利用することを意味している。例えば，三角形の幾何学は，ナビゲーションシステムに応用されたり，床にタイルを敷くときに応用されたりするように，幅広い現象に一般化できるので，モデルとして有効なのである。この例からもわかるように，モデル化では，標準的なカリキュラムでは十分に扱われていない形式の数学が必要になる。その中には，例えば，空間的（三次元的）視覚化と幾何学，データの構築，測定，不確実性の概念などが含まれるであろう。具体例をあげれば，動物の生態学の研究で鳥の餌集め行動を調べる場合には，変動性や不確実性のような数学の概念が必要になるであろう。このように，モデル化をすることによって，様々な各学問分野の重要で核心的なアイデアについて，より深く探究できるようになるのである。

第3部　教師と授業　◆　177

BOX 7.3　自然のモデル

　太陽系のモデルや肘のモデルなどの物理的世界のモデルは，世界を写し取ったシステムである。それは，類似性に対する子どもたちの直感に訴えることによって，モデル化された世界とモデルそのものとの関係を理解させる。下の写真は，子どもが作った肘のモデルである。例えばゴムのバンドに注目してみると，それは靱帯のつなぎ合わせる機能を模したものになっていたり，あるいは木を合わせるねじに注目してみると，それは垂直面で180度を超えて動かないように調整されていたりする。初めのうちは実物とモデルの似ている点が関節のはたらきを調べる学習を促すが，たいてい子どもたちはモデルを改訂するにつれ，何を似ているとみなすかが変わっていく。例えば，モデルで肘の動きを表わそうとする試みは，どのように筋肉を調整したらよいのかという関心につながることが多い（Lehrer and Schauble, 1996a, b）。

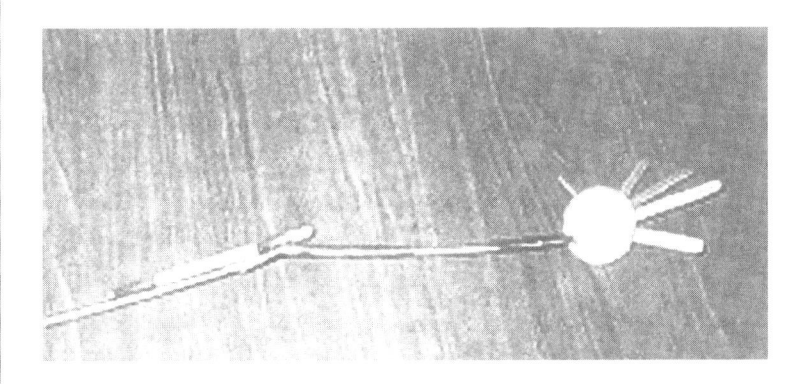

子どもが作成した肘のモデル

結　論

　最近の初等数学の授業では，次の4つの前提が受け入れられている。すなわち，①あらゆる学習は既知の状況から未知の状況へと理解を拡張し応用されるものであるべきこと，②低学年の子どもたちも数学に関する多くの概念をすでに身につけて学校に来ていること，③新しい状況に関連する知識は自発的に獲得されるとは限らないこと，④教室での学校ベースの学習においては，子どもたちが自分でもちこんできた概念や方略を試してみるのを尊重し奨励することによって学習が促されること，という4つの前提である。したがって，単に足し算や引き算など計算のアルゴリズムに焦点をあ

てて数学の授業を始めるのではなく，生徒たち自身が問題解決方略を創意工夫し，その方略がどうしてうまくいくのかを話し合うことが奨励されている。また，生徒たちが数学の学習を日常生活での具体的な経験と関係づけて理解することも推奨されている。例えば，歩くという日常経験とその経験にかかわる位置と方向という概念は，それと対応する，大規模な空間，位置，方向の構造に関する数学の概念を理解するための足がかりになるであろう（Lehrer and Romberg, 1996 b）。

今後，優れた数学授業とは何かを明らかにするための実践研究を積み重ねることによって，教師の知識や信念，目標が教師の思考や教授活動にどのような影響を及ぼすのかについての理解が，よりいっそう深まるであろう。教師がもっている「数学についての知識」「教授学的内容知識」「生徒の認知過程についての知識」という3種類の知識は，教師が学習課題を選択したり，その課題を通じて生徒の数学的思考を導くうえで，きわめて重要な役割を果たしている。このことが，以上に紹介した実践研究で明らかになった重要なポイントである。

理　科

物理の分野で最近行われた2つの授業の実践例は，熟達化した問題解決行動を促すような授業をデザインするために，学習研究の知見をどのように利用すればよいかを教えてくれる。第1の実践例では，物理の初級課程を修了した学部生たちが，数週間にわたって合計10時間，専用のコンピュータ・ツールを使って物理の問題を解いた。この学習用ツールは，本書の第2章で紹介した熟達化研究に触発されて開発されたもので，各問題を解くのに利用される原理や手順の階層構造に基づいて，問題を概念的に分析できるようになっている（Dufresne et al., 1996）。第2章で述べたように，物理学者は，問題を解くための解法を述べるように求められると，一般的な原理や手順を述べる。これに対し初心者は，問題で与えられた変数を操作するのに使えそうな特定の方程式を述べる傾向がある（Chi et al., 1981）。さて，このコンピュータ・ツールを利用した学生たちは，同じ問題を独力で解いた学生たちに比べると，事後の熟達度テストで著しくよい成績を示した。例えば問題解決課題では，階層的分析を行った学生たちのほうが，全般的な問題解決行動の点でも，正答にたどり着く能力の点でも，問題を解くために適切な原理を適用する能力の点でも優れていた（図7.1に，結果が示されている）。同様の効果が，問題分類課題でもみられた。階層的分析を行った学生たちは，2つの問題が類似の解法で解けるかどうかを判断するときに，問題表現の表面的な特徴にはとらわれずに，問題の根底にある原理を考慮して判断することが多かったのである（図7.2を参照。なお，図7.2の分類課題で使われた項目例は，第6章を参照）。ところで，図7.1と図7.2は，本書で論じてきた他の2つの論点の例証になっていることにも注意すべきである。すなわちそれは，練習に時間をかける

ほど学習が進むということ，熟考しながらの練習は熟達化を促進するための効果的な方法であるということの2点である。どちらの図においても，統制群は単純に練習の結果として成績が向上する（課題にかける時間の効果）のに対し，実験群は同じ練習時間でも統制群より顕著な成績の向上がみられること（熟考しながらの練習の効果）が明らかである。

物理の初級課程でも，授業の最初に問題の質的な階層構造分析を行うことによって教育効果を上げている（Leonard et al., 1996）。そのコースでは，工学部の学部生が，問題を解く前に問題解決の方略について文章化するように指導された（Chi et al., 1981に基づいている）。この文章化では，「どうすれば問題を解くことができるか」についての自分の考えを文章にまとめる課題であり，その文章の中には「適用する主な原理は何か」「なぜその原理が適用できるのか」「どのようにその原理を適用するのか」

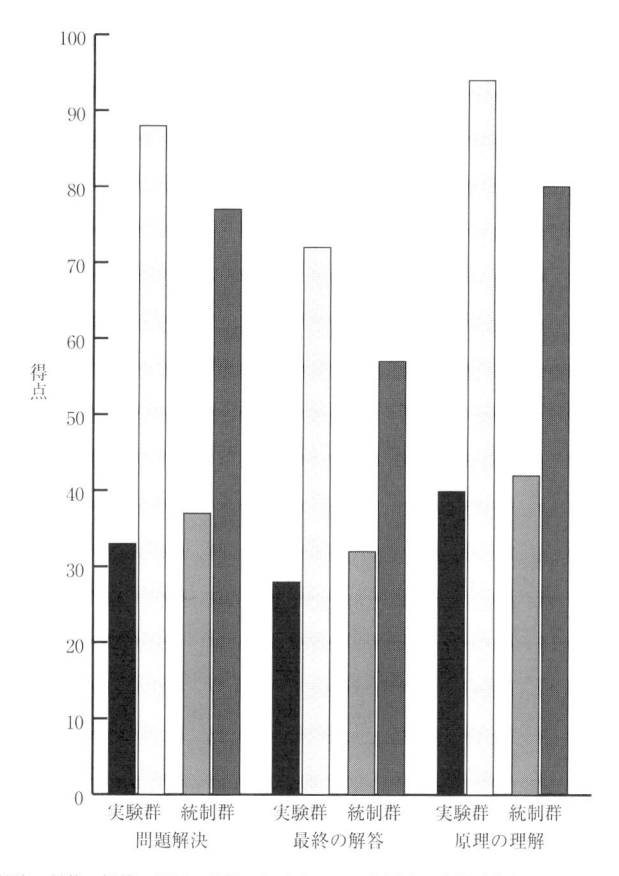

▲図7.1 問題解決，最終の解答，原理の理解における2つの教授法の効果（出典：Dufresne et al., 1992）

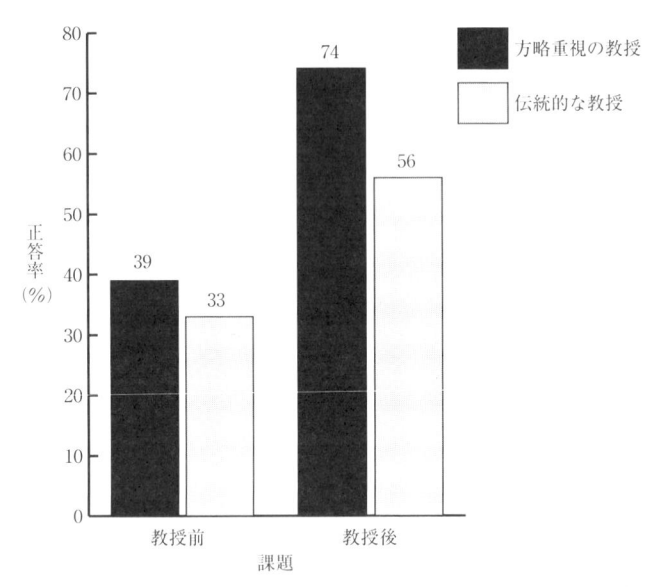

▲図7.2 問題分類課題での原理の利用についての2教授法の効果（出典：Dufresne et al., 1992）

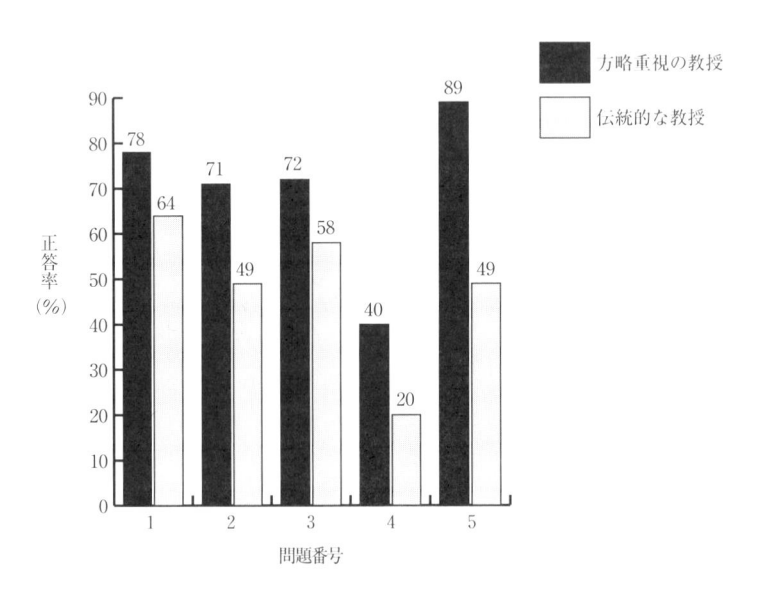

▲図7.3 分類課題の問題番号別正答率：方略重視の教授と伝統的な教授の比較
（出典：Dufresne et al., 1992）

という3つの要素を含むよう求められた。すなわち,「何を」「なぜ」「どのように」が明確に記述されている必要があるのである（BOX 7.4を参照）。このように,文章化して問題の階層構造の質的分析を授業中に行った学生は,伝統的な授業を受けた学生たちと比べると,どの原理を使って解くのかを考えて問題を分類するテスト課題において,優れた成績を示した。その結果は図7.3に示されている。

　また,初心者にとっても,階層構造分析は知識の検索や問題解決のための有効な方略である。例えば,物理の初級コースの受講生は「理論的な問題記述」とよばれる方法を用いて指導するのが有効であることが明らかにされている（Heller and Reif, 1984）。この「理論的な問題記述」とは,力学の問題を概念,原理,ヒューリスティックスの用語で記述させる方法である。熟達者が問題を解く時には,ふつう解答を始める前に,問題を詳細に分析・記述し,考慮に入れるべき関連情報を決定し,問題の記述・分析に用いるべき手順を決定する。しかし,これは暗黙のうちに行われ,物理の授業で明示的に教えられることはめったにない。したがって,この研究で用いられた「理論的な問題記述」の方法は,初心者にはあまりなじみがない。このため,この訓練を受けていない初心者は,たとえ型どおりの問題であっても,独力では適切な記述をすることができない。しかし,この「理論的な問題記述」の方法で明示的に教えられることによって,初心者も理論的な記述ができるようになり,問題解決能力が向上したのである。

　さらに,種々の物理の課題を行う際に,生徒が知識を構造化するのを支援することの効果を調べた研究例もある（Eylon and Reif, 1984）。この研究では,物理学の論議を階層的に構造化された様式で呈示された生徒は,同じ論議を構造化されていない様式で呈示された生徒よりも,再生課題と問題解決課題のいずれでもよい成績を示した。同様に,物理の問題解決方略を階層的に構造化された様式で呈示された生徒は,構造化されていない様式で呈示された生徒よりも,よい成績を示した。したがって,生徒が自分の知識を構造化するのを支援することは,知識それ自体の獲得を支援するのと同じくらいに重要である。なぜなら,知識の構造化は生徒たちの知的な遂行に大きな影響を与えるからである。

　以上の研究例が示しているのは,熟考しながら練習することの重要性と,遂行の結果が最適になるようにフィードバックを与えてくれる「コーチ」をもつことの重要性である（第3章を参照）。単に問題を与えて生徒にそれを独力で解かせるだけでは（これが理科の授業で一般に用いられている教授法なのであるが）,生徒が有効に時間を使うことはないであろう。おそらく生徒は,何分も,あるいは何時間も,いろんな解をあれこれとあてはめてみるだけの状況から抜け出せず,結局あきらめてしまうか,さもなければ多くの時間をむだにするかのどちらかであろう。第3章でも述べたように,生徒が失敗から学び,まちがえることが時間のむだにならないようにすることが

BOX 7.4　生徒たちによる問題解決方略の文章化

物理の初級講座を受講した生徒たちは，試験の時に解法を書くように求められた。

試験問題：
質量 $M = 2$ kg，半径 $R = 0.4$ m の円盤がある。この円盤は中心にある軸のまわりを自由に回転することができる。この円盤に糸を巻きつけ，糸の端に質量 $m = 1$ kg の物体を結びつけ，糸のたるんでいない静止状態から手を離す。物体が距離 $d = 0.5$ m だけ落下した時，この物体の速さはどれくらいか。必ず解答と解法のどちらも書くこと。

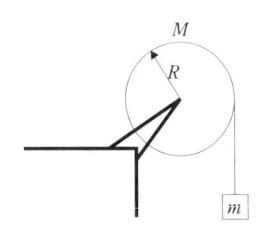

解法１：この系で唯一の非保存力は物体 m と円盤にはたらく張力だけであり（円盤と軸のあいだ，物体 m と空気のあいだには摩擦がないものと仮定する），円盤と物体のあいだの張力による作用は相殺されるので，エネルギー保存則を用いる。まず，開始時の物体の位置を，位置エネルギーの基準とする。静止状態から始めることから，開始時に運動エネルギーはないので，初期エネルギーはすべて位置エネルギーである。この初期エネルギーと終了時のエネルギー，すなわち円盤と物体 m の運動エネルギーと，すべての位置エネルギーの合計とが等しくなるようにする。

解法２：この問題を解くために，力学的エネルギーの保存を考える。物体 m は，つるされているあいだはいくらかの位置エネルギーをもっている。物体が下に向けて加速しはじめると，位置エネルギーは円盤の回転運動エネルギーと落下する物体の運動エネルギーに変わる。初期状態と終了状態は等しいと考え，v と ω の関係

たいせつなのである。もし，生徒が適切な原理と手順を見つけ，正しい方程式を立てるためではなく，不適切な解決手順を漫然とくり返すためだけに時間を使うのであれば，それは時間のむだと言わざるを得ない。これに対し，熟考しながらの練習では，生徒は（人またはコンピュータによる）チューターの下で作業し，成績の向上につながるような適切な練習をくり返す。そして，このような練習方法の有効性は，コンピュータを用いたチュータリング環境の下でも確認されている。例えば，ふつうに訓練すれば４年かかることを25時間でクリアできるシミュレーション・システムが，すでに開発されているのである！（第９章を参照）

を用いることによって，m の速さがわかる。非保存の張力はあるが，それは系（滑車・物体・糸）にとって内的で，外部との出入りがない力なので，力学的エネルギーは保存されている。

解法3：物体の速さを求めるには，重力を使って角運動量の運動エネルギーがわかればよい。また円盤については，回転運動と重心に関する慣性モーメントを用いる。

解法4：重心のまわりにトルクがあり，これは物体の重さ m に従う。下に引っ張る力は mg である。軸のまわりの慣性モーメントは $1/2\ MR^2$ である。慣性モーメントには角加速度をかける。これらの値を運動の式に代入すると角速度が計算できる。そして，角速度に半径をかけると，物体の速度を求めることができる。

　最初の2人の解法からは，原理や，証明，問題を解くために用いられる手続き（問題を解くには何が，なぜ，どのように必要か）などがよく理解されていることがわかる。一方，あとの2人の解法は，大部分がこの授業で扱った物理用語や方程式のリストのようなものであり，両者とも今考えている問題に，どんな理由で，どうやって，それらを適用するのかを明瞭に述べることができていない。

　この実践では，解法の書き方について見本を見せ，確実にできるようにするために適切な足場作りをしたうえで生徒たちに解法を書かせている。そうすることによって，生徒が問題の文脈と問題を解くために適用できる原理や手続きとを適切に結びつけているかどうかを査定することができる。このため，この方法は，形成的評価の用具としても利用できる（Leonard et al., 1996を参照）。

概念の変化

　すでに見てきたように（第3章および第4章を参照），人は日常生活の中での経験や観察を通して，物理的世界に関する素朴な概念を形成する。かなりの時間をかけて形成するこの素朴な概念は，身のまわりの世界の現象を説明したり予測するのに役立つこともある（例えば，なぜ石は葉より早く落ちるのかなど）。このため人は，この素朴な概念に頑強に執着する。しかし，それは科学的概念と矛盾する誤概念であることが多い。

　「橋渡し法」とよばれる教授法は，生徒たちがこの頑固な誤概念を克服するのを支援するための方法である（Brown, 1992 ; Brown and Clement, 1989 ; Clement, 1993）。橋渡し法では，類推的な状況を媒介させることによって，生徒たちの正しい信念（ア

ンカー（錨）概念とよばれている）から誤概念への「橋渡し」をする。

例えば，「板の上に置かれた本にはどんな力がはたらいているのか」を生徒に教える場合には，まずバネがある状況から始める。バネの上に本を乗せれば，その本に対してバネによる上向きの力が加わっていることがわかりやすい。これを「アンカー概念」として橋渡しの基点にするのである。次に，もし両端を支えられた長い「バネのような板」の中央に本をのせると，本は上向きの力を受けるかどうかを生徒に尋ねる。そうすると多くの生徒たちは，「バネのような板」はバネと同じはたらきをしそうに見えるので，バネも板も本に対して上向きの力を加えていると考えるようになる。それでもまだ「バネのような板」が本に対して上向きの力を加えていることを理解できない生徒には，最初に垂直のバネの上に手を置いて下に押すように指示し，次に「バネのような板」の中央に手を置いて下に押すように指示する。そして生徒に，「どちらの場合にも，手で押す力に抵抗する上向きの力を受けたかどうか」を尋ねる。このようなダイナミックな方法を用いることによって，教師は生徒の誤概念を診断することができるだけでなく，生徒がアンカー概念と誤概念の矛盾はどうすれば解決できるのかを自発的に気づくようにしむけることができる。このようにして生徒たちは，広く一般化することのできる，一貫性のある科学的概念を形成できるようになるのである。

生徒たちが頑固な誤概念を克服するのを支援するためのもう1つの効果的な教授法は，相互作用的講義実演法とよばれる方法で，大学の大教室での初級物理の授業などで用いられている。この教授法は，まず教師の演示実験への導入から始まる。演示実験とは，例えばエアートラック（物体の運動について実験する器具。空気を噴出して，上にのるものが摩擦なく滑ることができるようになっている）の上に，重さの異なる2台のエアーカートという台車をのせ，止まっている軽い台車に向かって重い台車を衝突させる実験である。どちらの台車にも衝突力検知器が備え付けられており，衝突の時にはたらく力を大きなスクリーンに映し出すことができるようになっている。教師はまず学生たちにこの状況設定について近くの人と話し合わせ，次に衝突の際に，どちらか一方の台車のほうが他方よりも大きな力を加えるのか，それともどちらも同じ大きさの力を加えるのかについての予想を記録させる。

ほとんどの学生は，動いている大きな台車のほうが止まっている小さな台車よりも大きな力を加えるという誤った予想をする。たしかにこの予想は，日常経験に照らせば非常に合理的な予想のようにもみえる。何と言っても，動いているマック・トラック（アメリカの大型トラック）が止まっているフォルクスワーゲン・ビートル（ドイツの小型車）に衝突すれば，フォルクスワーゲンのほうがずっと大きな損害を受けるのは明らかである。このため，マック・トラックのほうがフォルクスワーゲンよりも大きな力を加えているという誤概念が形成されるのは，しかたがないことなのかもし

れない。しかし，たとえフォルクスワーゲンが大破したとしても，ニュートンの第3法則によれば，相互に作用する2つの物体には反対方向への等しい大きさの力がはたらくのである。

　学生たちが自分の予想を記録したあとで，教師は演示実験を実行し，学生たちは衝突力検知器が衝突時に同じ大きさでかつ反対方向の力を記録するのを見る。続いて，他の状況についても同様に話し合いをする。例えば「2台の台車がお互いに同じスピードで動いていたらどうなるだろうか」「反対に重い台車が止まっていて軽い台車のほうが動いていたらどうなるだろうか」などについて話し合いをするのである。学生たちは予想したあとに，衝突時に2台の台車には実際どのくらいの力が作用するのかを調べ，いずれの場合でも，学生たちは2台の台車には相互に反対向きの同じ大きさの力が作用しているのを確認する。そして最後に，教師の司会で話し合いがなされる。この話し合いにも助けられて，学生たちは自分の目で観察した事実に基づき，ニュートンの第3法則という一貫性のある科学的理論をみずから築くのである。

　このような研究結果は，基本的にはフィードバックの提供に関する研究の結果（第3章を参照）と一致しているが，2台の台車の衝突時にはたらく力をリアルタイムで見ることが学生たちの誤概念の克服を促進していることを示唆する研究もなされている。その研究によると，観察した事象のグラフィックデータをリアルタイムではなく20〜30分後に見せたのでは，もはや事象の基礎にある正しい科学的概念の学習は促進されないことがわかったのである（Brasell, 1987）。

　橋渡し法も相互作用的講義実演法も，生徒たちが誤概念を克服するのを支援するための効果的な方法であり，しかも，その効果には永続性があることが確かめられている。この知見は，理科教育における重要で画期的な進歩といえるだろう。なぜなら，仮に生徒が通常のテストで正解を答えたとしても，それは誤概念が克服されたことを意味しているとは限らないからである。その証拠に，数週間後や数か月後に調べてみると同じ誤概念が再び顔を出すことが，数多くの研究で指摘されている（レビューはMestre, 1994を参照）。

コーチングとしての授業

　ミンストレル（Minstrell, 1982, 1989, 1992）が高校の物理で行った授業は，研究を実践へと移し変えるのに成功した代表的な事例のうちの1つである。ミンストレル先生は学習研究の知見に依拠する多様な教授技法（例えば，橋渡し法，生徒の思考を可視化する方法，生徒が自分の知識を再構成するのを促す方法など）を駆使して，物理をわかりやすく教えている。そのために彼はクラスで話し合いをさせ，話し合いを通して生徒たちが物理概念の意味をつかみながら理解できるようにし，みずからそのコーチの役割を果たしている。以下に，彼の革新的で効果的な教授方略の本質にかかわ

る言説を引用しておこう（Minstrell, 1989：130-131）。

　　生徒たちが最初にもっている力学についての考えは，より糸のようなもので，うまくつながっていなかったり，ほどけてゆるくなっていたりしている。したがって，授業という営みは，生徒たちが自分の信念のより糸を解きほぐし，それにラベルづけをし，より完全な理解という布に織りあげるようなものである。ここで重要なことは，その完全な理解という布は，かなりの程度，生徒が最初にもっている信念から織り上げられるという点である。もちろん，時には新しい信念のより糸が生み出されることもあるが，最初の信念が新しい信念に完全に置き換えられることは稀である。だから教師は，生徒の信念を誤概念として否定するのではなく，生徒が誤概念と正しい概念の区別をするのを助け，生徒が自分の誤概念を解きほぐし，科学者がもっている科学理論と整合的に統合するのを支援するべきなのである。

　ミンストレル先生（1989：130-131）の力学の授業は，平易な言葉を用いて生徒を単元へと導入することから始まる。

　　今日は，君たちがいつも見ているような日常のできごとについて説明してみようと思います。君たちは，できごとを説明できるよい考えをすでにたくさんもっていることがわかるでしょう。君たちの考えの中には，科学者の考えと似ているものや，科学者の考えとは違うものがあるかもしれません。この単元が終わるころには，科学者ができごとをどのように説明するのかについて，きちんとわかるようになっていることを期待しています。そして，君たちは自分の説明に満足できるようになるだろうと確信しています…これから使っていく鍵となる概念は，「力」についての考え方です。君たちにとって，力の概念とはどんなことを意味していますか。

　このような導入のあとになされるクラスの話し合いでは，典型的な「押したり引いたり」といった発言からエネルギーや運動量といった洗練された用語を含む説明まで，たくさんの意見が出てくる。ミンストレル先生は，適宜，具体的な例をあげて話し合いを導いていく。石を落としてみせ，力について自分の考えではどのように説明できるかを生徒たちに尋ねることもある。あるいは，生徒たちに自分の考えを発言させたり，石にはたらく主な力を矢印で図に表現させたり，それぞれの力がはたらく原因を示すラベルをつけさせたりする。このようにして生徒たちが自分の考えを発表する話し合いの時間が長く続く。彼らの説明の中には不適切なもの（原子力など）が含まれていたり，架空の力（地球が回転する力や空気の力）が含まれていたりする。そのようなとき，ミンストレル先生は「どうやってわかったのか」「どうやって決めたのか」

「なぜそれを信じるのか」と問いかけ，生徒たちに各自の考えの正当性を説明できるようにコーチする。

このようなアプローチによって，ミンストレル先生は，様々な誤った信念が生徒たちの正しい概念的理解の邪魔をしていることを知ることができる。それは例えば，動くもの（人間など）だけが力を出すことができ，動かないもの（机など）は力を出せないといった誤った信念である。ミンストレル先生（1992）はまた，生徒たちの推理過程を理解することと教授方略をデザインすることの両方の助けとなる枠組みとして，「ファセット」という概念を用いる（これに関連する，生徒の推論を分類し説明するための理論的枠組みについては，ディセッサ（DiSessa, 1988, 1993）の「現象学的原型」についての議論を参照）。ファセットとは，生徒たちがもっている知識の断片であり，思考の単位であり，ある特定の問題に取り組んでいるときに生徒が使う方略のようなものである。それは例えば，概念的知識（例：受動的な物体は力を出さない）や方略的知識（例：平均速度は，始めと終わりの速度を足して，2で割って決まる），一般的な推理（例：xが増えるほどyも増える）などである。ミンストレル先生は，生徒たちのファセットを確認し，様々な文脈でファセットがはたらく手がかりとなるものを見定め，生徒たちがそれをどのように推理に用いているのかを見分け，それを教授方略の工夫のために役立てるのである。

大教室での相互作用的教授法

大学の大教室で行われる科学の初級コースの授業では，革新的な授業をしようとしても，一度に多数の学生を教えなけらばならないという困難な問題に直面する。一度に100人以上の学生を前にした教師は，いったいどうすれば能動的な学習経験を与え，フィードバックを与え，様々な学習スタイルを認め，学生の思考を可視化し，足場作りをするかなど，個々の学生のニーズに合わせた授業を行うことができるのだろうか。幸いなことに，情報技術の急速な進歩に伴って，そうした教師を支援するためのシステムが開発されはじめた。その1つが教室コミュニケーションシステムである。例えば，クラストーク（Classtalk）とよばれるシステムでは，4人までの学生が共有の入力装置（グラフ電卓のような，けっして高価ではないもの）を使い，教室コミュニケーションのネットワークに加わる。このシステムを使うと，教師は全員の学生に一斉に問題を出すことができる。そして，学生が装置を使って自分の解答を入力すると，ただちに全員の学生の解答が分析され，度数分布表の形で教室のディスプレイ上に呈示される。また，学生の解答は個人ごとに永続的に記録されるので，そのデータを教授効果の評価や学生の学習成果の評価に利用することもできる。

マサチューセッツ大学のアマースト校では，工学・科学・その他の幅広い専攻分野の学生を対象にして物理学を教える際に，この技術をうまく使い，講義の中に相互作

用的な学習環境を作り出している（Dufresne et al., 1996 ; Wenk et al., 1997 ; Mestre et al., 1997）。この実践では，学生たちは概念的な問いに協同で取り組み，教室全体の話し合いの中で，各自が解答にたどり着くまでの推理過程を説明する。その際，学生たちの解答の度数分布表が話し合いを始めるきっかけとして，うまく活用されている。このように，情報テクノロジーが，学生の思考過程を可視化し，教室で批判的な理解，評価，議論を促すのに役立っているのである。また，この実践では，教師はコーチの役割に徹する。つまり，必要に応じて足場作りをしたり，議論が紛糾している時には論点を明確にするために「ミニ講義」をすることもあるが，そうでなければ話し合いの司会者として，学生たちが自分たちで問題を理解し合意にいたるのを見守るのである。このシステムはまた，学習中の概念がどの程度理解されているかについてのフィードバックを，教師と学生の双方に与えることを可能にしている。つまり，形成的評価のためのシステムとしても利用できるのである。このように情報テクノロジーの助けを借りることによって，教師の講義だけの場合に比べると，はるかに多様で豊かな学習が成立するようになり，共通の目標や目的をめざして学び合う学習者の共同体をはぐくむことも可能になるのである。

すべての子どもたちのための理科

　以上に紹介した高校生や大学生が対象の授業の実践例から，次の2つの一般原理を導き出すことができる。すなわち，第1は「学習者の知識構造が学習に強い影響を及ぼす」という，いずれの実践例においても一貫して見いだされる原理であり，第2は，教室での話し合いを通して，「科学的概念を話し合うための言語」「生徒たちの思考過程を教師や他の生徒に説明するための言語」「現象の観察結果に基づいて一貫性のある議論を展開するのに必要となる言語」という3種類の言語を発達させることが重要である，という原理である。

　しかし，上記の第2の原理からは，まだ言語の発達が十分でない年少の子どもたちや教育的配慮の必要な生徒たちには，どうやって理科を教えればよいのか，という疑問が生じるに違いない。そこで次に，そのための有効なアプローチの1つと考えられる，言語的マイノリティの小学生のために開発された方法を紹介してみよう。それは，ハイチ・クレオール語で「知識を探索する」ことを意味するチェチェ・コナン（Chéche Konnen）とよばれるアプローチで（Rosebery et al., 1992），科学の知識や理解を探索するための主要な手段として談話を重視する。また，このアプローチは科学的概念がどのように構成されるのかを示す優れた例証でもあり，ノーベル賞受賞者ピーター・メダウォー卿（Medawar, 1982 : 111）が次の言葉で表現している科学観が背景になっている。

他の探究プロセス同様に，科学的探究は，事実と想像の対話，現実と可能性の対話に還元することができる。すなわちそれは，「真実であるかもしれないこと」と「実際に真実であること」のあいだの対話なのである。また，科学的探究の目的は，けっして事実の目録を収集することでも，例外なくあらゆるできごとが必然であるような，自然法則による全体主義的世界像を作りあげることでもない。それはむしろ，可能性の世界を正当化するための信念について，明瞭な論理構造をもつ言葉で語ることであり，それはまた，可能性の世界ができるだけ現実世界に近づくように，私たちが発明，批判，修正し続けていく物語なのである。

　チェチェ・コナンのアプローチは，マサチューセッツ州のボストンとケンブリッジにある数校の公立小学校で，言語的マイノリティの教室の中に「科学的実践の共同体」を作ることから始まった。そこでの「カリキュラム」は，生徒たちの疑問と信念から生まれ，生徒と教師の相互作用を通して形成される。前述のバーブ・ジョンソン先生のクラスのように，生徒たちは自分たちの疑問を追求する。加えて，生徒たちは研究計画を立て，情報収集をし，データを分析し，証拠を構成し，「自分たち」が証拠に基づいて導き出した結論について討論する。実際，生徒たちは理論を構築し，それらの理論について議論していた（BOX 7.5を参照）。

　生徒たちは，みずからの疑問や仮説，データ分析などの活動に基づいて，理論を構築し，批判し，洗練させることをくり返し，科学的理解に到達する。すなわち，疑問を提起し，理論化し，議論することが，生徒たちの科学的探索活動の構造を形づくるのである。この構造の中で，生徒たちは自分たちの理論が意味する内容を探究したり，前提を検討したり，仮説を立てて検証したり，証拠を発見したり，信念と証拠の矛盾を解決したり，別の解釈について議論したり，結論に論拠を与えたり，というような実に多様な認知活動をした。そして，全体としてこのプロセスは，伝統的な教科書や実験室での実験による場合よりも，はるかに豊かで科学的な基礎をもつ経験を生徒たちに提供できた。

　こうした科学的実践の共同体をはぐくむことが重要なのは，強固な知識と理解を構成するためには，会話，活動，意味ある問題と道具による相互作用が不可欠だからである（Vygotsky, 1978）。そのために教師は，生徒たちが問題を探究し，彼らが興味をもつ疑問を追求するように，導き支援することが重要である。そのようにして実践の共同体が形成されると，それは各メンバーの活動を様々な点で認知的，社会的に支援する。例えば生徒たちは，ともに考え作業することによって責任を分担し，誰か1人に負担がかからないようにすることができる。また，実践の共同体が形成されると，それは生徒たちが科学的意味を構成するための強力な社会的文脈になる。なぜなら，生徒は他の生徒の考えや信念を批判するために自分の考えの意味を明確にしたり，信

BOX 7.5　どっちの水がおいしい？

　ハイチ・クレオールのバイリンガル教育プログラムにおいて，7学年と8学年の生徒たちは，クラスのほとんどの生徒に信じられている信念が「正しい」ことを確かめたがった。それは，中学の教室がある3階の水飲み場の水は，学校にある他の水飲み場の水よりもおいしいという信念である。「ほんとうにおいしいのだろうか？」という担任教師の言葉に挑発されて，生徒たちは，自分たちが本当に3階の水をおいしいと感じているのか，それともそう思い込んでいるだけなのかを調べはじめた。

　第1段階として，生徒たちは3つの階すべての水飲み場から採取してきた水で，目隠しテストを計画し，実行した。その結果，生徒たち全員が自分は3階の水が好きだと言っていたにもかかわらず，2／3の生徒が1階の水飲み場の水を選んだことに驚いた。生徒たちは，この結果を信じようとしなかった。彼らは，1階の水飲み場は「ちびっこどものよだれが入る」から最悪だと，かたくなに信じていたのである（1階の水飲み場は幼稚園や1年生の教室に近かった）。担任の教師も，この結果には疑問をもった。なぜなら，彼女は3か所の水飲み場はどれも同じだと考えていたからである（目隠しテストの結果は均等に1／3ずつになると予想していた）。これらの信念と疑問に動機づけられて，生徒たちは中学校の他のクラスからも生徒を集めて第2回目の味見実験を行った。

　生徒たちは，どこでいつどのように実験をするかを決めた。彼らは，方法論的な問題について話し合った。どのように水を集めるか，水を採ってきたところがわからないようにするにはどうすればよいか，そしてこれも重要な点であるが，何か所の水飲み場を実験に含めるべきかを話し合った。彼らは，前と同じ3つの

念や証拠と矛盾することがらをうまく処理したり，相互理解にいたるために知識を共有し統合しなければならないからである（Brown and Palincsar, 1989；Inagaki and Hatano, 1987）。

　では，科学的実践の共同体に参加することによって，生徒たちはいったい何を学習したのであろうか。その答えは，水の試飲実験（BOX 7.5）の前後の，9月と次の年の6月（アメリカの年度初めと年度末）に行われた生徒たちへのインタビューの結果に明瞭に示されている。すなわち，生徒たちの知識と論理的思考が，6か月のあいだに大きく変化したのである。その（ハイチ・クレオール語で行われた）インタビューでは，生徒たちは実世界に関する2つのオープンエンドな質問（ボストン港の汚染問題と小学校で急病が起きたという問題）に対して，考えたことを口頭で答えるように求められた。研究者たちは，生徒たちに生じた次の2つの変化に注目した。すなわちそれは，水中生態系に関する概念的知識の変化と，科学的思考を組み立てるために

水飲み場を使うことを決め，前の実験と結果を比べられるようにした。彼らは，投票過程で実験が歪むことを心配した。例えば，もしある生徒が何回も投票したらどうなるだろうかと。クラスの生徒はそれぞれに自発的に実験のどこかの部分に加わった。およそ40名の生徒が目隠しテストに参加した。データを分析すると，初めの実験結果を支持する結果が得られた。中学校の生徒のうち，88％は3階の水が好きだと「考えていた」にもかかわらず，55％は実際には1階の水を選んだのである（もしランダムであれば33％になるはずである）。

　この結果に直面し，生徒たちの疑問は好奇心に変わった。なぜ1階の水飲み場の水は好まれるのか。どうすれば，この実験結果の原因を突き止めることができるのか。生徒たちは学校の水をさらに，酸性度や塩分濃度や水温やバクテリアの数など，様々な側面から分析することにした。その結果わかったことは，どの水飲み場も許容範囲を超えた数のバクテリアがいたことである。実際，（最も多く好まれた）1階の水飲み場からは，最も多くのバクテリアが検出された。また，1階の水は他の階の水よりも水温が華氏で20度（摂氏では約11度）低いことがわかった。生徒たちは，自分たちの発見に基づいて，水のおいしさを決める要因は水温なのだろうという結論に達した。冬のあいだは（この研究は2月に行われた）地中にある市の水道管からくる水は自然に冷やされており，それが地表から3階に上がるときに暖められる，というのが彼らが最終的にたどり着いた仮説である。

（出典：Rosebery et al., 1992）

仮説や実験，説明を用いるようになった変化である。そこで次に，この2つの変化について少し詳しく検討しておこう（議論の全体を見るには，Rosebery et al., 1992を参照）。

▶概念的知識の変化

　当然のことであるが，生徒たちは水質汚染や水生態系について，6月のほうが9月よりも多くのことを知っていたし，知識を生産的に使えるようにもなった。「ボストン港の水をきれいにするにはどうすればよいか」という質問に対し，ある生徒は自分の考えを次のように説明している（Rosebery et al., 1992：86）。

　　物を捜すように水からごみを取り出し，網を入れて紙や屑をみなせき止めれば，水はきれいになる。また水をきれいにするために化学薬品を入れれば，微生物がすべていなく

なる。塩素とミョウバンも入れる。これらは小さな屑を集め，その小さな屑が化学薬品に固着するから，水をきれいにしてくれる。

この説明には誤解があることに注意しなければならない。飲み水をきれいにすることと海水をきれいにすることを混同しているために，この生徒は水から微生物をすべて取り除くために化学薬品を加えることを提案している（飲み水にはよくても，ボストン港の生態系のためにはよくないだろう）。この例は，ある文脈から別の文脈へ知識を適切に転移するのが難しいことを示している（第3章を参照）。しかし，こうした欠点はあるものの，この生徒は「水からわるいごみをみんな取り除く」というタイプの表層的な説明の段階を脱し，科学的思考への道を歩みはじめているのは明らかである。また，教師は，生徒の思考を可視化することによって，この生徒（そしてたぶんこのクラスの生徒たち）の理解を洗練させることができる。それをするための最適の立場にいるのが教師なのである。

▶科学的思考の変化

生徒たちの科学的推理には，もっと顕著な変化が生じた。9月の段階では，まだ生徒たちが科学的推理の形式になじんでいないことが，次の3点から明らかである。第1に，生徒たちは科学的な探究における仮説や実験の役割を理解していなかった。このため，「なぜ子どもたちは病気になるのか」と尋ねられると，多少の例外はあったが，生徒たちは短く大ざっぱで，しかも検証できない「仮説」を使って，質問の中に記述されている現象をただくり返して述べるだけであった。例えば，「それはその…。あの，人が，誰かが何かをあげて…。何か毒のようなものをあげて，その子の胃をわるくしたんだ」といったように話すのである（Rosebery et al., 1992：81）。

第2に，生徒たちは，証拠とは「自分の経験からわかっていること」あるいは「誰かに聞いて知っている情報のこと」だととらえており，実験や観察を通じて得られるデータのことをさすのだとは考えていなかった。このため，「どうしたらわかるかな」と尋ね，仮説を検証するための実験を計画するように促しても，たいていは次のように言うだけであった。「ごみは魚たちに毒だから…。ごみが魚を死なせるんだよ」（Rosebery et al., 1992：78）。

第3に，生徒たちに実験を促すつもりで「どうしたらそれを確かめられるだろうか」と調査者が尋ねても，彼らはそれを「正解」を求められている質問だと思い込み，自分の知識の中から正解だと思うことを探し，（「～から」による）説明をくり返すだけの反応が多かった。例えば，「魚はごみを食べないから。魚は水中の植物を食べるから」などである（Rosebery et al., 1992：78）。

しかし，6月のインタビューでは，生徒たちは仮説と実験の機能を理解し，より大

きな説明枠組みの中での推論ができるようになっていた。例えばエリナーは，ある系の一部のできごとがその系の他の部分にも影響を与えるという水体系のモデルを用いて，水を統合的にとらえられるようになっていた（Rosebery et al., 1992：87）。

> 地上にごみを置きっぱなしにしてはだめ。置きっぱなしにしておくと，水がね，地下には水があるのだけど，ごみによってその地下水がわるくなってしまうの。雨が降った時もそうなるし，雨が降って流れたら，流れ込んで川にもいってしまうわ。こういうものをね，こういうわるいものを地上に置きっぱなしにしてはだめ。

例えば，「なぜ子どもたちが病気になるのか」と尋ねられた場合にも，6月には生徒たちは正体不明の何かを思い浮かべることなく，仮説の連鎖を展開して現象を説明するようになっていた（Rosebery et al., 1992：88）。

> えっと，子どもが食べたものを調べる，それから水も調べる。水質がわるくて微生物がいたならば，子どもたちを病気にする顕微鏡レベルの微生物が水にいたことになる。

6月のインタビューでは，生徒たちが実験の機能と形式について理解しはじめていることが明らかになった。生徒たちはもはや証拠を誰か個人の経験に頼ったりするのではなく，特定の仮説を検証するための実験を提案した。例えば，病気の魚についての質問に対し，ローラは科学的な解答を見つけるにはどうしたらよいのかをはっきりと理解して答えた（Rosebery et al., 1992：91）。

> 1つには新鮮な水に魚を入れて，また一方でごみでいっぱいの水にも魚を入れるわ。新鮮な水の魚に餌を与え，汚れた水の魚にも餌を与え，新鮮な水にいる魚が私がやった餌で死ぬかどうか，汚い水にいる魚が私がやった餌で死ぬかどうかを，調べるわ…。同じ餌をやって，水中で魚が食べるものと私がやった餌のどちらが魚の健康を保ち，どちらが魚の健康を害するのかを調べるわ。

結論

　最近の理科教育の実践は，熟達化研究（第2章を参照）の影響を強く受けて行われている。本章では，その中から物理と中学校生物の2領域を中心に，優れた授業の実践例を紹介した。それらの授業では，いきなり公式や方程式を教えるのではなく，物理の一般的原理や重要な概念について生徒たちが考えるのを支援する教授法や，生徒たちに熟考しながら問題解決に取り組ませることによって（第3章を参照），生徒たちのモニタリング力の育成をめざす教授法などが用いられている。

また，生徒たちの考える力をはぐくみ，概念の変化を生み出すための教授法も工夫されている。理科教育では，教科内容に関する誤概念が，科学的概念の新たな理解を妨げる障壁になることが多い。そこで，生徒が誤概念と科学的概念の矛盾を克服できるように，生徒たちの正しい信念（アンカー概念とよばれている）から誤概念への「橋渡し」をする教授法や，学生たちに実験結果を予想させ，そのフィードバックをリアルタイムで提供することによって事象の再概念化を促す，相互作用的講義実演法などが用いられている。

　さらに，チェチェ・コナンの実践例では，理科の学習における意味生成アプローチの有効性が明らかになった。このアプローチは，なじみのある実践の語り口も含めて，生徒たちが家庭から学校にもってくる知識をふまえて学習するアプローチであり，生徒たちは科学的に考え・話し・活動することを通して，概念的知識や科学的思考法の学習をした。この時，彼らの第1言語および第2言語が学習の強力な媒介となっていた。生徒たちは，ハイチ・クレオール語を用いて，自分の研究をデザインし，データを解釈し，理論について議論した。その一方では，英語を用いて，同じ学校の英語を話す生徒たちを対象にアンケート調査を実施し，そのデータを収集・分析し，自分たちの科学的検証の結果を解釈するために教科書を読み，自分たちの発見を報告し，地域の汚水処理施設の専門家に相談していた。

結　論

　すぐれた授業をするために教師に求められるのは，次の2点である。すなわち，第1は，生徒たちが教科内容を理解し，探索的な問いをもてるようにするための教授活動とはどのようなものであるのかを十分に理解しておくことであり，第2は，教科内容とその構造を深く理解しておくことである。

　教科書も含め，カリキュラムと教材は，より広範な学問の文脈や枠組みから検討・論議される必要がある。そして，その検討・論議を正しく導くために，教師は教科領域について広く深く理解し，さらに学問的探究の道しるべとなる認識論を身につけておく必要がある（歴史についてはWineburg and Wilson, 1988を，数学と英語についてはBall, 1993やGrossman et al., 1989を，科学についてはRosebery, 1992を参照）。

　本章で取り上げた授業の実践例は，第6章で論じた学習環境をデザインする際の基本原理（すなわち，学習者中心，知識中心，評価中心，共同体中心）の優れた例証になっている。まず，いずれの実践例も，生徒たちが教室にもち込んでくる知識をふまえて教師が授業を作るという意味で，「学習者中心」である。次に，生徒たちが各学問領域の重要概念を体系的に理解するのを支援するという意味で「知識中心」である。さらに，生徒たちの思考を可視化し，生徒たちに，①ディベートで自分たちの議論を提示させ，②問いに対する自分たちの解法を質的なレベルで検討させ，③様々な事象

について予想させるなど，生徒たちが考えたことを議論し明らかにしていくのを支援するという意味で「評価中心」である。最後に，理解を伴う学習に価値が置かれ，生徒たちは理解していないことをともに探究する自由が保障されているという意味で，「共同体中心」である。

これらの実践例はまた，教師が「授業を想定した教科内容知識」を身につけることの重要性を示している。熟練教師は，専門の教科内容に関する知識だけでなく，生徒たちがその教科で直面する概念的障壁や，生徒たちにはたらきかけるのに有効な指導方法に関する知識も身につけている。この「授業を想定した教科内容知識」が，「生徒にどのような課題を与えるべきか」「生徒の進歩はどのようなテストで評価すればよいのか」「生徒たちが発する問いをどのように支援すればよいのか」などを判断する際の認知的ガイドになっているのである。そして，この「授業を想定した教科内容知識」を身につけた教師は，暗記や決まりきった手順の習得よりも学習内容の理解を重視し，生徒が自分の学習・理解過程を省察することを支援している。

また，本章でくり返し述べたように，教科内容知識と教授学的知識は相互に密接に関連し合っており，そのことは，「どの教科の授業も一般的な教育方法で成り立つ」という授業についての誤った考え方を正すものである。なお，この誤った考えは，ある特定の分野での熟達化を支えているのは，その分野に関する内容知識ではなく，問題解決の一般的な技能であるという考えと同じ誤りをおかしているのである（第2章を参照）。

さらに本章では，教室での話し合いを通して，生徒たちは歴史的・数学的・科学的に考える体系的な探究のための道具の使い方を学ぶことが明らかになった。こうした新しい実践研究の成果は，私たちを大いに勇気づけてくれる。ただし，本章で紹介した教授法を用いることによって，生徒たちの標準テストの成績を向上させることができるのかという点に関しては，議論の余地が残されている。なぜなら，理解を重視する教授法は標準テストの点数を向上させるという研究例もあるが（例えば，Resnick et al., 1991），その一方では，標準テストの点には影響しないという研究例もあるからである。しかし，単なる記憶力の評価ではなく，読解力や理解力の評価に関する限り，かなりの有効性が確認されている（例えば，Carpenter at al., 1996 ; Secules et al., 1997）。

最後に，この章の実践例で紹介した教師たちの誰もが，教師としての自分自身の学習はまだ修了していないと感じていることに注目すべきである。彼らの多くは，自分の仕事には生涯にわたる継続的な努力が必要だと考えているのである。では，教師が自分の教育実践を向上させるための学習機会には，どのようなものがあるのだろうか。次章では，教師が有能な専門職として働くために，自分たちの知識を向上，進歩させるための学習機会について検討する。

第8章

教師の学習
―― 教師の成長を支援する

　最近の学習研究の成果は，教師の役割が変わりつつあることを示唆している。今日では，教師と管理職がその新しい役割を果たさなければ，合衆国での教育改革の成功は望めないであろう（Darling-Hammond, 1997：154）。

　　教師は，多様な生徒集団のために，よりいっそうやりがいのある課題を用意することが求められている。そのやりがいのある課題とは，問題を組み立て，情報を発見・統合・総合し，新しい解を作り出し，みずから学び，協調的に作業するような課題である。そのためには，教師は今以上に多くの知識や多様なスキルをもたなければならない。現在もっている知識やスキル，大学の教育学部で研究されている知識やスキルとは根本的に異なる，新しい知識やスキルが必要になるのである。

　この章では，まず教師の学習機会について考え，次にこれまでの章と同様に，人の学習を支援するという視点から教師の学習について検討する。
　教師の学習は，研究トピックとしては比較的新しく，まだ十分なデータが蓄積されているわけではない。しかし，厚みのある記述に基づく事例研究がなされはじめており，その中には，みずから教育実践を変革しようとする教師に参考となる，貴重な事例報告が豊富に含まれている。そこで本章では，前章までに述べてきた「生徒の学習」に関して明らかになったことを「教師の学習」にも適用するという前提で，これらの事例について検討する。
　まず，現職教師にも利用できる学習機会について検討する。それにはフォーマルなものもあれば，インフォーマルなものもある。こうした現職教師の学習機会について検討することは，教師に時間のゆとりがないという制約も含め，教師の生涯学習のあり方について現実的な構想を練るのに役立つであろう。前章までに見てきた生徒の学習を促進するための方法という視点から見ると，教師の学習機会は学習を促進させるのに役立っているものもあれば，役立っていないものもある（Koppich and Knapp, 1998）。教師の学習機会について検討したあとに，第6章で述べた効果的な学習環境

という視点に立って，学習者としての教師について検討する。そして最後に，「いかに教えるか」を学ぶ，教員養成プログラムに参加している大学生の学習機会について検討する。

現職教師の学習機会

現職教師は，「いかに教えるか」について，様々な学習機会を通して学び続けている。第1に，教師はみずからの教育実践を通して学習している。教師教育の研究者は，このような学習をモニタリングと調整の活動として説明するかもしれないし，あるいは教授学的推理のモデルに従って分析するかもしれない（Wilson et al., 1987）。いずれにせよ明らかなことは，教師は生徒・学校・カリキュラム・指導方法について，職業実践の一部として現実に経験しながら新しい知識を手に入れ，学習しているということである（Dewey, 1963；Schön, 1983）。教師はまた教師自身による研究，すなわち日誌や随筆，教室の記録を作成したり，話し合いながら探究したりしていく過程のような「アクションリサーチ」を通しても学習している（Cochran-Smith and Lytle, 1993）。

第2に，教師は他の教師との相互交渉を通じて学習している。そのうちのいくつかは，徒弟制（Lave and Wenger, 1991；Little, 1990；Feiman-Nemser and Parker, 1993）に似た，フォーマルなメンタリング（指導）とインフォーマルなメンタリングによるものである。フォーマルなメンタリングとは，経験を積んだ教師が新任教師の面倒を引き受けて見識とアドバイスを提供するもので，時には州のプログラムとして行われている（Feiman-Nemser and Parker, 1993）。一方，インフォーマルなメンタリングとは，廊下や職員室，その他の教育場面でなされるものである。また，新任教師は教科主任や校長やその他の管理職による指導助言を通しても学習している。

フォーマルな現職教育を通じて教師が他の教師を教える機会は，わずかではあるが増えつつある。行政官は自分の学校や学区にある専門知識の有用性を認識しはじめており，教師たちが現職教育の講師として同僚と専門知識を分かち合うことを奨励している。マサチューセッツ州を初めとするいくつかの州では，こうした現職教育プログラムに参加することも教職研修の一形態として認め，生徒に教えるのと同様に教師が同僚に教えるために時間を使うことも「専門職開発ポイント（単位）」として認定している。

さらに，こうした相互学習の場は学校外にもある。教職研修協会や教職員組合が企画する大会には多くのワークショップや研究発表会があり，そこでは教師が自分の知識や経験を他の教師たちと分かち合っている。他にも，アメリカ物理学教師の会やウッドロー・ウィルソン協議会のような例があり，そこでは教師たちの手で他の教師のために，教科内容だけでなく教授方法や教材に関するワークショップが開催されてい

る（Van Hise, 1986）。

　第3に，教師は自分の学校の指導者，学位取得プログラムの指導者，あるいは特別な教職研修プログラムのコンサルタントなどから学習することもできる。例えば，1960年代には「行動目標」を使うように指導され，1970年代には「マデリン・ハンター（Madeline Hunter）の授業構造」を教えられ，最近では「構成主義」「新しい評価法」「協同学習」などのトピックを教えられるというように，多様な学習機会が提供されてきた。そうした教職研修プログラムは国立科学財団や合衆国教育省などの連邦政府の機関によって運営されており，教科内容別に養成研修が組織され，カリキュラム改革や教育改革と結びつけられている傾向がある。

　第4に，多くの教師が大学院で学習している。修士の学位，あるいは資格を維持するために教師が継続的に教育を受けることを求める州もあり，多くの学区では教師の学歴が給与に反映している（Renyi, 1996）。また，多くの教師は，大学院では自分が専門としている教科内容に関するコースよりも，教育学のコースを選択している。それは，教師が受講しやすい夏休みや夜間に教科内容に関するコースが開講されていないためである。

　最後に，教師はフォーマルな職業上の仕事とは別の分野でも指導法について学習している。教師は，知的発達や道徳性の発達について，親というみずからの役割からも学習することができる。また，自分の住む地域で，コーチング（Lucido, 1988）やその他の青少年とかかわる活動を通じて，学校のようにフォーマルな形式ではない指導法について学習する機会を得ている。

　教師が指導法と学習について学び続ける方法はあまりに多様なので，教師の学習経験の質について概括したり評価したりするのは難しい。しかし，財政条件を考えると，教師が利用できる学習機会がかなり限られているのは明らかである。全体として，現職教師の職能を開発するための公的投資は，最小限しか行われていない。ほとんどの学区では，給与まで考慮に入れたとしても，教職研修の機会拡充のために費やされる予算額は，総予算額の1％から3％の範囲にすぎない。これほどの予算額の乏しさは，一流の企業や諸外国の学校では考えられないことではないだろうか（Kearns, 1988）。

学習機会の質

　たとえ教師の学習機会が制度化され財政的援助が提供されている場合でも，学習機会の質は様々である。そこで，この節では，第6章で検討した学習環境についての4つの視点，すなわちどのくらい「学習者中心」で，「知識中心」で，「評価中心」で，「共同体中心」なのかという視点から教師の学習経験の質を分析する（第6章の図6.1を参照）。

学習者中心の環境

　第6章でみたように，学習者中心の環境は，学習者の力量と興味やニーズに基づいて構成されなければならない。ところが，現在なされている教師の学習機会拡充の試みの多くは，この点においてけっして十分ではない。そうした試みは，たいていの場合，必修の講義とワークショップであり，必ずしも教師のニーズに応えるものではない。そのことは，合衆国の教師のうち3分の2が，勤務校が提供する専門職開発の機会に何をどのように学ぶかについて発言権をもっていないと述べていることからも明らかである（U.S. Department of Education, 1994）。

　次に紹介するエレンとモリーという都市部の進歩主義的な高校の2人の教師の事例が，学習者中心の教授の重要性を示唆している。エレンは25年の教職経験をもつ国語教師で，作文指導のベテランであり，すべての生徒たちに文学への扉を開き，生徒たちに高い水準を要求し，しかもその水準を着実に達成させている。同時に彼女は，新任教師たちにとって頼りがいのあるメンター（指導者）でもある。彼女は，教師として成長し続けるために，同僚の教員たちと話し合いをしながらカリキュラムを開発していきたいと願っている。このように彼女は，同僚の教師たちと強い友情の絆で結ばれ，興味と意欲をもって教壇に立っている。だからエレンは，同僚の教師たちと重要なことを本音で話し合う機会が欲しいと思っている。生徒たちと交流する一方で，その質を高めるために，彼女には同僚たちとの大人の交流が必要なのである。

　エレンとは対照的に，モリーは教師2年目の理科教師で，職業上の一番の関心事は学級経営である。モリーは，まず学級経営についての基本的な知識技能を身につけねばならない。したがって，新しいカリキュラムや教授法，評価法などを実行できるようになるのは，次の段階の話である。彼女にとって今最も重要なことは，カリキュラムや評価にかかわる仕事と，教室のルール作りや生徒の責任感を育てる仕事との折り合いをつけていくことなのである。このように，エレンとモリーが教師として成長するために必要としているニーズは明らかに異なっている。

　もちろん，エレンやモリーを含め，すべての教師の異なるニーズに応えるのは非常に難しい。例えば「物理学の心」プロジェクト（Leonard et al., 1999 a-f）では，個々の教師の多様なニーズに合わせて教職研修プログラムを開発するための有効な教育資源が不足していることが明らかになった（Feldman and Kropf, 1997）。なぜなら，このプロジェクトに参加した37名の教師は，異なる地域（都市，郊外，地方）の異なる校種（高校とコミュニティカレッジ）で教えており，また学部時代の専攻や大学卒業後に受けた教育の量も異なっており，しかも新任の教師から教職歴30年のベテランまでの幅があるからである。

　その一方では，段階に応じて参加のしかたを変えられるような教職研修プログラムもある。「生物学教師のためのウィスコンシン教職研修プログラム」（WTEPB）も，

その一例である。このプログラムでは，プログラム受講者の熟達度に応じて，受講者の役割が変わってくる。例えばマディソン郡の小学校教師であるベティ・オバランドは，最初は理科を教えるのを避けていたにもかかわらず，最後には小学校理科の改革を唱える熱心な伝導者へと変身した（Renyi, 1996：51）。彼女は最初，2週間のワークショップに参加した。このワークショップに参加したのがきっかけになって，彼女はウィスコンシン大学の生物学科のスタッフとつながりができ，大学の研究室の設備を借りたり，大学の教授を自分の教室に招いたりするようになった。そして翌年の夏には，彼女はWTEPBが教師たちに提供しているワークショップの1つで司会役を務めたり，他のワークショップにも引き続き参加して，そこでも司会役を務めたりするようになった。気がつくと彼女は，新しい理科教育プログラムの主唱者として，種々の会議でパネラーを務めるまでになっていた（Renyi, 1996）。

また，多様なニーズを扱うために，教師が特定のトピックやプロジェクトに関する団体を組織する方法もある（例えば，Cognition and Technology Group at Vanderbilt, in press）。新しい情報テクノロジーの開発に伴って，教師はコミュニケーションの機会を増やすことができるようになり，教師と興味やニーズを共有する他の人々をつなぐオンライン学習の可能性も開けてきている（第9章を参照）。

知識中心の環境

第6章で述べたように，効果的な学習環境のためには，「学習者中心」であると同時に「知識中心」でなければならない。教師の学習機会は授業を想定した教授学的な内容知識を中心としているのが理想的であるが（Shulman, 1986；また第2章と第7章を参照），この理想はかなえられていないことが多い。例えば，教師が教師に教える「知識」やコンサルタントによって提供される「知識」は，確固たる学習研究の成果に基づいていないことが多い（Barone et al., 1996）。加えて，教師のためのワークショップでは，多くの場合，各教科の内容と教授法を統合しようとするのではなく，教科内容に基づかない一般的な教授法（例えば協同学習）に焦点があてられている。

しかし，次のO教諭の事例が示しているように，教師にとってたいせつなことは，単に一般的な教授方略を習得することではなく，自分の専門分野に関する知識の再検討をすることである。O教諭は，『自分でやる数学』（Baratta-Lorton, 1976）というカリキュラムを用いた夏のワークショップに参加した。彼女は，そのワークショップで新しい教授技術を学習し，そのことによって自分の小学校での教育実践がすっかり変わり，カルフォルニア最新の数学の枠組みに基づくものになっていると感じた。けれども彼女は，自分の数学の知識について再考するのをぴたりとやめてしまい，それ以上数学の学習が必要だとは思わなくなった。

O教諭が継続的な学習に興味をもたなくなった理由は，彼女が参加したワークショ

ップの性格と関連があるように思われる（Cohen, 1990）。もし，O教諭がより深いレベルで新しい改革を受け入れようとしていたならば，彼女は古い数学の知識を捨て，数学教授法の新しいコンセプトを学習し，数学そのものについての本質的な理解にいたったはずである。しかし，O教諭が出席したワークショップは彼女に単に教授技術を提供しただけであり，この改革の立案者が想定していたはずの，数学についての本質的な理解や数学の学習と教授法についての理解を深めることにはつながらなかったのである。

「物理学の心」プロジェクト（Leonard et al., 1999 a-f）においても，教師が自分の専門分野の知識を再考することの難しさが示されている。そのプログラムでは，教師たちは綿密に計画された夏のワークショップを受講し，その後3年間にわたってフォローアップされ，カリキュラム開発者と郵便・電子メール・電話でコンタクトをとることもできる。ところが，このプロジェクトに参加した教師のほとんどは，例えば構成主義のような概念についての理解を変えたり，協同学習のような新しい教授法を学習しても，生徒に関する基本的な信念や高校物理の目的についての基本的な信念を変えることはなかった。例えば，その新しいカリキュラムは重要で本質的な概念に基づいて教科内容を組織し，物理の概念理解を深めることに焦点があてられているにもかかわらず，教師たちは自分が担任する生徒たちは他の物理のコースを選択しないだろうと考え，生徒たちに物理学全体の概観的知識を教えるのが授業の目的だという信念を変えることはなかった（Feldman and Kropf, 1997）。

教師のための教職研修プログラムの中には，教科内容に焦点をあて，教師自身に学習させるものもある。つまり，教師自身が学習者として教科を学ぶ経験を通して，「教科をいかに教えるか」について学習するのである。そのようなプログラムの例としては，「夏期数学ゼミ」（Schifter and Fosnot, 1993）や「湾岸地区作文プロジェクト」（Bay Area Writing Project, 1979；Freedman, 1985 a, b）や「数学・理科教師のためのシカゴ・アカデミー」（Stake and Migotsky, 1995）などがある。例えば「夏期数学ゼミ」では，教師たちはいっしょになって数学の問題を解いたり，実際に数学のテキストの執筆に参加したりする。また，教師たちは自分たちの生徒の数学学習についてのケースレポートを書くことによって，数学に関する自分の知識の問題点（またはその欠如）を自覚し，数学をよりいっそう学習したいと思うようになるのである（Schifter and Fosnot, 1993）。

また，初等理科教育のプロジェクト（SEED）では，パサデナ地区の小学校教師たちが，ふだん学校で使っている実験キットを用い，教師自身が実験をすることによって理科の教科内容の知識と教授法を学習している。さらに，このプロジェクトでは，経験を積んだメンター（p.200参照）と科学者も実験に加わり，教師が教科内容の知識を学ぶのを支援している（Marsha and Sevilla, 1991）。

教師にとって，自分の教科内容理解について再考し，それを深めるための学習を継続するのは難しい。なぜなら，そうした学習は，しばしば教師の自尊心を傷つける危険性を伴うからである。このため多くの教師は，自分自身が学習者であることを認めたがらない。とくに数学や理科のような分野では，小学校の教師は自分の知識に自信がもてないことが多く，同僚や管理職の批判を恐れ，自分が知らなかったりわかっていないことを認めたがらない傾向がある（Heaton, 1992；Ball and Rundquist, 1993；Peterson and Barnes, 1996；Lampert, 1998 などを参照）。加えて，多くの教師は効力感を感じること（自分が生徒たちの学習に影響を与えることができると思うこと）に慣れており，生徒をコントロールすることにも慣れている。このため，授業で生徒が質問をする時，教師は自分が答えられない問題に出会うことに対して恐怖感をもちやすい。したがって今後は，教師も安心して学習者になれるように支援する必要があり，そのためには教師が教科内容の専門家とコンタクトをとれるようにすることがきわめて重要である。幸いなことに，最近では新しいテクノロジーが開発され（第9章を参照），教師も生徒も，その道の専門家と容易にコンタクトがとれるようになってきている。

評価中心の環境

　評価中心の環境とは，他者からのフィードバックを受け取ることによって学習者が自分の理解を吟味できるような環境をさす。この評価中心の環境が教師の学習にとって重要であるのは，次のような理由による。1つには，BOX 8.1に示されているように，ある考えがうまくいくかどうかは，実際に試してみるまで教師にもわからないからである。フィードバックによって自分の試みの成否がわかるだけでなく，自分の考えを明瞭にしたり，まちがった理解を正すための機会を得ることもできる。また，新しい考えを教室で実践するような場合には，同僚からのフィードバックがとくに重要となる。なぜなら，フィードバックがなければ，まちがった考えを正すことは難しいからである。

　ある研究グループの報告では，教室での実践に基づくフィードバックの重要性が強調されている（Cognition and Technology Group at Vanderbilt, 1997）。この研究グループは，他大学の研究者たちが開発した指導法のアイデアを実践してみた。その研究グループの研究者たちは，そのアイデアを熟知しており，関連する理論やデータもよく理解していた。しかしながら，自分の地域の学校で教師がそのアイディアを実施するのを援助する際には，もっと詳しい手引きが必要であることがわかった。彼らは他大学の研究者が開発したプログラムについて多くのことを知っていたが，その実行のしかたを知らなかった（第2章の「文脈に条件づけられた知識」を参照）。より詳しい情報とフィードバックを得る機会がなければ，彼らはプログラムをどのように実

BOX 8.1 「特別」な子どもたち

　マジー・ジェンキンスは，まだ問題の解き方を習っていない1年生の子どもたちが足し算と引き算の文章題を解けることを示した研究結果に対して，初めは半信半疑であった。だから彼女は，5歳の子どもたちが次のような「難しい」文章題を，数えあげとモデリングによって解いているのをビデオテープで見せられた時，「彼らは特別な子どもたちなのだ」と言った。

　ハロウィーンのバッグの中に5つのキャンディーバーがあります。その時，となりのうちのおばさんが，さらにいくつかのキャンディーバーをあなたにくれました。いま，キャンディーバーは8つあります。おとなりのおばさんがくれたキャンディーバーはいくつだったのでしょうか。

　マジーは，この問題を自分が担任をしている新1年生にやらせてみた。そして彼女は，「うちの子どもたちも特別だったわ！」と，興奮しながらその結果を報告した。マジーは，この問題を「引き算」の問題だと考えていた。なぜなら彼女は，これは引き算で解く問題だと習っていたからである。しかし，彼女が見たのはまったく別の解き方であった。彼女のクラスの新1年生たちは，5個の（キャンディーバーを表わすための）キューブの数を自発的に数え，その後，それが8個になるまで足していき，いくつ足したかを数えることによって問題を解いた。そうして子どもたちは，「3つ」と誇らしげに答えたのである (Carpenter et al., 1989)。

施すればよいのかがわからなかったのである。
　数か月後，彼らはプログラム実施結果に満足しはじめた。新しいプログラムを開発した他大学の研究者たちが，プログラムを実施している研究者たちの地区の学校を訪れ，フィードバックを提供してくれた。そのフィードバックのおかげで，実施の際に生じたまちがいの多くは新しいプログラムについての理解不足が原因であることがわかった。この経験は，このプロジェクトの参加者全員にとって貴重な教訓となった。プログラムを開発した他大学の研究者たちは，自分たちのアイデアや手続きに関して自分たちが十分に明確になっていなかったことに気づいた。一方，プログラムを実行した研究者たちは，新しいプログラムを実行することの難しさを経験したことによって，何がわるいのかについてのフィードバックがなければ，まちがいの原因がわからないことを知ったのである。
　また，教師が自分の実践について反省的に思考し，改善することを助けるようにデザインされた資格認定プログラムも開発されている。反省的思考によって，教師はそ

れまで自分の授業では気がつかなかった側面に注目するようになる。加えて，教師は資格認定に備えるために，自分の授業や考えについて同僚のフィードバックを求めることが多くなる。ノースカロライナの7年生の教師であるビリー・ヒックリンは，合衆国評議会の資格認定プログラムに最初に参加した教師の1人である（Bunday and Kelly, 1996）。彼女は，資格認定のために必要とされる，体系だった反省的思考が，自分の授業実践や同僚とのつきあい方に大きな変化をもたらすことになったと述べている（Renyi, 1996）。

共同体中心の環境

　共同体中心の環境には，教師どうしの協働と相互学習を奨励する規範が必要である。すなわち，実践の共同体を開発し，協働的な同僚関係を築き，教育研究と実践へ教師を参加させることが，教師の学習機会を広げる重要なアプローチになるのである（Lave and Wenger, 1991）。そのような実践の共同体の例としては，「湾岸地区作文プロジェクト」（the Bay Area Writing Project, 1979），「認知的ガイド教授法プロジェクト」（Carpenter and Fennema, 1992 ; Carpenter et al., 1989, 1996），「ミンストレルとハントの物理・数学教師の会」（Minstrell, 1989），アンネンバーグ研究所の「批判的仲間の会」のプロジェクト，自分の授業のビデオテープを他の教師たちと共に視聴し，授業の長所や短所について話し合うフレデリクソンとホワイト（Frederickson and White, 1994）の「ビデオの会」などをあげることができる。

　これらの共同体では，教師は教授学研究やカリキュラム開発研究に協働して取り組むだけでなく，各自の教育実践の成功や失敗体験を共有することができる。例えば，アンネンバーグ研究所の「批判的仲間の会」のプロジェクトでは，教師は仲間の教師あるいはコーチの指導を受けながら，授業技術や多様な学習評価の方法を学ぶ。このグループの研究主題は，教師が同意するものならば何でもよいが，たいていは「何がよい学習成果なのか」「どうすればそれを知ることができるのか」「学習成果についての共有の規準を開発するにはどうすればよいのか」など，生徒の学習の到達度に関する問題にかかわっている。

　その他，学区に支えられている実践の共同体もある。例えば，フロリダの教授技術のためのデイド・アカデミー（DATA）では，校外研修を認められた「通い」の教師が，9週間のサバティカル（有給休暇）を，近くのマイアミ・ビーチ高校の常勤の教師とともに働きながらすごす。そのことによって，常勤の教師たちは授業の負担が軽くなり，「通い」の教師たちは自分自身のプログラムを立て，研究計画を行い，グループセミナーに参加する機会を得ることができる。このようにDATAでの共同体の実践は，「通い」の教師たちにサバティカルを提供することによって常勤の教師たちの負担を軽減し，さらにマイアミ・ビーチ高校の隣に開設された「ホーム」（すな

わち移動教室）をプログラムに組み込むことによって支えられているのである。
　また，「記述的批評」（Carini, 1979）の実践で具体化されているのは，生徒の学習成果を，単に評定するのではなく，教師たちが協同で省察することである。つまり，ここでの中心的な課題は，生徒の学習成果を深く省察することであって，なぜ生徒の学業成績が伸びないのかについての（心理的，社会的，経済的な）理由づけをすることではないのである。このため，このアプローチでは，生徒のよいところを認めるために，しばしば生徒の芸術作品が省察の対象として取り上げられる。「プロジェクト・ゼロ」の「協同的批評」（Perkins, 1992）の実践も，この「記述的批評」の実践に依拠し，その上に新しい要素，例えば様々な教師向けのコンピュータ・ネットワークなどを加えている。コンピュータ・ネットワークの例としては，「ブレッドロウフ作文プロジェクト」から生まれたブレッドネットや，ラボネット（Ruopp, 1993），マスライン（Cole, 1996）などがある。また，こうした協同的批評を促進するための他の方法としては，教師が集まって生徒のエッセーのできばえを評価・検討したり，生徒のポートフォリオを比較・検討する機会を設けることなどが考えられる（Wiske, 1998）。
　複数の教師が互いに協力しながら学習するという現象の意味づけや理解をしようとする時には，協働での話し合いをすることが最も有益な方法である（Peterson et al., 1989）。例えば，ホルト高校の教師たちは，関数を基礎とする新しいアプローチによって代数を教える際に，2人の教師が同じ教室でペアを組み，意思決定を共有することが非常に重要であったと報告している（Yerushalmy et al., 1990）。この実践では，2人の代数教師は，毎日，次に何をやるかについて話し合い，お互いの同意を得なければならなかった。この協同意思決定の作業のために，テキストに載っている代数の問題について反省的に思考し話し合うだけではなく，教室での生徒たちの議論や生徒たちが書いたものに基づいて，生徒たちが関数をどのように理解しているのかについて話し合う必要があった。そして協同の意思決定に到達するまでには，日々の特定の状況の中で生徒たちの理解の程度をどのように査定すればよいのかといった数学と数学学習の問題について，日々の教育実践の中で格闘する必要があったのである。
　これら教師の協働に関する研究は，次の2点が重要であることを示している。すなわち，テキストや生徒の学習に関するデータについて経験や談話を共有することの重要性と，教師どうしが意思決定の過程を共有することの重要性である。そして，この知見は，例えば「状況に埋め込まれた学習と談話」に関する分析（Greeno et al., 1996），高校教師が仕事の中でどのように情報を使うかに関する実証的研究（Natriello et al., 1994），テキストをめぐる「状況に埋め込まれた談話」としての評価モデル（Case and Moss, 1996）など，学習の共同体に関する他の研究結果とも一致している。

アクションリサーチ

　教師は，実践の共同体に向けて様々なアイデアを提案することによって，学習機会を広げることができる。このアクションリサーチとよばれるアプローチは，教室を基盤としてなされる研究プロジェクトの一種であるが，それと同時に，1年あるいは数年間かけて取り組む教職研修プログラムの一種でもある。アクションリサーチには様々な形態や目的があるが，そのどれもが教師が自分の授業やカリキュラムを改善するのに役立つという点で共通している。また，アクションリサーチを通じて教師が学んだことは，他の教師と共有できるという前提がある（Noffke, 1997）。つまりアクションリサーチは，教師の学習を持続的なものにするとともに，教師が他の教師を教えるための方法にもなるのである（Feldman, 1993）。さらに，アクションリサーチを通して教師たちは互いに啓発し合い，教師としての成長を支え合うことができる。また，教師たちが自分たちの力で指導法に関する知識を増やしていくことができるので，教師という職業の社会的地位を向上させることにも貢献するであろう。このように，アクションリサーチは，教授と学習の研究に能動的にかかわることによって，教師が自分の力で「人はいかに学ぶのか」についての新しい理論を理解することをめざしている。それがアクションリサーチの理想的姿なのである。

　サンフランシスコ湾岸地区の「物理学教師によるアクションリサーチ・グループ」(PTARG)は，「日常実践の改善」とよばれる形態の協働的アクションリサーチを実践している（Feldman, 1996）。この実践では，ふだんのグループミーティングにおいて，教師たちは自分の生徒たちの学習活動の成果について話し合う。ミーティングから次のミーティングのあいだに，彼らはミーティングで出た教授法のアイデアやカリキュラムのアイデアを実際に試してみる。そして彼らは，その試みが成功であったか失敗であったかをミーティングで報告し，協働で批判的に分析し合う。そうすることによって，PTARGの教師たちは，新しい授業を想定した教授学的知識を互いに生成し共有するだけでなく，教科内容に関する知識を深く理解できるようになるのである（Feldman, 1993；また都市部の国語教師の実践例についてはHollingworth, 1994を参照）。

　アクションリサーチはまた，教師たちが協働で研究の目的を設定すれば，教師の熟練度やニーズに応じた形式で実施することも可能である。つまりアクションリサーチは，社会的状況の中で構成されていく一連のプロセスであり，学習や自分の生徒たち，および学習者としての自己に関する教師の信念が，常に共同体の他のメンバーによって吟味され，試され，支えられているのである。このため，アクションリサーチが教師たちによって協働的になされれば，個々の教師の成長だけでなく，学習の共同体の成長にもつながる。実際，最近20年のあいだに，「フィラデルフィアの教師の学習共同体」や「教室のアクションリサーチ・ネットワーク」など，教師の学習共同体の活

動が盛んになってきている（Feldman, 1996；Hollingsworth, 1994；Cochran-Smith and Lytle, 1993）。

　しかしながら誠に残念なことに，時間やその他の資源不足のため，教師がアクションリサーチを継続的に実施するのは難しいのが現状である。合衆国の教師たちは一般に，アクションリサーチのような活動のための時間には給与が支払われない。その分の給与を支払うことは，ほとんどの学区では財政事情が許さないからである。その結果として，教師がアクションリサーチにかかわるのは，自分の時間の一部をさいて学位取得講座に通う場合か，あるいは別に財源をもっている研究プロジェクトに参加する場合のいずれかにならざるを得ない。そして，たいていの場合，その講座を修了したりプロジェクトが終了したときに，教師たちのフォーマルなアクションリサーチも終了する。もちろん，自分の教育実践にアクションリサーチを取り入れていると主張する教師もいるであろう。しかし，そうしたインフォーマルなアクションリサーチの実体がどのようなものであるのかを検討した研究は，ほとんどなされていない。

　アクションリサーチを持続させることの難しさは，教室での実践研究と大学での学術研究の乖離にも原因がある。もし大学の研究者が教師のアクションリサーチを支援しようとするのであれば，大学での研究内容を教育実践の現実に合致させ（Feldman and Atkin, 1995），実践研究とよぶにふさわしい内容の妥当性の高い理論の構築がなされるべきである（Feldman, 1994；Cochran-Smith and Lytle, 1993）。

教員養成の教育

　今後の数十年間，教員養成の教育は非常に重要な役割を果たすであろう（Darling-Hammond, 1887：162）。

> 合衆国は今後10年間にわたって，急速に増える入学者，退職者の増加，初任者の30％近くが数年のうちにやめていくという状況に対応するために，2百万人の教師を雇う必要があるだろう…そして，ますます多様化する学習者集団が今以上の学業成績の基準に到達するために，ありとあらゆる準備がなされなければならない。

　どの国においても新任教師は教員養成のプログラムを受講して教師になるのであるが，そのプログラムは多種多様である。第1に，教員養成プログラムには，それが学部の主専攻なのか，それとも他の専攻に付加された副専攻なのかという違いがある。第2に，教員養成プログラムは，伝統的な学部4年間の課程で完成する場合もあれば，ホームズ・グループ（Holmes Group, 1986）が主張しているように，5年制または修士課程で完成することが期待されている場合もある。第3に，総合大学や単科大学に基礎を置くものもあれば，教育現場に基礎を置くものもある。第4に，主として学術

的な内容を教えるのか，それとも資格や免許取得を主目的にするのかによっても，プログラムは違ったものになる。

このように教員養成のプログラムは種々様々であるが，もちろん共通点もある。第1に，教科内容への準備として，たいていは教養科目や一般教育が将来の小学校教師のためにあてられており，教科内容に焦点化された科目が将来の中学校教師のためにあてられている。第2に，一連の基礎課程として，例えば教育哲学・教育社会学・教育史学・教育心理学などの科目がある。第3に，1つまたはそれ以上の発達心理学，学習心理学，認知心理学のコースがある。第4に，教育方法（「ハウ・ツー」）や，一連の現場経験のコースがある（Goodlad, 1990を参照）。したがって，プログラム間での相違点は，各構成要素の優先順位，指導者が考えているプログラムやコースの目的，およびプログラムに対する学生の態度や信念などである。

ところで，20世紀の教員養成教育を支えてきた哲学的伝統は，次の4種類に分類することができるだろう（Zeichner and Liston, 1990 : 4）。

（1）教師がもつ教科内容に関する知識を重視し，教師の役割は教科内容に関する知識を生徒が理解しやすいように教えることであるとする，アカデミズム重視の伝統。
（2）授業研究を通じて生み出されてきた，授業に関する「知識ベース」に注目し，それを思慮深く適用する教師の実践力を強調する，社会的効用重視の伝統。
（3）生徒の発達差についての深い理解，すなわちある学習活動に対する生徒の心的レディネス（発達の違いによる，学習に対して準備されている能力の違い）を把握し，教師は生徒の発達差に応じた授業を組み立てるべきであるとする，発達主義の伝統。
（4）学校教育を，社会の公平性や正義の擁護に貢献し，人々の生活条件の向上に役立つものにするために，教師は学校や社会の諸条件を的確に分析する力を身につけるべきだとする，社会改革主義者の伝統。

上記の分類は，特定の教員養成プログラムの理論的背景を理解するのに便利ではあるが，すべてのプログラムを，これらの4カテゴリーに分類できるわけではない（Zeichner, 1981）。また，これらの伝統が教員養成プログラムの理論的背景になっているとしても，学生たちはそれに気がつかないことが多い（Zeichner and Liston, 1990）。なぜなら，こうした哲学的あるいはイデオロギー的理念は，たいてい学生が現実に体験することの陰に隠れて見えにくいからである。このため，彼らは養成教育の経験の質に満足することができないことも少なくない（以下を参照）。

教員養成プログラムの構成要素（講義，現場の経験，実習など）は，ばらばらなも

のになりがちである（Goodlad, 1990）。なぜなら，プログラムの進行中，指導者たちは互いに言葉を交わすことがほとんどないからである。このため，たとえプログラムの構成要素が効率的に組織されているときでも，そのプログラムについての哲学的基盤が指導者のあいだで共有されないのである。

　また，成績をつけるという大学の授業の評価法が，受講生の協働作業への取り組みを阻害する。つまり，学生たちは教員養成教育が有意義なものになるためには欠かせない，ともに学び合おうとするチーム作りをしなくなるのである。この点が，医学部の問題ベース学習におけるチームアプローチとは異なっている（例えばBarrows, 1995を参照）。

　さらに，政治的要因も教師教育に悪影響を及ぼしている。すなわち，学校，大学，資格認定委員会，州および連邦の教育省などからやって来る「無理解な規制押しつけ屋」たちが，教員養成プログラムにマイナスの影響を及ぼすのである。彼らはしばしば，教師の意欲をかき立てるような，一貫性のある革新的なプログラムの開発を妨げる。なぜなら，大部分の教師は州立の教員養成大学や大学で教育を受けており，その予算は州議会議員や州知事によって支配されている。さらに，大部分の教師の職場である公立学校は，州議会からの政治的影響だけでなく，学校評議会などを通じて地域の政治力の影響も受けている（Elmore and Sykes, 1992）。したがって，こうした様々なレベルの政治的圧力のために，革新的な教員養成プログラムの開発が規制を受けるのは当然の成行きである。

　「教育とアメリカの未来に関する国家評議会（National Commission on Teaching and American's Future, 1996）」は，現在の教員養成プログラムが抱える問題点を次のように整理している。

（1）不十分な時間：学部の4年間だけでは，将来の小学校教師が教科内容について学ぶのは難しく，将来の中学校教師が学習者と学習の性質について学習することも難しい。
（2）断片化：プログラムの伝統的な科目（基礎理論，発達心理学関連の科目，教育方法論，教育実習など）がばらばらに提供されるので，学生たちはそれらを一貫性のある全体としてまとめるのが困難である。
（3）学習意欲を低下させる指導法：教師は生徒たちに学習する気を起こさせるべきだとされているのにもかかわらず，教員養成プログラムの授業のほとんどは，教師による説明と一問一答式の質疑を交えた講義形式で行われる。このため受講生は学習意欲をかき立てられるような体験をすることがなく，将来教師になった時に，そうした心が沸き立つような体験を生徒に伝えたくても伝えることができない。

（4）表面的カリキュラム：資格要件や学位の要件を満たせばよいとする考えのため，教科内容についても，あるいは学習と指導法に関する内容についても，深みのない薄っぺらなプログラムしか提供されていない。とくに，教科内容に関するコースが不十分である。

　こうした教員養成プログラムの問題点は，教員養成コースの学生たちの様々な不満となって現われている。例えば，基礎教育の課程は教育実践と遊離しているという不満や，基礎教育の課程はあまりに理論的すぎて，現実の教師が現実の教室で現実の生徒と行っていることと関連していないという不満がある。また，教育方法学の授業は時間を浪費するだけで知的な内容がないという不満の声も聞かれる。そこで教育方法学の授業で学習指導法やカリキュラムに関する理論の詳しい検討・考察を行うと，今度は講義があまりに理論的で実践志向ではないとの不満が出てくる。

　教員養成教育が抱えているこれらの問題は，少なくとも次の2つの点で教師の生涯学習の妨げになっている。第1に，将来の教師たちに，「大学でなされている教育研究は学校教育にはほとんど関係がないので，教育研究の知見について学ぶ必要はない」というメッセージが伝わってしまう点である。第2に，教師（とくに初等教育や中等教育の教師）は教科内容の専門家になるべきであるにもかかわらず，そのことの重要性があまり強調されない点である。このため将来の教師たちは，「自分でできることと生徒に教えることは別である」という古い考え方を信じ込んでしまい，学問的にしっかりと編成されたカリキュラムを教えるのに不可欠な知識や理解力を身につけようとしなくなるのである。

　また，たとえどんなに優れた教員養成プログラムを大学で用意したとしても，そこを卒業した新任教師たちは，たちまちたいへんな困難に直面することになる。彼らは，指導教官の指導助言を受けながら行った，ほんのわずかな授業の経験だけを携えて，大学で講義を受けるだけの立場から自分が教える立場へと移行する。つまり，リー・シュルマン（Lee Shulman, 1986）の言葉を借りて言えば，「熟練した学習者」から「新米の教師」への困難な移行が求められるのである。そして，その時に彼らを待ち受けている課題は，大学で自分が学んだことを自分の授業に転移させることである。しかし，たとえどんなに優れた水準の初任者研修がなされたとしても，転移はただちにスムーズになされるものではない（第3章を参照）。大学で学んだ知識やスキルを学校という新しい環境で適用するためには，フィードバックと省察が不可欠である。しかし，新任教師たちを受け入れることになる新しい環境には，スムーズな転移を促す条件が整っていないのである。

　新任教師たちを受け入れることになる多くの学校は，学習科学の新しい潮流に沿うようには組織されていない。いまだに多くの学校では，「できるだけ多くのカリキュ

ラムをカバーすること」や「ばらばらの知識やスキルの寄せ集めをテストすること」が好まれており，新しい情報テクノロジーも表面的な理解に基づいて限られた時間にしか利用されていない。そして，いまだに教師の独演会的な授業のほうが好まれている（National Commission on Teaching and America's Future, 1996）。このため，教育実習生が初めて自分の教室に入るとき，教授法もカリキュラムも教育資源も，教員養成プログラムで学んだものとはまったく異なっていることに驚く。そして彼らは，教育実習を心待ちにし，よりよい教育環境の下で教師になるための準備をしたいと願っているにもかかわらず（Hollins, 1995），実習体験と大学の授業があまりにかけ離れているために，教育学の理論は教室での実践とほとんど関係がないという信念を強めてしまうことになる。

かくして多くの新任教師たちは，最初の授業を行う際に，「一か八かやってみること」を要求されることになる（National Commission on Teaching and America's Future, 1996 : 39）。また，新任教師に，特殊な教育的ニーズをもつ生徒の指導，大量のコマ数の授業（自分の専門分野ではないものも含めて），授業以外の諸々の雑事など，様々な困難な仕事がいきなり任せられることも少なくない。しかも，管理職や先輩の教師の支援を受けることはほとんどなく，責任を1人で背負うことが求められる。このような状況では，新任教師の多くが最初の3年間で辞職してしまうのも，けっして驚くにはあたらないのではないだろうか。

結　論

学校での学習を実り豊かなものにするための鍵は教師が握っている。したがって，学習の新しい理論に基づく優れた授業をするために，教師は多様な学習機会をもつ必要がある。

本章では，「生徒の学習」に関して得られた知見を「教師の学習」にも適用することを前提にして，教師の学習機会について検討してきた。教師の学習は，どちらかといえば新しい研究トピックであり，まだ十分なデータが蓄積されているわけではない。しかし，長期間にわたって教師の学習を調査した豊かな事例研究がなされ始めており，それらの研究事例の中には，「人はいかに学ぶのか」という視点に照らして教師の学習機会について検討するための，貴重なデータが含まれている。

フォーマルな教職研修で用いられているアプローチの多くは，学習科学の研究で明らかにされた「効果的な学習方法」とは正反対のものである。例えば典型的なワークショップは，通常1回限りで，脱文脈化された情報を扱いがちであり，教師のニーズとは共鳴しない場合が多い。これに対し「教師の学習」の研究で明らかになったことは，長い時間をかけて教師の学習共同体をはぐくみ奨励することが，教師の教職研修の活動を最も効果的なものにするということである。そうした教師の学習共同体は，

経験を共有する機会をつくり，生徒の学習について共有されたテキストとデータをめぐる話し合いの場をつくり，意思決定の過程を共有するようなものでなければならない。また，教師の学習共同体は，お互いの教育歴の違いを認め合い，学習へのレディネスの個人差も受け入れることができるものでなければならない。要するに，生徒たちに取り組ませるべき学習と類似した学習に教師自身が取り組むことが，最も効果的な教職研修プログラムなのである。

　成功している教職研修プログラムの例がまったくないわけではないが，その多くは，「学習者中心」「知識中心」「評価中心」「共同体中心」という視点から見ると，けっして十分ではない。また，現行の教員養成プログラムのほとんどが，学習科学の最新の成果を活かしたものになっていない。効果的な教員養成教育プログラムのポイントは，明確に設定された教育目標と，「人はいかに学ぶのか」についての正しい理論に基づく教育理念と，理解の深さを重視して編成された教科内容のカリキュラムの3つなのである。

　このように，現在の教員養成プログラムおよび教職研修プログラムは，様々な問題点を抱えている。このため，ほとんどの教師は，まだ十分な準備ができていない段階で教職に就き，しかも，教職研修のプログラムに参加することを通して教師として成長する機会が閉ざされている。また，大学の授業で教えられたことと現実に教室で起きることがかけ離れているために，教師たちはしだいに教育学（教授学）の研究や理論を拒絶するようになる。これはまた，大学で教わることと先輩の教師たちが授業で実際にやっていることが違っているせいでもある。新任教師たちは，大学の教育学の講義では，例えば「生徒中心」「構成主義的」「深さか広さか」などの新しい教授法を教えられるのに，大学や学校で実際に目にするのは伝統的な授業ばかりである。新任教師は最初に赴任した学校の雰囲気や授業のやり方にとくに影響を受けるものなのである。

　教師の成長を支援するためには，教員養成プログラムから生涯にわたる教職研修プログラムまでの，連続的で一貫性のある教師の学習機会を作り出すことがたいせつである。すなわち，学習科学の研究成果に基づいて教師の学習機会を拡充することが，今後に残された重要な課題である。もちろん，それを成し遂げるのは容易ではないが，けっして不可能ではないはずである。

第9章

情報教育
――学習を支える情報テクノロジー

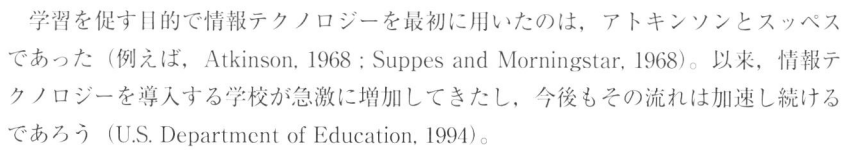

　学習を促す目的で情報テクノロジーを最初に用いたのは，アトキンソンとスッペスであった（例えば，Atkinson, 1968 ; Suppes and Morningstar, 1968）。以来，情報テクノロジーを導入する学校が急激に増加してきたし，今後もその流れは加速し続けるであろう（U.S. Department of Education, 1994）。

　こうした最近の動向に対して，情報テクノロジーを学校に導入すれば生徒の成績が飛躍的に向上するだろうというバラ色の予測をする人たちがいる。しかし，他方では，情報テクノロジーを学校に導入するのは時間とお金の浪費だと考えるシニカルな悲観論者もいる（Education Policy Network, 1997参照）。そのような中で，情報テクノロジーは，それが適切に使用された時にのみ学習成果の向上につながるという研究結果が報告されている（例えば，Cognition and Technology Group at Vanderbilt, 1996 ; President's Committee of Advisors on Science and Technology, 1997 ; Dede, 1998）。

　学習科学に関するこれまでの研究成果は，学校に情報テクノロジーを導入する際の重要なガイドラインを提供している。すなわち，このガイドラインに従えば，生徒や教師は21世紀に必要とされる能力を身につけることができるはずである。しかし，情報テクノロジーだけが学習環境の新たな可能性を切り拓くのではない。教科書や黒板，ラジオやテレビなどの従来の「古い」コミュニケーションメディアも，今なお有用である。そして，こうした「古い」テクノロジーの可能性をさらに広げるのが新しい情報テクノロジーなのである。ただし，情報テクノロジーは，必ずしも効果的な学びをもたらすとは限らない。適切に使用されるのでなければ，かえって学習の妨げにもなる場合もあるだろう。例えば，マルチメディアでレポートを作成する際に，フォントや色選びに多くの時間を費やして，肝心のプランニング（草稿作り），ライティング（作文，レポート作成），推敲（自分の考えを見直す）には時間をかけない生徒が出てくることも考えられる。また，インターネットにハマってしまった学生が多くの時間をむだに費やしてしまうようなケースも，しばしば見られることである。それでもなお，情報テクノロジーには，本書でこれまで述べてきた学習の原理にかなった，優れた学習環境を容易に作り出せる可能性が秘められている。

情報テクノロジーの多くは，双方向の情報伝達を可能にしてくれる（Greenfield and Cocking, 1996）。そのため今日では，生徒が主体的な活動を通じてみずから学び，フィードバックを受け取り，絶えず自分自身で理解を深めながら新たな知識を獲得できるような学習環境を創り出すことが可能になった。（Barron et al., 1998；Bereiter and Scardamalia, 1993；Hmelo and Williams, 1998；Kafai, 1995；Schwartz et al., 1999）。また，情報テクノロジーは，熱と温度の区別などのように，抽象的で理解が困難な概念を視覚化することも可能にした（Linn et al., 1996）。さらに，情報テクノロジーを用いれば，学校外の環境と類似した環境を教室内で視覚的に再現することができ，そのことによって生徒の理解が促され，学校で学んだことが学校外の状況へ転移する可能性も高まった（第3章参照）。情報テクノロジーはまた，膨大な量の多種多様な情報資源へのアクセスを可能にした。それらの情報の中には，例えば，電子図書館，種々のデータベース，情報やフィードバックあるいはインスピレーションを与えてくれる他者などが含まれる。このように，情報テクノロジーは，生徒の学びだけでなく，教師や管理職の学びをも促進し，家庭も含めた地域社会と学校との連携を強めるうえでも欠かすことのできない重要な役割を担っているのである。

　そこで本章では，情報テクノロジーを学校でどのように活用することができるのかについて，以下の5点から検討することにする。

（1）日常世界でのリアルな問題に基づいた，生徒の興味を誘う新しいカリキュラムの導入
（2）学習を促す足場作りと学習支援ツールの提供
（3）生徒や教師が自分の学習を省察・修正する際に役立つフィードバックの機会提供
（4）教師や管理職，保護者，現役の科学者などの学識者を含めた，地域とグローバルな学習共同体を作り上げ，連携すること
（5）教師の学習機会を拡大すること

新しいカリキュラム

　日常世界のリアルな問題を教室にもち込むことによって，生徒が興味をもってみずから探究できるような新しいカリキュラムや教授法の開発が可能になる。この点が，情報テクノロジーを学校に導入することの第1の利点である。まず，BOX 9.1を参照していただきたい。この事例に明瞭に示されているように，情報テクノロジーを活用すれば，単に問題を解くだけでなく，生徒たちが自分自身で問題を発見できるような，能動的な学習環境づくりが可能になる。こうした学習への新しいアプローチは，講義やテキストから事実を学び，その後で章末の課題に取り組むのに大半の時間が費

BOX 9.1　日常生活の問題を教室にもち込む

　テネシー中学校の数学の授業では，生徒たちは「ジャスパー・ウッドベリーの冒険」シリーズのビデオを見る。それは例えば，「子どもたちのために安全な遊び場をデザインするという日常生活の中の具体的な問題を，建築技師はどう解決していくのか」といった内容のビデオである。そして，ビデオの最後では，生徒たち自身が遊び場をデザインするという課題に取り組む。

　ナレーター：トレントン・サンド＆ランバー社は，砂場用に32立方フィートの砂と，木と砂利を送ってくれます。クリスティーナとマーカスは，自分たちにそれらの材料がどのくらい必要なのかを，先方の会社に正確に伝える必要があります。また，リーというフェンス会社はフェンスを280フィート提供してくれ，ロドリゲス・ハードウェア社は，つるつるした板（あとで好きな長さに切ることができる）と身体に障害のある子どものためのブランコを調達してくれます。さらに，ロドリゲス社の従業員も作業に参加してくれます。彼らは，フェンスを建ててくれ，遊び場の設備を整える手助けもしてくれます。このようにしてクリスティーナとマーカスは，20年前にグロリアが始めたのと同じ場所で遊び場をデザインする，という設計者としての最初の仕事を始めるのです。

　授業の中で生徒たちは，ブランコや滑り台，砂場をデザインしたり，遊び場のモデルを作ることで，クリスティーナとマーカスの手助けをする。この問題に取り組むあいだに，生徒は算数や幾何，測定その他の教科の様々な問題に直面することになる。それは例えば，「どうすれば正確な縮尺率で描けるのか？」「どうすれば角度を測れるのか？」「どのくらいの砂が必要なのか？」「安全性の要件とは何か？」などの問題である。

　このような授業を受けた生徒たちの学習評価の結果は，きわめて良好であった。幾何学の概念の理解がかなり向上しただけでなく（Cognition and Technology Group at Vanderbilt, 1997），互いに協力して問題に取り組む能力や，自分たちのデザイン案を実際の聞き手（たいていは関係者の大人たち）に説明するコミュニケーションの能力も高くなった。しかも，このような学習活動に取り組んでから1年が経過したあとでも，彼らは学習活動のようすを鮮明に記憶しており，胸を張りながら生き生きとその話をしていたのである（例えば，Barron et al., 1998）。

やされる，従来の伝統的な授業とはまったく異なるものである。

　もちろん，生徒に日常世界の文脈を通して学ばせようという考え方それ自体は，けっして目新しいものではない。実際，授業の中に実地調査や実験実習を組み入れたり，

生徒に協同学習に取り組ませるような試みは，従来の学校においてもかなり以前から実践されてきた。それにもかかわらず，そうした実践が学校教育の中で中心的位置を占めることはあまりなかった。指導上の困難さや教える内容が多岐にわたりすぎることなどが制約となって，学校のカリキュラムの中に組み入れるのが難しかったのである。しかし，情報テクノロジーの進歩によって，そうした制約が解消され，今やビデオ教材やコンピュータ・シミュレーションだけではなく，教室と大学の科学者や数学者などとをコンピュータでつなぎ，双方向のコミュニケーションが可能な学習共同体を作り出すことも可能になった（Barron et al., 1995）。

現在，多様な目的のもとにビデオやコンピュータを使った学習プログラムが利用されている。例えば，バンクストリートカレッジで開発された「ミミ号の冒険」は，ビデオや情報テクノロジーを用いて，生徒に実生活の問題に取り組ませた初期の試みの1つである（例えば，Char and Hawkins, 1987）。このプログラムでは，生徒は航海に旅立ち，鯨やユカタン半島のマヤ文明について学びながら，様々な問題を解いていくのである。また，より最近のものとしては，「ジャスパー・ウッドベリーの問題解決シリーズ」（Cognition and Technology Group at Vanderbilt, 1997）がある。この全12巻のビデオ教材では，生徒とビデオの登場人物との相互作用が可能であり，主人公ジャスパーの冒険物語の中には，生徒が数学の重要な概念を理解したり，それを応用しなければならない様々な課題が組み込まれている（その具体例がBOX 9.2に示されている）。なお，このシリーズに取り組んだ生徒は，数学の問題解決やコミュニケーション能力および数学の学習態度が向上したという報告が多くなされている（Barron et al., 1998 ; Crews et al., 1997 ; Cognition and Technology Group at Vanderbilt, 1992, 1993, 1994, 1997 ; Vye et al., 1998）。

こうした新しい学習プログラムは，けっして数学や理科の分野に限定されるわけではなく，種々の職業に関する生徒の理解を深めるためにも効果的である。例えば，銀行の業務をシミュレーションした学習プログラムなども開発されている。このプログラムでは，生徒は副頭取などの役割を演じることを通して，銀行の様々な業務をこなすのに必要となる知識とスキルを学ぶことができるのである（Classroom Inc., 1996）。

これらの学習プログラムに共通する重要な特徴は，学習者どうしが相互作用しあう学習環境を容易に作り出せることである。この相互作用性によって，生徒は特定の箇所に立ち返って深く探究したり，自分の考えを試してみたり，フィードバックを得たりすることが容易にできる。これに対し，従来のビデオ教材の場合には，こうした相互作用の環境を作り出すのが難しい。このため，個人であるいは協同で探究を深めたり，自分の考えを詳しく吟味したりできる学習環境を作り出すのが困難なのである。

教室に日常生活の問題をもち込んだ他の例としては，生徒たちに現役の科学者との協同研究に取り組ませる実践がある（Cohen, 1997）。それらの実践では，生徒たちは

現役の科学者と協同で，世界規模の問題の理解に役立つデータの収集を行う。また，地理的に離れた学校の生徒どうしがインターネットを通じて交流する実践も増えてきている。例えば，グローバル・ラボの実践では，インターネットを通じて，30か国200校以上の学校の生徒と研究者からなる国際的な学習共同体が形成されており，世界各地域の環境と世界規模の環境に関する新たな知識ベースを，共同体の成員が協同で構築している (Tinker and Berenfeld, 1993, 1994)。このグローバル・ラボの授業では，世界中の生徒が自分たちの地域の環境に関する研究テーマを分担し，共有のツールやカリキュラム，方法論を用いて実地調査を行い，データを収集してそれを共有する。このようにして，自分たちの地域での発見をより広い地球規模の文脈の中に位置づけることができるのである。この授業では，生徒たちは最初の学期にスキル形成のための15の活動に参加し，その後，大気汚染や水質汚染，放射能，生物の多様性，オゾン層の破壊などの発展的な課題研究を開始する。生徒たちは，これらの課題研究にグローバルな視点に立って取り組むことによって，「緑が豊かな地域でもオゾンレベルの低下が生じていること」「教室内の二酸化炭素レベルが終業時には劇的に上昇していること」「ある種の野菜には硝酸がかなり蓄積されていること」などの環境問題が地球規模で生じていることを理解する。そして，自分たちが収集したデータの中に何らかの重要な問題が見つかれば，生徒と教師と科学者の「遠隔協同学習」の共同体は，その問題を明らかにするために，さらなる発展課題に取り組む。すなわち，実験の計画，ピア・レビュー，結果の公表，といった，本格的な科学研究に取り組むことになるのである。

　これと同様のアプローチは，天文学，鳥類学，言語科目などの他の分野でも実践されている (Bonney and Dhondt, 1997 ; Riel, 1992 ; University of California Regents, 1997)。こうした協同学習の体験を通して，生徒たちは，複数の要因や原因が多様に相互作用する複雑なシステムや概念を理解できるようになる。また，教育の究極の目標は，生徒が有能な大人として生涯にわたって学び続けるようにすることだと考えれば，学校時代にネットワークを通じて仲間どうしだけでなく現役で活躍中の専門家ともつながることは，きわめて貴重な体験になるであろう。最近では，科学者が他の分野の専門家とネットワーク上で「協同研究室」を構築し (Lederberg and Uncapher, 1989)，そこで協同作業をするといった，新しい環境が整備されつつある（例えば，Finholt and Sproull, 1990 ; Galegher et al., 1990)。生徒たちが将来，そうした新しい環境にスムーズに適応するためにも，学校時代に学習共同体での協同学習を経験しておくことが必ず役立つはずである。

　また，GLOBEプロジェクト (Global Learning and Observations to Benefit the Environment) には，34か国2,000校以上の幼稚園児から高校3年生までの何千人もの生徒が参加し，自分たちの地域環境に関するデータを収集している (Lawless and

BOX 9.2　問題解決と態度

　米国の9つの州の生徒たちが，1年間に4つの「ジャスパーの冒険」を組み入れた授業に取り組んだ。ちなみに，4つの「ジャスパーの冒険」の解決に要した合計時間は平均3～4週間であった。そして，「ジャスパーの冒険」に取り組んだ生徒と取り組まなかった生徒（対照群）の算数の標準学力テスト得点，複雑な問題での問題解決能力，数学や複雑な課題に取り組む学習態度の比較がなされた。その結果，「ジャスパーの冒険」に取り組んだ生徒は，男子も女子も複雑な問題の成績がよく，数学や複雑な課題に取り組む姿勢がより積極的であった。また，標準学力テストの成績も低下することはなかった。

　さらに，ジャスパーに取り組んだ生徒と取り組まなかった生徒にいくつか質問をした。質問は（a）複雑な問題を解決するのに必要な，鍵となるデータと方法を示しなさい，（b）これらの問題の可能な解決方法の優劣を評価しなさい，（c）数学についての自信や，数学の有用性についての信念，現在の数学への関心，複雑な数学に挑戦する気持ちについて評定しなさい，というものであり，その結果が図9.1，図9.2，および図9.3に示されている。図9.1は，「ジャスパーの冒険」に取り組んだ生徒の学習態度は学年の最初から学年末までにポジティブな方向に変化したのに対し，対照群の学習態度はネガティブな方向に変化したことを示している。また，図9.2と9.3は，「ジャスパーの冒険」のビデオを見た生徒は，プランニングのスキルと問題解決型の課題の理解が向上したことを示している。このように，相互作用が可能なビデオ教材を用いることによって，生徒の問題解決力と理解力が向上することは明らかであった。

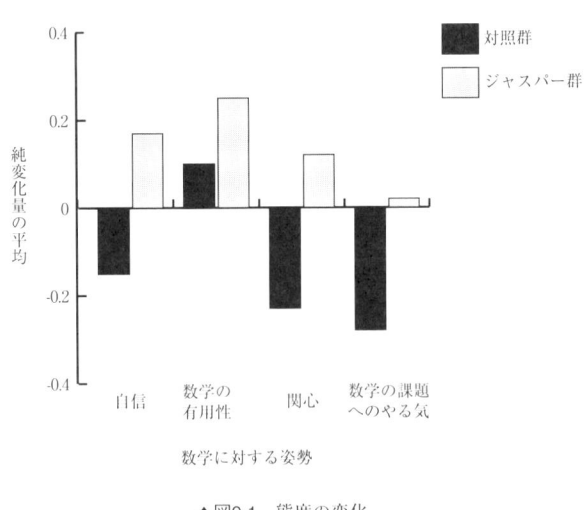

▲図9.1　態度の変化

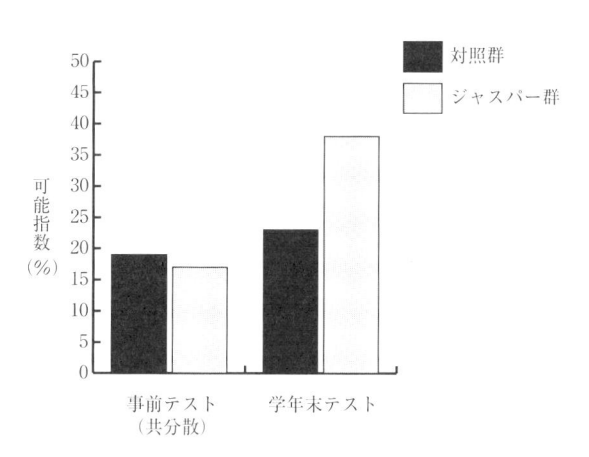

▲図9.2　トップレベルのプランニングへの挑戦

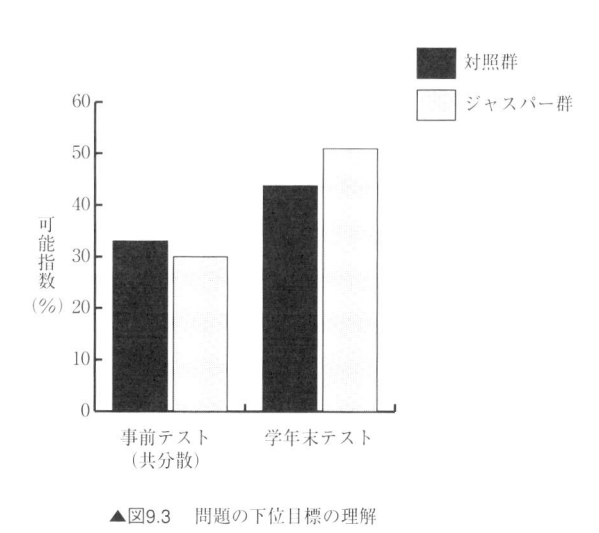

▲図9.3　問題の下位目標の理解

Coppola, 1996)。生徒たちは，主要な研究所の研究者が指定した手順に従って，大気・水の循環・地表を含む地球科学の5つの領域に関するデータを収集する。そして，インターネットを経由してGLOBEのデータ書庫にデータを送る。そこでは科学者も生徒も世界中から集められたデータを分析することができるのである。また，GLOBEのウェブ上にはデータを視覚化するためのツールがあるので，生徒たちは自分たちが収集したデータと別の地域で収集されたデータとを照合することもできる。なお，このGLOBEの授業を受けた生徒は，このプログラムに参加していない生徒に比べると，環境科学の研究手法やデータを解釈する方法について，多くの知識とスキルを獲得できることが明らかにされている（Means et al., 1997）。

さらに，授業の中に新しい情報テクノロジーを組み入れることによって，従来の理科教育を抜本的に改善した実践も行われている。それは，「協同的な視覚化学習」（Learning Through Collaborative Visualization；CoVis)」とよばれるプロジェクトである（Pea, 1993a；Pea et al., 1997）。このプロジェクトでは，ネットワークでつながった40校以上の中学校・高校の生徒たちが，遠隔地の生徒と協同作業をする。すなわち，このプロジェクトに参加している何千人もの生徒たちは，気象学や気候学などの環境科学に関する協同研究に取り組むのである。その際に生徒たちは，ネットワークを通じて大学の研究者や専門家などの「遠隔教師（テレ・メンター）」とコミュニケーションすることができる。また，学習用に特別に開発された理科用の視覚化ソフトウェアを使って，科学者が使用しているものと同じ調査ツールやデータベースを利用することもできる。

このプロジェクトの5週間にわたる学習活動の1つに，「地球温暖化に関する生徒会議」がある。この活動は，1つの単元としてカリキュラムの中に組み込まれており，科学情報を視覚化するためのツールとデータ，およびCoVisのウェブサーバを通じて入手できる評価規準を利用しながら行われる。また，この学習活動では，各州の学校から参加している生徒たちが，地球温暖化の現状を査定し，今後どのような結果が予測されるかについて検討する（Gordin et al., 1996）。最初に学習者は，自然状況下での気温変動や大気中の二酸化炭素濃度の人為的な上昇だとか，調査研究のための表計算ソフトや科学情報を視覚化するためのツールの使用法などを学習する。これらの準備段階を経たあとに，次に続くオープンエンドの協同学習プロジェクトで探求するテーマが決定されていくのである。

プロジェクトのテーマを決定する際には，あらかじめ「地球温暖化が特定の1か国に及ぼす影響」や「特定の1か国が地球温暖化に及ぼす影響」を調査する際の，代表的な疑問やデータが呈示される。そうした調査の全体枠組みの中で，生徒たちは，特定の1か国に関する研究テーマか，あるいは地球規模の研究テーマ（例えば，最近の乱開発や樹木の伐採，あるいは海面上昇によって引き起こされる洪水などによる二酸

化炭素排出の増加）のいずれかを選択する。このようにして生徒たちは，地球規模の温暖化の問題または特定の1か国の問題のどちらかの視点で調査を実施することになる。そして，調査結果はプロジェクトレポートとして，学校内外で共有され，参加者はプロジェクトでの発見と照合しながら，各国の環境政策が地球環境にどのような影響を及ぼしているのかについて検討するのである。

　このように学校の教室の枠を越えて広く研究者や遠隔地の仲間との協同プロジェクトに取り組むことは，どの学年の生徒にとっても，学習意欲を高める効果がある。しかも，単に生徒の学習意欲が高まるだけではなく，気候学者，地学者，天文学者，教師，コンピュータ科学者など多様な専門家との交流を通して，生徒の知的レベルもかなり向上することが明らかにされている（Means et al., 1996 ; O'Neill et al., 1996 ; O'Neill, 1996 ; Wagner, 1996）。

足場作りと学習支援ツール

　情報テクノロジーの多くは，生徒が問題解決をする際の「足場（スキャフォールド）」や「学習支援ツール」としての機能を果たす。このことは，かなり以前からすでに予見されていた。例えば，ルーズベルト大統領の科学顧問であったヴァニヴァー・ブッシュ（Vannevar Bush）は，1945年の『アトランティック・マンスリー』に，コンピュータの未来を予測した次のようなエッセイを書き残している。「それは汎用性の高い記号システムであり，科学，ビジネス，学習などの分野において，事務仕事や研究を支援する機能をもつであろう。このため，人間の精神が解放されて，今よりも創造的な能力を発揮することができるようになるであろう」。

　教室でコンピュータが使われ始めた初期の時代には，利用できるコンピュータの機能はかなり単純であり，例えば電子的「フラッシュカード」など，単純な技能の訓練に利用されるにすぎなかった。ところが，教室外の世界で実現されたコンピュータの機能が教室にも取り入れられたことにより，コンピュータを使った学習支援ツールはしだいに洗練されていった（Atkinson, 1968 ; Suppes and Morningstar, 1968）。そうした学習支援ツールの中には，電卓や表計算ソフト，グラフ作成プログラム，関数プローブ（例えば，Roschelle and Kaput, 1996），解法の推論の作成とチェックのための「数学サポーザー」（例えば，Schwartz, 1994），複雑な現象についてのモデルを作成し，検証するためのモデル化プログラム（Jackson et al., 1996）などがある。また，北極圏での居住用の断熱材のデザインを通じて代数概念の理解を深めていくソフトや（Goldman and Moschkovich, 1995），作文学習を支援するための「リトル・プラネット・リテラシーシリーズ」などのソフトも開発されている（Cognition and Technology Group at Vanderbilt, 1998a, b）。この「リトル・プラネット・リテラシーシリーズ」では，ビデオの中で冒険が展開する。そして，幼稚園から小学1，2年

生が，それぞれの冒険の最後に物語を書くという課題に取り組む。例えば，ウォンゴという名の悪役の悪だくみからリトルプラネットの生き物を救い出すためには本を書く必要があるという設定になっているのである。

　学習を支援するための情報テクノロジーを開発するためには，人間の認知過程に関する知見と，仕事で複雑な課題を支援する情報テクノロジーの活用法に関する知見の両方が必要になる。すなわち，情報テクノロジーを学習者の思考と活動の足場（スキャフォールド）として活用することが重要なのである。このことは，例えて言えば，自転車に補助輪をつけることによって，1人では自転車に乗れない幼い子どもを1人で乗れるようにするようなものである。つまりコンピュータは，自転車の補助輪のように，学習者が1人ではできない学習課題に取り組む際の足場（スキャフォールド）のはたらきをするのである。この種の学習支援ツールの活用は，最初に数学（Pea, 1985）と作文（Pea and Kurland, 1987）の分野で始まった。そして，その10年後には，理科や数学，作文などの教科に関する数多くのプロジェクトにおいて，様々な学習支援ツールが開発された。

　例えば，ベルヴェデーレ・システム（Belvedere System）は，高校生用に開発された，科学に関する公共政策を学ぶための学習支援ツールである。高校生は科学の領域全般について多くの知識をもっているわけではない。このため，込み入った科学的な議論の中で鍵となるポイントに的を絞るのが難しい。また，科学の理論や論争の中で暗黙裡に了解されている抽象的な関係を理解するのも困難である（Suthers et al., 1995）。そうした高校生を支援するために，ベルヴェデーレでは，ボックス（箱）とリンクによって，概念間の多様な関係を視覚的に表現する。この図式的表現が足場となって，生徒は科学的な問題について深く考えることができるようになるのである。また，生徒がボックスとリンクを使って自分が理解したことを表現する際には，オンラインでアドバイザーの助言を得ることができる。このため生徒は，自分が理解している範囲や一貫性，および，その証拠を自分で確認することも可能である（Paolucci et al., 1996）。

　教室の中で学習者の足場作りをするための方法には，様々なものがある。例えば，認知的徒弟制モデルとよばれる方法を提唱している研究者もいる。この認知的徒弟制モデルは，①熟達した実践者である教師が模範を示し，学習者である生徒がそれを観察する「モデリング」の段階，②教師が助言や例を示して手取り足取り教える「コーチング」の段階，③教師が支援しながら学習者に独力でやらせる「スキャフォールディング」の段階，④教師の支援やガイドをしだいに少なくして生徒を最終的に自立させる「フェイディング」の段階，からなる4段階の学習過程の中に足場作りを組み入れる方法である（Collins et al., 1989）。しかし，こうしたソロ・アプローチ（完全に自立した学習者をめざすアプローチ）は，あまり現実的な方法ではないと主張する研

究者もいる。その理由は，大人でも道具や他者の支援などの足場作りを必要とすることが少なくないからである（Pea, 1993b ; Resnick, 1987）。このため，よくデザインされた学習支援ツールと人間とのあいだで真の共生がなされた時には，人間の認知活動は，そうした学習支援ツールを使わない場合とは異なった形で再構造化されるであろうと主張する研究者もいる（Pea, 1985）。このように，「学習支援ツールを足場作りとして用いることの真の目標は何か」「その効果をどのように測定するのか」といった点に関しては，様々な意見があり，必ずしも一致した見解には達していない。しかし，新しい情報テクノロジーを活用すれば，従来よりもはるかに高度で複雑な方法で行動したり学ぶことが可能になるという点に関しては，おおむね意見が一致している。

多くの研究分野においても，情報テクノロジーを使った新しいデータの表現法が開発されている。例えば，金星の地表のようすや物質の分子構造を表現する際などに，三次元の仮想現実のモデルが利用されている。これらのモデルは，いずれもコンピュータ上で作成され，どの角度からでも眺めることができる。この他にも，気温や降雨量などのデータを，色スケールを使って視覚的に表現できる地理学的情報システムなども開発されている。このようなツールを用いることによって，科学者はすばやくデータのパターンを見分けたり，それまでは気づかなかったような法則性を発見したりすることができる（例えば，Brodie et al., 1992 ; Kaufmann and Smarr, 1993）。

このため，こうしたコンピュータ技術に基づく視覚化モデルの出現は，数学や科学の世界における，ルネッサンス以来の最大の進歩であると指摘する人たちもいる（Glass and Mackey, 1988 ; Haken, 1981）。つまり，情報を視覚化するツールや多様なデータ解析ツールが開発されたことによって動的なモデルを利用できるようになったことが，数学および科学の世界の探究様式を根本的に変えてしまうのではないかと考えられているのである。例えば，学生たちは動的モデルを使い，様々な仮説の妥当性を視覚的に検証することができる。そうした動的モデルはあらゆる方向に回転させることが可能なので，多様な視点に立って仮説の評価ができる。こうした技術革新は，おそらく科学研究で検討される現象の種類や議論と証拠の様式に多大な影響を及ぼすであろう（Bachelard, 1984 ; Holland, 1995）。

最近，科学者がパターンを発見したりデータを理解するのに使っている情報を視覚化するツールやデータ解析ツールと同様のものが，生徒用に改良されている。例えば，パソコンに付属するプローブを使って，生徒は加速や光，音などの変数をリアルタイムに画面上に描き出すことができる（Friedler et al., 1990 ; Linn, 1991 ; Nemirovsky et al., 1995 ; Thornton and Sokoloff, 1998）。人間にはこの種の視覚的情報を素早く処理し記憶する能力が備わっているので，こうした情報の視覚化ツールは，科学者の思考過程を円滑にする（Miller, 1986）のと同様に，生徒の学びを支援するツールとしても役立つはずである（Gordin and Pea, 1995）。

また，前述の「協同的な視覚化学習」(CoVis) とよばれるプロジェクトでは，高校までの生徒や教師にも使える，科学情報を視覚化する多様なツールが開発されている (Pea, 1993a ; Pea et al., 1997)。このツールを用いれば，各国のリアルタイムの気象データや (Fishman and D'Amico, 1994 ; University of Illinois, Urbana-Champaign, 1997) 北半球の25年分の気象データを教室で収集・分析したり (Gordin et al., 1994)，地球規模の温室効果について調べることが可能である (Gordin et al., 1996)。さらに，この共有のツールを用いることにより，ネットワークでつながった何千人もの生徒たちが，気象学や気候学など，環境科学に関する研究にデータセットを共有し科学的モデルを開発し協同で取り組むことも可能になるのである。

　1980年代の後半ごろから，多くの認知科学者，教育関係者，情報技術者たちが，自然現象や社会現象について，モデルを構築して操作することができるようになれば，学習者はその現象をより深く理解することができるだろうと予想していた (Roberts and Barclay, 1988)。この予測が，今まさに現実のものになりつつある。例えば，マサチューセッツ工科大学 (MIT) のシステムダイナミクス研究 (Forrester, 1991) で開発されたSTELLAは，大学生や高校生を対象に人口生態学や歴史などの多様な領域を指導するためのモデル作成システムとして幅広く利用されている (Clauset et al., 1987 ; Coon, 1988; Mintz, 1993 ; Steed, 1992 ; Mandinach, 1989 ; Mandinach et al., 1988)。

　また，ジェンスコープ (GenScope) プロジェクトでは，高校生物で遺伝学の主要な6つのトピックを，シミュレーションを使って教えている。すなわち，このジェンスコープを用いれば，階層構造をなすDNA，細胞，染色体，有機体，系統派生図，人口という6つの遺伝学の鍵概念をシミュレーション・モデルによって視覚的に呈示すること (Neumann and Horwitz, 1997)，革新的なハイパーモデルを使って実生活のデータを検索すること，さらには物理的なプロセスを説明するためのモデルを構築することも可能である。なお，このジェンスコープを用いた学習プログラムには，ボストン郊外の高校生たちが参加した。その結果，この複雑な内容の学習に夢中になるだけではなく遺伝学の高度で複雑な概念についての理解もめざましく促進することが明らかになった。

　さらに，コンピュータが作り出すミクロの世界の中で，生徒にニュートン力学について学ばせた実践例もある (Hestenes, 1992 ; White, 1993)。このミクロの世界では，環境との相互作用が可能であり，生徒は実際に手と頭をはたらかせる体験を通して，ニュートン力学についてより深く学ぶことができる。なお，BOX 9.3には，この学習支援ツールを用いて学習した6年生は，12年生よりも物理学の加速や速度の概念について深く理解できるようになることが示されている (White, 1993)。この他にも，中学生が地域の小川の水質や藻類のレベルについて探究するのを支援するための，質

BOX 9.3　シンカーツール（ThinkerTools）を使った物理学教育

　シンカーツールを使った探究カリキュラムは画期的なものであった。このツールを用いれば，様々な条件下での物理学実験をコンピュータ上で行い，その実験結果と実物を使った実験結果とを比較することができる。また，このカリキュラムではメタ認知的アプローチが強調されている（第2,3,4章を参照のこと）。すなわち，学習者は自分が探究過程のどの段階にいるのかがわかるだけでなく，学習者自身および他者の探究過程について省察することができるのである。
　このシンカーツールの評価実験には，都市部の典型的な公立中学校の7,8,9年生が参加した。その結果，このソフトウェアを用いれば，幅広い範囲の生徒にとって，物理の難しい課題がわかりやすく，かつ面白いものになることが明らかになった。また，生徒たちは単に物理学を学ぶだけでなく，探究の過程についても学ぶことができた。
　また，この評価実験に実際に参加した生徒は，学年が低く（7～9年生），事前テストの成績も低かったにもかかわらず，高校で物理を学んでいる生徒（11～12年生）よりも，「ニュートン力学の基本原理を現実の状況に適用せよ」という論述問題で優れた成績をおさめた。したがって，この探究への志向性を支援し，モデルを使った構成主義的アプローチに基づく指導法は，従来のアプローチによる指導法よりも，多くの生徒にとって科学が面白く身近なものとなりかつ効果的であるといえるだろう（White and Fredericksen, 1998 : 90-91）。

的なシステムモデルなども開発されている。生徒たちは，自分で収集したデータをこのシステムモデルの中に入れて結果を観察し，鍵となる変数間の関係をより深く理解することができるのである（Jackson et al., 1996）。
　以上のように，学習支援ツールが教科のカリキュラムの中にうまく統合されている場合には（例えば，White and Frederiksen, 1998），学習成果の向上につながることは明らかである。しかし，単にこれらのツールが教室にあるというだけでは，学習成果の向上は望めない。つまり，情報テクノロジーは，それが教育という営みの中に整合的に組み入れられた時に，初めて有効性を発揮するのである。

省察と自己修正のためのフィードバックの提供

　情報テクノロジーは，生徒にフィードバックを与えるという教師の作業を容易にするだけでなく，生徒が自分の思考過程を見直すことも容易にする。例えば前述の「ジ

ャスパーの冒険」を用いた実践の中で，教師は初め生徒が考えた遊び場のデザインに対しフィードバックを与える時間をなかなか捻出できなかった。しかし，コンピュータの導入によって，教師がフィードバックを与えるのに要する時間が半減した（Cognition and Technology Group at Vanderbilt, 1997の例を参照）。なぜなら，生徒がジャスパーの冒険の中で問題の解決法を生成すると，その解決法の有効性をシミュレーションでただちに確認することができるからである。つまり，「ジャスパーの冒険」の相互作用性がそれを可能にしたのである。そして，このシミュレーションによるフィードバックは，生徒がその後に生成する解決法の質をめざましく向上させた（Crews et al., 1997）。また，前述したように，現役の科学者と対話することも，フィードバックや自己修正のための貴重な機会となる（White and Fredericksen, 1994）。例えば，SMART（Special Multimedia Arenas for Refining Thinking）では，フィードバックと自己修正のために，複数の情報テクノロジーが利用されており，このSMARTの有効性は，「ジャスパーの冒険」を含む，様々な条件の下で検証されている。さらに，カリキュラムの中に形成的評価を加えた場合には，生徒の理解度をさらに高いレベルにまで向上させることができる（例えば，Barron et al., 1998 ; Cognition and Technology Group at Vanderbilt, 1994, 1997 ; Vye et al., 1998）。なお，形成的評価のために情報テクノロジーを利用した別の例がBOX 9.4に示されている。

　多人数の講義形式の授業の場合には，クラストークなどの情報テクノロジーを用いることによって能動的な学びを促すことができる。また，こうした教室内コミュニケーションのための学習支援ツールを適切に利用すれば，生徒の問題解決時の推理プロセスを浮き彫りにすることも可能になる（第7章参照）。例えば教師が問題をスクリーンに呈示し，生徒がクラストークのような小型の入力装置に答えを入力すると，クラス全員の回答がただちに集計され，ヒストグラム（どの解決法をどのくらいの生徒が選んでいるかを示す棒グラフ）として表示される。このように，クラストークのようなルールを利用すれば，「生徒が教科内容をどのくらい理解しているのか」「理解した内容を別の新しい文脈で適用することはできるのか」といった点について，ただちにフィードバックを得ることができるのである（Mestre et al., 1997）。

　ただし，他の情報テクノロジーと同様に，クラストークを導入すれば必ず効果的な学習がなされるとは限らない。生徒の答えをヒストグラムとして呈示することの目的は，多人数の講義形式の授業において，双方向コミュニケーションを促すことにある。つまり，クラストークの本来の役割は，授業の中での討論において，生徒たちが自分の答えの根拠や答えを導き出すまでの手続きを説明したり，他者の説明を批判的に聞いて論駁したりするのを促すことなのである。ところが実際には，この目的のために使わず単に出席を取るための道具として，あるいは小テストの成績管理のための道具としてしか用いない教師がいるかもしれない。これでは，いくらクラストークを導入

BOX 9.4　物理の素朴理論の診断

　コンピュータを使ったDIAGNOSERプログラムは，高校物理における生徒の学力の向上に役立てられてきた（Hunt and Minstrell, 1994）。このプログラムは様々な物理現象についての生徒の素朴理論を査定するためのものであり，そうした素朴理論は，多くの場合，科学理論とは矛盾することが多い（第2, 3, 6, 7章を参照のこと）。したがって，生徒が誤った素朴理論をもっている場合には，生徒が物理学者の視点に立って物理現象を正しく再解釈できるよう支援する必要がある。その際に教師は，この診断情報を指導に役立てることができるのである。なお，物理学の重要な概念に関する実験群と対照群の理解度を比較すると，図9.4のように，DIAGNOSERを用いた実験群の生徒のほうがかなり優れている。

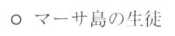

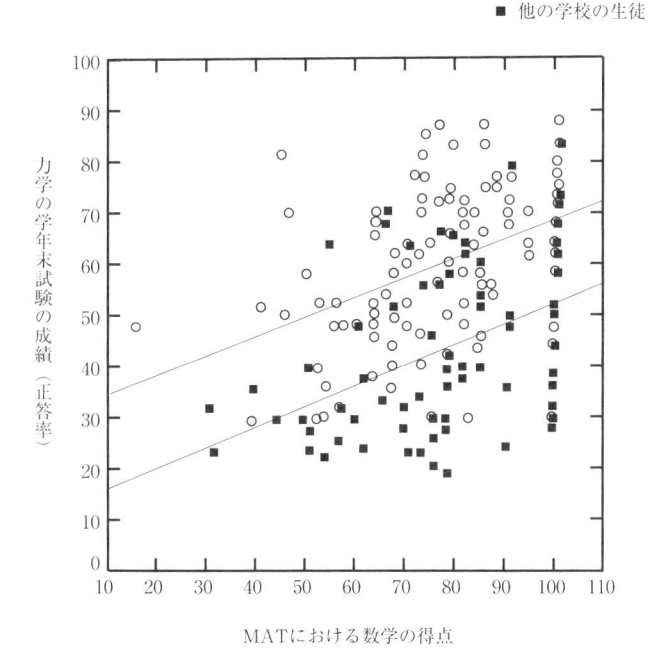

▲図9.4　マーサ島の生徒および対照群の生徒の力学の学年末試験の成績およびMATにおける数学の得点（出典：Hunt and Minstrell, 1994）

しても，双方向のコミュニケーションが促進されることはない。また，生徒も自分の推論過程を視覚化することもできない。したがって教師は，そのようなことにならないように，情報テクノロジーの本来の目的の役割を十分に認識し，正しく活用することが重要である。

　仲間からのフィードバックもまた，学習を支えるための重要な資源となる。コンピュータネットワークによって生徒たちの協同学習への取り組みを支援する優れた実践例が，この10年間に数多く蓄積されてきた。例えば，「コンピュータ支援による意図的な学習環境（Computer-Supported Intentional Learning Environments；CSILE）」は，生徒たちが視覚的表現が可能な共有のデータベースを用いた協同学習に取り組むのを支援する（Scardamalia et al., 1989；Scardamalia and Bereiter, 1991, 1993；Scardamalia et al., 1994）。このネットワーク化されたマルチメディア環境の中で，生徒たちは自分たちが学んでいるトピックに関する情報やアイデアを整理した「ノート」を作る。このノートには，出てきた疑問や新しく学んだことが分類・整理されている。他の生徒がそれを見て，コメントを加えるのである（その具体的なようすがBOX 9.5に示されている）。生徒たちは，教師の支援を受けながらも，このような方法を用いて対話を行い，種々の情報源から得た情報を整理し，新しい知識を生み出していく。また，CSILEには推論や仮説検証，および理論構築を支援するためのガイドラインも含まれている。このCSILEの評価実験は，これまでに小学校，中学校，高校，さらには大学院の教室において，また，理科や歴史，社会など様々な教科においてなされている。その結果，CSILEの授業を受けた生徒の成績は，それ以外の授業を受けた生徒の成績と比較すると，標準学力テストにおいてもポートフォリオ評価においても優れていることが明らかにされている（例えば，Scardamalia and Bereiter, 1993を参照）。また，CSILEは，あらゆる成績レベルの生徒にとっても効果的であるが，とりわけ成績が中程度以下の生徒にとっては非常に効果的であることも明らかにされている（Bryson and Scardamalia, 1991）。

　インターネットも学習支援ツールとして頻繁に利用されているが，最近では学習者どうしが相互にフィードバックを与え合う場としての利用が増加している。前述したGLOBEプロジェクトでは，生徒たちはプロジェクトのウェブサイトにあるお互いのデータを調べることができる。その結果，自分が正しいと信じていたことが実はまちがいであるかもしれないことに気づく場合もある。そのような時，生徒はコンピュータのメッセージシステムを使って，疑わしいデータを公表している学校に対して，どの地域のどういう環境で測定されたデータなのかを質問することができるのである。また，これとは異なるインターネットの利用法がBOX 9.6に示されている。

　ネットワーク化された情報テクノロジーの最大の利点は，思考過程を視覚化できることである。これは認知的徒弟制モデル（Collins, 1990）の重要な特徴であるが，情

BOX 9.5　スラミナン数システム

　情報テクノロジーに支えられた対話は，生徒たちの思考過程を洗練させるうえで効果的である。そのことは，ある都市部の小学校の授業のように如実に示されている。この授業では，生徒たちは小グループに分かれて，熱帯雨林の住民の仮想の文化について，様々なデザインをする（Means et al., 1995）。

　その仮想文化における数システムの開発に取り組んでいたグループは，次のようなコメントを受け取った。

　　これはスラミナン数システムです。これも10進法に基づく数システムです。これにはあるパターンがあります。5までは線の数が増え，それから10までは上下逆になるのです。

　同じ教室の他のグループは，このCSILEのノートを見直して，かなりの分析的なスキル（と同じくらい十分な社会的スキル）を発揮して，その数システムは拡張する必要があると指摘した。

　　その数システムはよいと思うけれども，0という数はどんな形になるのかを知りたいので，今ある10だけでなく，もっとたくさんの数について考えてください。

　なお，この教室の多くの生徒は，家庭での使用言語は英語ではない。したがって，CSILEは，生徒たちが英語で自分の考えを表現し，仲間からのフィードバックも英語で受け取る機会を提供しているのである。

報テクノロジーの進歩によって，より広範な教育プログラムにおいてもそれが実現されている（例えば，Collins, 1990；Collins and Brown, 1988；Collins et al., 1989を参照）。それらのプログラムでは，学習者の思考過程が言語化され，その記録が作成される。そして生徒は，その記録を自分の思考過程を省察するために利用することができる。一方，教師はその記録を生徒の学習成果を評価するために利用することができる。例えばCSILEでは，自分たちが学んでいるトピックに関する視覚化できるデータベースを構築する。教師は，このデータベースを利用して，生徒の鍵概念についての理解力や表現力を評価することができるのである（Means and Olson, 1995b）。

　また，CoVisプロジェクトでは，ネットワーク化されたハイパーメディア・データベースを改良して，「協同ノート」が開発されている。この協同ノートには，ノート

BOX 9.6　モンスター，モンドリアン，ミー

　「2000年マルチメディアへの挑戦プロジェクト（Challenge 2000 Multimedia Project）」の一環として，2つの小学校の4年生の学級間で協同作業が行われた。この協働作業は，ルシンダ・サーバー，キャシー・コーウェンヒル，ペイジ・マクドナルドの3人の小学校教師の指導の下で行われた。「モンスター」「モンドリアン」「ミー」と名づけられた各単元での生徒の課題は，「ある絵をもう一方の教室にいるパートナーが再現できるように，うまく電子メールで説明しなさい」というものであった。そこで，生徒は遠隔コミュニケーションによって仲間からのフィードバックを受け取ることができる。そうすることによって，遠隔コミュニケーションでは明確で正確な記述が必要であるということを生徒に理解させることが，このプロジェクトのねらいなのである。

　「モンスター」の単元は，2つの教室の生徒がペア（2人1組）になって，架空のモンスター（「ボイジャー999」「ファット・ベリー」「バグ・アイズ」など）を創作して描くことから始まる。その後，自分の描いた絵の内容を記述した文章を書く（例えば，モンスターの胴体の下には4本の紫色の足があって，それぞれの足のつま先は3つに分かれている）。生徒の目標は，もう一方の教室にいる生徒がその絵を見ることなしに再現できるくらいに完璧かつ明確に絵の説明をすることである。説明の文章は電子メールを通して交換され，ペアとなった生徒は説明の文章に基づいて絵を描く。この単元の最終段階では，「再現された絵」の交換が行われる。そして，説明の文章を書いた生徒は，自分の文章の中に，読み手がまちがって解釈してしまうような曖昧な点や不完全なところがないかどうかを見直すのである。

　「モンドリアン」の単元においても，作文・文章の交換・描画・反省という手続きが用いられるが，今度はモンドリアンやクレー，ロスコーなどの抽象画を説明する文章を書く。また，「ミー」の単元では，有名画家の自画像の勉強をしたあとに，自分自身の自画像を描く。そして遠く離れたパートナーが自分の説明と合致するような肖像画を描けるように，細部まで詳しく記述した文章を書く。

　遠く離れた相手（もう一方の学校にいる生徒のパートナー）に自分の作文を送る

ブックとよばれる電子的な作業空間があり，生徒たちは，この作業空間で協同の調べ学習に取り組む（Edelson et al., 1995）。すなわち，このノートブックには質問，推論，証拠，反証，プラン，計画のステップ，情報，コメントなどのための様々な種類のページがあるので，生徒たちはこのノートブックを使って，質問をしたり，その質問と競合する他の生徒（違うサイトにいることもある）の推論へリンクしたり，その質問に関する調査計画を立てたりするのである。また，このノートブックを使えば，生徒が調査メモの準備をしてから教師のフィードバックを受け取るまでの時間を短縮

場合には，生徒はジェスチャーや口頭でのコミュニケーションで文章による説明を補うことはできない。このため，パートナーが描いた絵をフィードバックとして受け取った生徒は，多くの場合，自分の書いた文章の不完全さや不明確さに気づくことになる。

かくして生徒たちは，反省のフェーズにおいて，下記の例のような誤解（ミスコミュニケーション）の原因についての洞察に到達するのである。

> そっちが読み落としちゃったかな，それとも難しすぎてわからなかったのかな。

> 完璧じゃなくなっちゃったのは私のミス。「四角はすべて少しずつドにある」と言ってしまったけれど，「すべての四角は，そのひとつ前に言った四角の中に描く」とか，そんな感じのことを言えばよかったのかも。

> 口について，もっとはっきり言っておけばよかった。口は閉じているんだって。私は歯列矯正の金具も何もつけてないって言ったので，まるで口を開けているかのような説明になっちゃった。

このプロジェクトで生徒が使った情報テクノロジーは，きわめてシンプルなものである（ワープロ，電子メール，スキャナー）。したがって，このプロジェクトの巧妙さは，課題の構成のしかたにある。すなわち，このプロジェクトでは，生徒たちは相手の理解に焦点をあて，異なるメディア（言葉と絵）のあいだでの翻訳をすることが求められる。そのことが，生徒たちに自分の文章表現力の弱点や未熟さを気づかせるのである。

なお，生徒の作品や文章，および反省の文章は，プロジェクトのウェブサイト http://www.barron.palo-alto.ca.us/mmm/mmm.htmlで入手可能である。

することができる（Edelson et al., 1995）。これと同様の機能はスピーク・イージー（SpeakEasy）というソフトウェアにも装備されており，このソフトは工学系の学生と教師との対話を支援するためのツールとして利用されている（Hoadley and Bell, 1996）。

このように，今や洗練されたチュータリング環境が利用可能となった。すなわち，物理学，化学，代数学，コンピュータ・プログラミング，歴史，経済学など，様々な分野の専門家の推論様式や知識体系に基づいて（第2章参照），生徒にフィードバッ

クを与えることが可能になった。そして最近は，専門家の理論や知識体系をコンピュータ・プログラムに翻訳したエキスパート・システムを開発し，それを初心者用の学習プログラムの一部に組み入れることへの関心が高まっている。そうしたエキスパート・システムを生徒の知識レベルを表現するモデルおよび学習支援モデルと結びつければ，必ず知的なチューター・システムを開発することができるだろう。しかし，そのためには，1対1のチュータリングのもつ利点を活かすとともに，熟達者の遂行や学習過程や子どもの素朴理論に関する認知研究の成果を取り入れることが重要である (Lesgold et al., 1990 ; Merrill et al., 1992)。

情報テクノロジーを利用したチューター・システムは，主として代数学，幾何学，LISPプログラミングなど教育のために開発されてきた (Anderson et al., 1995)。しかし，こうした認知的チューターの教育効果に関しては，評価が分かれている。なぜなら，教育効果が上がるかどうかは，認知的チューターの性質と教室での利用のされ方に依存しているからである（その具体例がBOX 9.7とBOX 9.8に示されている）。

チュータリング・アプローチの別の例としては，シャーロック・プロジェクトをあげることができる。これは，空軍の技術者に電気系統の修理技術を教えるためのものであり，技術者は何千ものパーツを含む複雑なシステムを操作する必要がある（例，Derry and Lesgold, 1997 ; Gabrys et al., 1993）。この複雑なシステムはエキスパート・システムとつながっているかコーチが組み込まれており，学習者が行き詰まった場合には，システムからのアドバイスを受けることができる。また，自分の作業を再現したり，違うやりかたを試すことができるように，省察のためのツールも組み込まれている。このシャーロックの評価実験は，現実場面での難しい修理課題を用いてなされた。その結果，シャーロックを用いた20時間から25時間の訓練は，現場での4年

BOX 9.7　幾何学チューターによる学習

　ある都市部の高校の教室に幾何学チューターを設置したところ，生徒たちは教師やチューターの開発担当者の予測よりもはるかに短期間のうちに，幾何学の証明ができるようになった。また，このチューターが最も効果的であったのは，数学のスキルにあまり自信がなくて，能力が平均的，平均以下，あるいは能力は高いがアンダーアチーバーの生徒の場合であった (Wertheimer, 1990)。しかも，生徒たちの動機づけが高まり，とても素早く作業を開始し（多くの場合，授業前から来て），責任感をもって課題に取り組んだ。その結果，教師は支援を求める生徒に対して個別に対応することに時間の大半を費やすようになり，生徒の成績をつける際には生徒の努力を重視するようになった (Schofield, 1995)。

BOX 9.8　高校数学におけるインテリジェント・チューター

　ある都市部の高校において，代数のインテリジェント・チューター・システムの大規模な評価実験が行われた（Koedinger et al., 1997）。このチュータリング・システムの重要な特徴は，教師の目標や専門知識に基づきながらも，協同的かつ生徒中心のデザインであることである。その協同作業から，PUMP（Pittsburgh Urban Mathematics Program）のカリキュラムが作り出された。このカリキュラムは，日常生活の中での数学的分析に焦点をあて，計算ツールを使用し，すべての生徒にとって代数を使いやすくするように工夫されている。なお，評価実験ではPAT（代数のPUMPチューター）というインテリジェント・チューターが用いられた。その結果，チューターを使った9年生の生徒（実験群）の成績は，従来の代数の授業を受けた9年生の生徒の成績よりも優れていることが明らかになった。現在，これらのツールは全米70校で用いられている。

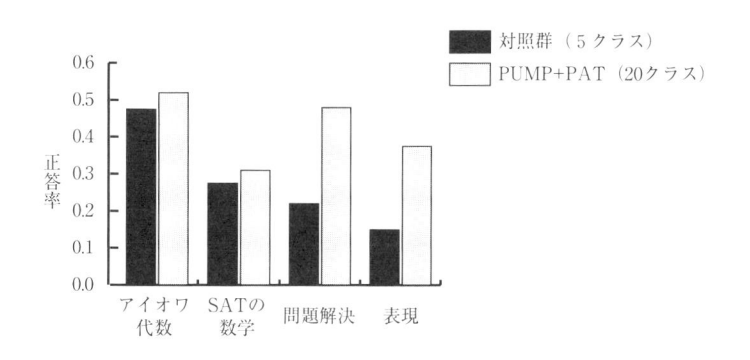

▲図9.5　PUMP代数チューターの学期末評価（出典：Koedinger et al., 1997を改変）

間の実地体験に匹敵するほどの訓練効果があることが明らかになった。したがって，シャーロックが実際にいくつかの米空軍基地で利用されていることは，けっして驚くにはあたらない。また，シャーロックには，インフォーマルな学習で見られる重要な2つの特性が取り入れられている。その1つは，学習者の技量が向上するのに伴って，学習者がコーチから受けるサポートの量がしだいに減少することである。そしてもう1つは，ちょうどアメフトの選手が自分のプレーをビデオで再生するように，学習者は自分の作業を再現し，どこに改善すべき問題点があるのかを的確に把握できることである。

　最後に，以上に紹介したチューター・システムのもう1つの特筆すべき点をあげて

おこう。それは，情報テクノロジーを利用したチューター・システムは，学習者が単独でも集団でも利用できることである。このため生徒は，チューター・システムで学びながら，同時に他の生徒といっしょに協同学習に取り組むことも可能である。

学校と地域社会の連携

　生徒の学習成績は，学校での学習活動だけではなく学校外での活動とも深くかかわっている。したがって，教育効果をあげるためには，学校と地域社会の密接な連携を図ることが重要である。そのことは，本書でこれまでに取り上げた様々な実践例に如実に示されている。例えば，大学や企業が学校教育の質を向上させるために支援をする場合や，産業界で働いている技術者や科学者が助言者の役割を務めるような場合などがそれにあたる（例えば，カリフォルニア・アーヴァイン校の理科教育プログラム）。

　情報テクノロジーは，こうした学校と地域社会の連携を図るうえで，きわめて重要な役割を担っている。例えば，「地域に開かれた学校」（Bauch, 1997）のプロジェクトでは，電話と留守番電話を利用して，教師は日々の学習課題を保護者に伝える。すなわち，教師は日々の学習課題を留守番電話に録音する。教師がそのために費やす時間はほんのわずかである。そして保護者は，都合のよい時間に電話をかけて，それを聞き出す。たったそれだけの時間と労力で，保護者は自分の子どもが学校で何を学んでいるのかを知ることができるのである。ちなみに，このプロジェクトの実践で明らかになったことがある。それは，大方の予想に反して，低所得者層の保護者たちも，社会経済的地位の高い保護者たちと同程度に電話をかけてきたことである。

　インターネットもまた，学校と家庭を結びつけるのに役立っている。今ではほとんどの学校がホームページをもっており，そこには学校の行事予定，宿題，その他の情報が掲示されている。また，このホームページは地域社会に向けても情報を発信している。すなわち，「学校では今何をしているのか」「地域社会にどのような支援を求めているのか」などの情報が常に発信されているのである。例えば，American Schools Directory（ASD）（www.asd.com）には，米国内の106,000校もの公立・私立の幼稚園から高校までのホームページが記載されている。そして，そこには「希望リスト」なるものがあり，各学校が求めている様々な種類の支援のリストが掲載されている。さらに，このASDでは，米国内のすべての生徒および教師に対して無料の電子メールを提供している。

　最近，こうした電子共同体が効果的に機能するための条件が検討されはじめた。前述したように，現役の科学者などの専門家との交流が可能な学習共同体を作り出すと，生徒たちの学力は著しく向上する。それはいったいなぜなのだろうか。この点を明らかにするために，教師や生徒のネットワークだけでなく大学の研究者のグループを含めた6つの電子共同体の比較・検討がなされた（Riel and Levin, 1990）。すなわち，

「どれくらいの規模のどこに位置する共同体が成功するのか」「ネットワークはどのように構造化されているか」「発言の機会や義務はどのようであるか」「自分たちの活動をどのように評価するか」などの点が比較・検討されたのである。その結果，ネットワーク利用した電子共同体が成功するための3つの条件が明らかになった。それは，「1対1の個別のコミュニケーションよりも集団としてのコミュニケーションが重視されること」「目標や課題が明確であること」「グループの交流を円滑にし，新しい社会規範を作り出すこと」の3条件である。

　また，ネットワークを通じて得られる情報を学習に最大限に活用するためには，生徒・教師・メンターである専門家などのあいだで，新しい人間関係が作り上げられる必要がある。例えば，世界中の生徒・科学者・情報テクノロジーの専門家・教育学者の専門家の集団であるKids as Global Scientists (KGS) は，こうした共同体が成功するための鍵が何であるのかを調査した (Songer, 1993)。その結果，成功した共同体では，時間の経過とともに，しだいに共同体意識が芽ばえることがわかった。共同体が形成された初期の段階では，様々な地域の参加者どうしが，単に情報交換を行うだけであった。しかし，協同作業に取り組むことを通してしだいに支え合うような関係が生まれ，すべての参加者が自分の新たな責任を自覚するようになった。例えば生徒は，天候などの自然現象について質問したり，その質問を精緻化したり，さらには自分自身や他の参加者から出された質問に回答したりするようになった。このようにして，成功した共同体では，豊かな知的交流の学習環境が作り出される。この豊かな学習環境の中で，参加者は自分の理解をより深いものにし，科学現象について自分で説明できるようになっていくのである。

教師の学習

　新しい情報テクノロジーが教室に導入されると，教師の果たすべき役割が多様化してくる (McDonald and Naso, 1986 ; Watts, 1985)。なぜなら，情報テクノロジーは教師に，これまでのやり方の修正や新しい試みの機会をもたらすからである (Means and Olson, 1995a ; U.S. Congress, Office of Technology Assessment, 1995)。つまり，教師自身や生徒の学習過程を見直す機会が生まれ，そのことによって，生徒の学習過程への教師のかかわり方に変化が生じるのである。生徒がやっていることと教師が行っていることのあいだの障壁が柔軟になる。

　教師が新しい情報テクノロジーの使い方を学ぶ時，それは生徒にとって学び方のよきモデルとなる。一方，教師は，生徒が学ぶようすを見ることによって，指導法についての新たな洞察を得ることもある。また，教室でコンピュータを使うような場合には，教師と生徒の立場がしばしば逆転する。なぜなら，クラスの中には，時どき教師よりもコンピュータの操作に詳しい生徒がいるからである。もちろん，そのような生

徒がいない場合もある。その場合には，教師と生徒が初心者としてともに学び合うことになる。このようにして，「教師は教える人，生徒は学ぶ人」という従来の固定観念の見直しを迫られることになるのである（Kaput, 1987 ; Pollak, 1986 ; Skovsmose, 1985）。そして，こうした協働的な学びの状況では，初心者は熟達者から学びながら，同時に自分にできる範囲でグループに貢献することが重要になる。もちろん熟達のレベルによってグループへの携わり方は多様である。しかし，「教え合い学び合う」という関係が成立しなければ，協働的な学びがうまく機能することはあり得ない（Brown and Campione, 1987 : 17）。また，この協働的な学びに参加するためには強い認知的な動機づけが必要であり，協働的な学びに参加することによって，認知的な動機づけがさらに高まることになる。

なお，教師が情報テクノロジーを学ぶ際には，生徒の学びを補助するために，次のような点に留意するべきである（McDonald and Naso, 1986）。

（1）技術革新の時代には，みなが協力することがたいせつである。すなわち，教師・管理職・生徒・両親・共同体・大学・コンピュータ産業のあいだでの連携が必須である。
（2）学習のための時間が必要である。すなわち，省察したり，発見したことを吸収したり，実践してみるための時間が必要である。
（3）監督者よりも相談相手が必要である。お互いに相談し合うことによって，連携はさらに強まるのである。

インターネットで結ばれた教師の共同体は，教師が孤立するのを防ぐためのツールとしても，ますます重要性を増しつつある。また，インターネットは，地理的に離れている教師たちが情報交換をしたり，互いにサポートを提供し合うための重要な手段にもなっている（第8章を参照）。そうした教師の共同体の例としては，1,000人以上もの物理教師がかかわっているLabNetプロジェクト（Ruopp et al., 1993），バンク・ストリートカレッジの数学学習プロジェクト，アラスカの作文教師のためのQUILLネットワーク（Rubin, 1992），ネットワークを通じて教師が生物のカリキュラムを開発するHumBioプロジェクト（Keating, 1997 ; Keating and Rosenquist, 1998）などをあげることができる。また，前述のCSILEプログラムのインターネット版であるWEBCSILEも，教師の共同体作りに役立っている。

また，インターネットのホームページは，教師たちが学校外の様々な人々とコミュニケーションをとるための場としても利用されている。例えば，イリノイ大学のジェームス・レヴィン（James Levin）は，教育学部の院生たちに「教育実践に役立つと思う情報を掲載したホームページを作る」という演習課題を課した。すると，多くの

院生はそれぞれに工夫を凝らしたホームページを作っただけでなく，演習の終了後もホームページの更新・管理を継続した。また中には1か月に何万件ものアクセスがある評判のよいホームページを作成した院生もいたのである（Levin et al., 1994 ; Levin and Waugh, 1998）。

　このようにインターネットを利用すれば，遠く離れた教師どうしが互いに情報交換をしたり，連絡を取り合うことができる。しかし，このような利用法は，情報テクノロジーに秘められた可能性のごく一部を利用しているにすぎない（Schlager and Schank, 1997）。したがって今後は，より密接な連携の下で教師どうしが互いに教材や指導案を検討・評価しあったり，オンラインでの協同的な活動を行うことが可能になるような，新しい教師支援ツールが求められている。要するに今後は，前述のKids as Global Scientistsの調査研究でみられた共同体意識を芽ばえさせるような情報テクノロジーの開発が求められているのである。

　そうした新しい情報テクノロジーの活用例の1つとして，「教職開発研究所（TAPPED IN）」をあげることができる。この「TAPPED IN」では，ライブのコミュニケーションおよび非ライブのコミュニケーション（電子メールなど）の両方が可能であり，教師たちは，共有の資料を利用して，仮想現実の会議場で様々な協同作業を行うことができる。例えば，議論をしたり，共有の教材を作ったり，ワークショップを開いたり，助言者になったり，本・ホワイトボード・ファイルキャビネット・メモ帳・掲示板などを仮想環境上で使用しながら協同研究を行ったりできるのである。また，教師たちは仮想現実世界での公共の「部屋」を歩きまわりながら，資料を探したり，同じ資料を探している他者と会話を交わしたりもできる。このように「TAPPED IN」には教職研修に役立つ主要な機関が1ダース以上も組み込まれているのである。

　情報テクノロジーはまた，教員養成セミナーにも利用されている。教職志望の学生が専門性を身につけていくためには，熟練教師の授業をじっくり観察したり，教室で自分の力を試してみるための十分な時間が必要である。ところが，多くの教育実習生は，教室では何がどのようになされているのかをほとんど知らない状態で実習を受ける。そして，実習指導の教員も，教育実習生の授業をじっくり観察してコメントをする時間はほとんどないのが実情である。しかし，情報テクノロジーを活用して教室での活動をしっかりと把握すれば，このような制約を解消することができる。例えば，教室内での活動を録画したビデオをくり返し見ることによって，最初に見た時にはとらえきれなかったような教師や生徒の微妙な動きや重要な特徴を読み取れるようになるはずである。

　また，様々な教科において，教師を支援するためのデータベースが作られている。そのうちの1つに，3年生から5年生までの算数の授業を収録したビデオ・アーカイ

ブがある。このアーカイブは，マグダレーン・ランパートとデボラ・ボール（Lampert and Ball, 1998）という 2 人の熟練教師が行った授業のビデオを収集したものである。収集された授業はいずれも探究志向型の授業で，生徒たちは授業の中で自分で問題を解決したり，自分の解決法の根底にある数学の原理について活発に討論する。また，このビデオ・アーカイブには生徒たちの学習活動のようすや，授業に関する教師の解説も付いている。こうしたビデオ・アーカイブの利点は，ビデオの再生をくり返しながら，授業のようすをじっくり観察できることである。また，重要なポイントでビデオを止めて，教師の発問や生徒の活動の意味について，仲間の実習生や指導教員と討論することもできる。このようにして教育実習生は，優れた授業の秘訣を学ぶことができるのである。

さらに，インディアナ大学と北中央部教育図書館（North Central Educational Library）では，熟練教師が様々な学習指導法や教室経営の方法を解説したマルチメディアのデータベースが作られている（Duffy, 1997）。このデータベースでは，各授業ごとに教師の指導案，外部の専門家によるコメント，関連する研究論文がついている。また，教職志望の学生が様々な読みの指導法について学べるように，読みの指導の実践例（ビデオディスクやCD-ROM）も合わせて収集されている。さらに，このデータベースには，学校や地域社会に関する情報，学校の教育方針，始業前に教師が行っていることの短い紹介や年間を通じての生徒の作品の記録なども収集されている（例えば，Kinzer et al., 1992 ; Risko and Kinzer, 1998）。

ヴァンダービルト大学においても，数学と理科の授業を収集したマルチメディア・データベースが作られている。このデータベースには，例えば同じ教師が行った 2 年生の理科（科学）の 2 回の授業を収録したビデオが含まれている。1 回目の授業では，教師と生徒は教科書に載っている絶縁体の概念について話し合っている。また，2 回目の授業では，教師の指導の下で，生徒がみずから様々な素材でできたカップの絶縁性の程度を調べている。一見したところ，どちらの授業においても，教師は熱心かつ明確な説明をしているし，生徒も熱心に学習している。しかしながら，テープをくり返し見るうちに，1 回目の授業では生徒は表面的には正しい言語的説明をしているように見えるが，その背後に強固な誤概念が隠されていることがしだいに明らかになってくる。すなわち，この誤概念は，1 回目の授業よりも 2 回目の授業において，より明瞭に観察できるのである（Barron and Goldman, 1994）。

この他にも，情報テクノロジーを利用して教職志望の学生を支援するための様々な試みがなされている。例えば，イリノイ大学の教育学部では，大学と幼稚園から高校までの教室とのあいだにそれぞれリンクをはり，両者のあいだで教科内容についての質疑応答ができるようにした。そして，教職課程の学生が，幼稚園から高校までの生徒の理科の探究学習を補助するという実践を始めた。小学生や高校生が理科に関する

質問をするための「窓」を開設した結果，教職志望の学生自身の動機づけを高め，大学での理科の授業ではもっとがんばろうという向上心にもつながったのである(Levin et al., 1994)。

結　論

　情報テクノロジーは今や教育に欠かすことのできない重要な道具になりつつある。なぜなら情報テクノロジーは，多種多様な知識へのアクセスを容易にしてくれるだけでなく，種々の学習支援ツールを提供してくれるからである。このため世間では，情報テクノロジーによって膨大な知識を集約化・体系化することが期待されている。また，インターネットの情報網によって世界中の生徒たちがつながり，学びの共同体が作られるのではないかという期待も膨らんでいるようである。

　情報テクノロジーは，豊かな情報源を提供してくれるだけでなく，人間の学習に不可欠な社会的相互作用の場を提供してくれる。ところが，情報テクノロジーにはそうした新しい学習環境を作り出す可能性が秘められていることが，まだ十分に認識されていないようである。このため，情報テクノロジーを教育に活かすためには，どのようなハードとソフトを開発するべきか，といった技術的な問題に多くの関心が集まりがちである。しかし今後は，そうした技術的な問題だけでなく，情報テクノロジーが教育において果たすべき役割は何なのかという問題に注意を向けるべきである。教育に役立つ情報テクノロジーは，それが自然現象のシミュレーション・ソフトであれ，対話型の読みの訓練のためのソフトであれ，本来は教師や仲間との協同的な学習環境の中で機能するべきなのである。

　子どもの学習を促進するために，これまで様々な学習支援ツールが開発されている。したがって，それらのツールが子どもの学習や発達にとって適切であるかどうかを評価することも，もちろん重要である。しかし，情報テクノロジーは，最近では「学習者中心」「知識中心」「評価中心」「共同体中心」の学習環境を作り出すために幅広く利用されている。したがって，新しい情報テクノロジーを教師が使いこなせるようにするためには，教師をいかに教育するかという問題も検討されるべきであろう。それは例えば，「教師は学習過程について何を知っているべきか？」「教師は情報テクノロジーについて何を知っているべきか？」「教師が高度な教育プログラムを利用できるようになるためには，どのような種類の訓練が最も効果的なのか？」「情報テクノロジーを使って教師の学習を促進する最も有効な方法は何なのか？」などの問題である。

　学習の原理を十分理解したうえで開発された優れた教育ソフトや，教師をサポートするためのツールは，まだそれほど一般的になってはいない。その理由はおそらく，ソフト開発の担当者は，学習支援ツールを開発することよりも，ゲーム市場に目を向けることが多いからではないだろうか。したがって今後は，ソフト製作会社，学習科

学者，および教育行政の担当者が一致協力して，学習を促進するための教育ソフトや学習支援ツールの開発を行うことが重要である。情報テクノロジーの潜在力に関しては検討の余地がまだ多く残されており，その潜在力を引き出すためには，学習研究とソフトの開発研究の緊密な連携が不可欠なのである。

第4部
結 び

第10章

結　論
——学習科学の現状

　科学の進歩の速度は時として危機感を覚えるほどに遅い。とくに学習研究や教育研究に対する社会からの期待の大きさを考える時，その進歩の遅さは焦りを覚えるほどである。しかし，学習科学の最近25年間の進歩は目覚ましく，学習科学の最新の知見を教育実践に役立てようという取り組みも，以前に比べるとずいぶん盛んになった。すなわち，「学習者が深い理解に達するためには何が必要なのか」「効果的に教えるにはどうすればよいのか」「授業や学習を支援するための豊かな環境づくりの条件は何か」といった教育実践上の具体的な問題を解決するために，最新の学習科学の成果が活用されるようになってきたのである。

　しかし，学習科学が今後さらに進歩するためには，学習過程，学習環境，指導法，社会文化的過程などのトピックを，さらに詳しく検討しなければならない。そして，これらのトピックを，フィールド研究と実験室研究の両面から検討することによって，学習科学は今よりもさらに教育実践に役立つ知見を提供できるであろう。

　さて，本書では，生徒の学習過程を把握することにかかわる6分野の研究（学習における先行知識の役割，初期経験が脳の発達に及ぼす影響および学習の可塑性，能動的な過程としての学習，理解を伴う学習，適応的な熟達者，長時間の練習を要する学習）について検討した。さらに，学習を支援するための教授法や学習環境に関係する5つの分野の研究（社会文化的な文脈の重要性，転移と学習を幅広く応用するための条件，教科学習の独自性，学習を支援するための評価，新しい情報テクノロジー）についても概観した。以下にその概要を整理しておくことにする。

学習者と学習

発達と学習能力

　子どもは，学習のための生得的制約をもって生まれてくる。乳児は人の声を認識したり，生物と無生物を区別することができる。また，乳児には，空間，運動，数，因果関係を認識するための生得的な感覚も備わっている。しかし，乳児に備わっているこれらの潜在的能力は，新生児を取り巻く環境からのはたらきかけによって初めて顕

在化する。ただし，例えば両親が乳児の注意を引くように母語で話しかける時のように，環境は単に情報を提供しているだけではなく，その情報に構造を与えているのである。このように，発達過程は生得的に備わった潜在的能力と環境や他者からの支援との相互作用によって展開する。また，環境や他者による支援は，子どもが環境に適応するのに役立つ能力の発達を促進し，適応に役立たない能力の発達を抑制する。換言すれば，学習は子どもの生得的能力と子どもを取り巻く環境によって，促進されたり統制されたりする。このことを分子レベルでみれば，子どもの脳の発達は，生得的な要因と環境的要因との相互作用に他ならず，心はこの相互作用の過程で作り出されるのである。

「発達」という用語は，子どもの認知発達を理解するうえでもきわめて重要である。認知発達は，単なる知識の増大によって生じるのではなく，知識の再構造化が深くかかわっている。数多くのフィールド調査によって，初期の認知発達と学習に関する重要な知見が得られている。そのうちの主要なものを以下に列挙しておく。

(1) 認知発達には生得的能力が備わった特権的な領域がある。その典型例は言語領域であるが，生物学や物理的因果，数などの領域においても，子どもは素早く容易に学習できる生得的能力をもっている。
(2) 幼児の知性は未発達ではあるが，幼児はけっして愚かではない。つまり幼児は，知識は十分ではないが，その知識を用いて推理する能力はもっている。
(3) 子どもは能動的な問題解決者であり，好奇心に導かれて疑問や問題を見つけ出す。つまり，子どもは自分に与えられた問題を解こうと試みるだけではなく，常にさらなる挑戦を求めている。子どもは成功することや理解することに対して生得的に動機づけられているために，さらなる挑戦ができるのである。
(4) 自分の学習能力についての知識，つまりメタ認知は，非常に早い時期から発達する。このメタ認知能力のおかげで，子どもは自分で計画を立てたり，成否をモニターしたり，まちがいを修正することができる。
(5) 子どもの生得的な能力に対しても，学習支援は必要である。なぜなら，子どもの初期の能力は，保護者や日常的事物の媒介によって発達するからである。すなわち，大人は子どもの注意を方向づけ，経験を構造化し，学習活動を支え，情報の複雑度や困難度を子どもに合わせて調整することによって，子どもの好奇心と持続性を促すという重要な役割を担っているのである。

神経科学の研究によって，発達途上の脳においても成熟した脳においても，学習に伴って神経細胞の構造が変化することが明らかにされている。例えば，ネズミは刺激の変化や他の個体との相互作用がある豊かな環境で飼育されると，大脳皮質の重さや

厚みが変化する。また神経細胞の構造自体も変化する。つまり，ある条件下では，神経細胞を支えている星状膠細胞と，神経細胞に血液を供給する毛細血管の両方が変化する可能性がある。また，特定の課題を学習すると，その課題に関係する脳の特定の部位が変化する。例えばヒトの場合では，耳が不自由な人の言語機能や，社会復帰したてんかん発作患者，先天性の盲人の視覚野において，脳の再組織化が生じることが明らかにされている。これらの知見は，脳がダイナミックに変化する臓器であり，経験や行為による可塑性が非常に高いことを示している。

学習の転移

　学校教育の主要な目的は，生徒が新しい問題や状況に直面した時に柔軟に適応できるようにすることである。その際に適応的で柔軟な学習の生起を示す重要な指標となるのが，学習したことを新しい状況に「転移」する能力である。したがって，どのようにすれば転移が生じるのかを検討することは，教師が教授法を評価・改善するのに役立つ。例えば，学習した事項をどれだけ記憶しているかを唯一の指標にして教授法の評価をすると，教授法の違いが現われない場合がある。しかし，その場合でも，学習したことが新しい問題や状況にどのくらい転移するかを指標にして教授法を評価すると，教授法の差異が現われることがあるのである。また，転移は，一連の概念から他の概念へ，ある教科から他の教科へ，ある学年から次の学年へ，さらには学校から学校外の日常活動へというように，様々なレベルで査定することができる。この転移が生じるかどうかは，次のような様々な要因によって決まる。

(1) 転移が生じるためには，最初の学習において一定の閾値(いきち)を越える十分な学習がなされなければならない。このことはしばしば見落とされがちであるが，この点を見落とすと，様々な教授法の効果についてまちがった結論を導くことになりかねない。複雑な教科内容を学習するのには時間がかかる。したがって，転移の査定をする場合には，先行学習でどの程度理解を伴う学習が達成されていたかを考慮に入れなければならない。

(2) 学習に多くの時間をかけること自体は，効果的な学習の条件ではない。練習によって教科内容に精通するためには時間がかかるので，時間の使い方が重要なのである。例えば，「熟考しながらの学習」がなされるためには，生徒が自分の学習過程をモニターするように支援することが重要である。そうすれば，生徒は自分自身でフィードバックを探し求め，学習方略の適否や現在の理解水準をみずから主体的に評価できるようになるであろう。そうした「熟考しながらの学習」は，教科書を漫然と読むだけの学習とは根本的に異なるものである。

(3) 理解を伴う学習は，教科書や講義で学んだ知識を暗記するだけの学習よりも，

転移を促進する。ところが，教室での学習活動では，理解を伴う学習よりも知識の丸暗記が強調されることが多い。その場合でも，学習評価を記憶テストだけを用いて行えば，教室での学習活動に何が欠けているかはわからないであろう。しかし，学習の転移を測定すれば，理解を伴う学習のほうが優れていることが明らかになるはずである。

(4) 多様な文脈で教えられた知識は，単一の文脈で教えられた知識よりも柔軟な転移を促進しやすい。ある特定の文脈に固有の例を用いて教えられると，学習した知識がその特定の文脈と結びついてしまう。これに対し，多様な文脈で教えられると，生徒はその知識に関連する多様な情報を抽出できるので，幅広く応用することができる柔軟な知識表象を作りあげることができるのである。

(5) 生徒が学習活動を通して学習の基礎となる主題や原理を見つける方法を学ぶと，「いつ，どこで，なぜ」その知識を使うかを理解することができ，別の新しい問題を解く際に，学習した知識の使い方がわかるようになる。この「いつ，どこで，なぜ」その知識を用いるのかを理解することは熟達化の重要な特徴でもある。要するに，多様な文脈で学習することが，多様な文脈への転移を促進するのである。

(6) 学習の転移は能動的な過程である。したがって，学習の転移は「単発」の転移テストで測定するべきではない。それに代わる方法としては，例えば別の新しい単元を学習する際の速度を測定することが考えられる。生徒が新しい単元を学習しはじめた時に，初めて正の転移が生じたことが明らかになることが多い。つまり，転移とは新しい情報をより速く理解できる能力でもある。

(7) すべての学習は，たとえそれが最初の学習であっても，必ず先行経験や既有知識からの転移を伴っている。つまり，転移は最初の学習のあとに初めて生起したり生起しなかったりするものではないのである。しかし，ある学習課題に関係する既有知識を学習者は自動的に活性化するわけではないので，既有知識が新しい知識を学習する際に正の転移をもたらさないこともある。そのため，優れた教師は，まず生徒が学習状況にもち込んでくる既有知識の効果を把握し，その既有知識と新しい学習目標となる知識とのつながりをもたせるように橋渡しを工夫する。そうすることによって，正の転移が生じるように支援しているのである。

(8) 生徒が教室にもち込んでくる既有知識は，教室での学習を妨害することもある。なぜなら，そうした既有知識は思考を誤った方向に導く場合があるからである。例えば，幼児が日常生活で使用している計数を基礎とする数の知識は，有理数の理解を困難にする（分数の分子の値が大きくなることは，分母の値が増えるのと同じではない）。また，生徒が日常生活の中で獲得した素朴理論（誤概念）が，科学的概念の理解を困難にすることもある（生徒たちは木の葉の落下速度よりも岩の落下速度のほうが速いと思っている。なぜなら日常経験では，物理実験室の

真空状態では存在しない変数，例えば抵抗という変数が含まれるからである）。このような場合，生徒が科学的概念を理解できるようにするためには，教師は，生徒の誤概念をそのまま援用したり，生徒の既有知識と科学的知識を隔絶しておくのではなく，生徒が教室にもち込んできた誤概念をみずから修正するように支援しなければならない。

有能さと熟達者の遂行

　学習科学研究の進展によって，学習者が学習によって形成する知識ベースの様相がかなり明らかになってきた。学習者は，ある専門領域における一連の学習過程を経ることによって，初心者から熟達者へと成長していく。その熟達化に伴う知識構造の変化を理解することが，学習者が柔軟で豊かな知識ベースを獲得できるように指導する際の指針となる。なお，熟達化と有能な遂行力の発達には，次の8つの要因が影響を及ぼす。

(1) 学習内容に関連のある知識が，学習者の記憶能力を助け，知識を構造化するのを助ける。
(2) 学習者は，たとえ既有知識が学習内容と関連していたとしても，既有知識と新しい学習課題とを関連づけることができずに，両者を「隔絶」してしまうことがある。この「隔絶」という概念は，使える知識（熟達者の知識）と，使えずに「不活性」なままの断片的な知識（初心者の知識）との違いを理解するうえで役に立つ。
(3) 課題に関連する知識は単なる情報以上のはたらきをする。すなわち，問題表象を形成したり，推論を行ったり，結論を引き出すために様々な情報を関連づけたりするのに役立つ。
(4) 知識が課題遂行に影響するのは，問題や状況をどのように表象するかに知識が影響するからである。このため，同じ問題でも形成される表象が異なるので問題解決がやさしくなったり難しくなったりする。
(5) 熟達者の問題表象が洗練されているのは，知識構造が十分に構造化されているからに他ならない。熟達者は，知識を適用できる条件を知っているので，問題解決に役立つ知識に容易にアクセスできるのである。
(6) 理科，数学，歴史のように教科が異なれば，それぞれの知識を構造化する様式も異なる。このため，ある特定の教科について深く理解するためには，その教科の内容に関する知識と構造化の様式に関する知識の両方が必要になる。
(7) 有能な学習者や問題解決者は，解決の処理過程をモニターして調整したり，必要に応じて方略を変えることができる。彼らはまた的確な見積もりや推量ができ

(8) ふつうの人々の日常場面での認知研究は，日常生活での有能さに関する貴重な知見を提供する。すなわち，熟達者の仕事と同様に，ふつうの人々の日常生活での有能さは，ある特定の文脈だけで利用される一連の道具や社会規範に支えられている。

結　論

　誰もが先行経験や既有知識をもっており，何か新しいことがらについて学ぶ場合でも，何も知らない状態，つまり，まったく新しい情報だけに基づいて学習するわけではない。ほとんどの学習場面では，とりわけ既有知識を新たな学習課題に適用する場合には，それまでの理解の修正が必要になる。したがって教師は，学習者の素朴理論や誤概念を的確に把握し，それを修正することが重要である。そしてそのためには，教師は学習過程に学習者とともに協同的にかかわる必要がある。

　学習者どうし，または学習者と教師の相互作用にかかわる上述の見解は，理解を促進する条件や学習メカニズムに関する一般法則に依拠している。すなわち，この見解は，学習が多様な文脈に埋め込まれていることを前提にしている。つまり，学習者が過去に学習したことを多様な新しい状況にもち込み，使ってみることによって，最も効果的な学習がなされるのである。このことはまた，幼い学習者が学校にもち込んでくる既有知識が，学習を促進したり妨害したりする可能性があることを意味している。したがって教師は，子どもたちが学校にもち込んでくる既有知識や素朴理論に対して，常に敏感でなければならない。

(1) どの教科の学習においても，効果的な学習がなされるためには，構造化の原理を整合的に理解することが不可欠である。その構造化の原理とは，「それぞれの教科内容の本質的特徴を理解することによって適切な推論や問題解決が可能になる」「初期の能力が後続の複雑な学習の土台になる」「自己制御過程によって自己モニタリングと学習過程のコントロールが可能になる」の3つである。
(2) 学習の正の転移は，「学習者が教科内容に関して構造化された一貫性のある理解をしている場合」「先行学習と後続学習が同じ構造を共有している場合」「教科内容が十分に習得・復習されている場合」「先行学習と後続学習が同じ認知的要素を共有している場合」「基礎となる原理に特別な注意を払って指導がなされた場合」「転移が生じるように明示的または直接的な指導がなされた場合」に生じやすい。
(3) 学習と理解を促進するためには，「構造化され首尾一貫した知識の体系（その知識体系には，特定の事実や詳細なことがらが埋め込まれている）を重視するこ

と」「学習者が転移のしかたを学ぶように支援すること」「学習者が学習したことを利用するように支援すること」が重要である。
(4) 深く理解するには，その領域の事実に関する詳細な知識が必要である。特定の領域での重要な事実について詳細で構造化された理解をすることが，熟達化の不可欠な条件である。したがって教師は，その領域で，子どもがさらなる探究を進めるための土台になるように，特定の教科内容を詳細かつ十分に習得させなければならない。
(5) 熟達化をもたらすのは学習に他ならない。したがって，熟達度の最も明確な指標は，学習内容の習熟に費やされた学習や作業時間の総量である。また，ある教科の知識が増え熟達度が高まれば，その教科内容の知識を学ぶことはしだいに容易になる。

教師と授業

　本書では深い理解を伴う学習の重要性を強調しながら学習の原理について説明した。このような学習のとらえ方は，望ましい授業のあり方に対しても同様の示唆を含んでいる。

深い理解をめざす授業

　伝統的な授業では，教科内容の記憶と教科書の習熟を重視する傾向があった。しかし，熟達化研究の最近の成果は，深い理解を伴う学習には単なるスキルや事項の記憶以上のものが必要であることを示している。つまり，深い理解を伴う学習には，概念や原理，探究の手順に関する十分に構造化された知識が必要なのである。また，様々な教科の内容は，それぞれに固有の原理に基づいて構造化されている。したがって，教科が異なれば，当然教える教授法も異なるべきである。そこで本書では，歴史，数学，理科の3教科を取り上げて，深い理解を促すための新しい教授法を紹介した。

　新しい教授法を実践している教師たちは，生徒が教科内容の知識ベースを構成できるように，教科内容に応じた多様な活動に生徒が携われるよう指導している。また，新しい教授法では，一連の事実と明確に定義された原理の両方が教えられる。つまり，教師は生徒が与えられたトピックを深く理解すると同時に，生徒が自立した思慮深い問題解決者へと成長していくことをめざしているのである。そのための方法の1つは，生徒自身がすでに関連知識をもっていることを生徒に気づかせることである。そうすれば，教師が出題する様々な問題に取り組むことを通して，生徒は自分がもっている関連知識を教科内容の根本原理と関連づけて理解できるようになる。

　例えば，小学校低学年（小学1年生や2年生）の「認知的にガイドされた」算数の授業では，数や計数原理に児童の注意を向けるために，教室では様々な活動を利用し

ている。それは例えば，分数学習のためにおやつの分配をしたり，数を学ぶために昼食の数を数えたり，部分と全体の関係を学ぶために出席をとることを利用したり，などの活動である。教師はこれらの活動を通して，生徒が何を知り，どのように問題解決に取り組んでいるのかを観察したり，生徒の思考を刺激するために誤概念を導入したり，生徒が準備できている時にはより高度な問題を呈示したり，というように，様々な学習機会を生徒に提供しているのである。

より高学年の生徒を対象とする数学の授業では，モデルを用いて推理させる方法が効果的である。この方法では，具体的なモデルを作ることから始めて，それを代数方程式や幾何学を利用した抽象的な記号システムに基づくモデルへと発展させていく。このモデルに基づく教授法では，適切な特性をもつモデルを選び，それを使って問題解決の活動が行われる。このように，モデルを用いた数学の授業では，機械的な暗記よりも理解が重視され，古い解決法では時代遅れに思えるような，新しい問題解決のための学習ツールが生徒に提供される。

これらの新しい数学の教授法は，学習の原理にかかわる次のような知見に依拠している。それはすなわち，「学習とは新しい状況へと理解の範囲を拡張すること，すなわち転移を意味する（第3章）」「幼い子どもは素朴な数学概念を教室にもち込んでくる（第4章）」「学習者は関連知識を同定し，それを利用できるとは限らない（第2，3，4章）」「子どもがすでに獲得している数学概念や問題解決方略を学校での学習に利用するようにはたらきかけることが学習を促進する（第6章）」などの知見である。こうした新しい知見に基づく数学の授業とは，生徒が単に机に向かって計算問題を解くような学習活動を意味しない。むしろ生徒たちは自分の知識を見直したり，解決法を工夫したり，自分の解決方略がなぜうまくいったりいかないのかを他者と話し合ったりすることが奨励される。

また，新しい理科の教授法では，生徒が誤概念を克服するのを支援することに主眼がおかれている。とくに，物理事象に関する一般の人々がもっている知識，すなわち日常の生活体験の中で形成された素朴理論（例えば，重い物体は軽い物体よりも速く落下するという概念）は，科学的理論とは矛盾する誤概念であることが多い。こうした素朴理論は，私たちが日常生活で観察する「岩のほうが木の葉よりも速く転がる」のような現象を説明するのには確かに有効である。そのために私たちは根強い誤概念を獲得してしまう。しかし，新しい理科の教授法では，こうした誤概念を科学的概念を教えるための出発点にする。すなわち教師は，生徒が自分のもっている誤概念に気づき，矛盾した考えを解決する方法を自分で見つけ出すように支援し，科学的概念を一般的で整合性のある形で理解できるように導いていく。こうした新しい教授法は，理科の授業に画期的な進歩をもたらした。従来，生徒が事実に関するテスト問題に正しく答えることができれば，その生徒は「理解している」とみなされてきた。しかし，

生徒の誤概念は，そうした事実に関する知識を問われた時ではなく，科学的概念を問われた時に初めて表面化するのである。チェチェ・コナン（ハイチ・クレオール語で「知識を探索する」ことを意味する）とよばれる小学校理科の授業実践が，そのことを明瞭に示している。この授業では，生徒の意味理解の基盤として，生徒の個人的な知識に焦点をあてる。また，この方法では，生徒が英語以外の言語，すなわち自分の母語を使ったコミュニケーションが，科学的な理解を深める際に言語が重要な役割を果たすことに着目する。その言語の役割とは，例えば，生徒たちが自分で発見した科学的「証拠」に基づいて「議論」する際の言語の役割，友人と情報を共有したり学び合う際の対話の役割，科学的概念についての深い理解を促すために理科の授業で使われる専門用語や定義などの科学的な言語が果たす役割などである。

さらに，より深い歴史認識を追求する歴史の授業では，生徒たちは「歴史家は歴史上のできごととスキーマを結びつけ，1つの物語を作り出している」という前提を学ぶ必要があると考えられている。また，この新しい歴史の授業では，どのような歴史的説明も1つの解釈にすぎず，定まった唯一の歴史（正史）は存在しないことを生徒たちに学習をさせる。つまり，新しい歴史授業の核心は，様々な歴史上のできごとの中から，いかにして意義のあるできごとを選択・決定するかという点にあるのである。この「歴史的にみて何が重要であるかを決定するためのルール」は，教室での「話し合い学習」を意義あるものにする画期的な方法である。この「話し合い学習」を通して，生徒たちは，歴史のもつ解釈的な性質を理解し，「証拠に基づいた」知識の一形式として歴史を理解できるようになる。そして，チェチェ・コナンの理科学習の場合と同様に，歴史分析の概念を習得したり，証拠となる資料を探したり，証拠に基づいて議論し合ったりすることは，生徒たちが別の新しい歴史上の問題を分析・検討する際に，歴史認識を深めるための道具箱として役立つのである。

熟練教師

熟練教師は，自分が専門とする教科内容に関する柔軟で幅広い知識をもっている。この柔軟で幅広い知識が，生徒に与える問題を作成する際の認知的ガイドとなり，生徒の理解度を評価する際に役立ち，教室での話し合いを導く際の教師の発問のしかたを決定する。熟練教師はまた，生徒が教科内容のどこがやさしくどこが難しいと感じるかを知っている。言い換えれば，熟練教師は生徒たちの学習を妨げる認知的障壁を熟知しており，生徒の発言の端々に誤概念の徴候がみられないかどうかを常に綿密に観察している。つまり，生徒がもっている既有知識と教師がもっている教科内容の知識の両方が，学習者の成長を支援するうえでは重要な要因となっているのである。

ある教科の学習で熟達するためには，その教科にかかわる概念についての十分に構造化された知識と，その教科内容に関する問題探究のための認知スキルをもつことが

重要である。同様に，教師の熟達化研究によって，ある教科の教師として熟達するために必要となる知識は，教科を超えて適用できる一般的な教育方法に関する知識とは異なることが明らかにされている。この知見は，「授業は一般的な教育方法で成り立つ」という従来の考え方とは対立する。しかし，熟練教師の優れた授業には，「教科内容の知識」と「教授学的知識」の両方が必要である。なぜなら，それぞれの教科には，それぞれに固有の知識構造と固有の探究方法があるからである。

熟練教師はまた，教師が生徒に及ぼす影響を的確に評価することができる。教師は，授業中起きていることを省察し，その省察に基づいて授業案を修正する。この授業についての省察は，けっして抽象的な一般論でも秘伝の名人芸でもない。それは，専門性の開発に向けて理論化され体系化された科学的方法なのである。教師は自分1人で，あるいは批判してくれる同僚とともに，みずからの実践を省察し評価することによって，フィードバックを伴った他の学習機会と同様，実践を変え改善する方法を開発していくのである。

結 論

(1) 教師は，教科内容の知識と教授学的知識の両方において熟達化する必要がある。
(2) 教師は，教科の原理を教える時に役立つ，知識についての理論（認識論）を理解しておく必要がある。
(3) 教師は，学習者の個人特性や文化的信念が学習に及ぼす影響をも含めて，学習理論に裏づけられた教授学の原理を理解しておく必要がある。
(4) 教師もまた学習者である。したがって，生徒にあてはまる学習や転移の原理は，教師にも同様にあてはまる。
(5) 教師は，日々の授業実践が学習者の先行知識を基礎にして営まれることを深く認識し，子どもの認知発達や思考の発達（子どものもつ認識論）について学ぶ必要がある。
(6) 教師は，「最新の」学習モデルよりも，むしろ生涯学習の基盤となる教師自身の職業的成長のモデルを開発し，キャリア・プランニングに役立つ枠組みをもつべきである。

学習環境

情報テクノロジーと学習支援ツール

情報テクノロジーは，多種多様な知識にアクセスする機会を提供するだけでなく，効果的な学習支援ツールとして，その将来が期待されている。一般には，情報テクノロジーは多種多様な知識を集積し体系化するのに役立つと考えられている。言い換えれば，インターネットのような情報ネットワークによって，世界中の子どもたちを学

習共同体につなげることが可能になると期待されている。しかし，情報テクノロジーには，そのような利用法の他にも，様々な潜在的可能性が秘められている。それは例えば次のような可能性である。

(1) ビデオや視覚化ソフトの使用，シミュレーションの使用，インターネットでの具体的なデータや現役の科学者との交流などを通して，現実世界の問題を教室にもち込むことができる。
(2) 学習者が道筋を立てて考えるのを支援するための効果的な足場づくりを提供できる。例えば視覚化ソフトやモデルを用いた学習の場合のように，足場づくりを提供することによって，そうした学習支援ツールのサポートなしには行うのが難しい複雑な認知行動にも学習者が参加できるようになる。
(3) 学習者がソフトウェア上のチューターや教師，仲間からのフィードバックを受け取る機会が増加する。つまり，学習者が自分の学習過程をふりかえり，学習や思考をよりよい方向へ修正するのに役立つガイダンスを受けることができる。
(4) 教師や管理職，生徒，保護者，あるいは同じ関心をもつ学習者などがインターネットを通じて交流する，ローカルな共同体やグローバルな共同体を構築できる。
(5) 教師の学習機会を拡充することができる。

　さらに，情報テクノロジーは，表象的思考の道具として使用することも可能である。問題状況を深く理解するためには表象的思考が不可欠であり，適切な問題表象を形成できるかどうかが，熟達者と初心者の違いをもたらす。したがって，表象的思考の道具として使われるテクノロジーの多くは，生徒にとっても教師にとっても，効果的な学習や転移をもたらしてくれる重要な学習支援ツールとなるであろう。情報テクノロジーはまた，個別学習だけではなく，学習者と実践者のネットワークを通じた協同学習や協同的問題解決を支援するための道具としても使用できる。
　しかし，教室にもち込まれる新しい情報テクノロジーの技術的な問題に目を奪われてはならない。なぜなら，他の学習支援ツールと同様に，新しい情報テクノロジーは，教師や仲間との対話による協同的な学習環境の中で初めて本来の機能を発揮するものだからである。
　また，学校での学習支援ツールとして用いられるソフトウェアは，学習心理学や発達心理学の理論に基づいて開発・利用されなければならない。また，新しいテクノロジーの有効な利用のしかたを教師に教える場合は，次のような問題が新たに生じる。例えば，「教師は学習過程について何を知る必要があるのか」「教師は情報テクノロジーについて何を知っているべきか」「教師が高度な情報テクノロジーを使いこなせるようになるためには，どのような訓練法が最も効果的か」などの問題である。つまり，

情報テクノロジーにかかわる生徒側の問題だけでなく，教師側の問題について検討することが緊急の課題である。

学習を支援するための評価

評価やフィードバックは学習支援のために非常に重要であり，評価が学習や理解の原理と一致するには，次の3つの条件を満たす必要がある。

(1) 評価は優れた教授法と表裏一体でなければならない。
(2) 評価は指導の一部として，適度に，かつ継続的に行われなければならない。
(3) 評価は，生徒が到達している理解レベルに関する情報を（教師や生徒，親に）提供するものでなければならない。

評価は，生徒が獲得した「知識の量」の評価ではなく，生徒が到達した「理解の質」の評価を主眼とするべきである。したがって，生徒の学習到達度を評価する場合，思考や理解などの認知過程に関する理論を考慮に入れなければならない。例えば理科の学習到達度を評価する場合には，理科の教科内容や課題が要求する認知過程の種類や質と，評価場面で現われる認知活動の種類や質の両方を考慮に入れた評価の理論的枠組みが必要になる。このような評価の理論的枠組みが，「理解の質」を適切に評価することを可能にするのである。

例えば，教科内容に関する知識の説明を重視する評価課題の場合には，自己モニタリングのような認知スキルはそれほど重視されないであろう。このように，ある評価課題が要求する認知活動の種類と質は，内容知識と認知スキルの関数である。さらに，評価課題を達成するのに必要となる認知スキルは，「自由度が低い」ものから「自由度が高い」ものまでの様々な水準がある。例えば自由度が高い状況では，教師による明確な方向づけは最小限になり，生徒は適切な認知スキルを自分自身で産出・実行することが求められる。このように，評価課題の遂行に必要となる内容知識の量および認知スキルの制約度の組み合わせによって，様々な種類の評価課題を構成することができる。したがって教師は，こうした評価の理論的枠組みを用い，評価目標に応じて適切な評価課題を構成するように留意しなければならない。

また，優れた教師は，授業の進行過程で，頻繁に形成的評価を行う。彼らは絶えず生徒の理解や思考過程に注目し，それを現在進行中の学習活動と関連づけようとする。そして，グループ活動であるか個別活動であるかにかかわらず，頻繁にモニタリングを行い，現在の学習活動を他の単元の学習や生徒の日常経験と結びつけようとする。

一方，どの学年の生徒も，何が評価されるのかを鋭敏に察知し，テストに出そうな内容の学習にエネルギーを集中する傾向がある（この傾向は学年が上がるにつれて増

大する)。実際,テストでよい点数を取れるかどうかは,何がテストに出そうかを予想する技術に,ある程度は依存している。このため,何がテストされるかによって,生徒の学習活動が方向づけられることになる。たとえ教師は「理解」を重視した授業を行ったつもりでも,テストの際に知識や事項の「記憶」を測る問題だけを出せば,生徒は知識や事項を記憶することにエネルギーを集中することになるのである。従来,多くの教師は知識や事項の「記憶中心」の評価を行う傾向があった。しかし,優れた教師の評価実践は,深い理解をめざす授業の目標と適切に結びついている。

学校と地域社会の連携

　子どもは学校外でなされる様々な地域社会の活動に参加し,そこでも学習を行っている。それは例えば,ボーイ・ガールスカウト,4Hクラブ,博物館や宗教教育などの放課後プログラムなどである。これらの放課後プログラムは学習することが目的の一部になっているが,これ以外の日常生活の様々な活動においても,たとえ偶発的であるにせよ学習は生じている。そして,そうした日常生活の中での学習経験は,子どもにとって(大人にとっても)非常に重要である。なぜなら,それらの学習経験は日々の生活を成り立たせている文化や社会構造に埋め込まれているからである。しかし,当然のことながら,そうした学校外のインフォーマルな学習経験を重視することは,けっして最も効率的,効果的に行われている学校でのフォーマルな学習活動の重要性を否定するものではない。

　学校外の学習環境の中で最も重要な役割を果たしているのは家庭である。多くのアメリカの家庭は子どものための学習予定表をもっており,家族でいっしょに行う活動や地域社会の活動に参加することを通して,子どもたちが知識,技能,価値観などを身につけるためのインフォーマルな学習機会を提供している。とくに,誕生から4,5歳ごろまでのあいだに子どもが行う学習のほとんどは,家族との相互作用によって支えられており,子どもは家族の行動を観察したり,家族といっしょに活動することを通して様々なことがらを学ぶ。この信頼できる熟達者である家族や親しい友だちとの相互作用が,子どもたちが家庭から学校文化へとスムーズに移行すること支えているのである。このため最近では,学校での学習活動や学習計画作りに家族も参加し,子どもの学習を支援していこうという目的で,学校と家庭という重要な2つのシステムを結びつけようとする試みがなされはじめている。

　保護者や地域社会の人々との交流の機会を作り出すことによって,教室の学習環境は大きく変化するであろう。また,教師や生徒が学外の人々との協働的プロジェクトに取り組むことによって,共同体意識を培うこともできるであろう。さらに,学外の人々との交流によって,生徒は学校で学習していることと世の中の問題との関係がよくわかるようになり,学習の転移も促進されるはずである。

とりわけ保護者とビジネス界のリーダーは，生徒の学習に大きな影響を及ぼす。しかし，そうした学外の人々の学校教育への本格的な参加は，けっして偶然には起こらない。そのためには，明確な目標とスケジュールに加え，学外の人々の支援を学校教育に組み入れる適切なカリキュラムが必要になる。

結　論

　効果的な学習環境をデザインするためには，学習目標や生徒にとっての目標について検討することも重要である。なぜなら，学習目標や教育目標は時代とともに変化するからである。また，学習目標や教育目標が変化すれば，効果的な学習方法や生徒が用いる道具も変化する。さらに，時代によって生徒数も変動する。このように，学習目標や教育目標，学習方法や道具，教育に対する社会の要請が多様に変化すれば，カリキュラムや学習指導のあり方も当然変化しなければならない。こうした歴史的・社会的要因の変化を背景にして，今日では効果的な学習と適応（転移）を促進することをめざして，より「子ども中心」で，より「文化に敏感」な，様々な新しいカリキュラムが開発されるようになってきた。したがって，これからの教師は，こうした多様な変化に対応することが求められるであろう。また，教育目標が達成されているかどうかを絶えず点検・評価することも重要である。さらにその評価資料を，個々の生徒の学習ニーズに応じた授業を設計するために役立てたり，生徒の学習到達度を保護者に知らせるために利用することも重要である。

(1) 教師と生徒の相互作用の場である教室が生徒の学習を支援する豊かな学習環境となるかどうかは，教師のはたらきかけ，とりわけフィードバックの豊かさに依存している。また，教室が学校外の学習環境にどの程度開かれているかどうかにも依存している。
(2) 学校という学習環境は，保護者や地域社会の人々との密接な連携によって，さらに豊かな学習環境となるであろう。
(3) 情報テクノロジーには，様々な点で新しい学習環境を作り出す可能性が秘められている。しかし，その可能性を引き出すためには，「情報テクノロジーを活用することは，学習をいかに促進するのか」「情報テクノロジーを教室の実践に取り入れる際に，教師はどのような支援を必要としているのか」「情報テクノロジーを使用するために，教室の組織はどのように変わるべきなのか」「情報テクノロジーを利用することによって，どのような認知的，社会的な学習成果が期待できるのか」などの点を，注意深く評価していくことが重要である。

第11章 今後の課題
——学習科学のさらなる挑戦

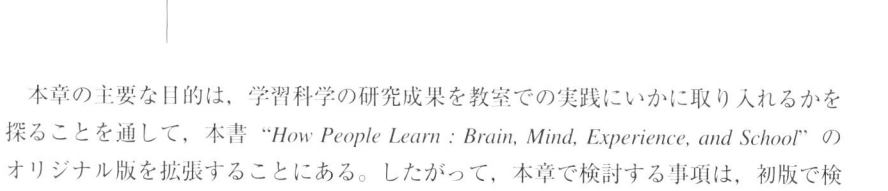

　本章の主要な目的は，学習科学の研究成果を教室での実践にいかに取り入れるかを探ることを通して，本書 "How People Learn : Brain, Mind, Experience, and School" のオリジナル版を拡張することにある。したがって，本章で検討する事項は，初版で検討したものに加えて，理論研究と教育実践との橋渡しに焦点をあてた幅広い研究課題を含んでいる。

　理論研究が教育実践に影響を及ぼす際の道筋を図11.1に示しておいた。この図に示されているように，理論研究が直接的に教育実践に影響を及ぼすのは，次のような場合だけである。それは，第1に，教師と研究者とが研究計画の段階から協同作業をする場合である。第2に，研究に関心をもっている教師が研究で得られた知見をみずからの教育実践に取り入れる場合である。これら2つの道筋は，図11.1では理論研究と教育実践とを唯一直接つなぐ線として表わされている。また，理論研究で得られた知見は，通常，次のような道筋で広まっていく。すなわち，「教材」「教員養成・教

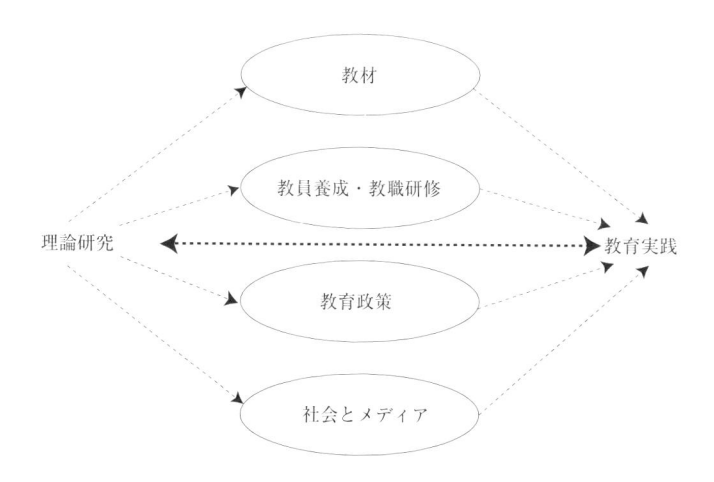

▲図11.1　理論研究が教育実践に影響を及ぼす道筋

職研修」「教育政策」「社会とメディア」の4つである。図11.1で理論研究と教育実践とを媒介している4つの領域は、これら4つの道筋に対応している。なお、「社会」には教師や保護者も含まれる。なぜなら、教師の信念は学術研究の通俗的な紹介の影響を受けることがあるし、保護者の学習や教授法に関する信念も、教師の教育実践に影響を及ぼす場合があるからである。

　図11.1に示した4つの領域のいくつかの面はふれておく必要があるものも含まれている。第1に、理論研究と教育実践とのあいだに介在する「教材」「教員養成・教職研修」「教育政策」「社会とメディア」という4つの領域において理論研究が教育実践に及ぼす影響は、従来、様々な理由で不十分であった。このため、教師の多くは理論研究の知見を自分の教育実践の参考にすることをあまり期待していないのが現実である。そもそも、研究者の関心と教師の関心は異なっている。すなわち研究者は、学習の基本原理に注目するだけでなく、自分の研究結果の妥当性と信頼性に関心をもっている。これに対して教師は、現実の教室で発生する様々な問題に限られた時間の中で対応しなければならず、そうした教育実践上の具体的な問題の解決に、学習の基本原理が適用できるのかという点に注目する。このため、研究者の使う言葉と教師が慣れ親しんでいる言葉は、まったく別物であることが多い。しかも、多忙な教師には、理論研究の成果に目を通す時間などほとんどないのが現状である。おそらくこうした様々な要因が、「研究は教師の仕事とは無関係である」（Fleming, 1988）という、多くの教師が理論研究に対していだいている否定的な感情を助長するのである。したがって、今最も重要なことは、理論研究に携わっている研究者と教師や保護者とをつなぐ架け橋を築くことである。そうしなければ、理論研究と教育実践を隔てている広くて深い溝を取り除くことはできないであろう。

　第2に、研究計画の段階から教師と研究者とが協同作業をする事例は非常に少ない。このため、図11.1において理論研究と教育実践とを結ぶ矢印が一方向的であることが示しているように、一般に教師が研究課題を構想したり、学習や教授法についての知識ベースを生成するのに寄与する機会はほとんどないのが実情である。したがって今後は、理論研究と教育実践のあいだで、双方向の情報の交流が生じるようにする必要がある。そして、そのためには、教師と研究者が共有の知識ベースを構築し、その知識ベースと教育実践に影響を及ぼす様々な要素とのつながりを強固にすることが重要である。

　ドナルド・ストークス（Donald Stokes）も、最近の著書『パスツールの象限』（1997）において、理論と実践の橋渡しをすることの重要性を指摘している。ストークスは、科学の進歩の多くが実践的問題の解決と密接に関連していることを見いだした。彼の著書の書名にパスツールの名が使われているのも、パスツールの研究こそが、まさにそのことのよき例証だからである。つまり、パスツールの研究は医学の進歩に

多大な貢献をしたが，それは彼の研究が病気の患者をいかに救うかという実践的問題の解決に関係していたからに他ならない。そして，パスツールの研究のように，体系的かつ方略的になされた実践研究は，同時に理論研究の進歩にも貢献できるのである。

ストークスはまた，研究を基礎から応用へ向かう1次元の座標軸で捉えるのではなく，水平軸，垂直軸で区切られた2次元空間としてとらえるべきだと主張している。すなわち，この2次元空間の水平軸は「理論研究」と「応用研究」の軸であり，垂直軸は科学研究としての基礎的な理解を追究する軸を示している。つまり，優れた基礎研究は，理論研究にとっても応用研究にとっても高い価値をもち得ると主張しているのである。

このストークスの主張は，教室での学習と授業を改善することに問題意識を焦点化した，包括的な研究プログラムの重要性を示唆している。そして，そうした実践研究は，本書で紹介した多くの研究例が如実に示しているように，教育実践の質を高めるのに役立つと同時に，学習の原理に関する理論研究の進歩にも貢献するであろう。

行動科学や社会科学からの多様な量的・質的研究法を教育研究で適用することに注意したい。なぜなら，どのような研究法を用いるのが適切であるかは，その研究で検討される問題の性質に依存しているからである。一般に，実践研究で検討される問題は複雑で，厳密な変数の操作は不可能であることが多い。したがって，実践研究では，実験研究だけでなく事例研究もなされるべきである。また，量的研究法だけでなく質的研究法も用いられるべきである。つまり，理論研究と教育実践の橋渡しをするためには，単一の研究法だけでは不十分であり，多様な研究法を用いた包括的なアプローチが必要になるのである。

包括的な研究課題

教室での学習や教授法の改善をめざす実践研究では，以下に示すような5つの研究課題がとくに重要である。この5つの包括的な研究課題は，理論研究と教育実践の橋渡しを効果的にするためにはどのような改革が必要であるかを示している。なお，次の3つの研究課題は，理論研究と教育実践とをつなぐための知識ベースをいかに強化するかという問題に関係している。

1. 本書の提言を，細かい項目にいたるまで精緻化して教育関係者や教育政策の立案者が利用できるようにする。

本書に示した知見を教育実践に活かすためには，単なる一般論としてではなく，カリキュラムや教材（教具）や評価の方法の中に精緻化されて組み入れなければならない。例えば，深い理解や学習の転移をめざす授業を行うためには，「教科内容をそれと関連する概念に結びつけなくてはならない」という知識を一般論として知っている

だけでは不十分である。「特定の教科や単元に関する概念は，教師が教える特定の具体的な教科内容に関連している」ことを認識するべきであるし，教科内容と概念とを結びつけるのが容易になるようなカリキュラムとして具現化する必要がある。同様に，教育政策の立案者は，本書で示されている学習の原理が自分の州の教育基準と具体的にどのように関係しているのかを知る必要がある。その意味で，本書であげてきた課題の具体的な「開発」の側面が重要である。

2．教育実践に関わるあらゆる人々に，本書の提言を最も効果的な方法で伝達する。

　個々の教師はそれぞれに異なる教え方をしており，学校の管理者や教育政策の立案者は，それぞれに異なる指導法のモデルを支援しているので，どのような教育改革が望ましく，そのためには何が必要なのかを，彼らに正しく理解させる必要がある。また，教師，学校の管理者，教育政策の立案者は，それぞれが異なる情報を必要としており，それぞれに異なる方法で情報を入手している。したがって，あらゆる立場の人々に情報を効果的に伝達する方法を研究することが重要である。同様にこの研究に参加した教師，学校の管理者，教育政策の立案者たちが，口々に「一般の人々の教育に関する信念が自分たちの仕事のしかたに影響を及ぼす」ことを強調していた。そして，本書の提言が一般の人々にも効果的に伝達されるような研究を望んでいた。

3．本書で提案した学習の原理を，既存の教育実践や教育政策を評価するためのレンズとして活用する。

　多くの学校の教育実践や教育政策は，本書で提案した学習の原理と矛盾している。しかし，既存の教育実践の中にも模範的な優れた実践があるのも事実である。ところが，従来の教育改革の取り組みは個々バラバラになされ，その評価もまちまちである。このため，教育関係者，学校の管理者，教育政策の立案者は，既存の教育実践を適切に評価し直すことを強く望んでいる。すなわち，既存の教育実践や教育プログラムや教育政策が本書で提案した学習の原理と一致しているのか矛盾しているのかを知りたがっているのである。

　さらに彼らは，「新しい考えが学校に次々に導入されるので教師は疲れ果ててしまい，新しい改革が本当に以前の改革よりもよい，ということに対して懐疑的になる」と指摘する。たしかに，最新のアイデアを強く奨励することには，同時に，現存の優れた教育実践を見逃す危険性がある。したがって，そうした優れた教育実践を掘り起こし再評価する取り組みは，よりよい教育をめざして長年にわたって教育実践に取り組んでいる人々の支持を得ることができるであろう。

　上述の1〜3までの研究課題は，理論研究と教育実践との効果的な橋渡しをするた

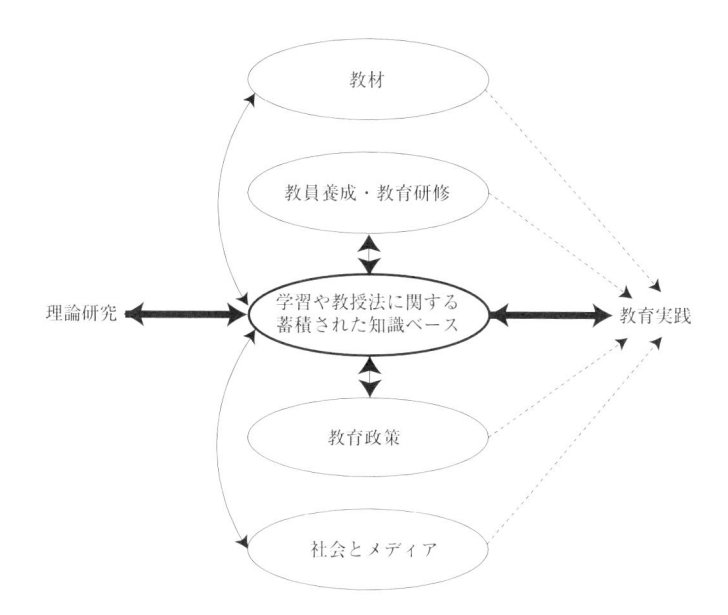

▲図11.2　理論研究と教育実践との結びつきを強化するためのモデル

めには，長い時間をかけて蓄積されてきた学習と教授法についての知見を整理し，共有の知識ベースを構築することが重要であることを示唆している（図11.2を参照）。つまり，学習科学に関する多様な知見をこの知識ベースに整理・統合・蓄積し，前述の「教材」「教員養成・教職研修」「教育政策」「社会とメディア」という4領域に関わる人々が容易にアクセスし効率よく学べるようにすることが重要なのである。また，この知識ベースと他の4領域との情報伝達が円滑になれば，理論研究と教育実践の連携がさらに強まるであろう。

さらに，次の2つの研究課題は，「理論研究と教育実践との連携を強めるための研究はいかになされるべきか」に関係している。

4．研究者の理論知と教師の実践知を結びつけるためには，研究者と教師が協同研究に取り組む必要がある。

教職研修のあり方，新しいカリキュラムや教授法や評価法の開発，および，それを支援するための教育政策のあり方などの問題に関する研究が成果を上げるためには，理論研究と教育実践の密接な連携が不可欠である。教師は，これらの問題に関して相当量の知識と経験をもっているはずである。したがって教師は，これらの問題について研究者と協同で研究することがたいせつである。教師は，そのような協同の取り組

みを通じてみずからの教育実践を省察する機会を得ることができる。また，そのことによって新たな研究課題が浮き彫りになってくることもあるだろう。ただし，ほとんどの研究者は，教師との協同研究に取り組むことには不慣れである。したがって，模範的な先行事例を検討するなどして，研究者と教師がうまく協力するために必要となる条件を明らかにすることが重要である。

5. 教室における実践研究を進展させることは，同時に理論研究の最前線を拡張することでもある。

前述のストークスの言説が示唆しているように，教室での具体的な問題を解決することをめざす研究は，学習科学の理論研究を発展させることにもつながるのである。

以上をまとめると，後半の2つの研究課題は次のことを示唆している。つまり，理論研究と教育実践の関係は，常に双方向的な関係であるべきである。すなわち，理論研究で得られた知見が教育実践に役立ち，教師の実践知が理論研究の進歩を刺激する，というように，両者は相補的な関係であるべきである。換言すれば，実践することが研究を推進し，その研究の成果がただちに実践に活かされるというように，研究と実践が常に密接な連携をとってなされるべきなのである。

以上に述べた5つの包括的な研究課題は，「教材」「教員養成・教職研修」「教育政策」「社会とメディア」の4領域において具現化されなければならない。そこで次に，これら4領域での具体的な研究課題について検討し，最後に今後に残された課題について検討する。

教　材

教材研究とカリキュラム開発の領域においては，相互に関係する次の3つの目標を達成することが重要である。(a) 既存の教育実践が本書で提起した学習の原理に適合しているかどうかを評価するとともに，新たな教材を開発し，その有効性を検証すること。(b) 本書で提起したことを教材，教授法，評価が関わる他の研究領域にまで拡張し，知識ベースを拡充すること。(c) 本書で提起した内容を教材の開発者や教師が利用できるように，様々なメディア（文書，電子データベース，対話的なウェブサイトなど）を通して伝達すること。以下に，そのための具体的な研究課題（1～8）を4つの領域に分けて検討する。

既存の教育実践の評価

1. 現行のカリキュラム，教授法，評価の実践例が本書で提起した学習の原理と適合しているかどうかを検討・評価する。

教科内容の専門家，教授学と認知科学の研究者，教師がチームを組み，深い理解を促すと評価されているカリキュラムだけでなく，広く実施されているカリキュラムの実践例を再検討することが望ましい。なお，この研究には以下に示すような2つの段階が必要であり，これらの2段階は同一のプロジェクトとして行うこともできるし，連続する個別のプロジェクトとして行うこともできるであろう。

　第1段階：検討対象となるカリキュラムや，そのカリキュラムで採用されている教授法や評価法が，本書で提起した学習の原理に適合しているかどうかを慎重に評価しなければならない。なお，その際には以下の点に留意すべきである。

(1) そのカリキュラムは適度な「広さ」と「深さ」を備えているか。
(2) 教科内容に関連する重要な概念を理解する機会として有効であるか。
(3) 教科内容に関する学習者の既有知識を診断する機会があるか。
(4) 学習者に提供される事実についての知識ベースは適切であるか。
(5) 形成的評価の手続きが，カリキュラムにどの程度組み込まれているか。
(6) そのカリキュラムで行われる総括的評価は，事項の記憶だけではなく理解や転移の能力を測定しているか。

　第2段階：カリキュラムの評価は，それを実践した際の有効性に基づいてなされるべきである。なぜなら，世評の高いカリキュラムでも，実施が困難であったり，実際に教室で実践してみると，思ったほどには学業成績の向上をもたらさないことがあるからである。したがって，カリキュラムの評価は生徒の学業成績に基づいてなされるべきである。もちろん，生徒の学業成績には，事実についての知識だけでなく，教科内容についての概念的理解の程度や学習の転移が含まれるべきである。また，生徒の学業成績だけでなく，そのカリキュラムを実践する教師への評価も考慮すべきである。さらに，カリキュラムの評価は，単元ごとの評価，学期や年度ごとの評価，複数学年にまたがる評価というように，長期的なスパンでくり返しなされるべきである。
　なお，学校に設置されているコンピュータの台数が急速に増加していることを考慮すれば，今後はコンピュータを利用した教育プログラムの評価も重要になるであろう。ただし，その際には次の点に留意すべきである。

(1) コンピュータを利用した教育プログラムの中には，単に事項の記憶を促すだけのものや，興味本位の流行の情報を提供するだけのものもあるので，学習の原理に適合することをめざしたプログラムを精選し，その精選したプログラムを「各単元の知識獲得や鍵概念の理解を促進するのか」という観点から評価することが

重要である。また，そのプログラムについての学習の機会が提供されているかどうか，教室で使用する際に支援を受けることができるかどうかについても吟味する必要がある。
(2) 学業成績の向上やその他の期待される効果について，学習の原理に適合することをめざして開発されたプログラムを学習・指導のツールとして，実証的な調査に基づいて評価するべきである。
(3) 学習の原理と明らかに適合していなくても，そのプログラムが何らかの教育効果をもたらすのであれば，その特徴を詳細に分析するべきである。なぜなら，そのようなプログラムは今後の研究に貢献する可能性があるからである。

新たなカリキュラムの開発・評価による知識ベースの拡充
2．カリキュラム開発の進んでいない領域では，新たなカリキュラムを開発し，深い理解を測る測度により評価を行う。

　新しいカリキュラムの開発と評価は，その教科の専門家，認知科学者，カリキュラム開発者，熟練教師がチームを組んで行うべきである。理想を言えば，この種の開発研究は，既存のカリキュラムを修正・改善することから始めるのが望ましい。しかし，既存のカリキュラムがない場合もあるだろう。その場合には，国立科学財団が進めているカリキュラム開発の取り組みと並立するのではなく，互いに相補的な取り組みとして統合されるべきであろう。

　また，新しく開発するカリキュラムは，理解を深める学習を支援することをめざし，「広さ」と「深さ」の両方が重視されるべきである。つまり，カリキュラムの内容は，基本となる知識の獲得を保証すると同時に，多様な文脈に応用できる柔軟な知識の獲得とメタ認知技能の発達を支援するようにデザインされるべきである。

　また，カリキュラムに関する教師用の手引き書は，次のような「メタガイド」としての内容を含んで構成されなければならない。第1は，そのカリキュラムと，学習の原理および「授業を想定した教科内容についての知識」との関係についての説明である。第2は，教師がカリキュラムを柔軟に運用できるように支援するような内容である。第3は，典型的な生徒の先行知識や生徒に求められる能力，学習の転移を促進するための形成的評価や総括的評価の実施法に関する説明である。要するに，どんなに優れたカリキュラムでも，運用するための適切な支援を教師が得られなければ，教育効果を期待することはできない。したがって，メタガイドとしての指導の手引き書は，できるだけわかりやすく，ユーザーフレンドリーであるべきなのである。

　さらに，新しく開発したカリキュラムは常に実地検証で評価するべきである。すなわち，カリキュラムを実施し，生徒の学業成績や教師の満足度についての資料を収集し，その評価資料に基づいて，カリキュラムの改善点を抽出することが重要である。

その際，できれば異なる学年を対象にして（例えば，代数学の分野を小学校，中学校，高等学校で行うなど）横断的な実地テストを行い，評価結果の一貫性を確認するのが望ましい。その時，生徒の達成度は概念理解と新たな関連分野への学習の転移を測定すべきである。

3．形成的評価の研究をする。

新しいカリキュラムの開発と評価に加えて，形成的評価の研究を行うのが望ましい。本書ではこれまで，評価やフィードバックを提供すること，自己修正の機会を頻繁に設けること，および自己評価の重要性をくり返し指摘してきた。しかし，形成的評価を効果的に用いる方法に関する知識ベースはまだ不十分である。したがって，新しいカリキュラムに形成的評価を効果的に組み入れるためには，次の点に留意しなければならない。

(1) 一貫性があり，うまく構造化された知識の発達を促すために，新しい形成的評価の方法を設計し，その原理を定式化する。この形成的評価の目標は，手続きや事実についての記憶を促進することではなく，深い理解を促すことである。
(2) 生徒や教師が，形成的評価や自己評価を単なる成否の指標とするのではなく，成長を促すための有用な情報源の機会ととらえるように，形成的評価に対する見方を変容させる。
(3) 有効かつユーザーフレンドリーな形で形成的評価を授業に組み入れるために，新しい情報テクノロジーの可能性を探る。

また，形成的評価と総括的評価の関係についても考慮しなければならない。効果的な学習指導を行うためには，学習のプロセスで学習上の問題点を明らかにするための形成的評価と，学期末や学年末に学習目標がどれだけ達成されたかを評価するための総括的評価の両方が重要である。このように，形成的評価と総括的評価は学習過程の異なる段階で実施されるが，どちらも教育目標や指導計画と密接に結びついていなければならない。

4．幼稚園から高等学校までの公教育で共通に教えられている単元のモデル授業をビデオに記録し開発・評価する。

例えば理科における雨水の循環，物理における重力の概念，歴史における南北戦争，英語におけるマクベスなどは，ほとんど例外なく合衆国の生徒が学ぶ共通の単元である。したがって，本書で提起した学習の原理に合致する教授法について説明する際には，こうしたなじみ深い単元の授業を取り上げるほうがよい。また，モデル授業の開

発と評価は，教科内容の専門家，教授学の専門家，熟練教師，ビデオ撮影の専門家がチームを組んで実施すべきであり，そのようにして開発されたモデル授業は，次の条件を満たすものとなるであろう。

(1) 生徒の既有知識を明らかにするための方法論や，理解にいたる経過を評価するための方法論を解説する。
(2) 新たな教材の構造を理解するための概念的枠組みを呈示する。
(3) 学習した知識を関連領域へ転移させるための条件を明確に呈示する。
以下の条件も満たしていれば，より適切である。
(4) メタ認知技能を利用した授業場面を呈示する。
(5) 協同学習における理解の展開過程についての事例を含み，教室において共有されている専門的知識を利用することの特質やその潜在的利点を説明する。

また，モデル授業のビデオには，視聴者の理解の助けとなるような事前の説明や，教科内容や指導技法に関する十分な注釈がつけられるべきである。さらに，そのモデル授業での評価は，教科内容の核となる概念の理解度を査定するものでなければならない。そして，できれば同じ授業を異なる学校で実施して，複数の授業モデルを構成することが望ましい。そうした複数のモデルを構成することには，次の2つの利点がある。第1は，効果的な授業の実施法を特定の単元だけではなく，より一般的に説明できることである。第2に，学級によって異なる生徒の学習の進度や理解度に柔軟に対応するにはどうすればよいかを例示できることである。複数事例は共通の知識に注意を向けながら，いかに個別の生徒に対応するかへの柔軟さを示してくれる。

さらに，モデル授業の試作版は，修正や再検討を経たあとに，厳密な実地検証が行われるべきである。その際，すでに「全米教員評価基準委員会」等が開発しているビデオ教材との比較検討がなされるべきである。

そしてモデル授業のビデオは，広くアクセスが可能なビデオやマルチメディアのライブラリーに，次のような様々な目的のために，整理されるべきである。

(1) モデル授業のビデオは，教育実習生や現職教師，学校の管理職が本書で述べた学習の基本原理を理解したり，学習の原理に合致する新しい教授法を習得しようとする際に，話し合いのてがかりとして利用することができる。
(2) モデル授業のビデオは，学校の管理職の研修プログラムにおいても有益である。なぜなら，教師の雇用や評価の責任を担っている学校の管理職には，教師に評価結果を知らせるために，よい授業実践のモデルが必要だからである。
(3) モデル授業のビデオは，一般向けに若干の修正を加えた注釈をつければ，学校

の教育目標や授業の方針を保護者に知らせる際に利用できる。授業を改革する際には，保護者の理解を得ることが重要である。その意味で，モデル授業のビデオは，学校が説明責任を果たすためにも利用することができるだろう。

5．小規模な調査研究だけでなく大規模な評価研究も実施し，教育目標や教室内の暗黙の仮定，情報テクノロジーが学習の原理や学習の転移にかなうよう教室で適切に活用されているかどうかを評価する。

　コンピュータを基盤とする様々な情報テクノロジーが教室に導入されたのは比較的最近のことである。したがって，情報テクノロジーの教室での利用のされ方が，本書で提起した学習の原理に適合しているかどうかを吟味するべきである。

主要な研究成果の精緻化と知識ベースの拡張
6．幼稚園から高等学校までの公教育で教えられている単元における主要な概念的枠組みについて，教科ごとに研究を実施する。

　本書で取り上げてきた研究の主要な知見は，深い理解（その顕著な特徴は学習の転移を促すことである）がなされるためには，教科内容が，その学問分野の中核となる概念や原理と結びつけて体系化されている必要があるということである。教科の授業では正しい知識を教えることももちろん重要ではあるが，授業の目標は，けっして単に知識を伝達することではない。教科学習の目標は，学問分野の基本的な概念を理解したり，疑問を追求するための分析方法を習得したり，専門用語を用いて議論できるようになることである。

　このことを説明するために，小学校低学年で習う「海に生きる哺乳類」の単元について検討してみよう。この単元の授業では，海に生きる様々な哺乳類を確認したり，哺乳類と魚類を区別する特徴について調べたり，クジラの種類や大きさを調べたり，オスのクジラとメスのクジラの大きさを比較したり，といった学習がなされるであろう。これに対し，海洋生物学者にとっては，「なぜ海に哺乳類がいるのか」という問いのほうがはるかに重要である。したがって，この「なぜ海に哺乳類がいるのか」という壮大な問いをめぐって授業が展開すれば，生徒は進化論の話に夢中になるに違いない。そして，海洋生物の陸上生活への適応過程に「ねじれ」が生じ，今や陸上の哺乳類が海洋での生活に適応しているという話題が授業の中心テーマになるであろう。このようにして生徒たちは，「陸上に生きる哺乳類へと進化した海洋生物が，なぜ再び海へ帰ったのか」という科学者を悩ませた謎を理解し，進化は一方向的な過程であるという広く信じられている誤概念に疑念をもつようになるはずである。

　上述したような事実に関する知識と科学的探究の方法とを結びつけるアプローチは，理科の他の単元でも他の教科でも用いることができるはずである。しかし，特定

の教科内容に関する主要な概念的枠組みは，その教科の専門家しか知らないことが多い。したがって，幼稚園から高等学校までのカリキュラムにおいて歴史，数学，理科，社会科などの幅広い分野を組織的に分析し，それぞれの単元に固有の概念的枠組みを明らかにすることが重要である。そうした組織的な研究によって異なる単元間で共通の概念的枠組みが存在することが明らかになれば，教科の枠を超えて学習の転移が生じるような，新しい教授法のモデルを構築するのに役立つであろう。

また，学問領域で一致した見解が得られている分野とそうでない分野をはっきりさせるために，学問領域の専門家たちにパネルなどで論じてもらうこともすすめられる。この研究結果はカリキュラムをデザイン，評価する者にも教える者にもたいへん役に立つ。

7．生徒が教室にもち込んでくる既有知識を各教科の単元ごとに同定し検討する。

本書では，あらゆる学習は生徒が教室にもち込んでくる既有知識を基礎にして成立することを明らかにした。つまり，学習は既有知識を適切に活性化できた時に促進されるのである。したがって，教師やカリキュラム開発者は，生徒が教室にもち込んでくる典型的な既有知識を同定し，それをカリキュラムの中に組み込まなくてはならない。そのためには，各教科の単元ごとに，次のような研究を行うことが望まれる。

(1) 各学年ごとに，生徒が教室にもち込んでくる典型的な既有知識を同定する。
(2) 学習者の既有知識と教科の知識とが適合している場合には，両者のつながりを顕在化する。
(3) 学習者の素朴理論と科学理論の橋渡しをするための漸進的な学習系列を明らかにする。

いくつかの学問分野（例えば物理学）では，誤概念に関する重要な研究がすでになされている。したがって今後は，それらの先行研究を基礎にしながらも，それをさらに発展させるための研究プロジェクトを推進することが重要であり，その研究プロジェクトは次の4段階を含むことになるであろう。

(1) 第1段階では，各教科・単元ごとに生徒が理解しなければならない主要な概念を同定し，それらの概念の理解度を評価するための新しい評価用具（例えば転移テストなど）を開発する。
(2) 第2段階では，生徒が各教科・単元の学習にもち込んでくる既有知識に関する先行研究の検討と，まだ十分に検討されていない教科・単元における既有知識の研究を行う。

(3) 第3段階では，既有知識に基づく学習や，素朴理論に対する疑問から出発する探求型の学習機会と教授法の開発を行う。例えば，既有知識と矛盾するような物理学の実験を授業に組み入れる理科の教授法や，歴史上のできごとを多様な視点から検討する課題を授業に組み入れることによって，「善人－悪人」という紋切り型の人物理解に疑念をいだかせる歴史の教授法などが考えられる。
(4) 第4段階では，新しく開発した教授法と第1段階で開発した評価用具の実験的検証を行う。

　このような研究が各教科・単元ごとになされ，その研究成果は広く公開されるべきである。例えば，モデル授業のビデオに組み込んだり（研究課題の4），教育研究所（研究課題の15）において活用されるべきである。

研究の知見を教材として活用できるような形で伝達するための道具の開発
8. 教科・単元ごとにカリキュラムに関する情報を提供するための，相互交流が可能なウェブサイトを開発する。

　教材研究とカリキュラム開発の成果が教育実践に活かされるためには，新しく開発した教材やカリキュラムに関する情報を広く公開することが重要である。そのための最も効果的な方法は，相互交流が可能なウェブサイトを開発し，それを維持・管理することである。そのようなウェブサイトが開発されれば，研究の知見がただちに教育実践に活かされ，その実践の成果がさらなる研究の発展をもたらすことが期待できる。

　教材やカリキュラムの評価規準には様々なものが考えられる。例えば，よいカリキュラムの条件として，扱う内容の「広さ」と「深さ」のバランスがとれていることがあげられよう。しかし，このバランスをとるのは至難の業である。このため，多様な科学的な物語を多く取り入れたカリキュラムや実験実習を重視するカリキュラムなど，多種多様なカリキュラムが開発されることになる。このため，こうした多種多様なカリキュラムの特色を適切に評価するのは，けっして容易な作業ではない。しかし，教育実践に携わっている教師たちが最も必要としているのは，カリキュラムの評価に関する情報なのである。なぜなら教師たちは，そうした多種多様なカリキュラムの中から適切なカリキュラムを選択しなければならないからである。

　カリキュラムの評価は，カリキュラムの順位づけをするのではなく，それぞれのカリキュラムの特色に基づいて総合的に評価することが望ましい。その際の評価の観点としては，次のようなものが考えられる。すなわち，「カリキュラムが生徒の既有知識を引き出しているか」「カリキュラムが評価（形成的評価と総括的評価の両方）を組み入れているか」「カリキュラムが新しく学習する知識を適切な概念的枠組みに位置づけているか」「教師の個別の目標や要求に応じて，単元を変更することが可能か」

「メタ認知的な技能の発達を促進するか」などである。その他，「実地検証の範囲とその結果」「実施された期間の長さ」「そのカリキュラムを採用した学校や学区の数」「教師が研修する機会」「カリキュラムの実施にあたり教師が利用できる支援の種類と量」「カリキュラムを実施した際の生徒の反応」なども評価の観点に加えるべきである。

　上記のようなカリキュラムの評価を適切に実施するためには，教科内容の専門家，熟練教師，学習や教育の専門家，カリキュラム開発者などの意見を考慮に入れることが重要である。そのためには，相互交流が可能なウェブサイトを開発し，そこに評価結果を公表するのが効率的な方法である。そうすれば，ウェブサイトを通じて様々な専門家の幅広い意見を聴取することができるので，教師たちはカリキュラムの選択をする際に多様な専門家の意見を比較考慮することができる。一方，ウェブサイトの管理者は，カリキュラムの実施結果のフィードバックを受け，それを発信する情報に反映させることができる。こうした情報の交流を通じて，この交流サイトには，しだいに個々の教師の多様な目標や要求に応じることのできる，きめ細かな情報が公開されるようになっていくであろう。

教員養成・教職研修

　本節で提案する研究課題は，次の3つの目標を達成するためのものである。それは，(a) 本書の内容に照らして既存の教員養成・教職研修の実践を検証する，(b) 主要な研究成果を精緻化し，知識ベースを拡充する，(c) 教員養成・教職研修に関する研究の知見を広くアクセス可能にすることである。これらの目標を達成するためには，次の8つの研究課題（9〜16）に取り組む必要がある。

既存の教員養成・教職研修のプログラムの検討
9. 既存の教員養成と教職研修のプログラムが学習の原理に適合しているかどうかを再検討する。

　教員養成・教職研修のプログラムが学習の原理に適合するためには，次の条件を満たしている必要がある。すなわち教員養成・教職研修のプログラムは，「生徒の既有知識に基づいて教えることの重要性」「生徒が自分の既有知識を利用しながら新しいことを学ぶように指導することの重要性」「生徒の学習が深い理解に向かっているかどうかを継続的に評価することの重要性」についての予備知識を提供していることが重要である。また，教員養成のプログラムは，彼らが教師として将来教える教科内容に関する知識を伝達するだけでなく，学習の転移の重要性についての深い理解を促すものでなければならない。また，メタ認知技能の重要性を深く認識し，その指導ができるような内容が組み入れられている必要がある。さらに，柔軟で適応的な専門性を

常に発達させている「学習者としての教師」のモデルを呈示する必要もある。

　しかし，既存の教員養成・教職研修のプログラムは，はたしてこれらの条件を満たしているのであろうか。この疑問に答えるためには，本書で提起した学習の原理に照らして，既存のプログラムの大規模な評価研究を実施する必要がある。すなわち，この評価研究の対象には，教員養成コースをもつ1,000を超える総合大学や単科大学の教員養成プログラムから様々な組織・機関が実施している教職研修プログラムまでの，多様なプログラムが含まれるべきである。そして，「教師は専門性の発達に必要な最新の知見をどのように学んでいるのか」「教員養成プログラムには現在どれだけの多様性があるのか」「そのような多様性をもたらしている要因は何か」を明らかにすることが，この評価研究の目的とされるべきである。とくに，本書で提起した学習の原理と矛盾するプログラムの内容や構造を分析し，その分析結果を，学習の原理と合致する教員養成・教職研修プログラムの開発に活かすことが重要である。

10．教育実践の改善につながるような教員養成・教職研修のプログラムを開発する。

　近年，教員養成や教職研修の問題は，政治の場においても注目を集めている。とりわけ教育実践の改善につながるような教員養成・教職研修のプログラムの開発が，教育政策上の懸案事項となっている。しかし，そのためには，既存の多種多様な教員養成・教職研修プログラムの見直しと，新しいプログラムの開発研究が必要である。具体的には，次のような問題の検討がなされるべきである。

(1) 教員養成・教職研修プログラムの普遍的なモデルを確定する。その中には，短期間での個人的なワークショップ，それよりは長期間の教職研修プログラム，大学の教職課程などが含まれるであろう。また，教授技術の訓練や特定教科の指導法の訓練プログラムなども含まれるべきである。
(2) 教師の学習を支援するプログラムと支援しないプログラムの特徴を詳細に検討するべきである。その際，プログラムが，「教師の既有知識を明らかにすること」「教師は何を学んでいるのかを評価し，それを教師にフィードバックすること」「学習したことを教室で活用できるように教師を支援すること」を含んでいるかどうかを検討の対象にするべきである。
(3) 学習によって変容することが期待される教師の知識と力量を測るための尺度を作成する。
(4) 授業の改善によって期待される生徒の学業成果を測るための尺度を作成する。
(5) 研修の回数や形式が教師の力量や生徒の学業成績の向上に及ぼす効果を評価する。

以上のような研究課題に取り組むためには，かなり大規模なデータ収集が必要である。また，一定の研究成果を上げるためには，特定の学区や学校に滞在し，数年間にわたって調査を継続することが必要になるかもしれない。最近では，教職研修のための予算の増額を検討している州や学校区も出はじめており，こうした研究課題に取り組むための機は熟しているといえるだろう。

　なお，この研究課題の成果は，次の3つの目的を果たすために，広く公開されるべきである。(a) 教育養成・教職研修プログラムの開発担当者に，プログラムの改善に役立つようなフィードバックを提供する。(b) 管理職や教育政策の立案者に，プログラム評価の手引きとなるような評価資料を提供する。(c) 研究者に，研究成果のメタ分析が可能になるように詳細な報告書を提供する。

11．管理職研修のあり方を研究する。

　学校の経営者や学区レベルの教育行政管理者には，教師の学習を支援することと教師の力量を評価することに対する責任がある。つまり，学校管理職は教師が学習の原理を教室での実践に組み入れるのを支援する責任があり，そのためには管理職自身が学習の原理を正しく理解しておく必要がある。したがって，管理職研修のあり方について検討することも，今後に残された重要な研究課題の1つである。

　しかし，管理職研修の目的は，学校の管理職が学習の原理に適合するような授業実践がなされているかどうかを的確に見分けることができるようにすることだけではない。学校の管理職には，的確な授業評価の能力だけでなく，教師の成長を支援するためのワークショップやセミナーなどを適切に計画・運営する手腕が求められる。したがって今後は，学校管理職の学校経営手腕を高めるための効果的な管理職研修のあり方が検討されるべきであろう。

主要な研究成果の精緻化と知識ベースの拡充

12．学習過程に関する教師の既有知識を分析研究する。

　大人も子どもと同様に既有知識をもっており，それが種々の課題の遂行のしかたや意思決定の方法に影響を及ぼす。したがって，学習や教育に関する教師の既有知識も教師の教育実践に影響を及ぼす可能性がある。そのため，教師の既有知識を明らかにするために，次のような問題に関する研究が必要となる。

(1) 現職教員や教職志望の学生がもっている学習についての既有知識や，彼らが共通にもっている教授法の理想像を明らかにする。
(2) 「人はいかにして学ぶのか」に関して現職教員や教職志望の学生がもっている誤概念を分析し，彼らが学習科学に基づく正しい学習理論を学ぶための機会を拡

充する。
　(3) 現職教員や教職志望の学生がもっている授業実践についての誤概念を修正するための学習機会を設定し，その効果を評価する。

13. 小学校，中学校，高等学校で教科を教えるために必要となる教科内容の知識の水準を教科ごとに検討する。

　本書では，効果的な教科教育を行うためには，教科内容の知識と教授学的知識をつなげる必要があることを明らかにした。つまり，優れた教師になるためには，授業を想定した教科内容の知識（ある教科の内容をいかに教えるかの知識）を習得する必要があるのである。しかし，現在の教員養成プログラムでは，必ずしもそのような知識の習得を支援するための教育がなされているとは限らない。

　また，教職志望の学生に教科内容の知識を教える場合，次のことが問題になる。すなわち，教科内容の知識は，その学問分野の専門学部（例えば理学部や文学部など）で教えるべきなのか，それとも教育学部の教職課程で教えるべきなのか，あるいは専門学部と教育学部が協力してそのための講義を開設するべきなのかが問題になる。また，教科内容の知識と教授学的知識が別々に教えられる場合には，それらを関連づけることができるのかという問題が生じる。逆に，それらが同時に教えられる場合には，教科内容の知識が十分になされるのかという問題が生じる。

　また教科固有の研究チームが教師の教科内容知識と，生徒の教科固有の発達の軌跡についての知識を査定する既存の評価用具を評価し，その適切性を検討することが望まれる。

教員養成・教職研修に関する研究成果の公開のためのツールの開発

14. 現在行われている教職研修のための活動の有効性を吟味する。

　現在，公的に行われている教職研修のための活動のほとんどは，教師の学習を促進しているとは言い難い。したがって，現在の教員養成・教職研修でなされている活動の有効性を幅広く調査し，調査結果を広く公開する必要がある。この調査研究の対象には，教員養成・教職研修のセミナーやワークショップや夏期講習などが含まれるであろう。また，教師の学習共同体の形成・発展に寄与するプロセスやメカニズムを明らかにするためには，こうしたセミナーやワークショップ以外の，教師の学習共同体でなされている多様な活動のすべてを視野に入れるべきである。

15. モデルとなる教育研究所を作る。

　教員養成学部の学生には，学習の原理を深く検証し，その限界に精通し，それを教育実践にどのように活用すればよいのかを学ぶための場所が必要である。したがって，

そのための場所として，試験的な教育研究所の開設が望まれる。

　初任の教師たちは，しばしば初めての授業で当惑してしまい，教員養成プログラムで学んだことは実践には少しも役に立たないと嘆く。このことに現在の教員養成プログラムの問題点が端的に示されている。要するに問題の本質は，理論研究と教育実践が乖離していることなのである。しかし，教育研究所が開設されれば，こうした問題点はかなり解消されるであろう。なぜなら，教育研究所では，現実の教室で起こり得る様々なできごとや教室内へと容易に転移できる実験室内のできごとについて，観察と分析だけでなく，実践の経験も提供することができるからである。

　ここで構想している教育研究所は，複合的な目的をもっている。そのうち最も重要な目的は教育実践の場を提供することであり，そのためには，教育研究所のスタッフと指導を受ける教育実習生や初任の教師とが常時協同的に活動をするような関係性を発展させる必要がある（例えば土曜学級など地域の学校との協力関係も必要になるであろう）。したがって，教育研究所の計画立案の段階で，どのようにしてこの関係性を形成・維持していくのかに関して，慎重な検討がなされるべきである。そのような密接な関係性の中で，研究所のスタッフである熟練教師は，教育実習生や初任の教師の授業を分析し，フィードバックを提供する。その際，ビデオ撮影された授業の記録も補助的に使用されるであろう。そして，類似の実践を試みた別の教師のビデオを視聴することによって，さらに分析が深まるであろう。このようにして教育実習生や初任の教師は，フィードバックと改善をくり返しながら，しだいに効果的な教授法を習得していくのである。

　教育研究所はまた，教育実習生や初任の教師が形成的評価の方法を習得するのを支援するための理想的な環境となるであろう。教師は生徒の既有知識や素朴理論を診断し，それにはたらきかけ，正しい理解をめざす生徒の学習過程を評価しなければならない。研究所での指導を受けることで，そのための技術の向上が期待できるはずである。

　要するに教育研究所がめざすべき目標は，初任教師たちが学習の原理を教育実践に適用するための授業を試みる機会を提供することである。言い換えれば，脱文脈化された指導ではなく，実際の教室での学習過程に対する省察や探究ができるような環境を受講者に提供することである。したがって，研究所で行われる演習には，学習と教授法に関連する学習科学の最新の知見が盛り込まれるべきである。それは例えば，記憶，情報の体制化，メタ認知方略の使用，学習の転移に関する知見である。教育研究所での研修はまた，学習科学の最新の知見を学ぶ機会を提供するだけでなく，教師自身が1人の科学者として，生徒の学習過程や自分の授業を観察し省察する機会を提供するであろう。そしてそのことが，教師の教室での教育実践の質を高めることにも役立つはずである。

教育研究所はまた，研修を受けている教師や地域で教育実践をしている教師，さらには学習科学の研究者のための情報センターの役割を担うであろう。すなわち，教育研究所の情報ライブラリーには，授業分析のための資料である種々の「プロトコル資料」が収蔵されるであろう。その資料とは，例えば，モデル授業のビデオ（研究課題の4），生徒の科学的思考における創造性，洞察，課題遂行における初心者の推論と熟達者の推論の違い，転移の失敗や負の転移の事例，授業に対する保護者の豊富な知識の活用法，具体的思考と操作的思考の事例などに関するプロトコル資料である。さらに，第3回国際数学・理科教育到達度国際比較調査プロジェクトから提供された諸外国の授業のビデオも収蔵されるであろう。そして，これらの資料に基づいて実施されたカリキュラム開発やカリキュラム評価の研究成果が，さきに述べた相互交流が可能なウェブサイト（研究課題の8）を通して広く利用されることになるであろう。

　さらに，教育研究所には情報テクノロジーセンターも併設されるべきである。そうすれば，コンピュータを利用した学習支援プログラムの開発や，情報テクノロジーを基盤とするカリキュラムの開発を，教育研究所内で行うことが可能になり，さらに教師や研究者の共同体にインターネットを経由して接続し，相互に情報交換をすることも可能になるであろう。

16. 学習の原理を現職教育の中で教師に伝達するための方法を開発する。

　学習の原理を教室での授業実践に組み入れるためには，学習の原理を授業の実践者である教師に伝達する必要がある。しかし，多忙な教師たちにそれを伝達するのは，けっして容易ではない。したがって，そのための効果的な方法を開発することも，今後に残された重要な研究課題である。その際に留意すべきポイントの1つは，本書で提起した内容のエッセンスを抽出し，それを学校の文脈に沿った実践事例の形で伝達することである。また，情報伝達の媒体は，例えばテキスト，オーディオテープ，ビデオテープ，CD-ROM，インターネットなど，できるだけ多様であるほうが望ましい。さらに，資料の形式にも留意すべきである。例えば，事例研究の形式で伝達するのとテキストと講義によって伝達するのとでは，どちらが効果的であるかを比較・検討する必要がある。

教育政策

　本書では遠大な教育改革のビジョンを提起した。すなわち本書では，「教室では何をどのように教えるべきなのか」「生徒と教師の関係はいかにあるべきか」「教育評価はどのようになされるべきか」「教員養成やプログラムはいかにあるべきか」といった問題に対する具体的な提案をした。しかし本書は，けっして教育改革の青写真を呈示しているわけではない。おそらく教育政策の立案に関わる人々は，教育改革の具体

的な青写真を求めているに違いない。しかし，健康的なダイエットやストレスの軽減，運動，十分な休息を勧める医者にも，そのうちのどれが最も健康によいかを断定することはできないのと同様に，学習科学の研究者も，教育改革の決め手は何なのかを特定することはできない。なぜなら，教育制度の個々の構成要素は，1つのシステムとして密接不可分の関係にあり，それらの相互作用が結果に強力な影響を及ぼすからである。

　それでもなお，本書でこれまで述べてきた提言の多くは，教育政策の立案者たちに大いなる示唆を与えるはずである。例えば，教員養成プログラムの評価に関する研究は，その目的のための予算を要求する教育政策の立案者の役に立つであろう。実際，本書に関わった教育政策の立案者と教育関係者の主張によって，州レベルでの評価基準を見直し，州レベルおよび国家レベルで教員免許の取得条件を再検討しようという動きが生じている。

　しかし，本書で提起した教育改革を学区レベルで実行することには多くの困難が伴うであろう。なぜなら，現実の教育界には，改革を明らかに後押ししてくれる政策や明らかに妨害する政策が存在するからである。そのことを白日のもとにさらすために，本書では改革が成功裡に実施された学校や学区の事例研究を呈示した。すなわち本書の目的は，教育改革の青写真を提起することではなく，改革を実行するためには，どのような教育政策上の環境条件が整備される必要があるかを明らかにすることなのである。

　したがって，上記の目的を果たすためには，次の5つの研究課題（17〜21）に取り組むことが重要である。

各州の教育基準と評価

17．本書の主張に照らして，州の教育基準とその評価方法を再検討する。

　現在，49の州において教育基準が設定され，州内の学校に適用されている。そして，ほとんどの州では，学区が教育基準に対する説明責任を果たすための評価方法をすでにもっているか，あるいは開発中である。なお，各州の教育基準は，指導される内容への統制の度合い，指導が義務づけられる内容，明示的または暗示的に基盤となっている学習のモデルなどの点で，かなり異なっている。したがって，以下の目的を果たすためには，各州ごとの基準と評価方法を再検討するのが望ましい。

(1) 学習の原理に合致した教育を支援する教育基準とそうでない教育基準の特徴を明らかにする。
(2) 教育基準が遵守されているかどうかの評価項目の特徴を各州ごとに検討する。
(3) 学習の原理に合致した教育を支援する評価項目とそうでない評価項目の特徴を

検討する．
　(4) 効果的な教育という目標の達成を支援するための賞罰の与え方，および逆の効果をもつ賞罰の与え方を同定する．

18. 生徒の学業達成度を測定するために各州で用いられている標準学力テストを本書の学習の原理に照らして比較検討する．

　本書では，望ましい標準学力テストに関して，1つの明確な提案をした．すなわちそれは，単なる知識の量を測るだけの標準学力テストは，理解力や応用力（学習の転移）の指標としてはけっして十分ではないということである．

　従来の標準学力テストは，20世紀初頭の教育測定理論の遺産である．しかし，学習科学が急速に進歩した今日，伝統的な教育測定理論は再考が求められている．もちろん，従来の教育測定理論にも，それなりの利点がある．それは，客観的で信頼性の高い測定が可能なことである．しかしながら，従来の標準学力テストは知識の量を測定することに偏りすぎている点において，明らかに問題がある．

　したがって，標準学力テストの改善の第1段階は，単に事項的な知識の量を測定するのではなく，深い理解力や学習の転移能力を測定するための方法を探究することである．この第1段階の目標は低すぎるように見えるかもしれない．しかし，実は相当に挑戦的な目標なのである．なぜなら，標準学力テストの改善案が州の評価基準を変えるだけの説得力をもつためには，改善された標準学力テストを広範に実施し，その妥当性と信頼性を確認する必要があるからである．残念ながら，現時点の到達点は，その水準にははるかに及ばないのが現実である．したがって，改革の第1歩は堅実に踏み出すべきなのである．そのためにはまず，理解を評価することとそれを客観的に得点化することのあいだのギャップをいかにして狭めるかを検討することが重要である．例えば，新しい形式の標準化されたテスト（新しい情報テクノロジーを利用した評価用具など）や最近注目されているポートフォリオ評価のような新たな評価法の可能性を探ることが，そのための突破口となるのではないだろうか．

　いずれにせよ，今はまだ様々な形式の評価用具の可能性を探ってみるべき段階であり，とくに次の点について慎重に検討する必要がある．

　(1) 新たに開発した評価用具は，従来とは異なる側面の学力を測定しているのか，それとも同じ側面の学力を測定しているにすぎないのか．
　(2) 学力評価をバランスのとれたものにするために，新たに開発した評価用具と従来の評価用具をいかに組み合わせるべきか．

19. 教師の資格と資格更新の要件について再検討する。

　現在，50ある州のうちの42の州において資格認定や免許交付の手続きの一部として教師を評価している。しかし，各州の評価の方法は，評価基準，評価の形式，評価の目的などの点で非常に異なっている。合衆国政府もまた，全米教員評価基準委員会が開発・運営している上級資格の評価業務をサポートしている。したがって，教員資格に関する研究は，こうした多様性を考慮に入れて行うのが望ましい。また，最初の免許取得から上級資格まで，教師の成長の道筋を示す形式の評価はとくに注目すべきである。それは例えば，標準化されたテストや，州際新任教員評価・支援協会が開発中の教育実績に基づく教員評価，全米委員会による教員評価などである。なお，これらの教員評価を対象とする研究では，次の点を明らかにするべきである。

(1) 本書で提起した学習の原理に適合する教員免許の特徴と矛盾する教員免許の特徴。
(2) 教員免許と生徒の学力向上の関係をデータが入手できる範囲で調べること。

学区レベルの教育政策の検討

20. 新しいカリキュラムの「拡張」が成功した事例を研究する。

　学区の教育政策は，教師の職場環境に様々な影響を及ぼす。このため，たとえ新しいカリキュラムの試験的な実施が好結果をもたらしたとしても，その新しいカリキュラムがただちに同じ学区の他の学校で受け入れられるとは限らない。したがって，新しいカリキュラムの他の学校への「拡張」が成功した事例に関する研究を行うことが重要になる。そして，その際には各学区の教育政策に関して次の点が検討されるべきである。

(1) 教師が教室に拘束されず，省察や研修や他の教師との議論にあてられる時間が，勤務時間内にどれくらいあるか。
(2) 新しいカリキュラムを採用する際には，どれくらいの準備教育がなされるのか，実践の途上で疑問をもった教師に対する支援がなされているのか，実践が成功した場合に教師は評価されるのか。
(3) 学校内外において，支援やフィードバック，教師間での議論の機会をもたらす共同体があるのか。従来の研究によると，学校の改革が成功するための最も重要な決定因は，学校文化の一部として教師仲間の共同体が成立していることとされている（Elmore, 1995；Elmore and Burney, 1996）。したがって，そうした共同体が保持している「成功の鍵を握っている改革のリーダーがいること」「意識改革のためのフォーマルな機会またはインフォーマルな機会があること」「インタ

ーネットでつながった学習の共同体に教師がアクセスするのを促進するための機会があること」などの特徴に注目するべきである。
(4) 学校は保護者や地域の教育関係者を巻き込む試みをしているか。

　以上の問題に関しては，すでにいくつかの事例研究がなされている。しかし，この領域の知識ベースを拡張するためには，研究結果を総合的に検討することと，改革に関心をもっている学校からそこへ容易にアクセスできるようにしておくことが重要である。

本書の提案を教育政策の立案者に効率的に伝達するための手段の開発
21．研究結果を教育政策の立案者に効率的に伝達することに関する研究を実施する。
　教育政策の立案者たちが学習科学の研究成果に注目するのは，何らかの検討すべき問題が発生し，しかも彼らの理論的立場が定まっていない時か，あるいは問題が膠着状態にあるような時だけである。したがって学習科学の研究者は，そのような時に備えて，日ごろから次の点について研究しておくべきである。

(1) 幼稚園から高等学校までの教育目標や目標達成のための教育政策を立案している人々の既有知識が，本書で提起した学習の原理と合致しているかどうかを検討する。
(2) もし教育政策の立案者の既有知識が本書の主張と異なる場合には，彼らの考え方を変容させる可能性について検討する。
(3) 研究の知見を教育政策の立案者に伝えるための最も効果的な方法を明らかにする。
(4) 簡潔に記述された資料，個人的接触，要点の説明，セミナーなどの様々な伝達法のうち，どれが最も有効であるかを比較・検討する。

社会とメディア

　メディアを通して世間に流布する情報は，次の2つの道筋で教育実践に影響を及ぼす可能性がある。第1に，教室実践に関する学習研究の知見が広く一般の人々にも知られるようになれば，教師，学校管理職，教育政策立案者は，本書で提案しているような改革に対する世論の支持を得ることができるようになるであろう。第2に，教師，学校管理職，教育政策立案者自身が公共メディアを通して得た情報の影響を受ける可能性がある。本書は，教師や教育政策の立案者に広く読まれることを意図した一般書ではない。したがって，より一般向けの形式で情報を呈示するほうが，はるかに効率的な情報伝達がなされるであろう。

22．保護者や一般の読者のために本書の普及版を出版する．

　人はみな，学習過程や効果的な教授法に関する素朴理論をもっている．そうした素朴理論は，例えば子どもに対して手本を示す時や，職場で同僚に指示をする時や，友人に何かを説明する時などの日々の教育的な活動に，暗黙のうちに影響を及ぼす．

　しかし，そうした素朴理論は，本書で提起した学習の原理とは矛盾することが多い．このため，例えば直接的な指導をすることに慣れている保護者は，「5つの2桁の数字を足し算する方法を発見すること」といった算数の宿題に困惑するに違いない．つまり，彼らは数字を一列に並べて順番に足していく因習的な解法を教えることに慣れているので，新しい解決方法を探求することの重要性を十分に認識できないのである．

　これに対し本書では，学習科学の研究に裏づけられた学習過程や効果的な教授法に関する科学的理論が述べられている．したがって本書には，素朴理論を修正し科学的理論へと保護者を導く可能性が秘められている．しかし，本書は保護者向けに執筆されたわけではないので，本書の普及版の出版が望まれる．そして，その普及版では，学習について保護者や一般の人々が共通にもっている素朴理論を取り上げるべきである．また，保護者や一般の人々にもわかりやすい具体的な事例をできるだけ多く取り上げることも重要である．例えば，レオ・レオニ（Leo Lionni, 1970）の『魚は魚』の寓話などを取り上げるのが効果的であろう（第1章を参照）．この子ども向けの寓話では，カエルが陸の冒険から池に戻ってきて，陸上で見聞したことを魚に説明する．すると，そのカエルの話を聞いた魚は，例えば「人間は魚と同じ体型をしているが直立して歩いている」といった具合に，カエルの話を魚なりに翻案してしまうのである．この寓話の視覚的イメージは，学習者の既有知識とは無関係な形で新たな情報を呈示することの問題点を鮮やかに描き出している．学習科学の研究成果を保護者や一般の人々に説明する場合には，こうしたわかりやすいたとえや具体例を用いるのが効果的なのである．

本書を超えて

　学習科学の研究成果を教育実践に役立てようという取り組みは，最近25年のあいだに目覚ましく進歩した．しかし，この取り組みが今後さらに進歩するためには，次の研究課題（23～32）をさらに探究する必要がある．

23．認知，学習，指導に関する基礎研究をさらに推進する．

　本書では，次のようなトピックに関する学習科学の研究成果を取り上げた．すなわち，「新しい知識を獲得する際に学習者の既有知識が果たす役割」「学習の可塑性と適応性」「学習における社会文化的文脈の重要性」「学習の転移を促進する条件」「学問分野の知識構造が学習に及ぼす影響」「時間，熟知度，探究活動が学習に及ぼす影響」

などのトピックである。これらのトピックに関しては，すでに多くの重要な研究成果が蓄積されているが，今後に残された課題も少なくない。研究の大まかな枠組みはすでに確立しているが，今後はこの枠組みに従って，さらなる基礎研究の充実が不可欠である。

24．情報テクノロジー，神経認知科学，学習を媒介する社会文化的要因などを含む先端分野で新たな研究プロジェクトを推進する。とくに学習と学習環境の相互関係および学習と教授法の関係に関する研究が重要である。

　この研究課題には，「子どもは新しい情報を学習する時，すでに獲得している能力をどのように適用するのか」「乳幼児期に獲得された能力は，その後の学校での学習にどのような影響を及ぼすのか」「知識獲得の足場づくりとなる条件や経験は何か」「情報テクノロジーの導入は，視覚的認知や記号的思考などの表象システムにどのような影響を及ぼすのか」などのトピックに関する最新の知見をふまえて取り組むべきである。

25．形成的評価の改善をめざす新たな評価研究を実施する。

　本書では，多くの教師たちが生徒の学習を支援するために「評価中心」の学習指導をめざしていること，そして，そのために様々な支援と学習の機会を求めていることを明らかにした。したがって今後は，「教師は授業で評価をどのように利用しているのか」「教師が形成的評価を用いることによって自分の授業を改善するためには，どのような技能を習得する必要があるのか」「新しい教育評価の方法を学習し，それを自分の授業に取り入れるために，教師自身はどのような支援が必要だと感じているのか」などの問題を明らかにすることが重要である。

26．理科教育を改善するための基礎研究を実施する。

　この研究課題では，次のような問題を明らかにする必要がある。

(1) 新しい理科カリキュラムの成功事例を条件の異なる他の学校・学級に広げていくにはどうすればよいのか。
(2) 理論研究で得られた知見を現実場面での教授法に取り入れる際に，どの要因が影響を及ぼすのか。
(3) 理科教育を改善するための方法は，他の教科の授業の改善にも役立つのか。
(4) 就学前のインフォーマルな学習と就学後のフォーマルな学習との効果的な橋渡しをするためには，子どもの表象構造の発達をどのように支援すればよいのか。
(5) 社会的ステレオタイプに対抗し多様性を学習の肯定的資源として使うよう，協

同的な学習環境を豊かな学習環境にするためにはどうすればよいのか。
(6) 新しい理科の授業では，評価はどのようになされるべきか。
(7) 社会構成主義に基づくカリキュラムの特徴は，教室におけるその他の社会的要因とどのように相互作用するのか。
(8) 新しい情報テクノロジーの導入は，理科の授業にどのような影響を及ぼすのか。

27．学習科学の研究法を洗練する。
　学習科学に関連する研究領域は非常に広い。すなわち，学習科学は，認知科学，発達心理学，神経科学，人類学，社会心理学，社会学，比較文化研究，教科教育学，教授学，教育学などからなる学際的分野であり，取り扱うデータも多種多様である。このため，学習科学が今後さらに発展するためには，こうした多様で複雑なデータに対処するための新しい研究法の開発が不可欠である。
　したがって，政府機関や研究財団は，学習科学の方法論的基盤を強化するために新たな研究機構を整備する必要がある。そのような機構が整備されれば，領域を越えた共同研究，客員研究員プログラム，学際的アプローチによる若手研究員育成プログラムなどが活発化し，学習科学の研究法は大いに洗練されるであろう。
　また，新しい学力測定の尺度を開発することも重要である。そのためには，できるだけ幅広い人々を対象にして開発研究を実施し，尺度の妥当性と信頼性を確認する必要がある。さらに，多様で複雑なデータを解析するための新しい統計技法を開発するとともに，従来の量的測定法だけでなく，新しい質的測定法の開発も重要である。

28．学習科学の協同研究を促進する。
　学習科学が今後さらに発展するためには，多様な専門分野の研究者が協同研究に取り組むことが重要である。したがって，政府機関や研究財団は，そうした学際的な協同研究に対しても支援を行うべきである。そして，その協同研究には，研究者だけでなく教師も参加するべきである。また，学際的な協同研究が期待通りの成果を得るためには，学習科学の関連領域の研究者たちが幅広く連携し，次世代の研究者を育成することも重要である。そのためには，学生と研究者が協同研究をしながら学び合うような育成プログラムが効果的であろう。学習科学のような学際的分野では関連分野の様々な方法論や技術を学ぶ必要がある。このため，学際的な協同研究を通しての直接的な育成プログラムが最も効果的なのである。
　さらに，この学際的な協同研究では，様々な分野の研究者が互いにデータベースを共有し，インターネットを通して相互に交流することが重要である。また，教師も全国ネットの交流に参加するべきである。そうすれば，例えば物理学者と教室で物理を教えている教師がインターネットを通じて互いに学び合うようなことも起こり得る。

物理学の研究者は，なぜ生徒たちが物理学の基本的な概念の学習でつまずくのかという点について十分に理解していないことが多い。一方，教師は授業を進めるうえで核となる物理学の概念間の関係を，ふだんはたしかに理解していたはずなのに，授業中に突然わからなくなってしまうことがある。このような場合に共有のデータベースがあれば，すぐに問題が解決するであろう。インターネットを通じて全国ネットのデータベースにアクセスできるようになれば，次のようなことも可能になる。すなわち，第1に，学際的な協同研究や学際的なデータの利用を促進する。第2に，特定の学問分野の枠組みの下で蓄積されたデータセットにとらわれない，より広汎な検証可能な探究を促進する。第3に，正確で均一な形式の記録を維持・更新することによってデータの質が向上する。第4に，研究データを共有すれば研究費の節減効果がある。

29. 成功した創造的な教育実践を研究する。

　教育研究者による支援をほとんど受けずに，革新的で優れた教育実践がなされることがある。もしそのような実践が見つかれば，すぐにその実践の根底にある学習の原理を研究するための事例研究を実施するべきである。その際には，優れた実践を検討・評価する際の概念的枠組みとして本書を利用することができるであろう。他方，そうした事例研究は，学習科学の研究成果を吟味したり活性化したりするのに貢献するであろう。

　優れた教育実践の事例研究をすることは，この他にもいくつかの利点がある。まず，そうした事例研究は，孤立してしまったり，伝統的な方法では十分に評価されなかったり，他者にうまく説明できないような革新的な教育実践に理論的な根拠を与えるであろう。また，事例研究は，なぜ教育改革が必要なのかを深く理解するのに役立ち，教育改革の質の改善をもたらすに違いない。さらに，認知過程に関する新たな理論的な問いを追究するように研究者たちを刺激するであろう。なぜなら，革新的な授業実践がなされている教室では，しばしば従来の認知理論では予想できないような様々な新しい形態の学習が営まれているからである。したがって，教室で営まれている学習過程を研究することによって，研究者は従来の学習理論の修正を迫られるであろう。

30. 教室における協同学習の利点と問題点を検討する。

　子どもたちは教室の中で，協同的問題解決に取り組んだり，互いの考えを参考にしながら学習を進めたり，話し合いを通して互いに学び合うというように，様々な形で協同学習に取り組んでいる（Vye et al., 1998）。そうした協同学習に関しては，すでに数多くの研究がなされており，協同的問題解決は個人的問題解決よりも優れていること（例えば，Evans, 1989 ; Newstead and Evans, 1995），仲間との議論（Goldman, 1994 ; Habermas, 1990 ; Kuhn, 1991 ; Moshman, 1995a, 1995b ; Salmon and Zeitz,

1995 ; Youniss and Damon, 1992) や仲間との相互作用 (Dimant and Bearison, 1991 ; Kobayashi, 1994) によって認知発達が促進することなどが明らかにされている。したがって今後は、協同学習を授業の中に組み入れる試みが、さらに積極的に検討されるべきである。

　しかし、協同学習にも様々な問題点があることに留意しなければならない。とくに低学年の児童の場合には、次の点に留意する必要がある。例えば、社会的偏見や学級内での評価が、クラスで誰が主導権を握るのか、誰の考えが支持されたり却下されたりするのかを決定することがある。また、気質の違いによって、揺るぎない地位のリーダーとそれに従う者という関係性を形成されることもある。さらに、協同学習の本来のねらいはクラスの全員が学習課題についての理解を深めることであるにもかかわらず、実際には十分に理解していない児童がいても、それが隠蔽されてしまう危険性がある。

　したがって、認知科学者、発達心理学者、カリキュラム開発者、教師がチームを組んで、協同学習の潜在的な利点を探究したり、協同学習をすべての生徒にとって有益なものにするための方法を探究する必要がある。そのためには、より有効な様式の協同学習を設計し、実地検証を行う必要がある。そして、その実地検証の結果を広く公開し、研究者と教師が協同で検討・評価するべきである。

31．生徒の学習活動に影響を及ぼす認知能力と動機づけ要因の関連について研究する。
　現代社会で生き抜くのに必要な「生きる力」を身につけるためには、生徒は低学年の時期から、教科学習だけでなく多様な問題解決に取り組む必要がある。しかし、問題解決に主体的に取り組むためには、問題解決に注意を集中したり、問題解決を完遂するために粘り強く考えたりすることに対する強い動機づけが必要となる。

　ところが、動機づけの問題は、教師にとってはきわめて重大な関心事であるにもかかわらず、従来の認知心理学ではほとんど関心が払われてこなかった。このため、動機づけに関する一般的な理論はこれまでにも数多く提起されているが、教室での教育実践に直接役立つような体系的な動機づけの理論は、まだ提起されていないのが現状である (National Research Council, 1996b)。

　したがって今後は、学習に対する関心・意欲・態度、アイデンティティ、自己意識、自己制御、感情などの要因が生徒の認知能力と関連し、学習活動にどのような影響を及ぼすのかを明らかにする必要がある。そして、その研究には、社会心理学者や発達心理学者や認知心理学者が協同で取り組むことが重要である。また、少数の生徒についての事例研究や学業不振児の研究も含め、平均的な生徒の学習促進に対して評判の高い教師の授業実践に関する研究など、多様なアプローチがなされるべきである。

32. 知識の体制化，知識表象とその知識を学習する目的との関係について調べる。

　学習科学の研究によって，知識はその使用目的に応じて様々に体制化されることが明らかになっている。言い換えれば，知識の構造と知識の検索の条件は，使用目的に適合するように刻々と生成変化する。同様に，何を学習とみなすのかということも，理解の結果そのものよりは，むしろ理解する目的の点から再定義できる。例えば，駅への道順がわかればよいのであれば，完全に正確な地図ではなく簡単な略図でも十分事足りる。それと同様に，完全な理解の状態とは言えないにしても，特定の種類の課題や疑問を解決するのには役立つように体制化された知識もあり得るのである。例えば，金色の時計と銀色の時計とを区別するためには，金についての比較的表層的な知識があれば十分である。しかし，それだけでは純金の時計と他の金色の金属から作られた時計や合金，あるいは黄鉄鉱と本物の金との区別はできないであろう。

　この例は，教育や教師教育，カリキュラム開発の組織化に対して重要な示唆を与えている。すなわち，特定の種類の活動を支援する知識の体制化に関する研究が必要なのである。例えば，植物の世話のしかたを知るのに必要な生物学の知識（気候や土壌の性質に応じて，いつ，どこで種をまいたらよいのかなどの知識）は，品種改良の技術者が必要とする生物学の知識とは異なるであろう。

　この種の問題は，教師が様々な教科の指導をするのに必要となる教科内容の知識の性質を考慮する時に，とりわけ重要である。例えば，中学校の数学教師にとって最も有用な知識は，高度な伝統的数学の大系の中に位置づけられるような知識ではなく，「いかに数学を教えるか」に関する問いに基づいて統合された数学に関する教授学的知識なのである。

　このことを考慮に入れることは，カリキュラム開発を行う場合にも重要になる。なぜなら，今後のカリキュラム開発においては，学校で学んだ知識が将来役立つ形式で体制化されるようにすることが求められているからである。例えば，将来科学者になるとは限らない多くの生徒たちにとって，理科の授業で身につけた知識は将来どのような場面で役立つのであろうか。今後のカリキュラム開発では，この問題を考慮することが求められているのである。

研究成果の伝達

　図11.1に示したように，学習科学の研究成果は，「教材」「教員養成・教職研修」「教育政策」「社会とメディア」という4つの道筋を通じて教育実践に組み込まれていく。したがって，それぞれの伝達経路で必要とされる研究成果の内容も，最もふさわしい情報伝達の方法も異なるであろう。このため，研究成果が教育実践に活かされるためには，それぞれの伝達経路に応じて，おのおのの聴衆に対し研究成果をわかりやすく翻訳・精緻化することが重要である。

33. 学習科学の知識ベースに容易にアクセスできる方法をデザインし評価する。

　今日では教育に関わる多様な人々が学習科学の研究成果に関心を寄せている。したがって今後は，インターネットを利用して，学習科学の研究者と地域社会の多様な人々とをつなぐ対話のネットワークを構築することが重要になるであろう。

　今やインターネットは，情報を閲覧するためのデジタル図書館の役割だけではなく，双方向の情報伝達がなされるコミュニケーションのための場になりつつある。つまり，幾万もの人々が，この電子的共同体において情報を共有し，幅広いトピックをめぐって対話をすることが可能になってきたのである。したがって今後は，学習科学に関する質の高い情報を広く公開・伝達することが求められるようになるであろう（Pea, 1999）。現に，まだ少数ではあるが，ウェブサイト上に学習科学の知見を公開し，それが教材開発や教育実践，教育政策に役立てられるようにするための研究が始まっている。

　また，学習や指導に関する全国的なコミュニケーション・フォーラムを開発・運営していくことも望まれる。この新しいメディアコミュニケーションのフォーラムでは，本書で取り上げた研究や現在進行中の研究に関する実践例や有用な情報が提供されるであろう。また，教育に関係する第三者が研究者とも教師とも異なる立場からの発言をし，研究成果の有効性を評価するであろう。さらに，学習科学の研究成果を教育実践に取り入れるためにはどうすればよいかについて議論するために，多種多様な人々が集まるであろう。このようにして，全国ネットの「仮想現実の教育改革国民会議」が開催されれば，科学的研究に裏づけられた教育実践の改善がもたらされるに違いない。

結　論

　本章で私たちが提案した研究課題を成し遂げるためには，学習や教育に関する「実践知」と「理論知」を結びつける必要がある。しかし私たちは，けっして「最初に理論研究が単独で実施され，その研究成果があとで実践者に提供される」という従来の研究様式を想定しているわけではない。私たちは，どのような問題をどのような方法で研究するのかを決める最初の研究計画の段階から，研究者と教師が協同で研究に取り組むべきであると提案しているのである。なぜなら，そうすることによって初めて，研究者にとっても教師にとっても実りある本来の意味での実践研究が成立するからである。

　要するに私たちがめざしているのは，理論研究と教育実践の橋渡しをすることである。このため，本章で提案した研究課題の多くは，従来のものとはかなり異なっている。すなわち，理論研究と開発研究を別々に実施するのではなく，両者の密接な連携が必要となるものばかりである。その密接な連携によって，研究者の関心は教育の核

心的な問題へと焦点化するであろう。そして，新しく開発されたカリキュラムや教授法は，科学的厳密性と理論的整合性が保証されるはずである。

　しかしながら，理論研究で得られた専門的知識を本章で提案した研究課題と結びつけるのは，けっして容易な作業ではない。なぜなら，研究者，教師，学校管理職，カリキュラム開発者が協同でモデル授業のビデオ撮影をしたり，ウェブサイトを開発したり，小冊子を出版したりすることは，まだごく一部の限られた領域でしかなされていないからである。しかし，教育改革への組織的な取り組みを効果的に進めるためには，こうした協同作業がもっと活発になされるべきである。

　本書では壮大な研究構想を提案した。おそらく本書で提案した多くの研究課題は，多大の時間と労力を要するものばかりである。他方，わが国の教育システムもまた巨大である。したがって，本書で提案した研究構想が実現するのは，気が遠くなるような将来のことであるのかもしれない。しかし，私たちはけっして挑戦をあきらめてはならない。私たちは本書の中で，「新しいカリキュラムの開発と評価」「新しい教員養成・教職研修・管理職研修プログラムの開発」「人間の学習過程についてのさらなる研究」「情報テクノロジーの活用のしかた」などに関して，多くの革新的な提案をした。私たちは，理論研究と教育実践の密接な連携を図ることによって，これらの提案が実を結ぶ日が必ずや，やってくることを信じている。

文　献

Alcorta, M.　1994　Text writing from a Vygotskyan perspective: A sign-mediated operation. *European Journal of Psychology of Education* 9:331-341.

Allen, B., and A.W. Boykin　1992　African American children and the educational process: Alleviating cultural discontinuity through prescriptive pedagogy. *School Psychology Review* 21(4):586-596.

American Association for the Advancement of Science　1989　*Science for All Americans: A Project 2061 Report on Literacy Goals in Science, Mathematics, and Technology*. Washington, DC: American Association for the Advancement of Science.

Anderson, C.W., and E.L. Smith　1987　Teaching science. Pp. 84-111 in *Educators' Handbook: A Research Perspective*, V. Richardson-Koehler, ed. White Plains, NY: Longman.

Anderson, J.R.　1981　*Cognitive Skills and Their Acquisition*. Hillsdale, NJ: Erlbaum.

Anderson, J.R.　1982　Acquisition of cognitive skill. *Psychological Review* 89:369-406.

Anderson, J.R.　1987　Skill acquisition: Compilation of weak-method problem solutions. *Psychological Review* 94: 192-210.

Anderson, J.R., A.T. Corbett, K. Koedinger, and R. Pelletier　1995　Cognitive tutors: Lessons learned. *The Journal of Learning Sciences* 4:167-207.

Anderson, J.R., C.F. Boyle, A. Corbett, and M.W. Lewis　1990　Cognitive modeling and intelligent tutoring. *Artificial Intelligence* 42:7-49.

Anderson, J.R., L.M. Reder, and H.A. Simon　1996　Situated learning and education. *Educational Researcher* 25:4(May)5-96.

Ashcraft, M.H.　1985　Is it farfetched that some of us remember arithmetic facts? *Journal for Research in Mathematical Education* 16:99-105.

Atkinson, R.　1968　Computerized instruction and the learning process. *American Psychologist* 23:225-239.

Au, K.　1981　Participant structures in a reading lesson with Hawaiian children. *Anthropology and Education Quarterly* 2: 91-115.

Au, K., and C. Jordan　1981　Teaching reading to Hawaiian children: Finding a culturally appropriate solution. Pp. 139-152 in *Culture and the Bilingual Classroom: Studies in Classroom Ethnography*, H.Tureba, G. Guthrie, and K. Au, eds. Rowley, MA: Newbury House.

Bachelard, G.　1984　*The New Scientific Spirit*. Boston: Beacon Press.

Bach-y-Rita, P.　1980　Brain plasticity as a basis for therapeutic procedures. in *Recovery of Function: Theoretical Considerations for Brain Injury Rehabilitation*, P. Bach-y-Rita, ed. Baltimore, MD: University Park Press.

Bach-y-Rita, P.　1981　Brain plasticity as a basis of the development of rehabilitation procedures for hemiplegia. *Scandinavian Journal of Rehabilitation Medicine* 13:73-83.

Bahrick, L.E., and J.N. Pickens　1988　Classification of bimodal English and Spanish language passages by infants. *Infant Behavior and Development* 11:277-296.

Baillargeon, R.　1995　Physical reasoning in infancy. Pp. 181-204 in *The Cognitive Neurosciences*, M.S. Gazzaniga, ed. Cambridge, MA: MIT Press.

Baillargeon, R., A. Needham, and J. DeVos　1992　The development of young infants' intuitions about support. *Early Development Parenting* 1:69-78.

Bakhtin, M.　1984　*Problems of Dostoevsky's Poetics*. Minneapolis: University of Minnesota Press.

Ball, D., and S. Rundquist　1993　Collaboration as a context for joining teacher learning with learning about teaching. Pp. 13-42 in *Teaching for Understanding: Challenges for Policy and Practice*, D.K. Cohen, N.W. McLaughlin, and J.E. Talbert, eds. San Francisco: Jossey-Bass.

Ball, D.L.　1993　With an eye on the mathematical horizon: Dilemmas of teaching elementary school mathematics. *Elementary School Journal* 93:373-397.

Ballenger, C.　1997　Social identities, moral narratives, scientific argumentation: Science talk in a bilingual classroom.

Language and Education 11(1):1-14.
Baratta-Lorton, M. 1976 Math Their Way. Boston: Addison-Wesley.
Barone, T., D. Berliner, J. Blanchard, U. Casanova, and T. McGowan 1996 A future for teacher education: Developing a strong sense of professionalism. Pp. 1108-1149 in Handbook of Research on Teacher Education (2nd ed.), J. Silula, ed. New York: Macmillan.
Barron, B. 1991 Collaborative Problem Solving: Is Team Performance Greater Than What Is Expected from the Most Competent Member? Unpublished doctoral dissertation. Vanderbilt University.
Barron, B., N. Vye, L. Zech, D. Schwartz, J. Bransford, S. Goldman, J. Pellegrino, J. Morris, S. Garrison, and R. Kantor 1995 Creating contexts for community based problem solving: The Jasper Challenge Series. Pp. 47-71 in Thinking and literacy: The Mind at Work, C. Hedley, P. Antonacci, and M. Rabinowitz, eds. Hillsdale, NJ: Erlbaum.
Barron, B.J., D.L. Schwartz, N.J. Vye, A. Moore, A. Petrosino, L. Zech., J.D. Bransford, and Cognition and Technology Group at Vanderbilt 1998 Doing with understanding: Lessons from research on problem and project-based learning. Journal of Learning Sciences 7(3 and 4):271-312.
Barron, L.C., and E.S. Goldman 1994 Integrating technology with teacher preparation. Pp. 81-110 in Technology and Education Reform, B. Means, ed. San Francisco: Jossey-Bass.
Barrows, H.S. 1985 How to Design a Problem-Based Curriculum for the Preclinical Years. New York: Springer.
Barth, R.S. 1988 School as a community of leaders. in Building a Professional Culture in Schools, A. Lieberman, ed. New York: Teachers College Press.
Barth, R.S. 1991 Improving Schools from Within: Teachers, Parents, and Principals Can Make the Difference. San Francisco: Jossey-Bass Publishers.
Bassok, M., and K.J. Holyoak 1989a Interdomain transfer between isomorphic topics in algebra and physics. Journal of Experimental Psychology: Learning, Memory, and Cognition 15:153-166.
Bassok, M., and K.J. Holyoak 1989b Transfer of domain-specific problem solving procedures. Journal of Experimental Psychology: Learning, Memory, and Cognition 16:522-533.
Bassok, M., and K.L. Olseth 1995 Object-based representations: Transfer between cases of continuous and discrete models of change. Journal of Experimental Psychology: Learning, Memory, and Cognition 21:1522-1588.
Bates, E., V. Carlson-Luden, and I. Bretherton 1980 Perceptual aspects of tool using in infancy. Infant Behavior and Development 3:127-140.
Bauch, J.P., ed. 1997 The Bridge Project: Connecting Parents and Schools Through Voice Messaging. Report on the Pilot Projects. Vanderbilt University and Work/ Family Directions, Inc., Nashville, TN.
Baxter, G.P., and R. Glaser 1997 A Cognitive Framework for Performance Assessment. CSE Technical Report. National Center for Research on Evaluation, Standards, and Student Testing, Graduate School of Education, University of California, Los Angeles.
Bay Area Writing Project 1979 Bay Area Writing Project/California Writing Project/National Writing Project: An Overview. Unpublished paper, ED184123. University of California, Berkeley.
Beaulieu, C., and M. Colonnier 1987 Effects of the richness of the environment on the cat visual cortex. Journal of Comparative Neurology 266:478-494.
Beaulieu, C., and M. Cynader 1990 Effect of the richness of the environment on neurons in cat visual cortex. I. Receptive field properties. Developmental Brain Research 53:71-81.
Beck, I.L., M.G. McKeown, G.M. Sinatra, and J.A. Loxterman 1991 Revising social studies text from a text-processing perspective: Evidence of improved comprehensibility. Reading Research Quarterly 26:251-276.
Beck, I.L., M.G. McKeown, and W.E. Gromoll 1989 Learning from social studies texts. Cognition and Instruction 6:99-158.
Behr, M.J., G. Harel, T.R. Post, and R. Lesh 1992 Rational number, ratio, and proportion. Pp. 308-310 in Handbook of Research on Mathematics Teaching and Learning: A Project of the National Council of Teachers of Mathematics, D.A. Grouws, ed. New York: Macmillan.
Bell, A.W. 1982a Diagnosing students' misconceptions. The Australian Mathematics Teacher 1:6-10.
Bell, A.W. 1982b Treating students' misconceptions. The Australian Mathematics Teacher 2: 11-13.
Bell, A.W. 1985 Some implications of research on the teaching of mathematics. Pp. 61-79 in Theory, Research and Practice in Mathematical Education, A. Bell, B. Low, and J. Kilpatrick, eds. Proceedings of Fifth International Congress

on Mathematical Education, Adelaide, South Australia. Nottingham, England: Shell Centre for Mathematical Education, University of Nottingham.

Bell, A.W., and D. Purdy 1985 Diagnostic Teaching—Some Problems of Directionality. Shell Centre for Mathematical Education, University of Nottingham, England.

Bell, A.W., D. O'Brien, and C. Shiu 1980 Designing teaching in the light of research on understanding. in *Proceedings of the Fourth International Conference for the Psychology of Mathematics Education*, R. Karplus, ed. ERIC Document Reproduction Service No. ED 250 186. Berkeley, CA: The International Group for the Psychology of Mathematics.

Bell, A.W., K. Pratt, and D. Purdy 1986 Teaching by Conflict Discussion—A Comparative Experiment. Shell Centre for Mathematical Education, University of Nottingham, England.

Bellugi, U. 1980 Clues from the similarities between signed and spoken language. in *Signed and Spoken Language: Biological Constraints on Linguistic Form*, U. Bellugi and M. Studdert-Kennedy, eds. Weinheim, Germany: Venlag Chemie.

Belmont, J.M., and E.C. Butterfield 1971 Learning strategies as determinants of memory deficiencies. *Cognitive Psychology* 2:411-420.

Bennett, K.P., and M.D. LeCompte 1990 *The Way Schools Work: A Sociological Analysis of Education*. New York: Longman.

Bereiter, C. 1997 Situated cognition and how to overcome it. Pp. 281-300 in *Situated Cognition: Social, Semiotic, and Psychological Perspectives*, D. Kirshner and J.A. Whitson, eds. Hillsdale, NJ: Erlbaum.

Bereiter, C., and M. Scardamalia 1989 Intentional learning as a goal of instruction. Pp. 361-392 in *Knowing, Learning, and Instruction*, L.B. Resnick, ed. Hillsdale, NJ: Erlbaum.

Bereiter, C., and M. Scardamalia 1993 *Surpassing Ourselves: An Inquiry into the Nature and Implications of Expertise*. Chicago and La Salle, IL: Open Court Publishing.

Bertenthal, B.I. 1993 Infants' perception of biomechanical motions: Instrinsic image and knowledge-based constraints. in *Carnegie-Mellon Symposia in Cognition, Vol. 23: Visual Perception and Cognition in Infancy*, C.E. Granrud, ed. Hillsdale, NJ: Erlbaum.

Bidell, T.R., and K.W. Fischer 1997 Between nature and nurture: The role of human agency in the epigenesis of intelligence. Pp. 193-242 in *Intelligence, Heredity, and Environment*, R.J. Sternberg and E.L. Grigorenko, eds. New York: Cambridge University Press.

Biederman, I., and M.M. Shiffrar 1987 Sexing day-old chicks: A case study and expert systems analysis of a difficult perceptual-learning task. *Journal of Experimental Psychology: Learning, Memory, and Cognition* 13(4)(October):640-645.

Bielaczyc, K., P. Pirolli, and A.L. Brown 1995 Training in self-explanation and self-regulation strategies: Investigating the effects of knowledge acquisition activities on problem solving. *Cognition and Instruction* 13:221-252.

Bijou, S., and D.M. Baer 1961 *Child Development: Vol. 1: A Systematic and Empirical Theory*. New York: Appleton-Century-Crofts.

Bjork, R.A., and A. Richardson-Klavhen 1989 On the puzzling relationship between environment context and human memory. in *Current Issues in Cognitive Processes: The Tulane Flowerree Symposium on Cognition*, C. Izawa, ed. Hillsdale, NJ: Erlbaum.

Black, J.E., A.M. Sirevaag, and W.T. Greenough 1987 Complex experience promotes capillary formation in young rat visual cortex. *Neuroscience Letters* 83:351-355.

Black, J.E., K.R. Isaacs, B.J. Anderson, A.A. Alcantara, and W.T. Greenough 1990 Learning causes synaptogenesis, whereas motor activity causes angiogenesis, in cerebellar cortex of adult rats. *Proceedings of the National Academy of Sciences U.S.A.* 87:5568-5572.

Black, P., and William, D. 1998 Assessment and classroom learning. in *Assessment and Education*. Special issue of Assessment in Education: Principles, policy and practice 5(1):7-75. Carfax Pub. Co.

Blake, I.K. 1994 Language development and socialization in young African-American children Pp. 167-195 in *Cross Cultural Roots of Minority Child Development*, P.M. Greenfield and R.R. Cocking, eds. Hillsdale, NJ: Erlbaum.

Blakemore, C. 1977 *Mechanics of the Mind*. Cambridge, UK: Cambridge University Press.

Bloom, B.S. 1964 *Stability and Change in Human Characteristics*. New York: Wiley.

Bonney, R., and A.A. Dhondt 1997 FeederWatch: An example of a student-scientist partnership. in *Internet Links for*

Science Education: Student-Scientist Partnerships, K.C. Cohen, ed. New York: Plenum.

Boykin, A.W., and F. Tom 1985 Black child socialization: A conceptual framework. Pp. 33-51 in *Black Children: Social, Educational, and Parental Environments*, H. McAdoo and J. McAdoo, eds. Beverly Hills, CA: Sage.

Bransford J., T. Hasselbrirng, B. Barron, S. Kulweicz, J. Littlefield, and L, Goin 1988 Uses of macro-contexts to facilitate mathematical thinking. Pp. 125-147 in *The Teaching and Assessing of Mathematical Problem Solving*, R.I. Charles and E.A. Silver, eds. Hillsdale, NJ: Erlbaum.

Bransford, J.D. 1979 *Human Cognition: Learning, Understanding, and Remembering*. Belmont, CA: Wadsworth.

Bransford, J.D., and B.S. Stein 1993 *The IDEAL Problem Solver* (2nd ed.). New York: Freeman.

Bransford, J.D., B.S. Stein, N.J. Vye, J.J. Franks, P.M. Auble, K.J. Mezynski, and G.A. Perfetto 1983 Differences in approaches to learning: An overview. *Journal of Experimental Psychology: General* 3(4):390-398.

Bransford, J.D., and D. Schwartz 1999 Rethinking transfer: A simple proposal with multiple implications. *Review of Research in Education* 24:61-100.

Bransford, J.D., J.J. Franks, N.J. Vye, and R.D. Sherwood 1989 New approaches to instruction: Because wisdom can't be told. in *Similarity and Analogical Reasoning*, S. Vosniadou and A. Ortony, eds. Cambridge, UK: Cambridge University Press.

Bransford, J.D., L. Zech, D. Schwartz, B. Barron, N.J. Vye, and Cognition and Technology Group at Vanderbilt 1998 Designs for environments that invite and sustain mathematical thinking. in *Symbolizing, Communicating, and Mathematizing: Perspectives on Discourse, Tools, and Instructional Design*, P. Cobb, ed. Mahwah, NJ: Erlbaum.

Bransford, J.D., and R. Johnson 1972 Contextual prerequisites for understanding: Some investigations of comprehension and recall. *Journal of Verbal Learning and Verbal Behavior* 11:717-726.

Bransford, J.D., with Cognition and Technology Group at Vanderbilt 1998 Designing environments to reveal, support, and expand our children's potentials. Pp. 313-350 in *Perspectives on Fundamental Processes in Intellectual Functioning* (vol. 1), S.A. Soraci and W. McIlvane, eds. Greenwich, CT: Ablex.

Bransford, J.D., with Cognition and Technology Group at Vanderbilt 2000 Adventures in anchored instruction: Lessons from beyond the ivory tower. in *Advances in Instructional Psychology* (Vol. 5), R. Glaser, ed. Mahwah, NJ: Erlbaum.

Brasell, H. 1987 The effect of real-time laboratory graphing on learning graphic representations of distance and velocity. *Journal of Research in Science Teaching* 24:385-395.

Bray, M.H. 1998 Leading in Learning: An Analysis of Teachers' Interactions with Their Colleagues as They Implement a Constructivist Approach to Learning. Unpublished doctoral dissertation. Vanderbilt University, Peabody College, Nashville, TN.

Brice-Heath, S. 1981 Toward an ethnohistory of writing in American education. Pp. 25-45 in *Writing: The Nature, Development and Teaching of Written Communication* (Vol. 1), M.F. Whiteman, ed. Hillsdale, NJ: Erlbaum.

Brice-Heath, S. 1983 *Ways with Words: Language, Life and Work in Communities and Classrooms*. Cambridge, UK: Cambridge University Press.

Brodie, K.W., L.A. Carpenter, R.A. Earnshaw, J.R. Gallop, R.J. Hubbold, A.M. Mumford, C.D. Osland, and P. Quarendon 1992 *Scientific Visualization*. Berlin: Springer-Verlag.

Brophy, J. E. 1983 Research on the self-fulfilling prophecy and teacher expectations. *Journal of Educational Psychology* 61:365-374.

Brophy, J.E. 1990 Teaching social studies for understanding and higher-order applications. *Elementary School Journal* 90:351-417.

Broudy, H.S. 1977 Types of knowledge and purposes in education. Pp. 1-17 in *Schooling and the Acquisition of Knowledge*, R.C. Anderson, R.J. Spiro, and W.E. Montague, eds. Hillsdale, NJ: Erlbaum.

Brown, A.L. 1975 The development of memory: Knowing, knowing about knowing, and knowing how to know. in *Advances in Child Development and Behavior* (vol. 10), H.W. Reese, ed. New York: Academic Press.

Brown, A.L. 1978 Knowing when, and how to remember: A problem of metacognition. Pp. 77-165 in *Advances in Instructional Psychology* (Vol. 1), R. Glaser, ed. Hillsdale, NJ: Erlbaum.

Brown, A.L. 1980 Metacognitive development and reading. in *Theoretical Issues in Reading Comprehension: Perspective from Cognitive Psychology, Linguistics, Artificial Intelligence, and Education*, R.J. Spiro, B.C. Bruce, and W.F. Brewer, eds. Hillsdale, NJ: Erlbaum.

Brown, A.L. 1990 Domain-specific principles affect learning and transfer in children. *Cognitive Science* 14:107-133.

Brown, A.L., and A.S. Palinscar 1989 Guided, cooperative learning and individual knowledge acquisition. Pp.393-451 in *Knowing, Learning, and Instruction: Essays in Honor of Robert Glaser*, L. Resnick, ed. Hillsdale, NJ: Erlbaum.

Brown, A.L., and J.C. Campione 1987 On the importance of knowing what you are doing: Metacognition and mathematics. in *Teaching and Evaluating Mathematical Problem Solving*, A. Charles and E. Silver, eds. Reston, VA: National Council of Teachers of Mathematics.

Brown, A.L., and J.C. Campione 1994 Guided discovery in a community of learners. Pp. 229-270 in *Classroom Lessons: Integrating Cognitive Theory and Classroom Practice*, K. McGilly, ed. Cambridge, MA: MIT Press.

Brown, A.L., and J.C. Campione 1996 Psychological theory and the design of innovative learning environments: On procedures, principles, and systems. Pp. 289-325 in *Innovations in Learning: New Environments of Education*, L. Schauble and R. Glaser, eds. Mahwah, NJ: Erlbaum.

Brown, A.L., J.D. Bransford, R.A. Ferrara, and J.C. Campione 1983 Learning, remembering, and understanding. Pp. 78-166 in *Handbook of Child Psychology: Vol. 3 Cognitive Development* (4th ed.), J.H. Flavell and E.M. Markman, eds. New York: Wiley.

Brown, A.L., and J.D. Day 1984 Macrorules for summarizing texts: The development of expertise. *Journal of Verbal Learning and Verbal Behavior* 22:1-14.

Brown, A.L., and J.S. DeLoache 1978 Skills, plans, and self-regulation. Pp. 3-35 in *Children's Thinking: What Develops?* R. Siegler, ed. Hillsdale, NJ: Erlbaum.

Brown, A.L., and R.A. Reeve 1987 Bandwidths of competence: The role of supportive contexts in learning and development. Pp. 173-223 in *Development and Learning: Conflict or Congruence?* The Jean Piaget Symposium Series, L.S. Liben, ed. Hillsdale, NJ: Erlbaum.

Brown, A.L., and S.Q.C. Lawton 1977 The feeling of knowing experience in educable retarded children. *Developmental Psychology* 11:401-412.

Brown, C.A. 1985 A Study of the Socialization to Teaching of a Beginning Secondary Mathematics Teacher. Unpublished doctoral dissertation. University of Georgia.

Brown, D., and J. Clement 1989 Overcoming misconceptions via analogical reasoning: Factors influencing understanding in a teaching experiment. *Instructional Science* 18:237-261.

Brown, G. 1986 Investigating listening comprehension in context. *Applied Linguistics* 7(3)Autumn:284-302.

Brown, J.S., A Collins, and P. Durgid 1989 Situated cognition and the culture of learning. *Educational Researcher* 18:32-41.

Brown, R. 1958 *Words and Things*. Glencoe, IL: Free Press.

Brown.D. 1992 Using examples to remediate misconceptions in physics: Factors influencing conceptual change. *Journal of Research in Science Teaching* 29:17-34.

Bruer, J.T. 1993 *Schools for Thought*. Cambridge, MA: MIT Press.

Bruer, J.T. 1997 Education and the brain: A bridge too far. *Educational Researcher* 26(8)(November):4-16.

Bruner, J.S. 1972 Toward a sense of community. Review of Gartner et al. (1971), "Children teach Children." *Saturday Review* 55:62-63.

Bruner, J.S. 1981a Intention in the structure of action and interaction. in *Advances in Infancy Research, Vol. 1*, L.P. Lipsitt, ed. Norwood, NJ: Ablex.

Bruner, J.S. 1981b The organization of action and the nature of adult-infant transaction: Festschrift for J.R. Nuttin. Pp. 1-13 in *Cognition in Human Motivation and Learning*, D. d'Ydewalle and W. Lens, eds. Hillsdale, NJ: Erlbaum.

Bruner, J.S. 1983 *Child's Talk: Learning to Use Language*. New York: Norton.

Bryson, M., and M. Scardamalia 1991 Teaching writing to students at risk for academic failure. Pp. 141-167 in *Teaching Advanced Skills to At-Risk Students: Views from Research and Practice*, B. Means, C. Chelemer, and M.S. Knapp, eds. San Francisco: Jossey Bass.

Bunday, M., and J. Kelly 1996 National board certification and the teaching profession's commitment to quality assurance. *Phi Delta Kappan* 78(3):215-219.

Byrnes, J.P. 1996 *Cognitive Development and Learning in Instructional Contexts*. Boston: Allyn and Bacon.

Callahan, R.E. 1962 *Education and the Cult of Efficiency*. Chicago: University of Chicago Press.

Callanan, M.A. 1985 How parents label objects for young children: The role of input in the acquisition of category hierarchies. *Child Development* 56:508-523.

Campione, J., and A.L. Brown 1987 Linking dynamic assessment with school achievement. Pp. 82-114 in *Dynamic Assessment: An Interactional Approach to Evaluating Learning Potential*, C.S. Lidz, ed. New York: Guilford.

Canfield, R.L., and E.G. Smith 1996 Number-based expectations and sequential enumeration by 5-month-old infants. *Developmental Psychology* 32:269-279.

Cardellichio, T., and W. Field 1997 Seven strategies to enhance neural branching. *Educational Leadership* 54(6)(March).

Carey, S., and R. Gelman 1991 *The Epigenesis of Mind: Essays on Biology and Cognition*. Hillsdale, NJ: Erlbaum.

Carini, P. 1979 The Art of Seeing and the Visibility of the Person. Unpublished paper, North Dakota Study Group on Evaluation, University of North Dakota, Grand Forks, ND.

Carpenter, T., and E. Fennema 1992 Cognitively guided instruction: Building on the knowledge of students and teachers. Pp. 457-470 in *International Journal of Educational Research*, (Special issue: The Case of Mathematics in the United States, W. Secada, ed.).

Carpenter, T., E. Fennema, and M. Franke 1996 Cognitively guided instruction: A knowledge base for reform in primary mathematics instruction. *Elementary School Journal* 97(1):3-20.

Carpenter, T.P., E. Fennema, P.L. Peterson, C.P. Chiang, and M. Loef 1989 Using knowledge of children's mathematics thinking in classroom teaching: An experimental study. *American Educational Research Journal* 26:499-532.

Carraher, T.N. 1986 From drawings to buildings: Mathematical scales at work. International *Journal of Behavioural Development* 9:527-544.

Carraher, T.N., D.W. Carraher, and A.D. Schliemann 1985 Mathematics in the street and in school. *British Journal of Developmental Psychology* 3:21-29.

Case, R. 1978 Implications of developmental psychology for the design of effective instruction. Pp. 441-463 in *Cognitive Psychology and Instruction*, A.M. Lesgold, J.W. Pellegrino, S.D. Fokkema, and R. Glaser, eds. New York: Plenum.

Case, R. 1992 *The Mind's Staircase: Exploring the Conceptual Underpinning of Children's Thought and Knowledge*. Hillsdale, NJ: Erlbaum.

Case, R. 1996 Introduction: Reconceptualizing the nature of children's conceptual structures and their development in middle childhood. Pp. 1-26 in The role of central conceptual structures in the development of children's thought. *Monographs of the Society for Research in Child Developmmt*, serial no. 246. 61(nos. 1-2).

Case R., and J. Moss 1996 Developing Children's Rational Number Sense: An Approach Based on Cognitive Development Theory. Paper presented at the annual conference on the Psychology of Mathematics Education, Orlando, Florida.

Cazden, C. 1988 *Classroom Discourse*. Portsmouth, NH: Heinemann.

Cazden, C., S. Michaels, and P. Tabors 1985 Spontaneous repairs in sharing time narratives: The intersection of metalinguistic awareness, speech event and narrative style. in *The Acquisition of Writtn Language: Revision and Response*, S. Freedman, ed. Norwood, NJ: Ablex.

Ceci, S.J. 1997 Memory: Reproductive, Reconstructive, and Constructive. Paper presented at a symposium, Recent Advances in Research on Human Memory, April 29, National Academy of Sciences, Washington, DC.

Chang, F.L., and W.T. Greenough 1982 Lateralized effects of monocular training on dendritic branching in adult split-brain rats. *Brain Research* 232:283-292.

Chapman, R.S. 1978 Comprehension strategies in children. Pp. 308-329 in *Speech and Language in the Laboratory, School, and Clinic*, J. Kavanaugh and W. Strange, eds. Cambridge, MA:MIT Press.

Char, C., and J. Hawkins 1987 Charting the course: Involving teachers in the formative research and design of the Voyage of the Mimi. Pp. 211-222 in *Mirrors of Minds: Patterns of Experience in Educational Computing*, R.D. Pea and K. Sheingold, eds. Norwood, NJ: Ablex.

Chase, W.G., and H.A. Simon 1973 Perception in chess. *Cognitive Psychology* 1:33-81.

Chi, M.T.H. 1978 Knowledge structures and memory development. Pp. 73-96 in *Children's Thinking: What Develops*. R. Siegler, ed. Hillsdale, NJ: Erlbaum.

Chi, M.T.H., M. Bassok, M.W. Lewis, P. Reimann, and R. Glaser 1989 Self-explanations: How students study and use examples in learning to solve problems. *Cognitive Science* 13:145-182.

Chi, M.T.H., N. deLeeuw, M. Chiu, and C. LaVancher 1994 Eliciting self-explanations improves understanding. *Cognitive Science* 18:439-477.

Chi, M.T.H., P.J. Feltovich, and R. Glaser 1981 Categorization and representation of physics problems by experts and novices. *Cognitive Science* 5:121-152.

Chi, M.T.H., R. Glaser, and E. Rees   1982   Expertise in problem solving. in *Advances in the Psychology of Human Intelligence* (Vol. 1). R.J. Sternberg, ed. Hillsdale, NJ: Erlbaum.

Classroom, Inc.   1996   *Learning for Life Newsletter* (Sept. 24):1-10, B. Lewis, ed. NY: Classroom, Inc.

Clauset, K., C. Rawley, and G. Bodeker   1987   STELLA: Software for structural thinking. *Collegiate Microcomputer* 5(4):311-319.

Clement, J.   1989   Learning via model construction and criticism. Pp. 341-381 in *Handbook of Creativity: Assessment, Theory, and Research*, G. Glover, R. Ronning and C. Reynolds, eds. New York: Plenum.

Clement, J.   1993   Using bridging analogies and anchoring intuitions to deal with students' preconceptions in physics. *Journal of Research in Science Teaching* 30(10):1241-1257.

Clement, J.J.   1982a   Algebra word problem solutions: Thought processes underlying a common misconception. *Journal of Research in Mathematics Education* 13:16-30.

Clement, J.J.   1982b   Students' preconceptions in introductory mechanics. *American Journal of Physics* 50:66-71.

Cobb, P.   1994   Theories of Mathematical Learning and Constructivism: A Personal View. Paper presented at the Symposium on Trends and Perspectives in Mathematics Education, Institute for Mathematics, University of Klagenfur, Austria.

Cobb, P., E. Yackel, and T. Wood   1992   A constructivist alternative to the representational view of mind in mathematics education. *Journal for Research in Mathematics Education* 19:99-114.

Cochran-Smith, M., and S. Lytle   1993   *Inside/Outside: Teacher Research and Knowledge*. New York: Teachers College Press, Columbia University.

Cognition and Technology Group at Vanderbilt   1992   The Jasper series as an example of anchored instruction: Theory, program description, and assessment data. *Educational Psychologist* 27:291-315.

Cognition and Technology Group at Vanderbilt   1993   The Jasper series: Theoretical foundations and data on problem solving and transfer. Pp. 113-152 in *The Challenge in Mathematics and Science Education: Psychology's Response*, L.A. Penner, G.M. Batsche, H.M. Knoff, and D.L. Nelson, eds. Washington, DC: American Psychological Association.

Cognition and Technology Group at Vanderbilt   1994   From visual word problems to learning communities: Changing conceptions of cognitive research. Pp. 157-200 in *Classroom Lessons: Integrating Cognitive Theory and Classroom Practice*, K. McGilly, ed. Cambridge, MA: MIT Press/Bradford Books.

Cognition and Technology Group at Vanderbilt   1996   Looking at technology in context: A framework for understanding technology and education research. Pp. 807-840 in *The Handbook of Educational Psychology*, D.C. Berliner and R.C. Calfee, eds. New York: Simon and Schuster-MacMillan.

Cognition and Technology Group at Vanderbilt   1997   *The Jasper Project: Lessons in Curriculum, Instruction, Assessment, and Professional Development*. Mahwah, NJ: Erlbaum.

Cognition and Technology Group at Vanderbilt   1998a   Adventures in anchored instruction: Lessons from beyond the ivory tower. Burgess 1996 study in *Advances in Instructional Psychology, Vol. 5*, R. Glaser, ed. Mahwah, NJ: Erlbaum.

Cognition and Technology Group at Vanderbilt   1998b   Designing environments to reveal, support, and expand our children's potentials. Pp. 313-350 in *Perspectives on Fundamental Processes in Intellectual Functioning* (vol. 1), S.A. Soraci and W. McIlvane, eds. Greenwich, CN: Ablex.

Cohen, A.   1994   The Effect of a Teacher-Designed Assessment Tool on an Instructor's Cognitive Activity While Using CSILE. Unpublished paper.

Cohen, D.K.   1990   A revolution in one classroom: The case of Mrs. Oublier. *Educational Evolution and Policy Analysis* 12:330-338.

Cohen, K.C., ed.   1997   *Internet Links for Science Education: Student-Scientist Partnerships*. New York: Plenum.

Cohen, M.N.   1995   *Lewis Carroll: A Biography*. New York: Knopf.

Cohen, P.   1983   *A Calculating People: The Spread of Numeracy in Early America*. Chicago: University of Chicago Press.

Cole, B.   1996   Characterizing On-line Communication: A First Step. Paper presented at the Annual Meeting of the American Educational Research Association, April 8-12 New York: NY.

Collins, A.   1990   Cognitive apprenticeship and instructional technology. Pp. 121-138 in *Dimensions of Thinking and Cognitive Instruction*, B.F. Jones and L. Idol, eds. Hillsdale, NJ: Erlbaum.

Collins, A., J. Hawkins, and S.M. Carver   1991   A cognitive apprenticeship for disadvantaged students. Pp. 216-243 in

Teaching Advanced Skills to At-Risk Students, B. Means, C. Chelemer, and M.S. Knapp, eds. San Francisco: Jossey-Bass.

Collins, A., and J.S. Brown   1988   The computer as a tool for learning through reflection. Pp. 1-18 in *Learning Issues for Intelligent Tutoring Systems*, H. Mandl and A. Lesgold, eds. New York: Springer-Verlag.

Collins, A., J.S. Brown, and S.E. Newman   1989   Cognitive apprenticeship: Teaching the crafts of reading, writing, and mathematics. Pp. 453-494 in *Knowing, Learning, and Instruction: Essays in Honor of Robert Glaser*, L.B. Resnick, ed. Hillsdale, NJ: Erlbaum.

Colombo, J., and R.S. Bundy   1983   Infant response to auditing familiarity and novelty. *Infant Behavior* 6:305-311.

Confrey, J.   1990   A review of research on student conceptions in mathematics, science programming. in *Review of Research in Education* 16:3-55, C.B. Cazden, ed. Washington, DC: American Educational Research Association.

Coon, T.   1988   Using STELLA simulation software in life science education. *Computers in Life Science Education* 5(9):57-71.

Cooney, J.B., H.L. Swanson, and S.F. Ladd   1988   Acquisition of mental multiplication skill: Evidence for the transition between counting and retrieval strategies. *Cognition and Instruction* 5(4):323-345.

Covey, S.R.   1990   *Principle-Centered Leadership*. New York: Simon and Schuster.

Coyle, T.R., and D.F. Bjorklund   1997   The development of strategic memory: A modified microgenetic assessment of utilization deficiencies. *Cognitive Development* 11(2):295-314.

Crago, M.B.   1988   Cultural Context in the Communicative Interaction of Young Inuit Children. Unpublished doctoral dissertation. McGill University.

Crews, T.A., G. Biswas, S.R. Goldman, and J.D. Bransford   1997   Anchored interactive learning environments. *International Journal of Artificial Intelligence in Education* 8:142-178.

Crill, W.E., and M.E. Raichle   1982   Clinical evaluation of injury and recovery. in *Repair and Regeneration of the Nervous System*, J.G. Nicholls, ed. New York: Springer-Verlag.

Darling-Hammond, L.   1997   School reform at the crossroads: Confronting the central issues of teaching. *Educational Policy* 11(2):151-166.

Dede, C., ed.   1998   Introduction. Pp. v-x in *Association for Supervision and Curriculum Development (ASCD) Yearbook: Learning with Technology*. Alexandria, VA: Association for Supervision and Curriculum Development.

deGroot, A.D.   1965   *Thought and Choice in Chess*. The Hague, the Netherlands Mouton.

deGroot, A.D.   1969   *Methodology: Foundations of Inference and Research in the Behavioral Sciences*. New York and the Hague, the Netherlands: Mouton.

DeLoache, J.S.   1984   What's this? Maternal questions in joint picturebook reading with toddlers. *Quarterly Newsletter of the Laboratory for Comparative Human Cognition* 6:87-95.

DeLoache, J.S., D.J. Cassidy, and A.L. Brown   1985a   Precursors of mnemonic strategies in very young children's memory. *Child Development* 56:125-137.

DeLoache, J.S., K.F. Miller, and S.L. Pierroutsakos   1998   Reasoning and problem-solving. Pp. 801-850 in *Handbook of Child Psychology* (Vol. 2), D. Kuhn and R.S. Siegler, eds. New York: Wiley.

DeLoache, J.S., S. Sugarman, and A.L. Brown   1985b   The development of error correction strategies in young children's manipulative play. *Child Development* 56:928-939.

Derry, S.P., and A.M. Lesgold   1996   Toward a situated social practice model for instructional design. Pp. 787-806 in *Handbook of Educational Psychology*, R.C. Calfee and D.C. Berliner, eds. New York: Macmillan.

Dewey, J.   1916   *Democracy and Education*. New York: Macmillan.

Dewey, J.   1963   *Experience and Education*. New York: Collier.

Deyhle, D., and F. Margonis   1995   Navajo mothers and daughters. Schools, jobs, and the family. *Anthropology and Education Quarterly* 26:135-167.

Diamat, R.J., and D.J. Bearison   1991   Development of formal reasoning during successive peer interactions. *Developmental Psychology* 27:277-284.

Dichter-Blancher, T.B., N.A. Bush-Rossnagel, and Knauf-Jensen   1997   Mastery-motivation: Appropriate tasks for toddlers. *Infant Behavior and Development* 20(4):545-548.

DiSessa, A.   1982   Unlearning Aristotelian physics: A study of knowledge-base learning. *Cognitive Science* 6:37-75.

DiSessa, A.   1988   Knowledge in pieces. Pp. 49-70 in *Constructivism in the Computer Age*, G. Forman and P. Pufall, eds.

Hillsdale, NJ: Erlbaum.

DiSessa, A. 1993 Toward an epistemology of physics. *Cognition and Instruction* 10(2):105-125.

Dooling, D.J., and R. Lachman 1971 Effects of comprehension on retention of prose. *Journal of Experimental Psychology* 88:216-222.

Dorr, A. 1982 Television and the socialization of the minority child. in *Television and the Socialization of the Minority Child*, G.L. Berry and C. Mitchell-Kernan, eds. New York: Academic Press.

Duckworth, E. 1987 *"The Having of Wonderful Ideas" and Other Essays on Teaching and Learning*. New York: Teachers College Press, Columbia University.

Duffy, T.M. 1997 Strategic teaching framework: An instructional model for learning complex interactive skills. Pp. 571-592 in *Instructional Development State of the Art: Vol. 3, Paradigms and Educational Technology*, C. Dills and A. Romiszowski, eds. Englewood Cliffs, NJ: Educational Technology Publications.

Dufresne, R.J., W.J. Gerace, P. Hardiman, and J.P. Mestre 1992 Constraining novices to perform expertlike problem analyses: Effects of schema acquisition. *The Journal of Learning Sciences* 2(3):307-331.

Dufresne, R.J., W.J. Gerace, W.J. Leonard, J.P. Mestre, and L. Wenk 1996 Classtalk: A classroom communication system for active learning. *Journal of Computing in Higher Education* 7:3-47.

Dunbar, K. 1996 Problem Solving Among Geneticists. Paper prepared for the Committee on Developments in the Science of Learning for the Sciences of Science Learning: An Interdisciplinary Discussion.

Dweck, C., and E. Elliott 1983 Achievement motivation. Pp. 643-691 in *Handbook of Child Psychology, Vol. IV: Socialization, Personality, and Social Development*, P.H. Mussen, ed. New York: Wiley.

Dweck, C., and E. Legget 1988 A social-cognitive approach to motivation and personality. *Psychological Review* 95:256-273.

Dweck, C.S. 1989 Motivation. Pp. 87-136 in *Foundations for a Psychology of Education*, A. Lesgold and R. Glaser, eds. Hillsdale, NJ: Erlbaum.

Edelson, D.C., R.D. Pea, and L. Gomez 1995 Constructivism in the collaboratory. Pp. 151-164 in *Constructivist Learning Environments: Case Studies in Instructional Design*, B. G. Wilson, ed. Englewood Cliffs, NJ: Educational Technology Publications.

Education Policy Network 1997 The Daily Report Card. December 5. Available: http://www.negp.gov.

Edwards, C.P. 1987 Culture and the construction of moral values: A comparative ethnography of moral encounters in two cultural settings. Pp. 123-150 in *Emergence of Morality in Young Children*, J. Kagan and L. Lamb, eds. Chicago: University of Chicago Press.

Egan, D.E., and B.J. Schwartz 1979 Chunking in recall of symbolic drawings. *Memory and Cognition* 7:149-158.

Ehrlich, K., and E. Soloway 1984 An empirical investigation of the tacit plan knowledge in programming. Pp. 113-134 in *Human Factors in Computer Systems*, J. Thomas and M.L. Schneider, eds. Norwood, NJ: Ablex.

Eich, E. 1985 Context, memory, and integrated item/context imagery. *Journal of Experimental Psychology: Learning, Memory, and Cognition* 11:764-770.

Eimas, P.D., E.R. Siqueland, P.W. Jusczyk, and J. Vigorito 1971 Speech perception in infants. *Science* 171:303-306.

Eisenberg, A.R. 1985 Learning to describe past experiences in conversation. *Discourse Processes* 8:177-204.

Eisenberg, L. 1995 The social construction of the human brain. *American Journal of Psychiatry* 152:1563-1575.

Elmore, R., and G. Sykes 1992 Curriculum policy. Pp. 185-215 in *Handbook of Research on Curriculum*, P.W. Jackson, ed. New York: Macmillan.

Elmore, R.F. 1995 Getting to Scale with Successful Education Practices: Four Principles and Some Recommended Actions. Paper commissioned by the Office of Reform Assistance and Dissemination, U.S. Department of Education.

Elmore, R.F., Consortium for Policy Research in Education, and D. Burney 1996 Staff Development and Instructional Improvement Community District 2, New York City. Paper prepared for the National Commission on Teaching and America's Future.

Elmore, R.F., P.L. Peterson, and S.J. McCarthey 1996 *Restructuring in the Classroom: Teaching, Learning, and School Organization*. San Francisco: Jossey-Bass.

Engle, S. 1995 *The Stories Children Tell: Making Sense of the Narratives of Childhood*. New York: Freeman.

Erickson, F. 1986 Qualitative methods in research on teaching. Pp. 119-161 in *Handbook of Research on Teaching*. New York: Macmillan.

Erickson, F., and G. Mohatt 1982 Cultural organization and participation structures in two classrooms of Indian students Pp. 131-174 in *Doing the Ethnography of Schooling*, G. Spindler, ed. New York: Holt, Rinehart and Winston.

Ericsson, K., W. Chase, and S. Faloon 1980 Acquisition of a memory skill. *Science* 208:1181-1182.

Ericsson, K.A., and H.A. Simon 1993 *Protocol Analysis: Verbal Reports as Data*. 1984/1993. Cambridge, MA: MIT Press.

Ericsson, K.A., and J.J. Staszewski 1989 Skilled memory and expertise: Mechanisms of exceptional performance. Pp. 235-267 in *Complex Information Processing: The Impact of Herbert A. Simon*, D. Klahr and K. Kotovsky, eds. Hillsdale, NJ: Erlbaum.

Ericsson, K.A., and N. Charness 1994 Expert performance: Its structure and acquisition. *American Psychologist* 49:725-745.

Ericsson, K.A., R.T. Krampe, and C. Tesch-Romer 1993 The role of deliberate practice in the acquisition of expert performance. *Psychological Review*. 100:363-406.

Evans, J. St. B. T. 1989 *Bias in Human Reasoning*. Hillsdale, NJ: Erlbaum.

Eylon, B.S., and F. Reif 1984 Effects of knowledge organization on task performance. *Cognition and Instruction* 1:5-44.

Fantz, R.L. 1961 The origin of form perception. *Scientific American* 204:66-72.

Fasheh, M. 1990 Community education: To reclaim and transform what has been made invisible. *Harvard Educational Review* 60:19-35.

Feiman-Nemser, S., and M. Parker 1993 Mentoring in context: A comparison of two US programs for beginning teachers. *International Journal of Educational Research* 19(8):699-718.

Feldman, A. 1993 Teachers Learning from Teachers: Knowledge and Understanding in *Collaborative Action Research*. Unpublished dissertation. Stanford University.

Feldman, A. 1994 Erzberger's dilemma: Validity in action research and science teachers' need to know. *Science Education* 78(1):83-101.

Feldman, A. 1996 Enhancing the practice of physics teachers: Mechanisms for the generation and sharing of knowledge and understanding in collaborative action research. *Journal of Research in Science Teaching* 33(5):513-540.

Feldman, A., and A. Kropf 1997 The Evaluation of Minds-On Physics: An Integrated Curriculum for Developing Concept-Based Problem Solving in Physics. Unpublished paper. Physics Education Research Group, Amherst, MA.

Feldman, A., and J. Atkin 1995 Embedding action research in professional practice. in *Educational Action Research: Becoming Practically Critical*, S. Noffke and R. Stevenson, eds. New York: Teachers College Press.

Fennema, E., T. Carpenter, M. Franke, L.Levi, V. Jacobs, and S. Empson 1996 A longitudinal study of learning to use children's thinking in mathematics instruction. *Journal for Research in Mathematics Education* 27(4):403-434.

Ferchmin, P.A., E.L. Bennett, and M.R. Rosenzweig 1978 Direct contact with enriched environment is required to alter cerebral weights in rats. *Journal of Comparative and Psysiological Psychology* 88:360-367.

Festinger, L. 1957 *A Theory of Cognitive Dissonance*. Stanford, CA: Stanford University Press.

Finholt, T., and L.S. Sproull 1990 Electronic groups at work. *Organizational Science* 1:41-64.

Fishbein, E., M. Deri, M.S. Nello, and M.S. Marino 1985 The role of implicit models in solving verbal problems in multiplication and division. *Journal for Research in Mathematics Education* 16(1)(January):3-17.

Fishman, B., and L. D'Amico 1994 Which way will the wind blow? Network computer tool for studying the weather. pp. 209-216 in *Educational Multimedia and Hypermedia, 1994: proceedings of the Ed-Media '94*, T. Ottman and I. Tomek, eds. Charlottesville, VA: AACE.

Flavell, J.H. 1973 Metacognitive aspects of problem-solving. in *The Nature of Intelligence*, L.B. Resnick, ed. Hillsdale, NJ: Erlbaum.

Flavell, J.H. 1985 *Cognitive Development*. Englewood Cliffs, NJ: Prentice Hall.

Flavell, J.H. 1991 Understanding memory access. Pp. 281-299 in *Cognition and the Symbolic Processes: Applied and Ecological Perspectives*, R. Hoffman and D. Palermo, eds. Hillsdale, NJ: Erlbaum.

Flavell, J.H., and H.M. Wellman 1977 Metamemory. Pp. 3-33 in *Perspectives on the Development of Memory and Cognition*, R.V. Kail and J.W. Hagen, eds. Hillsdale, NJ: Erlbaum.

Forrester, J. 1991 Systems dynamics: Adding structure and relevance to pre-college education. in *Shaping the Future*, K.R. Manning, ed. Boston, MA: MIT Press.

Fredericksen, J., and B. White 1994 Mental models and understanding: A problem for science education. in *New

Directions in Educational Technology, E. Scanlon and T. O'Shea, eds. New York: Springer-Verlag.

Freedman, S.W., ed. 1985a The role of Response in the Acquisition of Written Language. Final Report. Graduate School of Education, University of California, Berkeley.

Freedman, S.W., ed. 1985b *The Acquisition of Written Language: Response and Revision*. Harwood, NJ: Ablex.

Friedler, Y., R. Nachmias, and M.C. Linn 1990 Learning scientific reasoning skills in microcomputer-based laboratories. *Journal of Research on Science Teaching* 27:173-191.

Friedman, S.L., and R.R. Cocking 1986 Instructional influences on cognition and on the brain. Pp. 319-343 in *The Brain, Cognition, and Education*, S.L. Friedman, K.A. Klivington, and R.W. Peterson, eds. Orlando, FL: Academic Press.

Fuchs, L.S., D. Fuchs, and C.I. Hamlett 1992 Computer applications to facilitate curriculum-based measurement. *Teaching Exceptional Children* 24(4):58-60.

Gabrys, C., A. Weiner, and A. Lesgold 1993 Learning by problem solving in a coached apprenticeship system. Pp.119-147 in *Cognitive Science Foundations of Instruction*, M. Rabinowitz, ed. Hillsdale, NJ: Erlbaum.

Gagné, R., and J.J. Gibson 1947 Research on the recognition of aircraft. in *Motion Picture Training and Research*, J.J. Gibson, ed. Washington, DC: U.S. Government Printing Office.

Galegher, J., R.E. Kraut, and C. Egido, eds. 1990 *Intellectual Teamwork: The Social and Technological Foundations of Cooperative Work*. Hillsdale, NJ: Erlbaum.

Gamoran, M. 1994 Content knowledge and teaching innovation curricula. Paper presented at the annual meeting of the American Educational Research Association, New Orleans, Louisiana.

Gardner, H. 1983 *Frames of Mind*. New York: Basic Books.

Gardner, H. 1991 *The Unschooled Mind: How Children Think, and How Schools Should Teach*. New York: Basic Books.

Gardner, H. 1997 *Extraordinary Minds: Portraits of Exceptional Individuals and an Examination of Our Extraordinariness*. New York: Basic Books.

Garner, W.R. 1974 *The Processing of Information and Structure*. Potomac, MD: Erlbaum.

Geary, D. 1994 *Children's Mathematical Development: Research and Practice Applications*. Washington, DC: American Psychological Association.

Geary, D.C., and M. Burlingham-Dubree 1989 External validation of the strategy choice model for addition. *Journal of Experimental Child Psychology* 47:175-192.

Gee, J.P. 1989 What is literacy? *Journal of Education* 171:18-25.

Gelman, R. 1967 Conservation acquisition: A problem of learning to attend to the relevant attributes. *Journal of Experimental Child Psychology* 7:167-187.

Gelman, R. 1990 First principles organize attention to and learning about relevant data: Number and the animate-inanimate distinction as examples. *Cognitive Science* 14:79-106.

Gelman, R., and A.L. Brown 1986 Changing views of cognitive competence in the young. Pp. 175-207 in *Discoveries and Trends in Behavioral and Social Sciences*, N. Smelser and D. Gerstein, eds. Commission on Behavioral and Social Sciences and Education, National Research Council. Washington, DC: National Academy Press.

Gelman, R., and C.R. Gallistel 1978 *The Children's Understanding of Number*. Cambridge, MA: Harvard University Press.

Gelman, S.A. 1988 The development of induction within natural kind and artifact categories. *Cognitive Psychology* 20:65-95.

Getzels, J., and M. Csikszentmihalyi 1976 *The Creative Vision*. New York: Wiley.

Gibson, E.J. 1969 *Principles of Perceptual Learning and Development*. New York: Appleton-Century-Crofts.

Gibson, J.J, and E.J. Gibson 1955 Perceptual learning: Differentiation or enrichment. *Psychological Review* 62:32-51.

Gick, M.L, and K.J. Holyoak 1980 Analogical problem solving. *Cognitive Psychology* 12:306-355.

Gick, M.L, and K.J. Holyoak 1983 Schema induction and analogical transfer. *Cognitive Psychology* 15:1-38.

Glaser, R. 1992 Expert knowledge and processes of thinking. Pp. 63-75 in *Enhancing Thinking Skills in the Sciences and Mathematics*, D.F. Halpern, ed. Hillsdale, NJ: Erlbaum.

Glaser, R., and M.T.H. Chi 1988 Overview. Pp. xv-xxvii in *The Nature of Expertise*, M.T.H. Chi, R. Glaser, and M.J. Farr, eds. Hillsdale, NJ: Erlbaum.

Glass, L., and M. Mackey 1988 *From Clocks to Chaos*. Princeton: Princeton University Press.

Goldman, A.I. 1994 Argument and social epistemology. *Journal of Philosophy* 91:27-49.

Goldman, S., and J.N. Moschkovich 1995 Environments for collaborating mathematically. Pp. 143-146 in *Proceedings of the First International Conference on Computer Support for Collaborative Learning*. October. Bloomington, Indiana.

Goldman, S.R., J.W. Pelligrino, and D.L. Mertz 1988 Extended practices of basic addition facts: Strategy changes in learning disabled students. *Cognition and Instruction* 5:223-265.

Goodlad, J. 1990 *Teachers for Our Nation's Schools*. San Francisco: Jossey-Bass.

Gopnik, M. 1990 Feature-blind grammar and sysphasia. *Nature* 344:615.

Gordin, D., D. Edelson, and R.D. Pea 1996 The Greenhouse effect visualizer: A tool for the science classroom. *Proceedings of the Fourth American Meteorological Society Education Symposium*.

Gordin, D., J. Polman, and R.D. Pea 1994 The Climate Visualizer: Sense-making through scientific visualization. *Journal of Science Education and Technology* 3:203-226.

Gordin, D.N., D.C. Edelson, L.M. Gomez, E.M. Lento, and R.D. Pea 1996 Student conference on global warming: A collaborative network-supported ecologically hierarchic geosciences curriculum. *Proceedings of the Fifth American Meteorological Society Education Symposium*.

Gordin, D.N., and R.D. Pea 1995 Prospects for scientific visualization as an educational technology. *The Journal of the Learning Sciences* 4:249-279.

Gragg, C.I. 1940 Because wisdom can't be told. *Harvard Alumni Bulletin* (October 19):78-84.

Greenfield, P.M. 1984 *Mind and Media: The Effects of Television, Video, Games, and Computers*. Cambridge, MA: Harvard University Press.

Greenfield, P.M., and L.K. Suzuki 1998 Culture and human development: Implications for parenting, education, pediatrics, and mental health. Pp. 1059-1109 in *Handbook of Child Psychology* (Vol. 4), I.E. Sigel and K.A. Renninger, eds. New York: Wiley and Sons.

Greenfield, P.M., and R.R. Cocking 1996 *Interacting with Video*. Norwood, NJ: Ablex.

Greeno, J. 1991 Number sense as situated knowing in a conceptual domain. *Journal for Research in Mathematics Education* 22(3):170-218.

Greeno, J.G., A.M. Collins, and L.B. Resnick 1996 Cognition and learning. Pp. 15-46 in *Handbook of Educational Psychology*, D.C. Berliner and R.C. Calfee, eds. NY: Macmillan.

Greenough, W.T. 1976 Enduring brain effects of differential experience and training. Pp. 255-278 in *Neural Mechanisms of Learning and Memory*, M.R. Rosenzweig and E.L. Bennett, eds. Cambridge, MA: MIT Press.

Greenough, W.T., J.M. Juraska, and F.R. Volkmar 1979 Maze training effects on dendritic branching in occipital cortex of adult rats. *Behavioral and Neural Biology* 26:287-297.

Griffin, P., and M. Cole 1984 Current activity for the future: The zo-ped. Pp. 45-64 in *Children's Learning in the "Zone of Proximal Development,"* B. Roscoff and J. Wertsch, eds. San Francisco: Jossey-Bass.

Griffin, S., and R. Case 1997 Wrap-Up: Using peer commentaries to enhance models of mathematics teaching and learning. *Issues in Education* 3(1):115-134.

Griffin, S., R. Case, and A. Capodilupo 1992 Rightstart: A program designed to improve children's conceptual structure on which this performance depends. in *Development and Learning Environments*, S. Strauss, ed. Norwood, NJ: Ablex.

Groen, G.J., and L.B. Resnick 1977 Can preschool children invent addition algorithms? *Journal of Educational Psychology* 69:645-652.

Grossman, P.L. 1987 A Tale of Two Teachers: The Role of Subject Matter Orientation in Teaching. Paper presented at the meeting of the American Educational Research Association, Washington, DC.

Grossman, P.L. 1990 *The Making of a Teacher*. New York: Teachers College Press, Columbia University.

Grossman, P.L., S.M. Wilson, and L.S. Shulman 1989 Teachers of substance: Subject matter for teaching. Pp. 23-36 in *Knowledge Base for the Beginning Teacher*, M.C. Reynolds, ed. New York: Pergamon Press.

Habermas, J. 1990 *Moral Consciousness and Communicative Action*. Cambridge, MA: MIT Press.

Haken, H. 1981 *Chaos and Order in Nature. Proceeding of the International Symposium on Synergetics*. New York: Springer-Verlag.

Hallinger, P., K. Leithwood, and J. Murphy, eds. 1993 *Cognitive Pergectives on Educational Leadership*. New York: Teachers College Press, Columbia University.

Hammersly, M., and P. Atkinson 1983 *Ethnography: Principles and Practices*. London: Travistock.

Hardiman, P., R. Dufresne, and J.P. Mestre 1989 The relation between problem categorization and problem solving among experts and novices. *Memory & Cognition* 17(5):627-638.

Harvard-Smithsonian Center for Astrophysics, Science Education Department   1987   *A Private Universe*. Video Cambridge, MA: Science Media Group.

Hasselbring, T.S., L. Goin, and J.D. Bransford   1987   Effective mathematics instruction: Developing automaticity. *Teaching Exceptional Children* 19(3):30-33.

Hatano, G.   1990   The nature of everyday science: A brief introduction. *British Journal of Developmental Psychology* 8:245-250.

Hatano, G., and K. Inagaki   1986   Two courses of expertise. in *Child Development and Education in Japan*, H. Stevenson, H. Azuma, and K. Hakuta, eds. New York: W.H. Freeman.

Hatano, G., and K. Inagaki   1996   Cultural Contexts of Schooling Revisited: A Review of the Learning Gap from a Cultural Psychology Perspective. Paper presented at the conference on Global Prospects for Education: Development, Culture and Schooling. University of Michigan.

Heath, S.   1982   Ethnography in education: Defining the essential. Pp. 33-58 in *Children In and Out of School*, P. Gilmore and A. Gilmore, eds. Washington, DC: Center for Applied Linguistics.

Heath, S.B.   1981   Questioning at home and school: A comprehensive study. in *Doing Ethnography: Educational Anthropology in Action*, G. Spindler, ed. New York: Holt, Rinehart, and Winston.

Heath, S.B.   1983   *Ways with Words: Language, Life, and Work in Communities and Classrooms*. Cambridge, UK: Cambridge University Press.

Heaton, R.M.   1992   Who is minding the mathematics content? A case study of a fifth-grade teacher. *Elementary School Journal* 93:151-192.

Heller, J.I., and F. Reif   1984   Prescribing effective human problem solving processes: Problem description in physics. *Cognition and Instruction* 1:177-216.

Hendrickson, G., and W.H. Schroeder   1941   Transfer of training in learning to hit a submerged target. *Journal of Educational Psychology* 32:205-213.

Hestenes, D.   1992   Modeling games in the Newtonian world. *American Journal of Physics* 60:440-454.

Hestenes, D., M. Wells, and G. Swackhamer   1992   Force concept inventory. *The Physics Teacher* 30(March):159-166.

Hibert, J., T. Carpenter, E. Fennema, K. Fuson, H. Murray, A. Oliver, P. Human, and D.Wearne   1997   *Designing Classrooms for Learning Mathematics with Understanding*. Portsmouth, NH: Heinemann Educational Books.

Hinsley, D.A., J.R. Hayes, and H.A. Simon   1977   From words to equations: Meaning and representation in algebra word problems. Pp. 89-106 in *Cognitive Processes in Comprehension*, M.A. Just and P.A. Carpenter, eds. Hillsdale, NJ: Erlbaum.

Hmelo, C., and S.M. Williams, eds.   1998   Special issue: Learning through problem solving. *The Journal of the Learning Sciences* 7(3 and 4).

Hmelo, C.E.   1995   Problem-based learning: Development of knowledge and reasoning strategies. Pp. 404-408 in *Proceedings of the Seventeenth Annual Conference of the Cognitive Science Sociey*. Pittsburgh, PA: Erlbaum.

Hoadley, C.M., and P. Bell   1996   Web for your head: The design of digital resources to enhance lifelong learning. *D-Lib Magazine*. September. Available: http://www.dlib.org/dlib/september96/kie/09hoadley.html.

Hoff-Ginsberg, E., and M. Shatz   1982   Linguistic input and the child's acquisition of language. *Psychological Bulletin* 92(1)(July):3-26.

Holland, J.H.   1995   *Hidden Order: How Adaptation Builds Complexity*. New York: Addison-Wesley.

Hollingsworth, S.   1994   *Teacher Research and Urban Literacy: Lessons and Conversations in a Feminist Key*. New York: Teachers College Press.

Hollins, E.   1995   Research, Culture, Teacher Knowledge and Development. Paper presented at the annual meeting of the American Educational Research Association, April, San Francisco.

Holmes Group   1986   Tomorrow's Teachers: A Report of the Holmes Group. Unpublished paper, Holmes Group, East Lansing, Michigan.

Holt, J.   1964   *How Children Fail*. New York: Dell.

Holyoak, K.J.   1984   Analogical thinking and human intelligence. Pp. 199-230 in *Advances in the Psychology of Human Intelligence* (Vol. 2), R.J. Sternberg, ed. Hillsdale, NJ: Erlbaum.

Hull, C.L.   1943   *Principles of Behavior*. New York: Appleton-Century-Crofts.

Hunt, E., and Minstrell, J. 1994 A cognitive approach to the teaching of physics. Pp. 51-74 in *Classroom Lessons: Integrating Cognitive Theory and classroom Practice*, K. McGilly, ed. Cambridge, MA: MIT Press.

Hunt, J.M. 1961 *Intelligence and experience*. New York: Ronald Press.

Hutchins, E. 1995 *Cognition in the Wild*. Cambridge, MA: MIT Press.

Huttenlocher, P.R., and A.S. Dabholkar 1997 Regional differences in synaptogenesis in human cerebral cortex. *Journal of Comparative Neurology* 387:167-178.

Inagaki, K., and G. Hatano 1987 Young children's spontaneous personification as analogy. *Child Development* 58:1013-1020.

Jackson, S., S. Stratford, J. Krajcik, and E. Soloway 1996 Making system dynamics modeling accessible to pre-college science students. *Interactive Learning Environments* 4:233-257.

James, W. 1890 *Principles of Psychology*. New York: Holt.

Johnson, D.W., and R. Johnson 1975 *Learning Together and Alone: Cooperation, Competition, and Individualization*. Englewood Cliffs, NJ: Prentice-Hall.

John-Steiner, V. 1984 Learning styles among Pueblo children. *Quarterly Newsletter of the Laboratory of Comparative Human Cognition* 6:57-62.

Jones, T.A., and T. Schallert 1994 Use-dependent growth of pyramidal neurons after neocortex damage. *Journal of Neuroscience* 14:2140-2152.

Jorm, A.F., and D.L. Share 1983 Phonological recoding and reading acquisition. *Applied Psycholinguistics* 4(2)(June):103-147.

Judd, C.H. 1908 The relation of special training to general intelligence. *Educational Review* 36:28-42.

Juraska, J.M. 1982 The development of pyramidal neurons after eye opening in the visitual cortex of hooded rats: A quantitative study. *Journal of Comparative Neurology* 212:208-213.

Kafai, Y.B. 1995 *Minds in Play: Computer Game Design as a Context for Children's Learning*. Hillsdale, NJ: Erlbaum.

Kahan, L.D., and D.D. Richards 1986 The effects of context on referential communication strategies. *Child Development* 57(5)(October):1130-1141.

Kalnins, I.V., and J.S. Bruner 1973 The coordination of visual observation and instrumental behavior in early infancy. *Perception* 2:307-314.

Kaput, J.J. 1987 Representation systems and mathematics. in *Problems of Representation in the Teaching and Learning of Mathematics*, C. Jonvier, ed. Hillsdale, NJ: Erlbaum.

Karmiloff-Smith, A. 1992 *Beyond Modularity: A Developmental Perspective on Cognitive Science*. Cambridge, MA: MIT Press.

Karmiloff-Smith, A., and B. Inhelder 1974 If you want to get ahead, get a theory. *Cognition* 3:195-212.

Kaufmann II, W.J., and L.L. Smarr 1993 *Supercomputing and Transformation of Science*. New York: Scientific American Library.

Kearns, D.T. 1988 An education recovery plan for America. *Phi Delta Kappan* 69(8):565-570.

Keating, T. 1997 Electronic Community: The Role of an Electronic Network in the Development of a Community of Teachers Engaged in Curriculum Development and Implementation. Unpublished doctoral dissertation, Stanford University.

Keating, T., and A. Rosenquist 1998 The Role of an Electronic Network in the Development of a Community of Teachers Implementing a Human Biology Curriculum. Paper presented at the annual meeting of the National Association for Research in Teaching, San Diego, CA.

Kinzer, C.K., V. Risko, J. Carson, L. Meltzer, and F. Bigenho 1992 Students' Perceptions of Instruction and Instructional Needs: First Steps Toward Implementing Case-based Instruction. Paper presented at the 42nd annual meeting of the National Reading Conference, San Antonio, Texas, December.

Klahr, D., and J.G. Wallace 1973 The role of quantification operators in the development of conservation of quantity. *Cognitive Psychology* 4:301-327.

Klahr, D., and S.M. Carver 1988 Cognitive objectives in a LOGO debugging curriculum: Instruction, learning, and transfer. *Cognitive Psychology* 20:362-404.

Klausmeier, H.J. 1985 *Educational Psychology* (5th ed.). New York: Harper and Row.

Kleim, J.A., E. Lussnig, E.R. Schwarz, T.A. Comery, and W.T. Greenough 1996 Synaptogenesis and Fos expression in the motor cortex of the adult rat following motor skill learning. *Journal of Neuroscience* 16:4529-4535.

Kliebard, H.M. 1975 Metaphorical roots of curriculum design. in *Curriculum Theorizing: The Reconceptualists*, W. Pinar, ed. Berkeley: McCutchan.

Knapp, N.F., and P.L. Peterson 1995 Meanings and practices: Teachers' interpretation of "CGI" after four years. *Journal for Research in Mathematics Education* 26(1):40-65.

Kobayashi, Y. 1994 Conceptual acquisition and change through social interaction. *Human Development* 37:233-241.

Koedinger, K.R., J.R. Anderson, W.H. Hadley, and M.A. Mark 1997 Intelligent tutoring goes to school in the big city. *International Journal of Artificial Intelligence in Education* 8:30-43.

Kolb, B. 1995 *Brain Plasticity and Behavior*. Hillsdale, NJ: Erlbaum.

Kolstad, V., and R. Baillargeon 1994 Appearance-and Knowledge-Based Responses to Containers in 5 1/2- to 8 1/2-Month-Old Infants. Unpublished paper.

Koppich, J.E., and M.S. Knapp 1998 *Federal Research Investment and the Improvement of Teaching: 1980-1997*. Seattle, WA: Center for the Study of Teaching and Policy.

Kuhara-Koijima, K., and G. Hatano 1989 Strategies of recognizing sentences among high and low critical thinkers. *Japanese Psychological Research* 3(1):1-9.

Kuhl, P.K. 1993 Innate predispositions and the effects of experience in speech perception: The native language magnet theory. Pp. 259-274 in *Developmental Neurocognition: Speech and Face Processing in the First Year of Life*, B. deBoysson-Bardies, S. deSchonen, P. Juscyzyk, P. McNeilage, and J. Morton, eds. Dordrecht, NL: Kluwer Academic Publishers.

Kuhl, P.K., K.A. Williams, F. Lacerda, N. Stevens, and B. Lindblom 1992 Linguistic experience alters phonetic perception in infants by 6 months of age. *Science* 255:606-608.

Kuhn, D. 1991 *The Skills of Argument*. Cambridge, England: Cambridge University Press.

Kuhn, D., ed. 1995 Development and learning: Reconceptualizing the intersection: Introduction. *Human Development* 38(special issue):293-294.

LaBerge, D., and S.J. Samuels 1974 Toward a theory of automatic information processing in reading. *Cognitive Psychology* 6:293-323.

Ladson-Billings, G. 1995 Toward a theory of culturally relevant pedagogy. *American Educational Research Journal* 32:465-491.

Lamon, M., D. Caswell, M. Scardamalia, and R. Chandra 1997 Technologies of Use and Social Interaction in Classroom Knowledge Building Communities. Paper presented at the Symposium on Computer-Supported Collaborative Learning: Advancements and Challenges, K. Lonka, chair, European Association for Research in Learning and Instruction, August, Athens, Greece.

Lampert, M. 1986 Knowing, doing, and teaching multiplication. *Cognition and Instruction* 3:305-342.

Lampert, M. 1998 Studying teaching as a thinking practice. Pp. 53-78 in *Thinking Practices in Mathematics and Science Learning*, J.G. Greeno and S.V. Goldman, eds. Hillsdale, NJ: Erlbaum.

Lampert, M., and D.L. Ball 1998 *Teaching, Multimedia, and Mathematics: Investigations of Real Practice*. New York: Teachers College Press.

Larkin, J., J. McDermottt, D.P. Simon, and H.A. Simon 1980 Expert and novice performance in solving physics problems. *Science* 208:1335-1342.

Larkin, J. H. 1979 Information processing models in science instruction. Pp. 109-118 in *Cognitive Process Instruction*, J. Lochhead and J. Clement, eds. Hillsdale, NJ: Erlbaum.

Larkin, J. H. 1981 Enriching formal knowledge: A model for learning to solve problems in physics. Pp. 311-334 in *Cognitive Skills and Their Acquisition*, J.R. Anderson, ed. Hillsdale, NJ: Erlbaum.

Larkin, J. H. 1983 The role of problem representation in physics. Pp. 75-98 in *Mental Models*, D. Gentner and A.L. Stevens, eds. Hillsdale, NJ: Erlbaum.

Larkin, J.H., and H.A. Simon 1987 Why a diagram is (sometimes) worth ten thousand words. *Cognitive Science* 11:65-69.

Lave,J. 1988 *Cognition in Practice: Mind, Mathematics, and Culture in Everyday Life*. Cambridge, MA: Cambridge University Press.

Lave, J., and E. Wenger 1991 *Situated Learning: Legitimate Peripheral Participation*. New York: Cambridge University Press.

Lave, J., M. Murtaugh, and O. de la Rocha   1984   The dialectic of arithmetic in grocery shopping. Pp. 67-94 in *Everyday Cognition*, B. Rogoff and J. Lave, eds. Cambridge, MA: Harvard University Press.

Lawless, J.G., and R. Coppola   1966   GLOBE: Earth as our backyard. *Geotimes* 41(9):28-30.

Lederberg, J., and K. Uncapher, eds.   1989   Towards a National Collaboratory: Report of an Invitational Workshop at the Rockefeller University, March 17-18. National Science Foundation Directorate for Computer and Information Science, Washington, DC.

Lee, C.D.   1991   Big picture talkers/words walking without masters: The instructional implications of ethnic voices for an expanded literacy. *Journal of Negro Education* 60:291-304.

Lee, C.D.   1992   Literacy, cultural diversity, and instruction. *Education and Urban Society* 24:279-291.

Lee, C.D., and D. Slaughter-Defoe   1995   Historical and sociocultural influences of African American education. Pp. 348-371 in *Handbook of Research on Multicultural Education*, J.A. Banks and C.M. Banks, eds. New York: Macmillan.

Lehrer, R., and D. Chazan   1998a   *Designing Learning Environments for Developing Understanding of Geometry and Space*. Mahwah, NJ: Erlbaum.

Lehrer, R., and D. Chazan   1998b   *New Directions for Teaching and Learning Geometry*. Hillsdale, NJ: Erlbaum.

Lehrer, R., and L. Schauble   1996a   Building Bridges Between Mathematics and Science: Progress report to James S. McDonnell Foundation. Meeting of Cognitive Studies for Educational Practice Program Investigators, November, Vanderbilt University, Nashville, TN.

Lehrer, R., and L. Schauble   1996b   Developing Model-Based Reasoning in Mathematics and Science. Paper prepared for the Workshop on the Science of Learning, National Research Council, Washington, DC.

Lehrer, R., and L. Shumow   1997   Aligning the construction zones of parents and teachers for mathematics reform. *Cognition and Instruction* 15:41-83.

Lehrer, R., and T. Romberg   1996a   Exploring children's data modeling. *Cognition and Instruction* 14:69-108.

Lehrer, R., and T. Romberg   1996b   Springboards to geometry. Pp. 53-61 in *Perspectives on the Teaching of Geometry for the 21st Century*, G. Mammana and V. Villani, eds. Norwell, MA: Kluwer Academic Publishers.

Leinhardt, G., and J.G. Greeno   1991   The cognitive skill of teaching. Pp. 233-268 in *Teaching Knowledge and Intelligent Tutoring*, Peter Goodyear, ed. Norwood, NJ: Ablex.

Leinhardt, G., and J.G. Greeno   1994   History: A time to be mindful. Pp. 209-225 in *Teaching and Learning in History*, G. Leinhardt, I.L. Beck, and C. Stainton, eds. Hillsdale, NJ: Erlbaum.

Lemaire, P., and R.S. Siegler   1995   Four aspects of strategic change: Contributions to children's learning of multiplication. *Journal of Experimental Psychology: General* 124(1)(March):83-97.

Lemke, J.   1990   *Talking Science: Language, Learning and Values*. Norwood, NJ: Ablex.

Leonard, W.J., R.J. Dufresne, and J.P. Mestre   1996   Using qualitative problem-solving strategies to highlight the role of conceptual knowledge in solving problems. *American Journal of Physics* 64:1495-1503.

Leonard, W.J., R.J Dufresne, W.J. Gerace, and J.P Mestre   1999a   *Minds on Physics: Conservation Laws and Concept-Based Problem Solving-Activities and Reader*. Dubuque, IA: Kendall/Hunt Publishing.

Leonard, W.J., R.J Dufresne, W.J. Gerace, and J.P Mestre   1999b   *Minds on Physics: Conservation Laws and Concept-Based Problem Solving-Teacher's Guide*. Dubuque, IA: Kendall/Hunt Publishing.

Leonard, W.J., R.J Dufresne, W.J. Gerace, and J.P Mestre   1999c   *Minds on Physics: Interactions-Activities and Reader*. Dubuque, IA: Kendall/Hunt Publishing.

Leonard, W.J., R.J Dufresne, W.J. Gerace, and J.P Mestre   1999d   *Minds on Physics: Interactions-Teacher's Guide*. Dubuque, IA: Kendall/Hunt Publishing.

Leonard, W.J., R.J Dufresne, W.J. Gerace, and J.P Mestre   1999e   *Minds on Physics: Motion Activities and Reader*. Dubuque, IA: Kendall/Hunt Publishing.

Leonard, W.J., R.J Dufresne, W.J. Gerace, and J.P Mestre   1999f   *Minds on Physics: Motion-Teacher's Guide*. Dubuque, IA: Kendall/Hunt Publishing.

Lesgold, A., S. Chipman, J.S. Brown, and E. Soloway   1990   Prospects for information science and technology focused on intelligent training systems concerns. Pp. 383-394 in *Annual Review of Computer Science*. Palo Alto, CA: Annual Review Press.

Lesgold, A.M.   1984   Acquiring expertise. Pp. 31-60 in *Tutorials in Learning and Memory: Essays in Honor of Gordon Bower*, J.R. Anderson and S.M. Kosslyn, eds. Hillsdale, NJ: Erlbaum.

Lesgold, A.M.　1988　Problem solving. in *The Psychology of Human Thoughts*, R.J. Sternberg and E.E. Smith, eds. New York: Cambridge University Press.

Lesgold, A.M., H. Rubison, P. Feltovich, R. Glaser, D. Klopfer, and Y. Wang　1988　Expertise in a complex skill: Diagnosing x-ray pictures. Pp. 311-342 in *The Nature of Expertise*, M.T.H. Chi, R. Glaser, and M. Farr, eds. Hillsdale, NJ: Erlbaum.

Leslie, A.M.　1994a　Pretending and believing: Issues in the theory ToMM. *Cognition* 50:211-238.

Leslie, A.M.　1994b　ToMM, ToBy, and agency: Core architecture and domain specificity. Pp. 119-148 in *Domain Specificity in Cognition and Culture*, L.A. Hirshfeld and S. Gelman, eds.

Levin, J., A. Waugh, D. Brown, and R. Clift　1994　Teaching teleapprenticeships: A new organizational framework for improving teacher education using electronic networks. *Journal of Machine-Mediated Learning* 4(2 and 3):149-161.

Lewis, M., and R. Freedle　1973　Mother-infant dyad: The cradle of meaning. Pp. 127-155 in *Communication and Affect*, P. Pliner, ed. New York: Academic Press.

Lichtenstein, E.H., and W.F. Brewer　1980　Memory for goal-directed events. *Cognitive Psychology* 12:415-445.

Lin, X.D., and J. Lehman　1999　Supporting learning of variable control in a computer-based biology environment: Effects of prompting college students to reflect on their own thinking. *Journal of Research in Science Teaching*.

Linberg, M.　1980　The role of knowledge structure in the ontogeny of learning. *Journal of Experimental Child Psychology* 30:401-410.

Lincoln, Y.S., and E.G. Guba　1985　*Naturalistic Inquiry*. Beverly Hills, CA: Sage.

Linn, M.C.　1991　The computer as lab partner: Can computer tools teach science? in *This Year in School Science 1991*, L. Roberts, K. Sheingold, and S. Malcolm, eds. Washington, DC: American Association for the Advancement of Science.

Linn, M.C.　1992　The computer as learning partner: Can computer tools teach science? in *This Year in School Science, 1991*. Washington, DC: American Association for the Advancement of Science.

Linn, M.C.　1994　Teaching for Understanding in Science. Paper presented at the National Science Foundation Conference on Research Using a Cognitive Science Perspective to Facilitate School-Based Innovation in Teaching Science and Mathematics. May 5-8, Sugarloaf Conference Center, Chestnut Hill, PA.

Linn, M.C., N.B. Songer, and B.S. Eylon　1996　Shifts and convergences in science learning and instruction. Pp. 438-490 in *Handbook of Educational Psychology*, R.C. Calfee and D.C. Berliner, eds. Riverside, NJ: Macmillan.

Lionni, L.　1970　*Fish Is Fish*. New York: Scholastic Press.

Little, J.W.　1990　The mentor phenomenon and the social organization of teaching. *Review of Research in Education* 16:297-351.

Littlefield, J., V. Delclos, S. Lever, K. Clayton, J. Bransford, and J. Franks　1988　Learning LOGO: Method of teaching, transfer of general skills, and attitudes toward school and computers. Pp. 111-135 in *Teaching and Learning Computer Programming*, R.E. Mayer, ed. Hillsdale, NJ: Erlbaum.

Luchins, A.S. and Luchins, E.H.　1970　*Wertheimer's Seminar Revisited: Problem Solving and Thinking* (Vol. 1). Albany, NY: State University of New York.

Lucido, H.　1988　Coaching physics. *Physics Teacher* 26(6):333-340.

MacCorquodale, P.　1988　Mexican American women and mathematics: Participation, aspirations, and achievement. Pp. 137-160 in *Linguistic and Cultural Influences on Learning Mathematics*, R.R. Cocking and J.P. Mestre, eds. Hillsdale, NJ: Erlbaum.

MacNamara, J.　1972　Cognitive bases of language learning in infants. *Psychological Review* 79(1):1-13.

Mandinach, E.　1989　Model-building and the use of computer simulation of dynamic systems. *Journal of Educational Computing Research* 5(2):221-243.

Mandinach, E., M. Thorpe, and C. Lahart　1988　*The Impact of the System Thinking Approach on Teaching and Learning Activities*. Princeton, NJ: Educational Testing Service.

Mandler, J.M.　1996　Development of categorization: Perceptual and conceptual categories. in *Infant Development: Recent Advances*, G. Bremner, A. Slater, and G. Butterworth, eds. Hove, England: Erlbaum.

Marsh, D., and J. Sevilla　1991　An Analysis of the Implementation of Project SEED: An Interim Report. Technical report. University of Southern California.

Marshall, C., and G.B. Rossman　1955　*Designing Qualitative Research*. Thousand Oaks, CA: Sage.

Massey, C.M., and R. Gelman　1988　Preschoolers decide whether pictured unfamiliar objects can move themselves.

Developmental Psychology 24:307-317.

Mayer, R.E.   1988   Introduction to research on teaching and learning computer programming. Pp. 1-12 in *Teaching and Learning Computer Programming: Multiple Research Perspectives*, R.E. Mayer, ed. Hillsdale, NJ: Erlbaum.

Mayes, L.C., R. Feldman, R.N. Granger, M.H. Bornstein, and R. Schottenfeld   1998   The effects of polydrug use with and without cocaine on the mother-infant interaction at 3 and 6 months. *Infant Behavior and Development* 20(4):489-502.

McClelland, J.L., B.L. McNaughton, and R.C. O'Reilly   1995   Why there are complementary learning systems in hippocampus and neocortex: Insights from the successes and failures of connectionist models of learning and memory. *Psychological Review* 102:419-447.

McClelland, J.L., and M. Chappell   1998   Familiarity breeds differentiation: A subject-likelihood approach to the effects of experience in recognition memory. *Psychological Review* 105:724-760.

McCombs, B.L.   1996   Alternative perspectives for motivation. Pp. 67-87 in *Developing Engaged Readers in School and Home Communities*, L. Baker, P. Afflerback, and D. Reinking, eds. Mahwah, NJ: Erlbaum.

McDonald, J.P., and P. Naso   1986   Teacher as Learner: The Impact of Technology. Unpublished paper, Educational Technology Center, Harvard Graduate School of Education. May.

McLaughlin, M.W.   1990   The Rand change agent study revisited: Macro perspectives and micro realities. *Educational Researcher* 19(9):11-16.

McNamee, G.D.   1980   The Social Origins of Narrative Skills. Unpublished doctoral dissertation. Northwestern University.

Means, B., and K. Olson   1995a   Technology's role in student-centered classrooms. in *New Directions for Research on Teaching*, H. Walberg and H. Waxman, eds. Berkeley, CA: McCutchan.

Means, B., and K. Olson   1995b   *Technology's Role in Education Reform: Findings from a National Study of Innovating Schools*. Menlo Park, CA: SRI International.

Means, B., E. Coleman, A. Klewis, E. Quellamlz, C. Marder, and K. Valdes.   1997   *GLOBE Year 2 Evaluation*. Menlo Park, CA: SRI International.

Means, B., K. Olson, and R. Singh   1995   Beyond the classroom: Restructuring schools with technology. *Phi Delta Kappan* (September):69-72.

Means, B., T. Middleton, A. Lewis, E. Quellmaiz, and K. Valdes   1996   *GLOBE Year 1 Evaluation*. Menlo Park, CA: SRI International.

Medawar, P.   1982   *Pluto's Republic*. Oxford, UK: Oxford University Press.

Mehan, H.   1979   *Learning Lessons: Social Organization in the Classroom*. Cambridge, MA: Harvard University Press.

Mehler, J., and A. Christophe   1995   Maturation and learning of language in the first year of life. Pp. 943-954 in *The Cognitive Neurosciences*, M.S. Gazzaniga, ed. Cambridge, MA: MIT Press.

Merrill, D.C., B.J. Reiser, M. Ranney, and J.G. Trafton   1992   Effective tutoring techniques: A comparison of human tutors and intelligent tutoring systems. *Journal of the Learning Sciences* 2(3):277-305.

Mervis, C.B.   1984   Early lexical development: The contributions of mother and child. Pp. 339-370 in *Origins of Cognitive Skills*, C. Sophian, ed. Hillsdale, NJ: Erlbaum.

Mestre, J.P.   1994   Cognitive aspects of learning and teaching science. Pp. 3-1 - 3-53 in *Teacher Enhancement for Elementary and Secondary Science and Mathematics: Status, Issue, and Problems*, S.J. Fitzsimmons and L.C. Kerpelman, eds. NSF94-80. Arlington, VA: National Science Foundation.

Mestre, J.P., W.J. Gerace, R.J. Dufresne, and W.J. Leonard   1997   Promoting active learning in large classes using a classroom communication system. Pp. 1019-1036 in *The Changing Role of Physics Departments in Modern Universities: Proceedings of the International Conference on Undergraduate Physics Education*. Woodbury, NY: American Institute of Physics.

Michaels, S.   1981a   "Sharing time", children's narrative styles and differential access to literacy. *Language in Society* 10:423-442.

Michaels, S.   1981b   Discourses of the Seasons. Technical report. Urbana, IL: Reading Research and Education Center.

Michaels, S.   1986   Narrative presentations: An oral preparation for literacy with first graders. Pp. 94-115 in *The Social Construction of Literacy*, J. Cook-Gumperz, ed. New York: Cambridge University Press.

Miles, M.B., and A.M. Huberman   1984   *Qualitative Data Analysis: A Sourcebook of New Methods*. Newbury Park, CA: Sage.

Miller, A.I.   1986   *Imagery in Scientific Thought*. Cambridge, MA: MIT Press.

Miller, G.A. 1956 The magical number seven, plus or minus two. Some limits on our capacity to process information. *Psychological Review* 63:81-87.

Miller, R.B. 1978 The information system designer. Pp. 278-291 in *The Analysis of Practical Skills*, W.T. Singleton, ed. Baltimore, MD: University Park Press.

Minstrell, J. 1982 Explaining the "at rest" condition of an object. *The Physics Teacher* 20:10.

Minstrell, J. 1992 Facets of students' knowledge and relevant instruciton Pp. 110-128 in *Proceedings of the International Workshop on Research in Physics Education: Theoretical Issues and Empirical Studies*, R. Duit, F. Goldberg, and H.Niedderer, eds. Kiel, Germany: Institüt für die Pädagogik der Naturwissenshaften.

Minstrell, J.A. 1989 Teaching science for understanding. in *Toward the Thinking Curriculum: Current Cognitive Research*, L.B. Resnick and L.E. Klopfer, eds. Alexandria, VA: ASCD Books.

Mintz, R. 1993 Computerized simulation as an inquiry tool. *School Science and Mathematics* 93(2):76-80.

Moll,L.C. 1986a Creating Strategic Learning Environments for Students: A Community-Based Approach. Paper presented at the S.I.G. Language Development Invited Symposium Literacy and Schooling, Annual Meeting of the American Educational Research Association, San Francisco, CA.

Moll,L.C. 1986b Writing as a communication: Creating strategic learning environments for students. *Theory into Practice* 25:102-108.

Moll, L.C., ed. 1990 *Vygotsky and Education*. New York: Cambridge University Press.

Moll, L.C., and K.F. Whitmore 1993 Vygotsky in classroom practice. Moving from individual transmission to social transaction. Pp. 19-42 in *Contexts for Learning*, E.A. Forman, N. Minick, and C.A. Stone, eds. New York: Oxford University Press.

Moll, L.C., J. Tapia, and K.F. Whitmore 1993 Living knowledge: The social distribution of cultural sources for thinking. Pp. 139-163 in *Distributed Cognitions*, G. Salomon, ed. Cambridge, UK: Cambridge University Press.

Moshman, D. 1995a Reasoning as self-constrained thinking. *Human Development* 38:53-64.

Moshman, D. 1995b The construction of moral rationality. *Human Development* 38:265-281.

Munkata, Y., J.L. McClelland, M.H. Johnson, and R.S. Siegler 1997 Rethinking infant knowledge: Toward an adaptive process account of successes and failures in object permanence tasks. *Psychological Review* 104:686-713.

National Center for Research in Mathematical Sciences Education and Freudenthal Institute, eds. 1997 *Mathematics in Context: A Connected Curriculum for Grades 5-8*. Chicago: Encyclopaedia Britannica Educational Corporation.

National Commission on Teaching and America's Future 1996 What Matters Most: Teaching for America's Future. New York: Teachers College, Columbia University.

National Council of Teachers of Mathematics 1989 *Curriculum and Evaluation Standards for School Mathematics*. Reston, VA: National Council on Teachers of Mathematics.

National Research Council 1990 *Reshaping School Mathematics*. Mathematical Sciences Education Board. Washington, DC: National Academy Press. Available: http://www.nap.edu.

National Research Council 1994 *Learning, Remembering, Believing: Enhancing Human Performance*, D. Druckman, and R.A. Bjork, eds. Committee on Techniques for the Enhancement of Human Performance, Commission on Behavioral and Social Sciences and Education. Washington, DC: National Academy Press.

National Research Council 1996 *National Science Education Standards*. Washington, DC: National Academy Press. Available: http: //www.nap.edu.

National Research Council 1998 *Preventing Reading Difficulties in Young Children*, C.E. Snow, M.S. Burns, and P. Griffin, eds. Committee on Prevention of Reading Difficulties in Young Children Washington, DC: National Academy Press.

National Research Council 1999 *Improving Student Learning: A Strategic Plan for Education Research and Its Utilization*. Committee on Feasibility Study for a Strategic Education Research Program. Washington, DC: National Academy Press.

Natriello, G., C.J. Riehl, and A.M. Pallas 1994 Between the Rock of Standards and the Hard Place of Accommodation: Evaluation Practices of Teachers in High Schools Serving Disadvantaged Students. Center for Research on Effective Schooling for Disadvantaged Students, Johns Hopkins University.

Needham, A., and R. Baillargeon 1993 Intuitions about support in 4 1/2-month-old infants. *Cognition* 47:121-148.

Nelson, K. 1986 *Event Knowledge: Structure and Function in Development*. Hillsdale, NJ: Erlbaum.

Nemirovsky, R., C. Tierney, and T. Wright 1995 Body Motion and Graphing. Paper presented at the 1995 Annual Conference of the American Educational Research Association, San Francisco, California. April.

Neumann, E.K., and P. Horwitz 1997 Linking Models to Data: Hypermodels for Science Education. Association for the Advancement of Computing in Education. Available: http:// copernicus.bbn.com/genscope/neumann/link_paper/link.html.

Neville, H.J. 1984 Effects of early sensory and language experience on the development of the human brain. in *Neonate Cognition: Beyond the Blooming Buzzing Confusion*, J. Mehler and R. Fox, eds. Hillsdale, NJ: Erlbaum.

Neville, H.J. 1995 Effects of Experience on the Development of the Visual Systems of the Brain on the Language Systems of the Brain. Paper presented in the series Brain Mechanisms Underlying School Subjects, Part 3. University of Oregon, Eugene.

Newcomb, A.F., and W.E. Collins 1979 Children's comprehension of family role portrayals in televised dramas: Effect of socio-economic status, ethnicity, and age. *Developmental Psychology* 15:417-423.

Newell, A., and H.A. Simon 1972 *Human Problem Solving*. Englewood Cliffs, NJ: Prentice-Hall.

Newell, A., J.C. Shaw, and H.A. Simon 1958 Elements of a theory of human problem solving. *Psychological Review* 65:151-166.

Newman, D., P. Griffin, and M. Cole 1989 *The Construction Zone: Working for Cognitive Change in School*. New York: Cambridge University Press.

Newstead, S.E., and J. St. B.T. Evans, eds. 1995 *Perspectives on Thinking and Reasoning: Essays in Honour of Peter Wason*. Hillsdale, NJ: Erlbaum.

Newsweek 1996 How kids are wired for music, math, and emotions, by E. Begley. *Newsweek* (February 19):55-61.

Newsweek 1997 How to build a baby's brain, by E. Begley. *Newsweek* (Summer special issue):28-32.

Ninio, A., and J.S. Bruner 1978 The achievement and antecedents of labeling. *Child Development* 24(2):131-144.

Noffke, S. 1997 Professional, personal, and political dimensions of action research. *Review of Research in Education* 22:305-343.

Norman, D.A. 1980 Twelve issues for cognitive science. *Cognitive Science* 4:1-32.

Norman, D.A. 1993 *Things That Make Us Smart: Defending Human Attributes in the Age of the Machine*. New York: Addison-Wesley.

Novick, L.R., and K.J. Holyoak 1991 Mathematical problem solving by analogy. *Journal of Experimental Psychology: Learning, Memory, and Cognition* 17(3)(May):398-425.

O'Brien, C.L. 1981 The Big Blue Marble story. *Television and Children* 4/5:18-22.

Ochs, E., and B.B. Schieffelin 1984 Language acquisition and socialization: Three developmental stories and their implications. Pp. 276-320 in *Culture and Its Acquisition*, R. Shweder and R. Levine, eds. Chicago: University of Chicago Press.

Ohlsson, S. 1991 Young Adults' Understanding of Evolutional Explanations: Preliminary Observations. Unpublished paper. Learning Research and Development Center, University of Pittsburgh.

O'Neill, D.K., R. Wagner, and L.M. Gomez 1996 Online Mentors: Experiments in Science Class. *Educational Leadership* 54(3):39-42.

O'Neill, K. 1996 Telementoring: One researcher's perspective. The newsletter of the BBN National School Network Project, #12. Electronic document. April.

Paige, J.M., and H.A. Simon 1966 Cognition processes in solving algebra word problems. Pp. 119-151 in *Problem Solving*, B. Kleinmutz, ed. New York: Wiley.

Palincsar, A.S., and A.L. Brown 1984 Reciprocal teaching of comprehension monitoring activities. *Cognition and Instruction* 1:117-175.

Paolucci, M., D. Suthers, and A. Weiner 1996 Automated advice-giving strategies for scientific inquiry. in *Intelligent Tutoring Systems: Lecture Notes in Computer Science* #1086:372-381, C. Frasson, G. Gauthier, and A. Lesgold, eds. Berlin: Springer-Verlag.

Papert, S. 1980 *Mindstorms: Computers, Children, and Powerful Ideas*. New York: Basic Books.

Papousek, M., H. Papousek, and M.H. Bornstein 1985 The naturalistic vocal environment of young infants. Pp. 269-298 in *Social Perception in Infants*, T.M. Field and N. Fox, eds. Norwood, NJ: Ablex.

Pascual-Leone, J. 1988 Affirmations and negations, disturbances and contradictions in understanding Piaget: Is his later theory causal? *Contemporary Psychology* 33:420-421.

Patel, V.L., D.R. Kaufman, and S.A. Magder   1996   The acquisition of medical expertise in complex dynamic environments. Pp. 127-165 in *The Road to Excellence: The Acquisition of Expert Performance in the Arts and Sciences, Sports and Games*, K.A. Ericsson, ed. Mahwah, NJ: Erlbaum.

Pea, R.D.   1985   Beyond amplification: Using computers to reorganize human mental functioning. *Educational Psychologist* 20:167-182.

Pea, R.D.   1993a   Distributed multimedia learning environments: The Collaborative Visualization Project. *Communications of the ACM* 36(5):60-63.

Pea, R.D.   1993b   Learning scientific concepts through material and social activities: Conversational analysis meets conceptual change. *Educational Psychologist* 28(3):265-277.

Pea, R.D.   1999   New media communication forums for improving education research and practice. in *Issues in Education Research: Problems and Possibilities*, E.C. Lagemann and L.S. Shulman, eds. San Francisco: Jossey Bass.

Pea, R.D., and D.K. Kurland   1987   Cognitive technologies for writing development. Pp. 71-120 in *Review of Research in Education, Vol. 14*. Washington, DC: AERA Press.

Pea, R.D., L.M. Gomez, D.C. Edelson, B.J. Fishman, D.N. Gordin, and D.K. O'Neill   1997   Science education as a driver of cyberspace technology development. Pp. 189-220 in *Internet Links for Science Education: Student-Scientist Partnerships*, K.C. Cohen, ed. New York: Plenum.

Pellegrino, J.W., D. Hickey, A. Heath, K. Rewey, N.J. Vye, and the Cognition and Technology Group at Vanderbilt   1991   Assessing the Outcome of an Innovative Instructional Program: The 1990-91 Implementation of the "Adventures of Jasper Woodbury." Technology Report No. 91-1. Nashville, TN: Vanderbilt Learning Technology Center.

Perfetto, G.A., J.D. Bransford, and J.J. Franks   1983   Constraints on access in a problem solving context. *Memory and Cognition* 11:24-31.

Perkins, D.   1992   *Smart Schools: From Training Memories to Educating Minds*. New York: Free Press.

Peterson, P., S.J. McCarthey, and R.F. Elmore   1995   Learning from school restructuring. *American Educational Research Journal* 33(1):119-154.

Peterson, P., T. Carpenter, and E. Fennema   1989   Teachers' knowledge of students' knowledge in mathematics problem solving: Correlational and case analyses. *Journal of Educational Psychology* 81:558-569.

Peterson, P.L., and C. Barnes   1996   Learning together: Challenges of mathematics, equity, and leadership. *Phi Delta Kappan* 77(7):485-491.

Pezdek, K., and L. Miceli   1982   Life span differences in memory integration as a function of processing time. *Developmental Psychology* 18(3)(May):485-490.

Piaget, J.   1952   *The Origins of Intelligence in Children*, M. Cook, trans. New York: International Universities Press.

Piaget, J.   1970   Piaget's theory. in *Carmichael's Manual of Child Psychology*, P.H. Musen, ed. New York: Wiley.

Piaget, J.   1973a   *The Child and Reality: Problems of Genetic Psychology*. New York: Grossman.

Piaget, J.   1973b   *The Language and Thought of the Child*. London: Routledge and Kegan Paul.

Piaget, J.   1977   *The Grasp of Consciousness*. London: Routledge and Kegan Paul.

Piaget, J.   1978   *Success and Understanding*. Cambridge, MA: Harvard University Press.

Pintrich, P.R., and D. Schunk   1996   *Motivation in Education: Theory, Research and Application*. Columbus, OH: Merrill Prentice-Hall.

Plaut, D.C., J.L. McClelland, M.S. Seidenberg, and K.E. Patterson   1996   Understanding normal and impaired word reading: Computational principles in quasi-regular domains. *Psychological Review* 103:56-115.

Pollak, H.   1986   The School Mathematics Curriculum: Raising National Expectations: Summary of a Conference. November 7-8, 1986. Paper presented at the conference on the School Mathematics Curriculum, University of California, Los Angeles.

Polya, G.   1957   *How to Solve It: A New Aspect of Mathematical Method*. Princeton, NJ: Princeton University Press.

Porter, A.C., M.W. Kirst, E.J. Osthoff, J.S. Smithson, and S.A. Schneider   1993   Reform Up Close: A Classroom Analysis. Draft final report to the National Science Foundation on Grant No. SPA-8953446 to the Consortium for Policy Research in Education. Wisconsin Center for Education Research, University of Wisconsin-Madison.

Prawaf, R.S., J. Remillard, R.T. Putnam, and R.M. Heaton   1992   Teaching mathematics for understanding: Case study of four fifth-grade teachers. *Elementary School Journal* 93:145-152.

President's Committee on Advisors on Science and Technology 1997 *Report to the President on the use of technology to strengthen K-12 education in the United States*. Washington, DC: U.S. Government Printing Office.

Pressley, M.J., P.B. El-Dinary, M.B. Marks, R. Brown, and S. Stein 1992 Good strategy instruction is motivating and interesting. Pp. 333-358 in *The Role of Interest in Learning and Development*, K.A. Renninger, S. Hidi, and A. Krapp, eds. Hillsdale, NJ: Erlbaum.

Ravitch, D.R., and C.E. Finn 1987 *What Do Our 17-Year-Olds Know? A Report on the First National Assessment in History and Literature*. New York: Harper and Row.

Reder, L., and J.R. Anderson 1980 A comparison of texts and their summaries: Memorial consequences. *Journal of Verbal Learning and Verbal Behavior* 198:121-134.

Redish, E.F. 1996 Discipline-Specific Science Education and Educational Research: The Case of Physics. Paper prepared for the Committee on Developments in the Science of Learning for the Sciences of Science Learning: An Interdisciplinary Discussion.

Renyi, J. 1996 Teachers Take Charge of Their Learning: Transforming Professional Development for Student Success. Unpublished paper. National Foundation for the Improvement of Education, Washington, DC.

Resnick, D.P., and L.B. Resnick 1977 The nature of literacy: An historical exploration. *Harvard Educational Review* 47:370-385.

Resnick, L.B., and S. Nelson-LeGall 1998 Socializing intelligences. in *Piaget, Vygotsky, and Beyond: Future Issues for Developmental Psychology and Education*, L. Smith, J. Dockrell, and P. Tomlinson, eds. London, UK: Routledge.

Resnick, L.B. 1987 *Education and Learning to Think*. Committee on Mathematics, Science, and Technology Education, Commission on Behavioral and Social Sciences and Education, National Research Council. Washington, DC: National Academy Press. Available: http: //www.nap.edu.

Resnick, L.B., V.L. Bill, S.B. Lesgold, and M.N. Leer 1991 Thinking in arithmetic class. Pp. 27-53 in *Teaching Advanced Skills to At-Risk Students*, B. Means. C. Chelemer, and M.S. Knapp, eds. San Francisco: Jossey-Bass.

Resnick, L.B., and W.W. Ford 1981 *The Psychology of Mathematics Instruction*. Hillsdale, NJ: Erlbaum.

Reusser, K. 1993 Tutoring systems and pedagogical theory: Representational tools for understanding, planning, and reflection in problem solving. Pp. 143-177 in *Computers as Cognitive Tools*, S.P. Lajoie and S.J. Derry, eds. Hillsdale, NJ: Erlbaum.

Riel, M. 1992 A functional analysis of educational telecomputing: A case study of Learning Circles. *Interactive Learning Environments* 2(1):15-29.

Riel, M.M., and J.A. Levin 1990 Building global communities: Success and failure in computer networking. *Instructional Science* 19:145-169.

Risko, V.J., and C.K. Kinzer 1998 *Multimedia cases in reading education*. Boston, MA: McGraw-Hill.

Roberts, N., and T. Barclay 1988 Teaching model building to high school students: Theory and reality. *Journal of Computers in Mathematics and Science Teaching* (Fall)13-24.

Robinson, C.S., and J.R. Hayes 1978 Making inferences about relevance in understanding problems. in *Human Reasoning*, R. Revlin and R.E. Mayer, eds. Washington, DC: Winston.

Roediger, H. 1997 Memory: Explicit and Implicit. Paper presented at the Symposium, Recent Advances in Research on Human Memory, National Academy of Sciences. Washington, DC.

Rogoff, B. 1990 *Apprenticeship in Thinking: Cognitive Development in Social Context*. New York: Oxford University Press.

Rogoff, B. 1998 Cognition as a collaborative process. Pp. 679-744 in *Handbook of Child Psychology: Cognition, Perception, and Language* (5th ed.), W. Damon, D.Kuhn, and R.S. Siegler, eds. New York: Wiley.

Rogoff, B., C. Malkin, and K. Gilbride 1984 Interaction with babies as guidance in development. Pp. 31-44 in *Children's Learning in the "Zone of Proximal Development"*, B. Rogoff and J.V. Wertsch, eds. San Francisco: Jossey-Bass.

Rogoff, B., J. Mistry, A. Goncu, and C. Mosier 1993 Guided Participation in Cultural Activity by Toddlers and Caregivers. *Monographs of the Society for Research in Child Development* 58(7):Serial no.236.

Rogoff, B., and J.V. Wertsch, eds. 1984 *Children's Learning in the "Zone of Proximal Development"*. San Francisco: Jossey-Bass.

Romberg, T.A. 1983 A common curriculum for mathematics. Pp. 121-159 in *Individual Differences and the Common Curriculum: Eighty-second Yearbook of the National Society for the Study of Education, Part I*. G.D. Fenstermacher and

J.I. Goodlad, eds. Chicago: University of Chicago Press.

Roschelle, J., and J. Kaput   1996   Educational software architecture and systemic impact: The promise of component software. *Journal of Educational Computing Research* 14(3):217-228.

Rosebery, A.S., B. Warren, and F.R. Conant   1992   Appropriating scientific discourse: Findings from language minority classrooms. *The Journal of the Learning Sciences* 2(1):61-94.

Rosenzweig, M.R., and E.L. Bennett   1972   Cerebral changes in rats exposed individually to an enriched environment. *Journal of Comparative and Physiological Psychology* 80:304-313.

Rosenzweig, M.R., and E.L. Bennett   1978   Experiential influences on brain anatomy and brain chemistry in rodents. Pp. 289-330 in *Studies on the Development of Behavior and the Nervous System: Vol. 4. Early Influences*, G. Gottlieb, ed. New York: Academic Press.

Rovee-Collier, C.   1989   The joy of kicking: Memories, motives, and mobiles. Pp. 151-180 in *Memory: Interdisciplinary Approaches*, P.R. Solomon, G.R. Goethals, C.M. Kelly, and B.R. Stephens, eds. New York: Springer-Verlag.

Rubin, A.   1992   *The Alaska QUILL Network: Fostering a Teacher Community Through Telecommunication*. Hillsdale, NJ: Erlbaum.

Ruopp, R.   1993   *LabNet: Toward a Community of Practice*. Hillsdale, NJ: Erlbaum.

Sabers, D.S., K.S. Cushing, and D.C. Berliner   1991   Differences among teachers in a task characterized by simultaneity, multidimensionality, and immediacy. *American Educational Research Journal* 28(1):63-88.

Salmon, M.H., and C.M. Zeitz   1995   Analyzing conversational reasoning. *Informal Logic* 17:1-23.

Salomon, G.   1993   No distribution without individuals' cognition: A dynamic interactional view. Pp. 111-138 in *Distributed Cognitions*. New York: Cambridge University Press.

Saxe, G.B.   1990   *Culture and Cognitive Development: Studies in Mathematical Understanding*, Hillsdale, NJ: Erlbaum.

Saxe, G.B., M. Gearhart, and S.B. Guberman   1984   The social organization of early number development. Pp. 19-30 in *Children's Learning in the "Zone of Proximal Development"*, B. Rogoff and J.V. Wertsch, eds. San Francisco: Jossey-Bass.

Scardamalia, M., and C. Bereiter   1991   Higher levels of agency for children in knowledge-building: A challenge for the design of new knowledge media. *Journal of the Learning Sciences* 1:37-68.

Scardamalia, M., and C. Bereiter   1993   Technologies for knowledge-building discourse. *Communications of the ACM* 36(5):37-41.

Scardamalia, M., C. Bereiter, and M. Lamon   1994   The SCILE Project: Trying to bring the classroom into World 3. Pp. 201-228 in *Classroom Lessons: Integrating Cognitive Theory and Classroom Practice*, K. McGilly, ed. Cambridge, MA: MIT Press.

Scardamalia, M., C. Bereiter, and R. Steinbach   1984   Teachability of reflective processes in written composition. *Cognitive Science* 8:173-190.

Scardamalia, M., C. Bereiter, R.S. McLean, J. Swallow, and E. Woodruff   1989   Computer-supported intentional learning environments. *Journal of Educational Computing Research* 5(1):51-68.

Schacter, D.L.   1997   Neuroimaging of Memory and Consciousness. Paper presented at the Symposium: Recent Advances in Research on Human Memory, National Academy of Sciences. Washington, DC.

Schaffer, H., ed.   1977   *Studies in Infant-Mother Interaction*. London: Academic Press.

Schauble, L.   1990   Belief revision in children: The role of prior knowledge and strategies for generating evidence. *Journal of Experimental Child Psychology* 49:31-57.

Schauble, L., R. Glaser, R. Duschl, S. Schulze, and J. John   1995   Students' understanding of the objectives and procedures of experimentation in the science classroom. *The Journal of the Learning Sciences* 4(2):131-166.

Scheffler, I.   1975   Basic mathematical skills: Some philosophical and practical remarks. in *National Institute of Education Conference on Basic Mathematical Skills and Learning, Vol. 1*. Euclid, OH: National Institute of Education.

Schifter, D., and C.T. Fosnot   1993   *Reconstructing Mathematics Education: Stories of Teachers Meeting the Challenge of Reform*. New York: Teachers College Press.

Schilling, T.H., and R.K. Clifton   1998   Nine-month-old infants learn about a physical event in a single session: Implications for infants' understanding of physical phenomena. *Cognitive Development* 133:165-184.

Schlager, M.S., and P.K. Schank   1997   TAPPED IN: A new on-line teacher community concept for the next generation of Internet technology. Proceedings of CSCL '97, The Second International Conference on Computer Support for

Collaborative Learning, Toronto, Canada.

Schliemann, A.D., and N.M. Acioly   1989   Mathematical knowledge developed at work: The contribution of practice versus the contribution of schooling. *Cognition and Instruction* 6:185-222.

Schmidt, W.H., C.C. McKnight, and S. Raizen   1997   *A Splintered Vision: An Investigation of U.S. Science and Mathematics Education*. U.S. National Research Center for the Third International Mathematics and Science Study. Dordrecht/Boston/London: Kluwer Academic Publishers. Available: gopher: //gopher.wkap.nl.70/00gopher_root1%3A%5Bbook.soci.f500%5Df5101601.txt.

Schneider, W., H. Gruber, A. Gold, and K. Opivis   1993   Chess expertise and memory for chess positions in children and adults. *Journal of Experimental Child Psychology* 56:323-349.

Schneider, W., and R.M. Shiffrin   1977   Controlled and automatic human information processing: Detection, search and attention. *Psychological Review* 84:1-66.

Schneider, W., and R.M. Shiffrin   1985   Categorization (restructuring) and automatization: Two separable factors. *Psychological Review* 92(3):424-428.

Schneuwly, B.   1994   Tools to master writing: Historical glimpses. Pp. 137-147 in *Literacy and Other Forms of Mediated Action, Vol. 2: Explorations in Socio-Cultural Studies*, J.V. Wertsch and J.D. Ramirez, eds. Madrid: Fundación Infancia y Aprendizaje.

Schoenfeld, A.H.   1983   Problem solving in the mathematics curriculum: A report, recommendation, and an annotated bibliography. *Mathematical Association of American Notes*, No. 1.

Schoenfeld, A.H.   1985   *Mathematical Problem Solving*. Orlando, FL: Academic Press.

Schoenfeld, A.H.   1988   When good teaching leads to bad results: The disasters of well taught mathematics classes. *Educational Psychologist* 23(2):145-166.

Schoenfeld, A.H.   1991   On mathematics as sense-making: An informal attack on the unfortunate divorce of formal and informal mathematics. Pp. 311-343 in *Informal Reasoning and Education*, J.F. Voss, D.N. Perkins, and J.W. Segal, eds. Hillsdale, NJ: Erlbaum.

Schofield, J.   1995   *Computers and Classroom Culture*. Cambridge, UK: Cambridge University Press.

Schofield, J.W., D. Evans-Rhodes, and B.R Huber   1990   Artificial intelligence in the classroom: The impact of a computer-based tutor on teachers and students. *Social Science Computer Review* 8(1):24-41 (Special issue on Computing: Social and Policy Issues).

Schön, D.   1983   *The Reflective Practitioner: How Professionals Think in Action*. New York: Basic Books.

Schwab,J.   1978   Education and the structure of the disciplines. in *Science, Curriculum, and Liberal Education: Selected Essays of Joseph J. Schwab*, I. Westbury and N. Wilkof, eds. Chicago: University of Chicago Press.

Schwartz, D.L., and J.D. Bransford   1998   A time for telling. *Cognition and Instruction* 16(4):475-522.

Schwartz, D.L., X. Lin, S. Brophy, and J.D. Bransford   1999   Toward the development of flexibly adaptive instructional designs. Pp.183-213 in *Instructional Design Theories and Models: Volume II*, C.M. Reigelut, ed. Hillsdale, NJ: Erlbaum.

Schwartz, J.L.   1994   The role of research in reforming mathematics education: A different approach. in *Mathematical Thinking and Problem Solving*, A.H. Schoenfeld, ed. Hillsdale, NJ: Erlbaum.

Scribner, S.   1984   Studying working intelligence. Pp. 9-40 in *Everyday Cognition*, B. Rogoff and J. Lave, eds. Cambridge, MA: Harvard University Press.

Secules, T., C.D. Cottom, M.H. Bray, L.D. Miller, and the Cognition and Technology Group at Vanderbilt   1997   Schools for thought: Creating learning communities. *Educational Leadership* 54(6):56-60.

Shulman, L.   1986a   Paradigms and research programs in the study of teaching: A contemporary perspective. in *Handbook of Research in Teaching, 3rd ed.*, M.C. Witrock, ed. New York: Macmillan.

Shulman, L.   1986b   Those who understand: Knowledge growth in teaching. *Educational Researcher* 15(2):4-14.

Shulman, L.   1987   Knowledge and teaching: Foundations of the new reform. *Harvard Educational Review* 57:1-22.

Shulman, L.   1996   Teacher Development: Roles of Domain Expertise and Pedagogical Knowledge. Paper prepared for the Committee on Developments in the Science of Learning for The Sciences of Science Learning: An Interdisciplinary Discussion.

Shultz, T.R.   1982   Rules for causal attribution. *Monographs of the Society for Research in Child Development* 47:serial no.194.

Siegler, R.S.   1988   Individual differences in strategy choices: Good students, not-so-good students, and perfectionists.

Child Development 59:833-851.

Siegler, R.S. 1996 A grand theory of development. *Monographs of the Society for Research in Child Development* 61:266-275.

Siegler, R.S., and K. Crowley 1991 The microgenetic method: A direct means for studying cognitive development. *American Psychologist* 46:606-620.

Siegler, R.S., and K. Crowley 1994 Constraints on learning in nonprivileged domains. *Cognitive Psychology* 27:194-226.

Siegler, R.S., and K. McGilly 1989 Strategy choices in children's time-telling. in *Time and Human Cognition: A Life-span Perspective*, I. Levin and D. Zakay, eds. Amsterdam, the Netherlands: Elsevier.

Siegler, R.S., and M. Robinson 1982 The development of numerical understanding. in *Advances in Child Development and Behavior*, H.W. Reese and L.P. Lipsitt, eds. New York: Academic Press.

Siegler, R.S., ed. 1978 *Children's Thinking: What Develops?* Hillsdale, NJ: Erlbaum.

Silver, E.A., L.J. Shapiro, and A. Deutsch 1993 Sense making and the solution of division problems involving remainders: An examination of middle school students' solution processes and their interpretations of solutions. *Journal for Research in Mathematics Education* 24(2):117-135.

Simon, D.P., and H.A. Simon 1978 Individual differences in solving physics problems. Pp. 325-348 in *Children's Thinking: Want Develops?* R. Siegler, ed. Hillsdale, NJ: Erlbaum.

Simon, H.A. 1969 *The Sciences of the Artificial*. Cambridge, MA: MIT Press.

Simon, H.A. 1972 On the development of the processes. in *Information Processing in Children*, S. Farnham-Diggory, ed. New York: Academic Press.

Simon, H.A. 1980 Problem solving and education. Pp. 81-96 in *Problem Solving and Education: Issues in Teaching and Research*, D.T. Tuma and R. Reif, eds. Hillsdale, NJ: Erlbaum.

Simon, H.A. 1996 Observations on The Sciences of Science Learning. Paper prepared for the Committee on Developments in the Science of Learning for the Sciences of Science Learning: An Interdisciplinary Discussion.

Simon, H.A, and W.G. Chase 1973 Skill in chess. *American Scientist* 61:394-403.

Singley, K., and J.R. Anderson 1989 *The Transfer of Cognitive Skill*. Cambridge, MA: Harvard University Press.

Skinner, B.F. 1950 Are theories of learning necessary? *Psychological Review* 57:193-216.

Skovsmose, O. 1985 Mathematical education versus critical education. *Educational Studies in Mathematics* 16:337-354.

Slavin, R. 1987 Grouping for instruction in the elementary school: Equity and effectiveness. *Equity and Excellence* 23:31-36.

Sokoloff, D.R., and R.K. Thornton 1997 Using interactive lecture demonstrations to create an active learning environment. *The Physics Teacher* 35(6)(september):340-347.

Songer, N. B. 1993 Learning science with a child-focused resource: A case study of kids as global scientists. Pp. 935-940 in *Proceedings of the Fifteenth Annual Meeting of the Cognitive Science Society*. Hillsdale, NJ: Erlbaum.

Sophian, C. 1994 *Children's Numbers*. Madison, WI: WCB Brown and Benchmark.

Spelke, E.S. 1990 Principles of object perception. *Cognitive Science* 14:29-56.

Spence, K.W. 1942 Theoretical interpretations of learning. in *Comparative Psychology*, F.A. Moss, ed. New York: Prentice-Hall.

Spiro, R.J., P.L. Feltovich, M.J. Jackson, and R.L. Coulson 1991 Cognitive flexibility, constructivism, and hypertext: Random access instruction for advanced knowledge acquisition in ill-structured domains. *Educational Technology* 31(5):24-33.

Spradley, J. 1979 *The Ethnographic Interview*. New York: Harcourt, Brace, Javanovich.

Squire, L.R. 1997 Memory and Brain Systems. Paper presented at the Symposium: Recent Advances in Research on Human Memory, National Academy of Sciences. Washington, DC.

Stake, R., and C. Migotsky 1995 Evaluation Study of the Chicago Teachers Academy: Methods and Findings of the CIRCE Internal Evaluation Study. Paper presented at the Annual Meeting of the American Educational Research Association, April 18-22, San Francisco, California.

Starkey, P. 1992 The early development of numerical reasoning. *Cognition* 43:93-126.

Starkey, P., and R. Gelman 1982 The development of addition and subtraction abilities prior to formal schooling. in *Addition and Subtraction: A Developmental Perspective*, T.P. Carpenter, J.M. Moser, and T.A. Romberg, eds. Hillsdale, NJ: Erlbaum.

Starkey, P., E.S. Spelke, and R. Gelman 1990 Numerical abstraction by human infants. *Cognition* 36:97-127.

Steed, M. 1992 STELIA, a simulation construction kit: Cognitive Process and educational implications. *Journal of Computers in Mathematics and Science Teaching* 11:39-52.

Stein, M.K., J.A. Baxter, and G. Leinhardt 1990 Subject matter knowledge and elementary instruction: A case from functions and graphing. *American Educational Research Journal* 27(4):639-663.

Stokes, D.E. 1997 *Pasteur's Quadrant: Basic Science and Technological Innovation*. Washington, DC: Brookings Institution Press.

Suina, J.H. 1988 And then I went to school. Pp. 295-299 in *Cultural and Linguistic Influences on Learning Mathematics*, R.R. Cocking and J.P. Mestre, eds. Hillsdale, NJ: Erlbaum.

Suina, J.H., and L.B. Smolkin 1994 From natal culture to school culture to dominant society culture: Supporting transitions for Pueblo Indian students. Pp. 115-130 in *Cross-Cultural Roots of Minority Child Development*, P.M. Greenfield and R.R. Cocking, eds. Hillsdale, NJ: Erlbaum.

Suppes, P., and M. Morningstar 1968 Computer-assisted instruction. *Science* 166:343-350.

Suthers, D., A. Weiner, J. Connelly, and M. Paolucci 1995 Belvedere: Engaging students in critical discussion of science and public policy issues. II-Ed 95, the 7th World Conference on Artificial Intelligence in Education, Washington, DC, August 16-19.

Sylwester, R. 1995 A Celebration of Neurons: An Educator's Guide to the Human Brain. Association for Supervision and Curriculum Development, Alexandria, VA.

Talbert, J.E., and M.W. McLaughlin 1993 Understanding teaching in context. Pp. 167-206 in *Teaching for Understanding: Challenges for Policy and Practice*, D.K. Cohen, M.W. McLaughlin, and J.E. Talbert, eds. San Francisco: Jossey-Bass.

Tate, W. 1994 Race, retrenchment, and the reform of school mathematics. *Phi Delta Kappan* 75:477-486.

Taylor, O., and D. Lee 1987 Standardized tests and African American children: Communication and language issues. *Negro Educational Review* 38:67-80.

Thompson, A.G. 1992 Teachers' beliefs and conceptions: A synthesis of the research Pp. 127-146 in *Handbook of Research in Mathematics Teaching and Learning*, D.A. Grouws, ed. New York: Macmillan.

Thorndike, E.L. 1913 *Educational Psychology* (Vols. 1 and 2). New York: Columbia University Press.

Thorndike, E.L., and R.S. Woodworth 1901 The influence of improvement in one mental function upon the efficiency of other functions. *Psychological Review* 8:247-261.

Thornton, R.K., and D.R. Sokoloff 1998 Assessing student learning of Newton's laws: The force and motion conceptual evaluation and the evaluation of active learning laboratory and lecture curricula. *American Journal of Physics* 64:338-352.

Time 1997a The day-care dilemma, by J. Collins. *Time*(February 3):57-97.

Time 1997b Fertile minds, by J.M. Nash. *Time*(February 3):49-56.

Tinker, B., and B. Berenfeld 1993 A Global Lab Story: A Moment of Glory in San Antonio. *Hands On!* 16(3) (Fall).

Tinker, B., and B. Berenfeld 1994 Patterns of US Global Lab Adaptations. *Hands On!* Available: http:// hou.lbl.gov.

Turner, A.M., and W. Greenough 1985 Differential rearing effects on rat visual cortex synapses. I. Synaptic and neuronal density and synapses per neuron. *Brain Research* 328:195-203.

U.S. Congress, Office of Technology Assessment 1995 *Teachers and Technology: Making the Connection*. OTA-EHR-6i16. April. Washington, DC: U.S. Government Printing Office. Available: ftp ://gandalf.isu.edu/pub/ota/teachers. tech/

U.S. Department of Education 1994 National Assessment of Educational Progress (NAEP), 1994 Long-Term Assessment. Office of Educational Research and Improvement, U.S. Department of Education, Washington, D.C.

University of California Regents 1997 Hands-On Universe. Available: http://hou.lbl.gov/

University of Illinois, Urbana-Champaign (UIUC) 1997 University of Illinois WW2010: The WeatherWorld2010 Project. Available: http: //ww2010.atmos.uiuc.edu

Van Hise, Y. 1986 Physics teaching resource agent institute reports of regional convocations. *AAPT Announcer* 16(2):103-110.

Vosniadou, N.J., E. DeCorte, R. Glaser, and H. Mandl, eds. 1996 *International Perspectives on the Design of Technology-supported Learning Environments*. Mahwah, NJ: Erlbaum.

Vosniadou, S., and W.F. Brewer 1989 The Concept of the Earth's Shape: A study of Conceptual Change in Childhood.

Unpublished paper. Center for the Study of Reading, University of Illinois, Champaign, Illinois.

Voss, J.F., T.R. Greene, T.A. Post, and B.C. Penner   1984   Problem solving skills in the social science. in *The Psychology of Learning and Motivation: Advances in Research Theory* (Vol. 17), G.H. Bower, ed. New York: Academic Press.

Vye, N.J., D.L. Schwartz, J.D. Bransford, B.J. Barron, L. Zech, and Cognition and Technology Group at Vanderbilt   1998   SMART environments that support monitoring, reflection, and revision. in *Metacognition in Educational Theory and Practice*, D. Hacker, J. Dunlosky, and A. Graesser, eds. Mahwah, NJ: Erlbaum.

Vye, N.J., S.R. Goldman, C. Hmelo, J.F. Voss, S. Williams, and Cognition and Technology Group at Vanderbilt   1998   Complex mathematical problem solving by individuals and dyads. *Cognition and Instruction* 15(4).

Vygotsky, L.S.   1962   *Thought and Language*. Cambridge, MA: MIT Press.

Vygotsky, L.S.   1978   *Mind in Society: The Development of the Higher Psychological Processes*. Cambridge, MA: The Harvard University Press.

Wagner, R.   1996   Expeditions to Mount Everest. in *Tales from the Electronic Frontier: First-Hand Experiences of Teachers and Students Using the Internet in K-12 Math and Science*, R.W.M. Shinohara and A. Sussman, eds. San Francisco: WestEd.

Walden, T.A., and T.A. Ogan   1988   The development of social referencing. *Child Development* 59:1230-1240.

Wandersee, J.H.   1983   Students' misconceptions about photosynthesis: A cross-age study. Pp. 441-465 in *Proceedings of the International Seminar on Misconceptions in Science and Mathematics*, H.Helm and J. Novak eds. Ithaca, NY: Cornell University.

Ward, M.   1971   *Them Children*. New York: Holt, Rinehart and Winston.

Warren, B., and A. Rosebery   1996   This question is just too, too easy: Perspectives from the classroom on accountability in science. Pp. 97-125 in *the Contributions of Instructional Innovation to Understanding Learning*, L. Schauble and R. Glaser, eds. Mahwah, NJ: Erlbaum.

Wason, P.C., and P.N. Johnson-Laird   1972   *Psychology of Reasoning: Structutre and Content*. Cambridge, MA: Harvard University Press.

Watson, J.B.   1913   Psychology as a behaviorist views it. *Psychological Review* 20:158-177.

Watts, E.   1985   How Teachers Learn: Teachers' Views on Professional Development. Paper presented at the annual meeting of the American Educational Research Association, Chicago, April.

Webb, N., and T. Romberg   1992   Implications of the NCTM Standards for mathematics assessment. in *Mathematics Assessment and Evaluation*, T. Romberg, ed. Albany, NY: State University of New York: Press.

Wellman, H.M.   1990   *The Child's Theory of Mind*. Cambridge, MA: MIT Press.

Wellman, H.M., and A.K. Hickey   1994   The mind's "T": Children's conceptions of the mind as an active agent. *Child Development* 65:1564-1580.

Wellman, H.M., K. Ritter, and J.H. Flavell   1975   Deliberate memory behavior in the delayed reactions of very young children. *Developmental Psychology* 11:780-787.

Wellman, H.M., and S.A. Gelman   1992   Cognitive development: Foundational theories of core domains. *Annual Review of Psychology* 43:337-375.

Wenk, L., R. Dufresne, W. Gerace, W. Leonard, and J. Mestre   1997   Technology-assisted active learning in large lectures. Pp. 431-452 in *Student-Active Science: Models of Innovation in College Science Teaching*, C. D'Avanzo and A. McNichols, eds. Philadelphia, PA: Saunders College Publishing.

Wertheimer, M.   1959   *Productive Thinking*. New York: Harper and Row.

Wertheimer, R.   1990   The geometry proof tutor: An "intelligent" computer-based tutor in the classroom. *Mathematics Teacher* 83:308-317.

Wertsch, J.V.   1991   *Voices of the Mind*. Cambridge, MA: Harvard University Press.

White, B.Y.   1993   ThinkerTools: Causal models, conceptual change, and science education. *Cognition and Instruction* 10(1):1-100.

White, B.Y., and J.R. Fredericksen   1994   Using assessment to foster a classroom research community. *Educator Fall*: 19-24.

White, B.Y., and J.R. Fredericksen   1997   *The Thinker Tools Inquiry Project: Making Scientific Inquiry Accessible to Students*. Princeton, New Jersey: Center for Performance Assessment, Educational Testing Service.

White, B.Y., and J.R. Fredericksen   1998   Inquiry, modeling and metacognition: Making science accessible to all students.

Cognition and Instruction 16(1):3-117.

White, R.W. 1959 Motivation reconsidered: The concept of competence. *Psychological Review* 66:297-333.

Whitehead, A.N. 1929 *The Aims of Education*. New York: MacMillan.

Williams, S.M. 1992 Putting case-based instruction into context: Examples from legal and medical education. *The Journal of the Learning Sciences* 2(4):367-427.

Wilson, M. 1990a Investigation of structured problem solving items. Pp. 137-203 in *Assessing Higher Order Thinking in Mathematics*, G. Kulm, ed. Washington, DC: American Association for the Advancement of Science.

Wilson, M. 1990b Measuring a van Hiele geometry sequence: A reanalysis. *Journal for Research in Mathematics Education* 21:230-237.

Wilson, S., L. Shulman, and A. Richert 1987 '150 different ways' of knowing: Representations of knowledge in teaching. Pp. 104-124 in *Exploring Teachers' Thinking*, J. Calderhead, ed. London: Cassell.

Wilson, S.M., and S.S. Wineburg 1993 Wrinkles in time and place: Using performance assessments to understand the knowledge of history teachers. *American Educational Research Journal* 30(4)(Winter):729-769.

Wineburg, S.S. 1989a Are cognitive skills context-bound? *Educational Researcher* 18(1):16-25.

Wineburg, S.S. 1989b Remembrance of theories past. *Educational Reseacher* 18:7-10.

Wineburg, S.S. 1991 Historical problem solving: A study of the cognitive processes used in evaluating documentary and pictorial evidence. *Journal of Educational Psychology* 83(1):73-87.

Wineburg, S.S. 1996 The psychology of learning and teaching history. Pp. 423-437 in *Handbook of Research in Educational Psychology*, D.C. Berliner and R.C. Calfee, eds. NY: Macmillan.

Wineburg, S.S. 1998 Reading Abraham Lincoln: An expert-expert study in the interpretation of historical texts. *Cognitive Science* 22:319-346.

Wineburg, S.S., and J.E. Fournier 1994 Contextualized thinking in history. Pp. 285-308 in *Cognitive and Instructional Processes in History and the Social Sciences*, M. Carretero and J.F. Voss, eds. Hillsdale, NJ: Erlbaum.

Wineburg, S.S, and S.M. Wilson 1988 Peering at history through different lenses: The role of disciplinary perspectives in teaching history. *Teachers College Record* 89(4):525-539.

Wineburg, S.S, and S.M. Wilson 1991 Subject matter knowledge in the teaching of history. Pp.303-345 in *Advances in Research on Teaching*, J.E.Brophy,ed. Greenwich,CT: JAI Press.

Wiske, M.S. 1997 *Teaching for Understanding: Linking Research with Practice*. San Francisco: Jossey-Bass.

Wolf, D.P. 1988 Becoming literate. *Academic Connections: The College Board* 1(4).

Wood, D., J.S. Bruner, and G. Ross 1976 The role of tutoring in problem-solving. *Journal of Child Psychology and Psychiatry* 17:89-100.

"Woodworth, R.S. 1938 *Experimental Psychology*. New York, NY: Holt.

Wright, J.C., and A.C. Huston 1995 Effects of Educational TV Viewing of Lower Income Preschoolers on Academic Skills, School Readiness, and School Adjustment One to Three Years Later. Report to Children's Television Workshop. Lawrence, KS University of Kansas.

Wynn, K. 1990 Children's understanding of counting. *Cognition* 36:155-193.

Wynn, K. 1992a Addition and subtraction by human infants. *Nature* 358:749-750.

Wynn, K. 1992b Evidence against empirical accounts of the origins of numerical knowledge. *Mind and Language* 7:209-227.

Wynn, K. 1996 Infants' individuation and enumeration of actions. *Psychological Science* 7:164-169.

Yarrow, L.J., and D.J. Messer 1983 Motivation and cognition in infancy. Pp. 451-477 in *Origins of Intelligence: Infancy and Early Childhood*, M. Lewis, ed. New York: Plenum.

Yerushalmy, M., D. Chazan, and M. Gordon 1990 Guided inquiry and technology: A yearlong study of children and teachers using the Geometry Supposer. Newton, MA: Education Development Center, Center for Learrhg Technology.

Youniss, J., and W. Damon 1992 Social construction in Piaget's theory. Pp. 267-286 in *Piaget's Theory: Prospects and Possibilities*, H. Berlin and P.B. Pufal, eds. Hillsdale, NJ: Erlbaum.

Zeichner, K. 1981-1982 Reflective teaching and field-based experience in teacher education. *Interchange* 12:1-22.

Zeichner, K., and D. Liston 1990 *Reflective teaching: An Introduction*. Mahwah, NJ: Erlbaum.

学習科学研究開発委員会・委員名簿

J．D．ブランスフォード（共同委員長）：ヴァンダービルト大学
A．L．ブラウン（共同委員長）：カルフォルニア大学バークレー校
J．R．アンダーソン：カーネギー・メロン大学
R．ゲルマン：カルフォルニア大学ロサンジェルス校
R．グレイサー：ピッツバーグ大学
W．T．グリーナフ：イリノイ大学アーバナ校
G．ラドソン-ビリングス：ウィスコンシン大学マディソン校
B．M．ミーンズ：ＳＲＩインターナショナル，教育保健部門
J．P．メストレ：マサチューセッツ大学アマースト校
L．ネイサン：ボストン芸術アカデミー
R．D．ピー：ＳＲＩインターナショナル，学習工学センター
P．L．ピーターソン：ノースウェスタン大学
B．ロゴフ：カルフォルニア大学サンタクルーズ校
T．A．ロンバーグ：ウィスコンシン大学マディソン校
S．S．ワインバーグ：ワシントン大学

R．R．クッキング：研究ディレクター
M．J．フィリップス：研究プロジェクト主席助手

学習研究・教育実践委員会・委員名簿

J．D．ブランスフォード（共同委員長）：ヴァンダービルト大学
J．W．ペレグリーノ（共同委員長）：ヴァンダービルト大学
D．バーリナー：アリゾナ州立大学
M．S．クーニー：タフト中学校（アイオワ州）
A．アイゼンクラフト：ベッドフォード公立学校（ニューヨーク市）
H．P．ギンスバーグ：コロンビア大学
P．D．ゴーレン：ジョン＆マッカーサー財団
J．P．メストレ：マサチューセッツ大学アマースト校
A．S．パリンサー：ミシガン大学
R．D．ピー：ＳＲＩインターナショナル，学習工学センター

M．S．ドノヴァン：研究ディレクター
W．グラント：研究プロジェクト主席助手

謝　辞

　学術研究と教育実践の連携を求める社会的要請は非常に強い。そのため，本研究プロジェクトは高揚した雰囲気の中で進められ，その研究成果は本書の初版として結実した。本委員会が，学術研究と教育実践の連携という観点に立ち，「科学教育と認知科学」と題するワークショップを初めて開催したのは1996年秋のことであった。このワークショップの目的は，認知科学が理科教育および数学教育の改善にどのように貢献し得るのかを広く世間に知らせることであった。そこでは多くの刺激的な論文が提出され，活発な議論が展開された。また，このワークショップで提案されたモデルを実際に用いる人が出てくるなど，ワークショップの成果が委員会の外にまで普及するという喜ばしい収穫を得ることもできた。ここに，そのワークショップで貴重な論文を提出していただいた方々，および有意義な議論を先導していただいた下記の方々に，衷心からの謝意を申し上げる。

　ニューヨーク大学心理学部のスーザン・ケアリー教授，カリフォルニア大学ロサンジェルス校化学部のオーヴィル・チャップマン教授，マツギル大学心理学部のケヴィン・ダンバー教授，カーネギー・メロン大学心理学部のジル・ラーキン教授，イリノイ大学ベックマン研究所のケヴィン・ミラー教授，メリーランド大学物理・天文学部のエドワード・レディッシュ教授，ウィスコンシン大学マディソン校教育心理学部のレオナ・ショーブル教授，スタンフォード大学教育学部のリー・シュルマン教授，カーネギー・メロン大学心理学部のハーバート・サイモン教授，テキサス大学オースティン校数学・理科教育のダナ・センターのフィリップ・ウリ・トレイスマン教授。

　学習科学研究開発委員会のメンバーはまた，個別的にまたは協同して，各分野の有識者のご助言を得て，多くのトピックや論点について検討してきた。本委員会での議論の視野を広げ，改善への方途を示唆していただいた委員会のメンバー以外の有識者諸氏に，とくにお礼を申し上げる。とりわけ，理科教育の分野で重要な示唆を提供していただいたマサチューセッツ州ケンブリッジのTERCのアン・ローズベリー氏および，ベス・ウォーレン氏に感謝したい。また，数学教育についての議論を明確にさせる際には，インディアナ大学教育学部研究開発部副部長のキャサリーン・ブラウン教授にお世話になった。さらに，トロント大学児童研究所のロビー・ケース教授には子どもの思考について，カーネギー・メロン大学心理学部のロバート・シーグラー教授には子どもの学習方略について，マサチューセッツ大学教育学部のアラン・フェルドマン教授には教師の学びや専門性の発達について，貴重なご助言をいただいた。

　本研究プロジェクトは，委員会のメンバーにとって，知的興奮をもたらす有意義な

事業であったが，これはひとえに本研究プロジェクトを支えていただいたスポンサーのおかげである。米国教育省の教育研究推進室（OERI）には，研究に対する国家予算の配分額の査定と投資効果を評価する仕事の全責任を本委員会に任せていただいた。また，ジョゼフ・コナティ氏，ジュディス・シーガル氏，ケント・マグワイア氏には，本委員会に対して個人的または公的立場でのご助力をいただいた。ここに記して感謝したい。

さらに，米国学術研究推進会議（NRC）のスタッフを中心とする多くの方々にも，本研究プロジェクトの推進に多大な貢献をしていただいた。NRCの行動・社会科学・教育委員会（CBASSE）の教育・労働・業績部門の責任者であるアレクサンドラ・ウィグドー氏には，プロジェクトの開始当初から委員会に活気を与えていただいただけでなく，様々な方法でプロジェクトをサポートしていただいた。彼女のサポートがなければ，本プロジェクトを成し遂げることはできなかったであろう。また，CBASSEの報告書担当の副主任であるユージニア・グローマン氏には，本書の原稿作成の作業に忍耐強くつきあっていただいたうえに，本書の原稿にすばらしい改善をもたらしていただいた。さらに，CBASSEの研究プロジェクト主席助手であるジェーン・フィリップ氏には，ニール・バクスター氏の助力を受けつつ，委員会を円滑に運営するための補佐をしていただいた。その他，管理部担当のスーザン・コーク氏，ヴァンダービルト大学の管理部助手であるファッピオ・ポオ氏，カリフォルニア大学バークレー校の管理部助手であるキャロル・キャノン氏などの方々に，本研究プロジェクトを舞台裏から支えていただいた。これら多くの方々に，心からの謝意を表したい。

アレクサンドラ・ウィグドー氏の暖かい励ましによって，本プロジェクトの研究成果は，『人はいかに学ぶか：学術研究と教育実践の架け橋』として結実した。これはひとえに，学習研究・教育実践委員会の編成と運営を導いてくださった彼女の指導力によるものである。なお，研究成果を教室実践に役立てることに委員会の総力を結集するというビジョンは，米国教育省の教育研究・改革室の事務補佐官であるケント・マグワイア氏によっている。また，学習科学研究開発委員会の研究管理部門の研究ディレクターであるロドニー・クッキング氏には，学習研究・教育実践委員会の補佐をしていただき，研究プロジェクト主席助手であるウェンデル・グラント氏には，学習研究・教育実践委員会の会合や委員会主催のイベントの実務に長い時間を費やして，委員会の報告書や原稿の作成の際に行政サイドからの補佐をしていただいた。さらに，クリスティン・マックシェイン氏には，熟練した編集技能によって報告書に多くの改善をもたらしていただいた。また，デザイン面で補佐していただいたキャロライン・スタルカップ氏，および事務上の補佐をしていただいたサンドラ・ユーチャック氏にも感謝したい。

学習研究・教育実践委員会が1998年冬に主催した会議は，本書の初版である『人はいかに学ぶか』を教育実践者，教育行政官，および教育研究者に紹介するためのものであったが，同時に，学術研究と教育実践との架け橋を築くための促進要因および阻害要因に関して，広く意見を聴取するためのものでもあった。この会議はNRCとOERIの後援を受けて開催されたもので，NRC会長であるブルース・アルバーツ氏およびOERIの事務補佐官であるケント・マグワイア氏に参加していただき，成功裏に会議を終えることができた。その際，OERIのジョゼフ・コナティ氏とルナ・レヴィンソン氏には会議の企画を補佐していただいた。また，カレン・フーソン氏と，委員の1人でもあるアンマリー・パリンサー氏，およびロバート・ベイン氏には，本書で重点を置いている原則を用いた授業の実践例を呈示していただいた。この会議では，2つのパネルにおいて，学術研究と教育実践との架け橋を築くことに対する洞察力に富んだ観点が提供された。ちなみに，教師の観点のパネリストは，デイヴィッド・バーリナー氏，ディアンナ・バーニー氏，ジャニス・ジャクソン氏，ジャン・クルーシ氏，ルーシー・（マホン）ウェスト氏，ロバート・モース氏であった。一方，教育政策の観点のパネリストは，ロン・コーウェル氏，ルイス・ゴメス氏，ポール・ゴレン氏，ジャック・ジェニングス氏，ケリ・マッツォーニ氏，キャロル・スチュワート氏であった。

　さらに本委員会は，学術研究と教育実践との架け橋を築くのに必要な研究は何であるのかをより明確にするためのワークショップを開催した。大グループあるいは小グループでの2日間の集中的なワークショップは，本書で検討した多様な研究領域をカバーするためのものであった。この骨の折れる委員会の企画に参加していただいた次の方々にお礼を申し上げる。それは，エイミー・アルヴァラド氏，カレン・バショファー氏，ロバート・ベイン氏，キャシー・サーヴニー氏，キャシー・コルグレイザー氏，ロドニー・クッキング氏，ロン・コーウェル氏，ジャン・クルーシ氏，ルナ・レヴィンソン氏，ロバート・モース氏，バーバラ・スコット・ネルソン氏，アイリス・ロットバーグ氏，レオナ・ショーブル氏，キャロル・スチュワート氏，ルーシー・ウェスト氏の方々である。

　本書および『人はいかに学ぶか：学術研究と教育実践の架け橋』の査読は，広範な見地および学術的専門性の観点に基づいて選ばれた方々にお願いした。この査読は，米国学術研究推進会議（NRC）の報告書査読委員会によって定められた正規の手続に従ってなされ，多くの厳正かつ的確な意見を聴取することができた。本委員会では，この査読結果を受けて，本書の内容を，できる限り適切かつ客観的で信頼できるものにするために最善の努力を払った。なお，査読のコメント内容および原稿は，審議過程の公正さを保障するために機密事項となっている。

　また，スタンフォード大学教育学部のケンジ・ハクタ氏，スタンフォード大学国際

研究所のドナルド・ケネディ氏，カリフォルニア大学アーヴァイン校教育学部のマイケル・マルティネス氏，イリノイ大学心理学部のケヴィン・ミラー氏，オレゴン大学心理学部のマイケル・ポズナー氏，ウィスコンシン大学マディソン校教育心理学部のレオナ・ショーブル氏，カーネギー・メロン大学心理学部のハーバート・サイモン氏，スタンフォード大学哲学名誉教授であるパトリック・スッペ氏，南カリフォルニア大学神経科学プログラムのリチャード・ソンプソン氏にも，査読委員でもNRCのスタッフでもないにもかかわらず，『人はいかに学ぶか』の原著版の下読みに加わっていただいた。

さらに，ヴァージニア州アナンデールのレイシー教育センターのドロシー・ファウラー氏，ワシントン大学数学部のラメシュ・ギャンゴーリ氏，ウィスコンシン大学マディソン校教育心理学部のリチャード・レーラー氏，カリフォルニア大学アーヴァイン校教育学部のマイケル・マルティネス氏，スウォースモア大学教育プログラムのアン・レニンガー氏，ウィスコンシン大学マディソン校数学・理科教育の国立研究センターのトーマス・ロンバーグ氏，スタンフォード大学言語・情報研究センターのパトリック・スッペ氏には，『人はいかに学ぶか：学術研究と教育実践の架け橋』の下読みをしていただいた。ここに記して謝意を表すしだいである。

上記の方々には多くの建設的なコメントや示唆をいただいたが，本書の最終的な内容に関する全責任は，委員会にあることを念のために申し添えておく。

ジョン・ブランスフォード
ジェイムズ・ペレグリーノ
ロドニー・クッキング
スザンヌ・ドノヴァン

索　引

【あ行】

アクションリサーチ　207
足場作り　223
アンカー概念　184, 194

インフォーマルな学習　81

ウェブサイト　271

FMRI　123

オペラント条件づけ法　82

【か行】

階層構造分析　181
会話スタイル　71
科学的理論　185
学習意欲　60
学習共同体　24
学習支援ツール　223, 255
学習志向　60
学習の転移　51, 248
学習目標　22
過剰生成　115, 117
刈り込み　115
感覚運動シェマ　80

記述的批評　206
既有知識　53, 67, 270
協同的な視覚化学習　222
教育実践　259
教育政策　262
教育測定理論　279
教員養成　260, 272
教員養成プログラム　198
教科内容の知識　159, 161, 169, 254
教授学的知識　159, 161, 169, 254
教職研修　260, 272
協同学習　285

共同体意識　148, 237
協同的批評　206
協同的問題解決　24, 285
クラストーク（Classtalk）　187, 228
GLOBEプロジェクト　221

計算理論　14
形式陶冶説　51
計数原理　69
形成的評価　23, 142, 266, 267
現職教育プログラム　198

行動主義　6
CoVisプロジェクト　231
コーチ　185
コーチング　40
誤概念　11, 69, 183, 184, 253
心の理論　82
固定的知能観　22, 101
コンピテンス　60

【さ行】

魚は魚　10, 282
作文教育　132
作動記憶容量　40

CSILE　230
シーケンス　140
シェマ　80
ジェンスコープ　226
視覚的予測法　82, 83
実践知　263
質的研究法　261
シナプス結合　115
社会構成主義　284
ジャスパー（Jasper）　218
ジャスパーの冒険　228
熟達した初心者　46
熟達者　29

馴化法　82, 83
生得的制約　92
初期経験　113
初心者　35
事例ベース学習法　61
シンカー・ツール（Thinker Tools）　20
神経細胞　115
新線条体　123
診断的な学習指導　135
心的スペース　95

遂行志向　60
スキーマ　31, 64, 107
スクリプト　107
スコープ　140
ステレオタイプ　14, 153

星状膠細胞　118, 247
成績目標　22
宣言的知識　64
漸次的形式化　139
選択的消失　117

総括的評価　142, 265, 266
相互教授法　18, 66, 108
増大的知能観　22, 101
素朴概念　87
素朴理論　14, 88, 282

【た行】

対比事例　59
多重知能理論　100
他動性の原理　88
タブラ・ラサ　15, 79
短期記憶容量　94, 95

チェチェ・コナン　188
知識の体制化　36, 287
知識ベース　263
知能の多重性　82
チャンキング　95
チャンク化　31
チューター・システム　235
チュータリング　234

聴覚障害者　122
追加生成　116

適応的熟達化　134
適応的熟達者　44, 45, 46
手続き促進法　66
手続き的知識　64
テレビ視聴　153

同一要素説　53, 63
動機づけの理論　286
トークストーリー　135
特権的(な)領域　81, 246
徒弟制　198

【な行】

内観法　6

認知的葛藤　135
認知的経済性　124
認知的制約　81
認知的徒弟モデル　224

【は行】

橋渡し法　183
パスツールの象限　260
パターン認知能力　57
発達の最近接領域　80
発話思考法　17, 30
話し合い学習　24

PET　123
批判的思考力　67
ヒューリスティックス　66, 181
標準学力テスト　279

ファセット　187
フィードバック　142, 181
フォーマルな学習　81
不思議な数7±2　95
物理学の心　200, 202
負の転移　54
文脈　61, 248

文脈に条件づけられた知識　41

並列分散処理モデル　14

放課後プログラム　150
ポートフォリオ　144
ポートフォリオ評価　230, 279

【ま行】

ミミ号の冒険　218

メタ認知　12, 19, 45, 49, 65, 77, 96
メディア　281

モデル化　176
モデル授業　267
モニタリング　17, 20, 59, 76
問題箱　6

問題表象　63
問題ベース学習法　61, 75

【や行】

4Hクラブ　151

【ら行】

リテラシー　4, 132
リハーサル　95, 97
量的研究法　261
理論研究　259
理論知　263
臨界期　117

歴史授業　163
歴史認識　163
レディネス・テスト　153

監訳者あとがき

　本書は"How People Learn：Brain, Mind, Experience, and School"（Expanded Edition 2刷）の訳書である。オリジナル版初版は1999年4月に刊行され，2000年8月には拡張版1刷，12月には2刷が出版されていることからもわかるように，米国内外で多くの人に幅広く読まれている本である。インターネット書店アマゾンの教育心理学分野テキストの売上では，出版以来常にベスト10に入り，読者の内容満足度では5つ星の評価を受けている。

　認知科学，認知心理学に関するテキストは数多く出版されている。けれども，本書のように授業や学習環境，教師の資質向上，学習共同体としての学校や地域のあり方を含めた多様な視点から学校教育の将来を展望し，教師，学校管理職，教育行政官，保護者など教育に携わる大人がそれぞれ具体的に何をたいせつにすればよいのかを，確固たる基礎研究の知見に基づいて明示した本は他にみられないだろう。一方で，学校教育改善について書かれた本も多々あるが，学習者の認知過程について脳科学を含む最新の学習科学の知見をふまえて誰にでもわかりやすく書かれた本もまたないといえるだろう。この意味で学習科学の成果と教育実践の橋渡しが見事に結実した類書をみない本である。

　というのも，本書は米国学術研究推進会議が超一流の研究者を総動員して委員会を組織し，国をあげて出版した学習科学の本だからである。現在米国の国家政策において，幼稚園から高等学校（K-12）にいたる教育施策がいかに重要な意味をもっているかがうかがい知れよう。

　認知科学・学習科学をリードしてきた研究者たちによって組織された学習科学研究開発委員会が出版したのが本書のオリジナル版である。一方，そのオリジナル版で出された学習科学の最前線の知見を教育実践といかにつなげるか，いかなる研究プロジェクトがさらに必要かという具体的提案を，教育心理学や教育学，教師教育の研究者たちで組織された学習研究・教育実践委員会のメンバーが吟味検討し，1999年6月に出版したのが，"How People Learn：Bridging Research and Practice"と題する本（冊子）である。そして，これら2つの委員会の智慧を結集し，オリジナル版と冊子を統合して出版されたのが，この拡張版である。「研究と実践を橋渡しする」と題された冊子は4章構成になっており，第1章の序を除く，第2章・第3章が拡張版の第1章に挿入され，第4章が拡張版では第11章という新たな章になり挿入されている。なお，この小冊子は拡張版が出版されたあとでも版を重ねており，教育実践現場の教師たちの手引書としても使用されている。

この拡張版では，第1部が導入，第2部が「学習者と学習」，第3部が「教師と授業」，そして第4部がまとめと教育実践と研究への提言となっている。このように本書では，乳幼児の能力から熟達までの生涯のスパンで研究されてきた学習科学の知見，脳科学から日常生活における社会文化的な学習研究まで様々な水準で実施されてきた学習科学の知見を紹介し，記憶を中心とする学習ではなく新たな場や状況へと転移可能な学習を重視し，さらに適応的熟達者としての学習者を育てることをめざして「学習者中心，知識中心，評価中心，共同体中心」の学習環境をデザインすることの必要性を説いている。本書を貫く姿勢は，第1章のタイトルにもあるように，思弁でなく科学によって，実践実証によって学習と指導への理論構築を行うことにある。認知発達や教授学習についての優れた心理学研究者であり，また学びの共同体（学習者共同体）の提唱者であった故アン・ブラウンがこの本の作成の中心的メンバーであったことが，本書の特色をよく表わしている。（本著は彼女にとっての遺作となった。）

　米国では，最も実践的なものの中から新しい理論へのアイデアが生まれ，最新の基礎研究が実践への新たなアイデアを提出するという関係の中で学習科学が発展してきている。教室，学校，学校間，地域，多様な情報ネットワークを核にし，実践者と研究者が連携した研究プロジェクトが行われており，その知見が本書にも反映されている。わが国でも「生きる力」をはぐくむ教育が唱えられ，21世紀を創る新たな学力や知，学校教育のあり方が問われてきている。したがって，特定の理論や思弁に左右される教育施策ではなく，学習者の事実，教室・学校での教師の工夫による実践研究から生まれた知見に基づいてこれからの教育展望や施策を考えようと願う人たちにとって，本書は大きな示唆を与えてくれよう。それは本書が，1つの大きな権威者の声ではなく，実際の学びに関わる多様な学習者の姿とその声を真摯に取り上げようとする研究者たちの地道な手と声により形作られた本だからである。その意味で学習科学，教育心理学を学ぶ者だけではなく，実際に学習環境のデザイン，カリキュラム開発，教員研修等に携わる教師や教育行政の方たちにも，1人でも多く読んでいただけることを訳者として願っている。

　教育心理学の領域では，教育心理の不毛性や理論と実践の関係が何十年も議論されてきた。しかし，21世紀の学習科学は，その議論を超え教育実践に携わる者と研究者がともに手を携えていく必要がある。本書はそのことを鮮明に示し，半歩先を照らしてくれている。この意味でこれからの学習科学研究を担う若い研究者やこれから職場や学校で教育や学習に関わることになる学生の方々にも読んでいただければ幸いである。

　本訳書は，監訳にあたった森と秋田が勤務する広島大学と東京大学の2つの大学院のゼミで，偶然にも同時期に本著が読まれたことが刊行の契機となった。地理的に離れた東西2つの大学院で学習研究や授業研究に携わる若手研究者たちが，電子メール

やインターネットという新たな情報テクノロジーを利用して協力連携し翻訳を行ったものである。多くの訳者の手による翻訳本は一般的に読みにくいことが多い。そのため第一監訳者の森の手によって極力1つのトーンになるよう，最終的に練り上げられ，完成にいたった。教育改革が進む今日に，少しでも早く，1人でも多くの方に読んでいただきたいと考え，340頁にもなる本を総動員で訳出した。明日の学習科学と教育に向けて，本書を読んでいただければ幸いである。

　最後になったが，北大路書房編集部の奥野浩之さんには，完成にいたるまで本当にきめ細かな配慮をいただいた。心から御礼を申し上げたい。

2002年9月

訳者を代表して
監訳者
森　敏昭
秋田喜代美

監訳者紹介

森　敏昭（もり・としあき）
1949年　福岡県生まれ
1976年　広島大学大学院教育学研究科博士課程後期中途退学
現在：　広島大学名誉教授　文学博士
主な著書
　授業が変わる－認知心理学と教育実践が手を結ぶとき－（共監訳）　北大路書房　1997年
　教育評価重要用語300の基礎知識（共編著）　明治図書　2000年
　21世紀を拓く教育の方法・技術（編著）　協同出版　2001年
　認知心理学者新しい学びを語る（編著）　北大路書房　2002年

秋田喜代美（あきた・きよみ）
1957年　大阪府生まれ
1991年　東京大学大学院教育学研究科博士課程単位取得退学　博士（教育学）
現在：　学習院大学文学部教授・東京大学名誉教授
主な著書
　読む心・書く心－文章理解の心理学－　北大路書房　2002年
　学びの心理学－授業をデザインする－　左右社　2014年
　学習科学ハンドブック第二版（全3巻，共監訳）　北大路書房　2016〜2018年
　人はいかに学ぶのか－授業を変える学習科学の新たな挑戦－（共監訳）　北大路書房　2024年

訳者一覧

山口　智子	（元愛媛大学教育学部）	1章担当
倉盛美穂子	（日本女子体育大学体育学部教授）	2章担当
吉岡　敦子	（元東洋大学文学部）	3章担当
滝口　圭子	（金沢大学学校教育系教授）	4章担当
梶井　芳明	（東京学芸大学教育学部准教授）	5章担当
大河内祐子	（玉川大学教育学部非常勤講師）	6章担当
村瀬　公胤	（麻布教育ラボ所長）	7・8章担当
深谷　優子	（國學院大學文学部教授）	7・9章担当
市川　洋子	（千葉工業大学創造工学部教育センター助教）	10章担当
藤江　康彦	（東京大学大学院教育学研究科教授）	11章担当

授業を変える──認知心理学のさらなる挑戦

2002年10月30日　初版第1刷発行	＊定価はカバーに表示して
2024年 9月20日　初版第9刷発行	あります。

編著者　米国学術研究推進会議
監訳者　森　　敏　昭
　　　　秋　田　喜代美
発行所　（株）北大路書房

〒603-8303 京都市北区紫野十二坊町12-8
　　　　電　話　(075) 431-0361(代)
　　　　ＦＡＸ　(075) 431-9393
　　　　振　替　01050-4-2083

©2002　　製作：高瀬桃子　　　印刷／製本：(株)太洋社
検印省略　落丁・乱丁本はお取り替えいたします
　　　　ISBN978-4-7628-2275-9　　Printed in Japan

・ JCOPY 〈(社)出版者著作権管理機構 委託出版物〉
本書の無断複写は著作権法上での例外を除き禁じられています。
複写される場合は，そのつど事前に，(社)出版者著作権管理機構
（電話 03-5244-5088, FAX 03-5244-5089, e-mail: info@jcopy.or.jp）
の許諾を得てください。